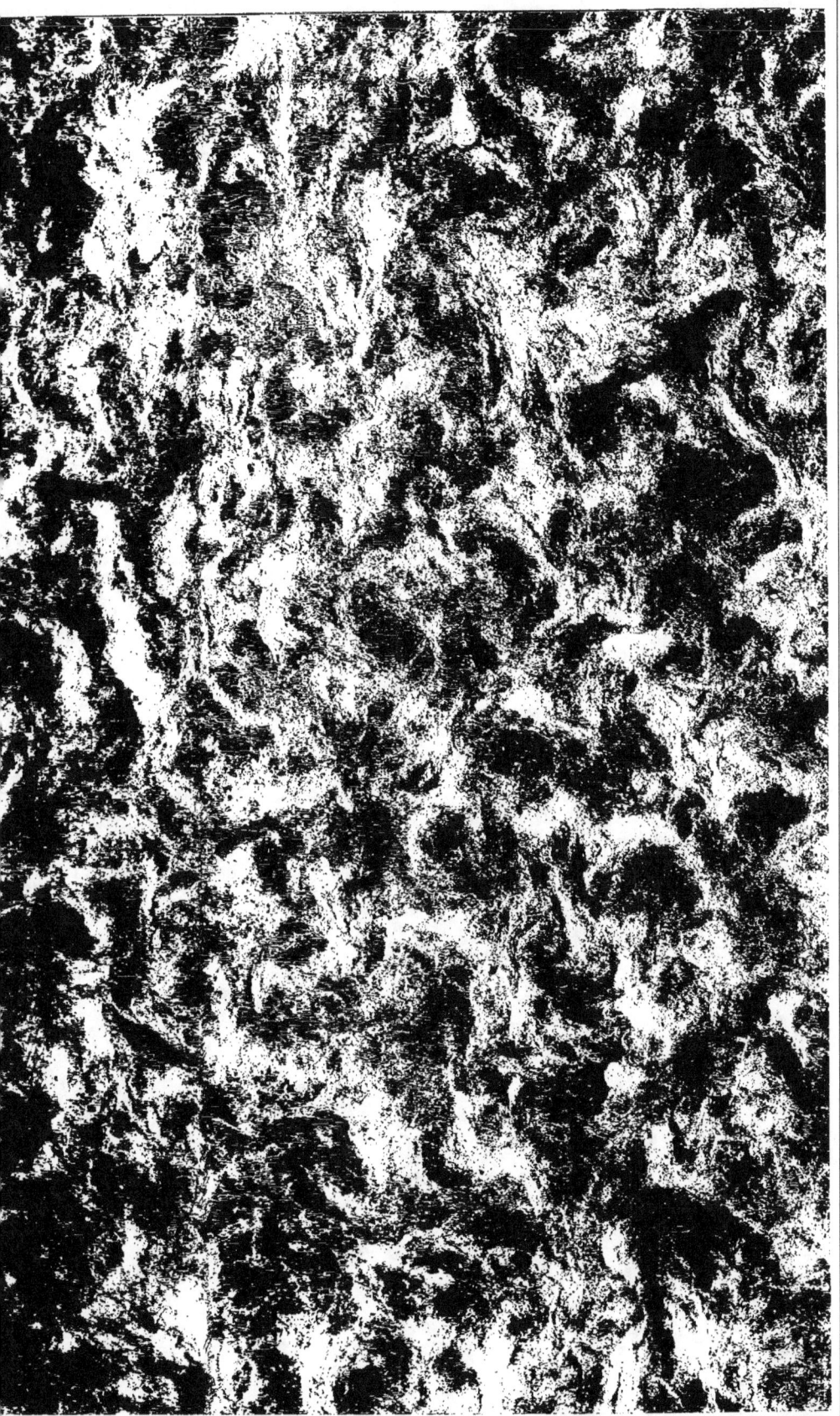

M. BODRI 1984

L'EXPÉDITION
MILITAIRE
EN TUNISIE

1881-1882

AVEC SEPT CARTES DANS LE TEXTE

PARIS
Henri CHARLES-LAVAUZELLE
Éditeur militaire
118, Boulevard Saint-Germain, Rue Danton, 10

(MÊME MAISON A LIMOGES)

L'EXPÉDITION MILITAIRE EN TUNISIE

1881-1882

DROITS DE REPRODUCTION ET DE TRADUCTION RÉSERVÉS

L'EXPÉDITION

MILITAIRE

EN TUNISIE

1881-1882

PARIS
Henri CHARLES-LAVAUZELLE
Éditeur militaire
118, Boulevard Saint-Germain, Rue Danton, 10

(MÊME MAISON A LIMOGES)

CARTES A CONSULTER

Carte de la Régence de Tunis, dressée au dépôt de la Guerre, d'après les observations et les reconnaissances de M. Falbe, capitaine de vaisseau danois, de M. Pricot Sainte-Marie, chef d'escadron d'état-major français, et d'après les renseignements recueillis par eux ; à l'échelle du $\frac{1}{400.000}$, Paris 1857, 2 feuilles.

    Les 2 feuilles. 1 50
    —   *franco*. 1 60

(Cette carte a été employée par les états-majors de l'Expédition française ; elle est, pour ce fait, très intéressante à consulter.)

Itinéraire de Tunis à Bizerte et à la frontière d'Algérie, à l'échelle du $\frac{1}{100.000}$. Colonel Périer, 4 feuilles.

    Les 4 feuilles. 2 50
    —   *franco*. 2 70

PUBLICATIONS DU SERVICE GÉOGRAPHIQUE DE L'ARMÉE
POSTÉRIEURES A L'OCCUPATION :

Carte de la Tunisie, au $\frac{1}{600.000}$, 2 feuilles.

    La feuille. . . . . 1 »
    —   *franco*. 1 10

Sud-Est de la Tunisie (Région frontière de la Tripolitaine) au $\frac{1}{400.000}$, 1 feuille (1893).

Feuilles au $\frac{1}{200.000}$, de l'édition provisoire.

    La feuille. . . . . » 70
    —   *franco*. . . . . » 80

Feuilles au $\frac{1}{200.000}$, carte de reconnaissance.

    La feuille. . . . . » 70
    —   *franco*. . . . . » 80

Feuilles au $\frac{1}{50.000}$ (en cours de publication).

    La feuille. 1 50
    —   *franco*. 1 60

TOUTES CES CARTES SONT EN VENTE
à la Librairie militaire Henri CHARLES-LAVAUZELLE
118, BOULEVARD SAINT-GERMAIN, RUE DANTON, 10, A PARIS

AVERTISSEMENT

Nous avons divisé ce volume sur l'expédition militaire en Tunisie en deux tomes.

Le premier, à l'usage des gens du monde, si l'on peut s'exprimer ainsi, contient la relation simple et résumée des opérations.

Il a été, pour la facilité de la lecture, scindé en trois parties : la première expédition, les événements entre le premier rapatriement et la seconde expédition, la seconde expédition.

Nous y avons relaté, autant qu'il nous a été possible, les opérations dans leur ordre chronologique. Il était assez difficile, en effet, de présenter, sans lacune, des événements souvent sans liaison entre eux et se déroulant sur des théâtres d'opérations bien distincts, et il fallait éviter de donner du premier coup et dans le texte même, trop de détails dans lesquels le lecteur aurait pu s'égarer.

Le tome second renferme des pièces annexes, pièces justificatives, observations et relations de détail, tant des opérations françaises que des diverses situations de la régence et des principales actions des insurgés.

Les différentes pièces y sont données successivement sans qu'on ait cherché à les lier les unes aux autres.

Ce tome est destiné plus spécialement aux militaires qui ont pris part à l'expédition ou ont fait partie des différentes troupes d'occupation. Nous espérons qu'il sera aussi accueilli favorablement par les officiers des corps spéciaux actuellement en Tunisie, et tous ceux qu'intéressent les affaires arabes.

Nous avons ajouté quelques croquis fort simples.

Ces dispositions, qui permettent de lire l'ensemble des opérations en ayant à côté de soi les pièces complémentaires de détail, faciliteront donc l'étude de l'ouvrage et nous gagneront, sans doute, la bienveillance du lecteur.

TOME I

Iʳᵉ PARTIE

PREMIÈRE EXPÉDITION

ÉVÉNEMENTS A LA FRONTIÈRE. CONCENTRATION DE TROUPES.
LE PREMIER CORPS EXPÉDITIONNAIRE. OPÉRATIONS
EN KHOUMIRIE. TRAITÉ DE KASSAR-SAÏD. RAPATRIEMENT

CHAPITRE PREMIER

Préliminaires.

Engagements entre les Oulad-Cedra (Tunisiens) et les Nehed (Algériens), février 1881. — Premier envoi de troupes à la frontière. — Engagements des 30 et 31 mars (entrée en ligne de deux compagnies françaises, le 31). — Renforcement des troupes au contact par des détachements de la division de Constantine. (Ordre est donné au général Ritter, commandant les troupes françaises, de ne pas dépasser la frontière.)
Le 3 avril, le conseil des ministres décide l'expédition de Tunisie. — Des éléments de renfort sont envoyés des divisions d'Alger et d'Oran. — Les troupes d'Afrique (couverture) sont en position le 13 avril. (Le général Ritter, qui les commande, a l'ordre de rester provisoirement sur la défensive.)
Envoi de troupes de France (7 avril, 20 avril); la concentration est terminée le 20 avril. Le corps expéditionnaire est mis sous les ordres du général Forgemol de Bostquénard; il comprend deux colonnes (Delebecque et Logerot) et une brigade de réserve (général de Brem).

Dans les premiers jours de février 1881, un indigène des Oulad-Cedra (Khoumir)[1], surpris sur le territoire de la province de Constantine à un rendez-vous avec sa maîtresse, une jeune fille des Nehed (tribu algérienne), était tué par un parent de celle-ci.

Incidents de frontière (février 1881). Engagements entre les Oulad-Cedra (tunisiens) et les Nehed (algériens).

En représailles, les Oulad-Cedra vinrent brûler cinq tentes aux Nehed.

Le chef du bureau arabe de la Calle[2] se rendit aussitôt à El-Aïoun et fit promettre aux notables des Oulad-Cedra qu'ils

---

1. La confédération des Khoumir se subdivisait en trois groupes principaux : 1° les Khoumir-Thademaka (Atatfa, Houamdia, Oulad-Cedra, Oulad-ben-Saïd, Oulad-Amor); 2° les Khoumir-Slelma (Tebaïnia, Rekhaïssia, Hamran, Debabsa); 3° les Khoumir-Selloul (Oulad-Hellel, Oulad-Ali-ben-Nacour-Selloul, Khemaïria, Gouaïdia, Assinia).
2. Voir annexe n° II (Organisation du service des affaires indigènes dans la division de Constantine).

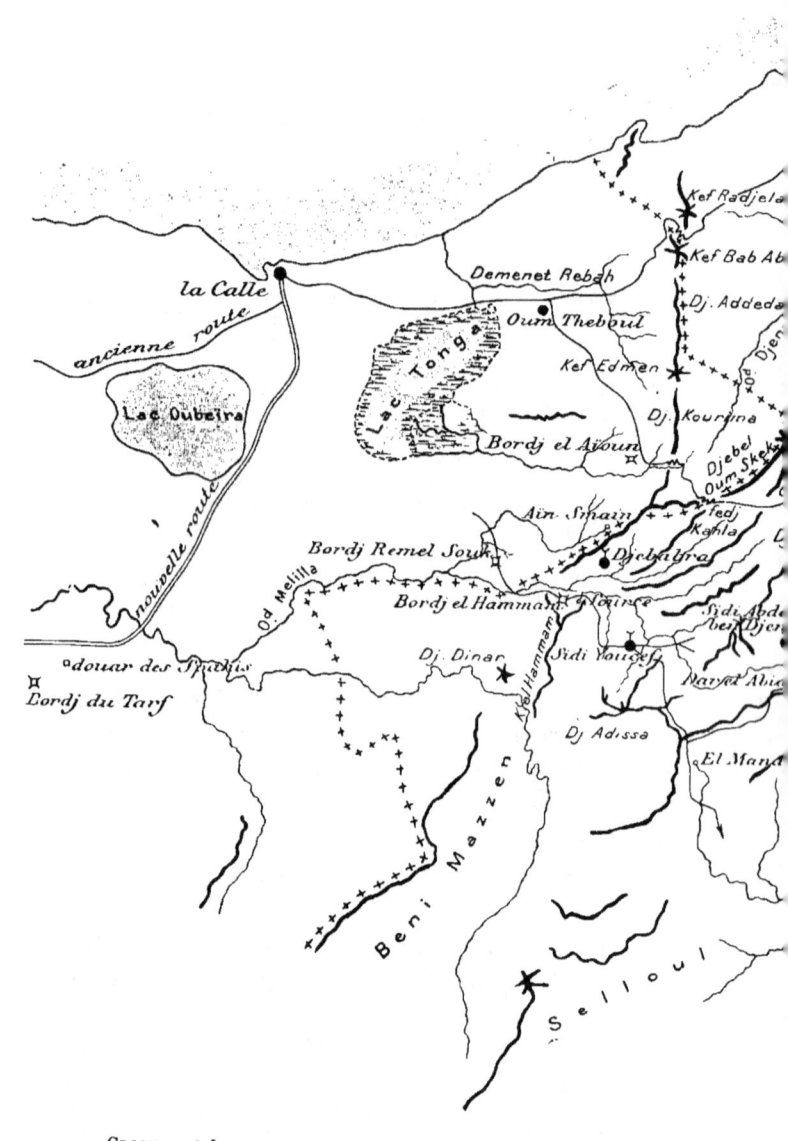

Croquis Nº I

KHOUMIRIE

Grandes Dunes

Fort
Tabarka

Sidi Asker
Djebel Berzigue
Mekna
Khadoumia

Dj. Guessa
Oued Zeen
Sidi Kouider

Fedj el Cettaro
Amdoun

Dj. Harran
g'a
koura
ch   Atatfa
ruines   Fedj Aïock
Col des vents ●Tebainia
Havi   Ain Métir
Bir
nguet ●Ben Métir
rŋj.

Od el Lil
Chiahia
Oued   bou
Fernana
Heurtma

Medjerdah

Ben Béchir
Od Tessaà

Djendouba Od Mellègue
●Souk el Arba

rembourseraient les dégâts que les leurs venaient de commettre ; mais les Oulad-Cedra refusèrent de tenir les promesses faites par leurs représentants.

Les Nehed se jettent à leur tour sur les campements tunisiens et se vengent en tuant cinq Oulad-Cedra ; ils perdaient eux-mêmes trois hommes.

<small>Premier envoi de troupes.</small> L'autorité militaire française[1], pour rassurer les tribus algériennes, dirigea sur la frontière la smalah de spahis du Tarf[2] et une compagnie du 59ᵉ d'infanterie (bataillon détaché à Bône)[3].

<small>Conférence de Drâ-el-Keroum.</small> Pendant ces incidents de frontière, le commandant supérieur du cercle de Souk-Ahras, le chef de bataillon Vivensang, du 3ᵉ tirailleurs, était en conférence à Drâ-el-Keroum, près de Souk-Ahras, avec Si Hassouna Zouari, fonctionnaire tunisien, pour obtenir l'extradition d'un certain nombre de réfugiés algériens, la reddition de nombreux animaux volés à nos tribus et des indemnités pour les incendiés de la Calle[4].

Le général Ritter, commandant la subdivision de Bône, se trouvait près de lui à Souk-Ahras.

A la suite de leur engagement malheureux avec les Nehed,

---

1. Voir annexe n° 1 (Composition du 19ᵉ corps d'armée).
2. L'escadron de smalah fut remplacé au Tarf par les spahis d'Aïn-Guettar et de Bou-Hadjar.
3. En plus des troupes spéciales d'Afrique, six bataillons d'infanterie de ligne et une brigade de hussards étaient encore, au commencement de l'année 1881, stationnés dans la 19ᵉ région. (Voir annexe n° I.)
4. Dès l'avènement de Si Mohammed es Saddok, la frontière algérienne avait été le théâtre de désordres continuels (incursions des tribus tunisiennes, contestations qu'elles soulevaient au sujet des limites de leur territoire).

De 1870 à 1881, les autorités algériennes avaient relevé 2.380 agressions, c'est-à-dire plus de 200 par an.

Aux fréquentes entreprises des Khoumir, des Oucheteta, des Mrassen, des Oulad-bou-Ghanem, des Fraichih, des Hammema et des Oulad-Yacoub, s'ajoutaient les brigandages de bandits redoutables (Grella, Gour) que les autorités beylicales ne songeaient pas à poursuivre et qui recevaient asile, les uns dans les environs du Kef, les autres à Tameghza.

Quant aux contestations de frontière, elles n'avaient jamais pu être réglées.

En 1881, l'agitation et l'inquiétude étaient considérables sur la frontière.

Si Hassouna Zouari, le fonctionnaire tunisien, en conférence à Drâ-el-Keroum, en mars 1881, avec le commandant supérieur de Souk-Ahras, s'était montré disposé à donner toutes les satisfactions possibles ; mais il s'était vu refuser par les tribus

les Oulad-Cedra avaient appelé à leur secours les autres fractions Khoumir. Les Oulad-Amor, les Oulad-ben-Saïd, les Oulad-Hellel et les Rekhaïssia prirent les armes et se portèrent à la frontière.

Le 30 mars 1881, au nombre de quatre à cinq cents environ et divisés en trois bandes, ils envahissent le territoire algérien, à l'oued-Djenan, vers 7 heures du matin. Ils tirent quelques coups de fusil pour se prévenir et attirer les gens de nos tribus, puis ils commencent l'attaque. Après avoir tué un homme des Nehed (qu'ils dépouillèrent et achevèrent à coups de couteau) ils cessent le feu vers 9 heures, puis repassent la frontière en promettant aux Nehed de revenir[1].

Les Khoumir franchissent la frontière (30 mars).

Le commandant supérieur du cercle de la Calle, prévenu de cette attaque, vers 1 heure de l'après-midi, envoie le capitaine Barbier, chef de bureau arabe, avec les troupes de Remel-Souk, pour soutenir les Nehed.

La compagnie du 59ᵉ n'arriva de Remel-Souk, sur le lieu de l'engagement, qu'à 2 h. 30 et ne put être engagée.

Un bataillon du 3ᵉ zouaves était, à cette date du 30 mars, au Tarf. Le commandant supérieur de la Calle télégraphie au chef de bataillon Bounin, commandant ce bataillon, de faire partir des renforts pour Remel-Souk.

Le commandant Bounin dirige à 6 heures du soir, sur Remel-Souk, la compagnie Drouin, forte de 109 hommes, avec le médecin du bataillon.

Le 31 mars, au matin, les Khoumir, au nombre de quinze cents au minimum, renouvellent leur attaque.

La compagnie de zouaves Drouin est arrivée à temps pour

Combat du 31 mars. (Entrée en ligne de deux compagnies françaises.)

Khoumir la nourriture de ses chevaux et de ceux de son escorte, et avait demandé l'appui d'un détachement français pour le protéger pendant la réquisition qu'il se proposait de faire.

Le gouverneur général de l'Algérie, informé de cet état de choses, avait demandé des instructions à l'autorité supérieure ; les événements des 30 et 31 mars vinrent précipiter le dénouement de l'affaire.

1. Le capitaine Barbier ne pensait pas que les Khoumir oseraient se représenter après l'arrivée de la compagnie du 59ᵉ aux Aouaouccha.

soutenir la compagnie du 59ᵉ d'infanterie, amenant avec elle le médecin du bataillon de zouaves.

Les attaques des Khoumir sont très vigoureuses[1]; nos troupes perdent quatre tués et ont six blessés dont un mortellement et un disparu[2]. Sans artillerie pour déloger l'ennemi du pays très accidenté qu'il occupe, obligées de ménager leurs munitions[3], sans mulets de cacolets, elles ne peuvent que difficilement maintenir leurs positions[4].

Heureusement pour nos compagnies la nuit arrive et le combat cesse.

Depuis longtemps les munitions pour les indigènes sont épuisées; les cartouches pour fusil 1874 sont très réduites; nos soldats auraient dû battre en retraite si la lutte n'avait pris fin.

Le capitaine Barbier[5], commandant les troupes engagées sur l'oued-Djenan, a rendu compte par quatre télégrammes de sa

---

1. Le combat du 31 mars ne prit fin qu'à 6 heures du soir, après avoir duré onze heures.
2. Pertes : Merle, caporal, 59ᵉ, mort;
   Rochelle, soldat, 59ᵉ, mort;
   Eymeric, soldat, 59ᵉ, mort;
   Sujet, soldat, 59ᵉ, blessé et disparu;
   Bordes, soldat, 3ᵉ zouaves, mort;
   Benck, sergent, 3ᵉ zouaves, blessé mortellement;
   Grenier, soldat, 3ᵉ zouaves, blessé.
   Lagarderie, soldat, 3ᵉ zouaves, blessé;
   Blanchard, soldat, 3ᵉ zouaves, blessé;
   Delacroix, soldat, 3ᵉ zouaves, blessé.
3. Les munitions pour indigènes avaient manqué totalement avant la fin du combat; à la fin de l'action, les cartouches pour fusil 1874 étaient presque entièrement consommées.
4. Elles n'ont pas eu à contrevenir aux ordres donnés par le général de division, le 30 au soir, de ne pas dépasser la frontière.
Le général commandant la division de Constantine avait approuvé la mesure prise par le commandant supérieur de la Calle de faire soutenir les Nehed par les troupes de Remel-Souk. Il avait ajouté dans son télégramme expédié de Constantine, le 30 mars à 5 h. 5 du soir :
« Ces troupes (de Remel Souk) ne devront être engagées que si cela est indispensable pour soutenir les Nehed et faire respecter notre territoire.
« Si elles agissent, elles agiront énergiquement mais sans pousser au delà de la frontière. Au besoin le bataillon de zouaves du Tarf enverra des renforts. »
5. Ancienneté du capitaine infanterie hors cadres Barbier, chef de bureau arabe de 2ᵉ classe à la Calle : 13 mai 1873.
Ancienneté du capitaine Drouin, du 3ᵉ zouaves : 29 mars 1879.

situation critique. Il demande instamment des renforts, du canon, des munitions, des mulets de cacolets et du matériel d'ambulance dont il manque complètement.

Il termine son dernier télégramme (oued-Djenan, 6 h. 30 soir) en annonçant qu'il lui sera même impossible de se maintenir dans son camp, s'il ne reçoit pas de munitions pendant la nuit.

La place de la Calle, fort mal approvisionnée d'ailleurs (elle n'a ni cantines médicales, ni tentes d'ambulance, presque pas de brancards, *aucun mulet*) ne peut lui envoyer pendant la nuit du 31 mars au 1er avril qu'un petit convoi de munitions[1] pour indigènes et pour fusil modèle 1874 sur mulets réquisitionnés auprès du maire et escortés par le peu d'hommes qui restent dans la place.

Le chef de bataillon Bounin, commandant le bataillon du 3e zouaves, qui a déjà envoyé du Tarf, dans la nuit du 30 au 31, la compagnie Drouin[2] au secours de la compagnie du 59e, sur la demande directe du commandant du cercle de la Calle, télégraphie du Tarf, le 31, dès le matin, pour demander au général commandant la subdivision de Bône d'emmener les trois compagnies qui lui restent, à Remel-Souk, afin que son bataillon puisse y être réuni en entier le 1er avril.

Ce télégramme est transmis au général Ritter, qui est toujours à Souk-Ahras. Le commandant Bounin est avisé par Bône qu'il recevra directement la réponse du général Ritter. Il est probable qu'il a été renseigné sur les différentes phases du combat du 31, soit directement du théâtre de l'affaire, soit par le commandant supérieur de la Calle.

---

1. La place de la Calle envoie 41.920 cartouches pour fusil modèle 1874 et 16.361 cartouches modèle 1862, pour contingents indigènes. Après cet envoi, il ne reste plus dans la place que 60.000 cartouches pour fusil modèle 1874, 0 cartouches pour indigènes.
La direction d'artillerie de Constantine doit lui faire parvenir 100.000 cartouches le plus rapidement possible et de la poudre et du plomb pour 100.000 cartouches de goum.
2. Arrivée heureusement à temps pour sauver la situation dans l'affaire du 31.

En tout cas, il se décide à envoyer, le 31, à 5 heures du soir, une compagnie remplacer, à Remel-Souk, la compagnie Drouin, comptant la suivre avec ses dernières compagnies, le soir même ou le lendemain matin (suivant l'état des mulets *qu'il attend* de Bône et de la Calle et qui n'arriveront, suppose-t-il, que fort tard dans la soirée du 31); puis, les mulets étant arrivés plus tôt qu'il ne croyait, dans l'après-midi du 31, *il fait partir* immédiatement deux compagnies au lieu d'une, ne laissant qu'une compagnie au Tarf jusqu'au lendemain 1er avril à 4 heures du matin, à cause de la fatigue de ces mulets; il rend compte, par télégramme, de ces mouvements.

Le chef de bataillon chargé de l'expédition des affaires à Bône pendant l'absence du général Ritter, et le capitaine faisant fonctions d'officier d'ordonnance, qui n'avaient pas pris sur eux d'accorder au commandant Bounin la demande formulée dans son premier télégramme, lui répondent, par télégramme, d'attendre, pour partir, la réponse du général[1].

Heureusement, les mouvements étaient en cours d'exécution.

Mouvements exécutés sur l'ordre du général commandant la division de Constantine, pour soutenir les troupes de première ligne.

Le général commandant la division de Constantine, dans la nuit du 31 mars au 1er avril, prescrit par télégrammes les mouvements suivants pour soutenir les troupes en première ligne :

Une compagnie du 59e d'infanterie et une division de cinquante cavaliers du 4e régiment de hussards partiront de Bône le 1er avril au matin et coucheront, le 1er avril, à Zérizer. Ces troupes seront rejointes, dans la nuit du 1-2, par un bataillon du 3e zouaves, fort de 500 hommes, sous les ordres du colonel Cajard, qui, partant de Constantine par chemin de fer le 1er avril à 10 h. 25 du matin, doit débarquer à Mondovi et aller coucher à Zérizer (ce bataillon de zouaves emmène avec lui vingt mulets de cacolets; l'hôpital de la Calle fournira le matériel d'ambulance nécessaire)[2].

---

1. Voir annexe III.
2. La Calle n'a rien comme matériel d'ambulance.

Le 2 avril, le colonel Cajard emmènera le bataillon du 3ᵉ zouaves, la compagnie du 59ᵉ d'infanterie et les cinquante hussards de Zérizer à l'oued-Guergour. Là, il devra trouver les ordres du général Ritter[1] pour la direction à prendre le 3 avril.

En réalité, les mouvements exécutés sont les suivants :

La compagnie du 59ᵉ et la division de hussards arrivent le 1ᵉʳ avril au soir à Zérizer, le 2 à l'oued-Guergour ;

Le colonel Cajard, avec son bataillon de zouaves, une section d'artillerie de montagne et un petit détachement des services administratifs, passe la nuit du 1ᵉʳ au 2 à Mondovi, est le 2 à Zérizer, le 3 à l'oued-Guergour[2].

A la date du 1ᵉʳ avril, soir, le général commandant le 19ᵉ corps d'armée croit suffisants, pour protéger efficacement nos tribus de la frontière, les moyens d'action suivants :

Deux bataillons de zouaves[3], un bataillon du 34ᵉ régiment d'infanterie[4], un du 59ᵉ[5], un escadron de hussards[6] et tous les spahis de la Calle et de Souk-Ahras, une section d'artillerie[7] ; mais il recommande de ne pas passer la frontière.

Mouvements ordonnés par le général commandant le 19ᵉ corps pour renforcer les troupes de première ligne.

Le gouverneur général de l'Algérie ayant ensuite télégraphié que le ministre des affaires étrangères recommandait deux choses : 1° faire, avec le moins d'éclat possible, les

---

1. Le 1ᵉʳ avril, le général Ritter rentre à Bône (il avait été invité par le général commandant la division à se rendre le plus tôt possible, de sa personne, sur le théâtre des opérations). N'ayant pas reçu, à Souk-Ahras, les télégrammes du général de division relatifs aux mouvements des 1ᵉʳ et 2 avril, il avait ordonné à tout l'escadron du 4ᵉ régiment de hussards de se mettre en route, le 1ᵉʳ avril, de Bône sur le Tarf.
2. Le bataillon de zouaves ne débarqua qu'à 11 heures du soir, le 1ᵉʳ avril, à Mondovi et dut y passer la nuit.
La section d'artillerie n'embarqua à Constantine, le 1ᵉʳ, qu'à 4 heures du soir ; le petit détachement des services administratifs, que le 2 avril, à 10 heures du matin.
3. Deux bataillons du 3ᵉ zouaves : le bataillon Bounin, déjà sur les lieux, et le bataillon amené de Constantine, le 1ᵉʳ avril, par le colonel Cajard.
4. Stationné à Guelma (il envoie deux compagnies à Souk-Ahras pour en renforcer la garnison).
5. Bataillon de Bône, en partie sur les lieux.
6. L'escadron du 4ᵉ régiment de hussards, parti le 1ᵉʳ avril de Bône.
7. La section partie de Constantine le 1ᵉʳ avril.

mouvements de troupes en Algérie; 2° prévenir immédiatement l'agent du bey si on était amené à franchir la frontière, le général en chef prescrit, le 2 avril, que si on est contraint, à la suite d'une attaque, de franchir la frontière, on devra lui rendre compte sans retard des circonstances qui auraient rendu ce mouvement inévitable; mais il ajoute qu'il vaut mieux pourtant l'éviter.

Le gouverneur ordonne la rupture de la conférence de Drâ-el-Keroum[1].

Le 2 avril, le général Ritter est enfin au Tarf.

Le 2 avril au soir, le général commandant le 19° corps se décide, en présence de l'attitude des Khoumir qui restent réunis et menaçants, à faire partir pour la frontière le bataillon de tirailleurs de Sétif et une deuxième section d'artillerie de montagne; ce sera une réserve pour les deux bataillons de zouaves; elle pourra rester au Tarf.

Ces deux éléments doivent s'embarquer au Kroubs, en deux trains, dans la matinée du 4 avril, et descendre à la station de Mondovi dans la soirée du même jour.

Dans la nuit du 2 au 3 avril, le chef d'escadrons de spahis, commandant du Tarf, fait parvenir au général Ritter, couché à Aïn-Assel, un télégramme qui lui est arrivé à minuit et qui est adressé au général : « Dites-moi quelle force en infanterie, cavaliers et artillerie vous paraîtrait nécessaire pour pénétrer chez les Khoumir et les châtier vigoureusement en douze ou quinze jours environ ? Calculez qu'il faudrait être assez fort pour éviter toute éventualité fâcheuse. »

Le général de division demande une réponse sommaire télégraphique et, de plus, un rapport donnant des renseignements sur les points d'accès dans le pays des Khoumir, leurs

---

1. Si Hassouna Zouari devait chercher à enlever le commandant supérieur de Souk-Ahras dans l'entrevue qui devait avoir lieu le 2 avril. (Cet indigène qui, depuis cette tentative d'enlèvement, avait ouvertement prêché la guerre sainte, eût obtenu, en janvier 1882, le kaïdat du Kef, à la place de Djellouli, sans l'opposition du colonel de la Roque et de M. Roy.)

points de défense probables, l'armement de ces tribus, leur degré de résistance, etc.[1]

Ainsi donc, il a été ordonné au général Ritter, le 1er avril, de ne pas passer la frontière; dans la nuit du 1er au 2, on a admis la possibilité qu'il serait contraint à franchir cette frontière, mais on lui prescrivait de l'éviter autant que possible; dans la nuit du 2 au 3, on est tout décidé à pénétrer chez les Khoumir, afin de les châtier vigoureusement en une campagne de douze à quinze jours[2].

Le 3 avril, dans la journée, le général Ritter est de sa personne à Oum-Theboul.

Il n'a avec lui, sur la frontière même, que le bataillon Bounin du 3e zouaves, une compagnie et demie du 59e et les spahis; une division de 50 hussards et une compagnie du 59e, qui ont couché le 2 à l'oued-Guergour, le rallient; le colonel Cajard, avec un bataillon du 3e zouaves, une section d'artillerie de montagne et un petit détachement de services, coucheront le 3 au soir à l'oued-Guergour, pour le rejoindre le lendemain.

Il sait qu'un bataillon du 3e tirailleurs algériens (colonel Gerder) et une deuxième section d'artillerie de montagne débarqueront le 4 avril au soir[3] à la station de Mondovi pour être, le 5 au soir, au plus tôt, à l'oued-Guergour[4]; il a été prévenu que les goums des communes mixtes de la Séfia et de Guelma vont être réunis et mis à sa disposition[5]; il peut requérir cavaliers, fantassins et animaux sur les territoires civils de Zérizer et de l'oued-Cham. Deux escadrons de chasseurs

---

1. Non seulement l'état-major de la division de Constantine n'a aucun renseignement sur les Khoumir, mais il est obligé de demander, par télégramme, des renseignements sur la viabilité de l'ancienne route de Bône à la Calle, sur le fonctionnement du bac de la Mafrag, sur les gîtes d'étapes ayant de l'eau sur l'ancienne et la nouvelle route.
2. Voir annexe n° IV.
3. Par suite de retard dans la marche des deux trains qui transportaient la section d'artillerie et le bataillon de tirailleurs, ces deux éléments durent passer la nuit du 4 à Mondovi; il y eut retard d'un jour.
4. Ces deux éléments n'arrivèrent à l'oued-Guergour que le 6 avril au soir.
5. Ordre donné le 3 avril par le préfet de Constantine aux administrateurs de ces deux communes mixtes.

Il est à remarquer que, dès le 4 avril, le service des affaires indigènes de la subdivision de Bône télégraphia au général Ritter à Oum-Theboul : « En prévision

d'Afrique et une troisième section de montagne arriveront le 6 avril à Guelma, par voie de terre.

L'expédition de Khoumirie est décidée (3 avril).

Le 3 avril, le conseil des ministres décide l'expédition [1].

Le général commandant le 19ᵉ corps envoie des troupes destinées à couvrir la concentration du corps expéditionnaire.

Dans la soirée du 3 avril, le général Ritter est avisé que le général commandant le 19ᵉ corps envoie 6 bataillons de zouaves ou tirailleurs, 2 batteries de montagne, 200 mulets de bât qui débarqueront à Bône [2], du 6 au 9 avril, pour se diriger ensuite sur la frontière. Le général en chef prescrit de rester provisoirement sur la défensive.

Il ne s'agit pas d'un coup de main, mais d'une leçon sévère à infliger aux Khoumir.

Le général Ritter est invité à envoyer le plus rapidement possible des renseignements sur ces tribus, la topographie de leur pays et à fournir un itinéraire pour le faire parcourir en entier en douze ou quinze jours par nos colonnes; il est prié de faire, par télégramme, des propositions pour la répartition des troupes déjà arrivées ou en route.

La subdivision de Bône aura à faire parvenir des renseignements sur la nouvelle et la vieille route de Bône, les gîtes d'étapes, les points d'eau, etc.

Le général Ritter fait ses propositions au sujet de la répartition des troupes. Le général commandant la division estime qu'il les étend trop; il l'invite à les concentrer davantage et à placer ainsi les éléments qu'il a à sa disposition :

La Calle	Une compagnie du 59ᵉ.
Oum-Theboul . . .	Deux compagnies du 59ᵉ.
El-Aïoun (le général Ritter).	Deux bataillons du 3ᵉ zouaves. Deux compagnies de tirailleurs. Deux sections d'artillerie de montagne.
Remel-Souk . . .	Une compagnie de tirailleurs.
Tarf	Une compagnie de tirailleurs.

---

d'emploi des goums de Séfia et de Guelma, je crois devoir vous faire remarquer que je n'ai jusqu'à présent aucun renseignement sur leur esprit. Peut-être serait-il bon de le connaître avant de les employer. »

1. Voir annexe V.
2. Venant, par mer, d'Alger et Oran.

Cette situation ne durera que jusqu'à l'arrivée des bataillons d'Alger et d'Oran.

Le 4 avril, dans la soirée, le général Ritter reçoit l'ordre de répartir, de la façon suivante, toutes les troupes à l'arrivée des fractions venant d'Alger et d'Oran : *Ordre de répartition des troupes de couverture.*

La Calle	Une compagnie et demie du 59e.
Oum-Theboul . . .	{ Une compagnie et demie du 59e, Une compagnie du 3e zouaves, } sous les ordres du commandant O'Kelly, du 59e.
El-Aïoun	Deux bataillons du 3e zouaves (moins une compagnie). Un bataillon du 1er tirailleurs. Un bataillon du 3e tirailleurs. Deux sections d'artillerie de Constantine.
Remel-Souk, quartier général.	Deux bataillons du 1er zouaves. Batterie d'artillerie d'Alger. Cavalerie. Ambulance. Services. Réserves de munitions.
Tarf (avec détachement à Bou-Hadjar, s'il est nécessaire).	Un bataillon du 2e zouaves. Deux bataillons du 2e tirailleurs. Batterie d'artillerie d'Oran. Deux escadrons de chasseurs d'Afrique.

Les éléments prélevés sur les divisions d'Alger et d'Oran s'embarquent[1] du 5 au 7 et débarquent à Bône du 6 au 10; là, ils sont alignés à quatre jours de vivres de toute nature et se rendent à destination par la vieille et la nouvelle route de Bône à la Calle (suivant les renseignements fournis par la subdivision de Bône).

Ils doivent se trouver tous, à l'emplacement assigné, le 13 avril.

Quatre cents outils (deux cents pelles, deux cents pioches et des outils de pétardement) sont envoyés de Bône au général

---

1. Les troupes d'Alger et d'Oran vinrent par mer, la province d'Alger n'étant pas encore reliée alors à celle de Constantine par une voie ferrée.

Ritter ; le capitaine Herchet vient prendre le commandement du train de la colonne ; comme le train des équipages ne peut fournir qu'un très petit nombre de mulets de bât et qu'il en faut au moins deux mille pour la colonne, le général Ritter exercera des réquisitions tant en territoire civil (les administrateurs et administrés sont prévenus) qu'en territoire militaire.

Dix mille francs sont envoyés pour payer les mulets de réquisition ; quinze cents francs pour les fonds secrets.

Cinq cent mille cartouches pour fusil modèle 1874 sont expédiées à la Calle pour y former un parc que commandera le capitaine Maréchal.

A une demande de cartes faites par le général Ritter, l'état-major de la division de Constantine répond : « Je n'ai malheureusement pas de cartes de la Tunisie », et il envoie cinq exemplaires de la carte au 1/400.000e [1].

Attitude des tribus tunisiennes voisines de la frontière.

Nous savons que le général Ritter avait reçu, à différentes reprises, l'ordre de ne pas franchir la frontière. Cette attitude de nos troupes fut habilement exploitée et l'agitation s'étendit bientôt aux tribus voisines des Khoumir.

Ceux-ci, au contraire, voyant tous les jours nos troupes se renforcer à la frontière, s'étaient d'abord inquiétés et avaient manifesté l'intention de se soumettre à l'autorité française.

Mais, à ce moment, arrivaient à Bordj-el-Hamma [2], Allala Djouini, émir alaï, caïd des Djendouba (Souk-el-Arba) et Younès Dziri, émir el lioua, gouverneur de Béja.

En même temps le ministre de la guerre, Si Sélim, venait camper au djebel-Dinar [3] avec mille cavaliers, huit cents fantassins et six canons.

---

1. Ce ne fut qu'à la fin de mai que l'état-major du corps expéditionnaire de Tunisie reçut des exemplaires, en assez petit nombre, d'une carte du pays des Khoumir, dressée par renseignements à l'échelle approximative du 1/100.000e à l'état-major de la division de Constantine.
Cette carte autographiée était fort incomplète et peu exacte.
2. A 4 kilomètres à l'est de Remel-Souk.
3. A 5 kilomètres au sud de Remel-Souk.

L'apparition de ces soldats, soi-disant destinés à rétablir l'ordre, l'annonce de l'approche d'une colonne de troupes régulières, commandée par le bey du camp, Si Ali Bey[1], remontant la vallée de la Medjerdah et marchant vers la frontière, rendirent confiance aux Khoumir. Ils considéraient, avec raison, ces troupes comme des renforts que le bey leur envoyait et ils reprirent les armes.

Le 6 avril, les trois généraux tunisiens vinrent trouver le général Ritter à Remel-Souk[2]. Le général Ritter avait reçu des instructions formelles au sujet de cette entrevue :

« Ecoutez-les beaucoup ; parlez peu vous-même ; ne prononcez aucune parole de nature à engager en quoi que ce soit le gouvernement français. Faites en sorte, ajoutait le gouverneur général, de gagner un jour ou deux, de façon que la concentration de vos troupes puisse s'effectuer jusqu'à l'arrivée du renfort envoyé de France[3]. »

Les chefs tunisiens, dans cette entrevue, protestèrent auprès du général français des bonnes intentions du gouvernement beylical ; en réalité, ils poussaient les tribus à nous combattre, leur promettant aide et protection.

Ces excitations portèrent leurs fruits.

Le 7 avril, mille Khoumir vinrent tâter le terrain entre El-Aïoun et Remel-Souk ; mais, vigoureusement repoussés par nos troupes, ils durent s'enfuir précipitamment.

Cette leçon leur servit ; les cheiks et les notables se réunirent. Ils convinrent qu'il fallait s'abstenir de toute démonstration sur le territoire algérien, mais décidèrent la résistance dans leur pays[4], sans pouvoir toutefois s'entendre sur les

---

1. Frère du bey Mohammed es Saddok.
2. Voir annexe n° VIII.
3. Voir annexe n° VI.
4. Les Khoumir, défendus par leur sol et le climat, avaient conservé une certaine indépendance ; ils n'appartenaient que nominalement au gouvernement de Béja ; ils étaient arrivés, à force de résistance, à conserver une certaine autonomie reconnue tacitement par le bey. Les soldats beylicaux n'avaient jamais pénétré au cœur de la Khoumirie. Aussi les Khoumir pouvaient-ils croire leur pays inaccessible.

moyens d'exécution, chaque cheik voulant, avant tout, conserver son indépendance.

Le 13 avril, les troupes de couverture sont en position.
Le 13 avril, le général Ritter, dont le quartier général est toujours à Remel-Souk, a reçu toutes les troupes de renfort envoyées d'Alger et d'Oran ; il a en ce moment avec lui une force de dix bataillons, trois batteries et quatre escadrons de cavalerie environ [1].

Sous leur protection commencent le débarquement des troupes venant de France et leur concentration.
Les troupes venant de France commencent maintenant à débarquer. Il faut leur faire de la place.

Le 19 avril, les troupes devant faire partie de la brigade Ritter qui occupent le Tarf, Remel-Souk et El-Aïoun serrent sur leur gauche et vont occuper Oum-Theboul.

El-Aïoun devient le point de concentration de la brigade Vincendon (troupes de France) ; Remel-Souk devient le point de concentration de la brigade Galland (troupes de France).

Ces trois brigades formeront la colonne Delebecque, quartier général à Remel-Souk.

Les troupes d'Algérie destinées à entrer dans la composition de la colonne Logerot appuient au contraire sur leur droite, cette colonne devant opérer plus au sud, quartier général à Souk-Ahras.

Composition du corps expéditionnaire.
Le corps expéditionnaire ainsi créé est mis sous les ordres du général Forgemol de Bostquénard [2].

La colonne Delebecque [3], qui doit opérer dans le nord, en pays de montagnes, comprend trois brigades d'infanterie à sept bataillons chacune, des canons de montagne exclusivement et peu de cavalerie (deux escadrons seulement).

Les bataillons de la brigade Ritter [4] sont tous d'Algérie (dont le bataillon du 59ᵉ d'infanterie) ; la brigade Vincendon [5] com-

---

1. Voir plus haut les emplacements de ces troupes.
2. Général Forgemol de Bostquénard, commandant la division de Constantine (chef d'état-major : colonel du génie hors cadres de Polignac).
3. Général Delebecque, commandant la 13ᵉ division d'infanterie (Chaumont) (chef d'état-major : commandant Crétin).
4. Général Ritter, commandant la subdivision de Bône.
5. Général Vincendon, commandant la 58ᵉ brigade d'infanterie (15ᵉ corps), Marseille.

prend surtout des troupes du 15ᵉ corps d'armée; celle du général Galland¹, surtout des troupes du 18ᵉ corps d'armée.

La colonne Logerot², qui doit opérer plus au sud, dans un terrain plus facile, comprend une brigade d'infanterie à sept bataillons (cinq bataillons d'Algérie et deux bataillons de France), sous les ordres directs du général Logerot; une brigade de cavalerie forte de neuf escadrons (d'Algérie et de France), sous les ordres du général Gaume³; des canons de campagne et de montagne⁴.

Il faut ajouter à ces deux colonnes une brigade dite de réserve, forte de cinq bataillons d'infanterie venus du 16ᵉ corps, sous les ordres du général de Brem⁵, et un groupe de trois escadrons.

Le 20 avril, le général Forgemol adresse, de Bône, ses instructions générales pour le corps expéditionnaire sur la frontière tunisienne⁶.

Le même jour, il communique à ses généraux « le projet d'instructions pour les commandants de l'expédition française » qui vient de lui être envoyé par le ministre de la guerre.

Ce document peut se résumer ainsi :

« L'expédition entreprise ne peut être considérée, ni comme une guerre internationale (l'état de paix subsiste entre les gouvernements français et tunisien), ni comme une guerre civile (puisque nous allions combattre une rébellion armée, en substituant en quelque sorte notre autorité à celle du souverain territorial)⁷.

---

1. Général Galland, commandant la 70ᵉ brigade d'infanterie (18ᵉ corps), Bordeaux.
2. Général Logerot, commandant la subdivision de Batna.
3. Général Gaume, commandant la brigade de cavalerie du 1ᵉʳ corps d'armée.
4. Voir annexe n° VII.
5. Général de Brem, commandant la 61ᵉ brigade d'infanterie (16ᵉ corps), Montpellier.
6. Voir annexe n° IX.
7. Cette note a été rédigée en avril (elle ne porte pas de date), probablement avant que la réponse du bey Mohammed es Saddok, en date du 7 avril (voir annexe n° VIII), ait été portée à la connaissance du conseil des ministres en France.

» Il faut donc tenir compte de ce caractère mixte pour y conformer sa conduite dans certaines éventualités[1].

» On doit prévoir que l'armée française ne tardera pas à rencontrer les troupes régulières de la Régence.

» Si elles se présentent en ennemies, pas d'hésitation : passer outre et repousser la force par la force; si elles se présentent comme alliées, s'entendre avec elles pour opérer de concert contre les tribus insoumises.

» L'autorité militaire devra d'ailleurs se borner aux dispositions qui auront pour but d'assurer le désarmement et la soumission des tribus soulevées. Le règlement des questions d'ordre politique est réservé exclusivement au gouvernement de la République[2]. »

Le 24 avril, le corps expéditionnaire est concentré.

Le 24 avril[3], le corps expéditionnaire, fort de 25.000 hommes[4], est concentré.

Le général Forgemol est à El-Aïoun.

Dans la colonne du général Delebecque, dont le quartier général est à Remel-Souk, les brigades occupent les points suivants :

Brigade Ritter (camp de Demenet-Rebah)[5], Oum-Theboul;
— Vincendon, à El-Aïoun;
— Galland, à Remel-Souk.

Dans la colonne de droite, les brigades de Brem et Gaume campent à Sidi-el-Hamissi, sur la Medjerdah; la brigade Logerot à Sidi-Youcef[6].

Le bey, après sa vaine protestation du 7 avril, et bien

---

1. C'est assez vague : c'est le système du « Débrouillez-vous! » bien connu du soldat français.
2. Cette dernière phrase, seule, est bien nette.
3. Voir ordre de prise de commandement du général Forgemol (annexe n° X).
4. La première expédition employa 31.816 hommes (officiers compris), dont 23.616 envoyés de France et 8.200 empruntés aux trois divisions d'Algérie.
Dans ce chiffre, il faut comprendre les effectifs de la colonne Bréart, qui n'opérera que plus tard.
Restent donc, pour le corps de la frontière algérienne, plus de 25.000 hommes.
5. Chabet-Dement-Arba, à l'est d'Oum-Theboul.
6. Pour la répartition de l'artillerie du corps expéditionnaire, voir annexe n° XI.

qu'abandonné par les puissances dont il avait sollicité le secours[1], s'était résolu à empêcher à tout prix l'entrée de nos colonnes dans la Régence.

Il avait convoqué ses troupes régulières; il n'en fallait pas davantage pour réveiller l'enthousiasme et le fanatisme de la nation.

Hammema, Drid, Oulad-Ayar, Oulad-Aoun, Fraichich, Zlass, Oulad-Saïd, habitants du Sahel, commencèrent à se rassembler sur leur territoire pour marcher à la rencontre des envahisseurs.

D'autres causes que les convictions religieuses venaient encore ajouter un nouveau ferment à l'excitation générale.

La lutte devait offrir d'excellentes occasions de pillages, de vengeances particulières, de désordre; elle allait également permettre à certaines individualités compromises de se tirer d'une situation difficile sans nuire à leur prestige et à leur réputation de fortune et d'honorabilité[2].

---

[1]. Voir annexe n° VIII.
[2]. Voir annexe n° XIII (Situation générale de la Régence au moment des événements de Tunisie).

CHAPITRE II

Première expédition.

Plan de campagne.
Le général Logerot franchit la frontière le 24 avril, entre au Kef le 26 (M. Roy). — Le même jour (26), la colonne Delebecque entre en Khoumirie (elle s'arrête), et 1.200 hommes (colonel Delpech), prennent pied sur la côte tunisienne à Tabarka. Le 28 avril, le général Logerot arrive à Souk-el-Arba ; la brigade de réserve a prononcé son mouvement dans la vallée de la Medjerdah.
Engagement du colonel Hervé, le 30 avril, à Ben-Béchir. — 1ᵉʳ mai, occupation de Bizerte. — 3 mai, débarquement de la colonne Bréart (attitude du bey Mohammed es Saddok ; du bey du camp Ali Bey). — Le 8 mai, la colonne Bréart se met en route sur Tunis ; elle arrive le 12 mai à la Manouba. — Traité de Kassar-Saïd.

Plan de campagne.

Le plan de campagne du général français a semblé se réduire, dès que les troupes furent concentrées et prêtes à marcher, aux opérations suivantes :

1º Isoler les Khoumir des tribus voisines ;

2º Pénétrer avec des colonnes mobiles, se reliant entre elles, dans le pays des Khoumir.

La saison était des plus favorables ; les récoltes étant sur pied, il était possible de punir sévèrement les tribus hostiles.

La colonne du sud, chargée d'exécuter la première partie du plan, se met la première en mouvement.

Le général Logerot franchit la frontière (24 avril).

Le 24 avril, le général Logerot quitte Sidi-Youcef et campe le soir sur les bords de l'oued-Mellègue.

Le 25, les troupes franchissent l'oued-Mellègue et arrivent en vue du Kef, à l'oued-Remel, où elles s'arrêtent, couvertes par des avant-postes à la koubba de Sidi Abdallah Sghir, à moins de quatre kilomètres des remparts de la ville.

Le général Logerot entre au Kef (26 avril).

Le 26 avril, à midi, la colonne entre au Kef. Le gouverneur, Si Réchid, influencé par M. Roy[1], notre agent consulaire,

---

1. M. Roy était, en 1881, chef de la station télégraphique du Kef et agent consu-

avait ouvert les portes de la place réputée, dans la Régence, comme imprenable[1].

Occupation de Tabarka (25-26 avril).

Dans le nord, les opérations des troupes chargées de l'exécution de la deuxième partie du plan avaient été contrariées par le mauvais temps.

La flottille[2] chargée d'opérer contre Tabarka arrivait devant cette place le 24 avril; la mauvaise mer l'empêcha d'agir.

Le 25, elle put bombarder le fort de l'île et y débarquer 1.200 hommes sous le commandement du colonel Delpech.

Le 29, nos troupes occupèrent, sans aucune perte, Bordj-Djedid sur la côte tunisienne; l'artillerie l'arma de pièces de 90^{mm}[3].

Le 25 avril, la division Delebecque devait franchir la frontière[4]; des pluies torrentielles l'obligèrent à ne commencer son mouvement que le lendemain[5].

La colonne Delebecque entre en Khoumirie (26 avril).

Le 26 avril, à 3 heures du matin, la brigade Ritter se mit en marche en deux colonnes[6]. A 6 heures, elle occupe le col de Bab-Abrik, sans avoir rencontré un ennemi. L'attaque pro-

---

laire de France; il est aujourd'hui consul de 1re classe et secrétaire général du gouvernement tunisien.
1. Voir annexe n° XIV.
2. Transports : *le Tourville, la Surveillante, la Corrèze*, transportant :
   Deux bataillons du 88e régiment d'infanterie (colonel Delpech);
   Un bataillon du 143e régiment d'infanterie (commandant Dario);
   Une section de la 8e batterie du 12e, armée de canons de 80^{mm} (lieutenant Noël);
   Une section de la 1re batterie du 9e, armée de canons de 90^{mm} (lieutenant Joubaud);
   Une section du génie.
Canonnières : *l'Hyène, le Chacal, le Léopard*.
Aviso : *la Corse*.
3. Voir annexe n° XV.
4. Voir annexe n° XVI.
5. Voir annexes n°s XVII, XVIII et XIX.
6. Colonne de droite : colonel Cajard; deux bataillons du 3e régiment de zouaves (commandants Bounin et Baudoin).
Colonne de gauche : colonel Gerder (3e bataillon du 1er tirailleurs, commandant Gay de Taradel, et 1er bataillon du 3e tirailleurs, capitaine Meaux).
Les hommes de ces deux colonnes *laissent leur sac au camp* que gardent un bataillon du 2e zouaves et un bataillon du 1er tirailleurs. (Le général Delebecque avait donné cependant l'ordre d'emporter dans le sac trois jours de vivres. Voir annexes n°s XVI et XVII.)

noncéele 25 sur Tabarka avait dégarni complètement cette région ; les indigènes qui l'occupaient s'étaient portés à Tabarka[1]. L'artillerie tira cependant six obus sur un ennemi invisible[2]. La brigade battit, sans y rencontrer un seul Khoumir, les pentes du djebel-Addeda et la vallée de l'oued-Djenan, se vit obligée de s'arrêter[3] (les chemins étaient devenus impraticables et le général Ritter[4] avait été frappé d'une attaque d'apoplexie) et rétrograda, le 27, sur Oum-Theboul.

Le même jour, 26, la brigade Vincendon, soutenue par la brigade Galland, s'était dirigée sur Babouch, par le Fedj-Kahla. Les Khoumir occupaient ce passage ; ils le défendirent vigoureusement pendant plusieurs heures et ne se retirèrent qu'après des pertes sérieuses. Les batteries de la brigade Vincendon tirèrent 73 obus ; l'artillerie de la brigade Galland tira 58 obus[5].

---

1. Les Khoumir, qui avaient appris par leurs émissaires venus rôder autour des camps que la colonne Delebecque allait entrer en Tunisie, avaient aussitôt réparti leurs contingents le long de la frontière et avaient occupé les principaux passages.

L'attaque prononcée sur Tabarka, en attirant les Oulad-bou-Said, les Houamdia et les Oulad-Amor (voir annexe n° XV), avait eu pour résultat de dégarnir les régions que devait parcourir le général Ritter ; mais les autres fractions étaient restées à leurs postes, observant les troupes françaises.

Elles avaient eu l'intention d'occuper le passage de Bab-Abrik, mais le 26 avril, au matin, les trois brigades s'étant mises en marche, il n'avait plus été possible de mettre ce projet à exécution.

2. Extrait du *Résumé historique des marches et opérations de l'artillerie pendant la campagne de Tunisie*.

3. A 8 h. 30 du matin, les troupes sont installées sur les sommets.

A 9 heures, ordre est adressé au camp de *faire parvenir les sacs*. Le convoi qui les porte arrive à 3 heures du soir.

La colonne d'attaque passe la nuit du 26-27 au col de Bab-Abrik. Le 27, au matin, elle redescend sur le camp de Demenet-Rebah ; à 2 heures, la brigade entière se porte à El-Aioun, où elle arrive vers 6 heures du soir.

4. On dut l'évacuer sur La Calle (descendu en brancard du Kef Bab-Abrik jusqu'à Oum-Theboul.) Le colonel Gerder, du 3e tirailleurs, prit à la date du 27 avril le commandement de la brigade.

5. Cette journée de début (26 avril) est celle où l'artillerie fut le plus engagée ; quatre batteries de 80 de montagne prirent part à l'action. La batterie de 4 rayé de montagne (2e du 1er), seule, ne fut pas employée.

91 obus ordinaires et 16 obus à balles furent tirés :

Brigade Ritter....... 2e batterie du 16e, 6 obus ordinaires ;
Brigade Vincendon... { 8e — 5e, 59 —
{ 8e — 6e, 14 —
Brigade Galland..... 1re — 7e, 42 obus ordin. et 16 obus à balles.

Le général Vincendon occupa, dès le milieu de l'après-midi, le Kef-Cheraga; le général Galland, le plateau de Hadjar-Mkoura[1].

La colonne Delebecque s'arrête (27 avril).

Le mouvement rétrograde de la brigade Ritter arrêta la marche en avant des brigades Vincendon et Galland.

Cette marche en retraite de la brigade Ritter et l'arrêt des brigades Vincendon et Galland firent cesser les inquiétudes qu'avait causées aux Khoumir notre ingression du 26. Il leur parut évident que nous n'oserions pas nous aventurer plus loin; ils reprirent courage et décidèrent de se retrancher dans le cœur du pays où, jusqu'à ce jour, n'avaient pu pénétrer les soldats beylicaux.

Marche de la colonne Logerot.

Le 27 avril, le général Logerot, qui a laissé une garnison (83ᵉ régiment d'infanterie, colonel de Coulanges) au Kef, passe à Nebeur, puis, se rapprochant de l'oued-Mellègue, vient camper à Bahirt-el-Morr.

Le 28, il arrive à Souk-el-Arba et établit son camp entre le chemin de fer et la Medjerdah.

La brigade de réserve descend la vallée de la Medjerdah.

Pendant ces deux journées, la brigade de Brem, partie de Sidi-el-Hamissi, était venue occuper les gares de Ghardimaou et de l'oued-Méliz, pour assurer les ravitaillements de la colonne Logerot par l'Algérie.

Entrevue du général Logerot et d'Ali Bey.

Ali Bey[2] se trouvait alors à Ben-Béchir avec ses contingents. Le 29 avril il vint trouver le général Logerot dans son camp, à Souk-el-Arba. Il déclara que le gouvernement tunisien ne

---

Il y a une erreur dans ces chiffres donnés par le *Résumé historique de l'artillerie.*
Le tir fut fort difficile à apprécier; les sections agissaient isolément et souvent chaque pièce de la même section tirait sur un but différent.
La distance moyenne du tir a été de 1.500 mètres. (Extrait du *Résumé historique des marches et opérations de l'artillerie*, document déjà cité.)

1. Dans la journée du 26 avril, le 29ᵉ bataillon de chasseurs à pied reçut l'ordre de protéger la retraite des deux bataillons du 22ᵉ régiment d'infanterie engagés avec les Khoumir et la marche des convois des brigades Vincendon et Galland jusqu'à leur arrivée aux camps de ces brigades établis sur les crêtes du djebel-Oum-Skek.
Le bataillon prit position, repoussa victorieusement les attaques des Khoumir et rentra au camp, sa mission accomplie.
2. Voir annexe n° XXI (Agissements d'Ali Bey et engagement de Ben-Béchir).

comptait mettre aucun obstacle à nos opérations et que, de son côté, il faisait tous ses efforts pour calmer l'agitation qui régnait dans le pays.

Ali Bey mentait; il excitait les Khoumir contre les colonnes Vincendon et Galland, les Chiahia contre la colonne de Brem.

Le général Logerot invita Ali Bey à s'éloigner dans le plus bref délai de Béja et à porter son camp du côté de Tunis, vers Téboursouk et Medjez-el-Bab.

Le lendemain, 30, Ali Bey se retira, dès le matin, dans la direction de Tunis; mais chemin faisant il licencia, en leur laissant leurs armes, les contingents originaires de la région, qui s'empressèrent de rejoindre les Khoumir dans les montagnes.

Engagement du colonel Hervé à Ben-Béchir le 30 avril.

Le général Logerot, avant de se remettre en marche, avait envoyé une reconnaissance, le 30, vers Ben-Béchir.

Le goum qui précédait cette reconnaissance, commandée par le colonel Hervé (du 1er zouaves), fut accueilli par une vive fusillade (Chiahia). Aussitôt, de nombreux groupes armés descendirent les pentes environnantes (8 heures du matin).

Le colonel Hervé prit ses dispositions de combat et demanda, à Souk-el-Arba, des renforts qui arrivèrent vers midi.

A 6 heures du soir, l'ennemi était en déroute, ayant fait des pertes sérieuses[1].

Occupation de Bizerte (1er mai).

Le 1er mai, le *la Galissonnière* (ayant à son bord le contre-amiral Conrad), la *Surveillante* et l'*Alma* arrivaient dans les eaux de Bizerte.

Après quelques pourparlers, le gouverneur tunisien rendait la ville et, à midi, les fusiliers marins occupaient la kasbah.

Débarquement, à Bizerte, de la colonne Bréart (3 mai).

Le 3 mai, d'autres bâtiments débarquaient le général Bréart et 6.000 hommes d'infanterie, cavalerie, artillerie et génie.

Le général Bréart avait pour mission de marcher, à la tête

---

1. La 8e batterie du 38e tira, dans cette affaire, 33 obus ordinaires (le deuxième obus tomba à trente mètres en avant des tirailleurs du 1er zouaves. — Voir annexe n° XX).

de cette colonne, sur le Bardo et d'imposer de force à Mohammed es Saddok un traité qui mit fin à la comédie que le gouvernement beylical jouait depuis si longtemps[1].

Nous savons[2] qu'à la dépêche du 6 avril de notre ministre des affaires étrangères, faisant connaître notre résolution de châtier les Khoumir avec l'aide des troupes tunisiennes, le bey avait répondu qu'il s'opposait formellement à l'entrée de nos soldats dans son royaume; puis qu'ayant appris la concentration de notre corps expéditionnaire, il s'était décidé à empêcher à tout prix son entrée dans la Régence et qu'il avait convoqué ses troupes régulières.

Attitude du bey Mohammed es Saddok; du bey du camp, Ali Bey.

Nous avons vu l'effet produit sur les tribus de la frontière et de la vallée de la Medjerdah par l'arrivée de ces troupes dont les chefs prêchaient la résistance.

Mais quand Mohammed es Saddok vit que ses protestations restaient sans effet et que nos troupes franchissaient la frontière, il se ravisa, chercha où était son intérêt et recommanda à ses sujets la résignation et la soumission aux événements présents[3].

Il donna l'ordre aux chefs indigènes de licencier leurs troupes; il recommanda de ne pas défendre le Kef, Tabarka et de ne pas contrarier les opérations des troupes françaises.

Mais ces recommandations étaient balancées par la propagande hostile d'Ali Bey, qui déclarait hautement tenir des instructions particulières de son frère.

---

1. Voir annexe n° XXII.
2. Voir annexe n° VIII.
3. Mohammed es Saddok avait, en effet, tout intérêt, dans les circonstances présentes, à ne pas envenimer la lutte. Essayer de nous résister, c'était s'exposer à des pertes énormes; c'était aussi favoriser les projets de conquête qu'il nous attribuait.
Il avait adressé aux gouverneurs de la Régence une circulaire à peu près conçue en ces termes :
« Nous vous remercions des efforts que vous avez faits jusqu'à présent pour le maintien de l'ordre dans votre commandement. Quelques troubles se sont produits dans certaines tribus au moment de l'arrivée des troupes françaises en Khoumirie.
» Comme nous vous l'avons déjà fait savoir, la mesure prise par le gouvernement français n'a pas sa raison d'être, car nous ne sommes pas en guerre avec lui. Les difficultés survenues à cette occasion se termineront donc, sans aucun

Le premier mouvement de Mohammed es Saddok, à la nouvelle de l'occupation de Bizerte, fut d'appeler ses sujets à la guerre sainte; puis il se contenta de protester auprès de notre chargé d'affaires[1].

Le 8 mai, la colonne Bréart se met en marche sur Tunis;

La colonne Bréart fut immobilisée par le mauvais temps, pendant plusieurs jours; enfin, le 8 mai, la pluie durant toujours, elle se mit en marche sur Tunis.

La marche de cette colonne sur le Bardo enleva à Mohammed es Saddok ses dernières illusions[2].

elle arrive, le 12 mai, à la Manouba.

Le 12 mai, à 4 heures du soir, nos troupes campent à la Manouba, près de la gare, à deux kilomètres du Bardo.

Le général Bréart, avec son état-major, se dirige aussitôt vers Kassar-Saïd. Il y est reçu par le bey auquel il donna lecture des propositions du gouvernement français. Mohammed es Saddok demanda le temps de réfléchir et de consulter ses ministres; le général français lui accorda trois heures[3].

Traité de Kassar-Saïd.

A 8 heures du soir, le traité, dit du Bardo, établissant notre protectorat, était signé.

Le bey, en prenant congé, demanda que nos troupes ne fissent pas leur entrée dans Tunis[4]. Le gouvernement français, interrogé par télégramme, envoya l'ordre de ne pas occuper Tunis.

---

doute, dans d'excellentes conditions, ce à quoi nous nous efforçons d'arriver avec le concours de l'empire ottoman et de toutes les autres puissances voisines.

» Restez donc dans vos commandements afin d'empêcher vos administrés d'attenter en quoi que ce soit à la paix et à la sécurité générale.

» Empêchez-les d'écouter les paroles des gens malintentionnés et menacez de peines sévères ceux qui contreviendraient à mes ordres. »

C'est la dernière fois que Mohammed es Saddok devait faire allusion, dans ses actes officiels, à une intervention étrangère et à l'appui de l'empire ottoman.

1. « Nous exprimons tout notre regret, disait le bey, de nous voir traiter ainsi par un gouvernement ami pour lequel nous avons eu toujours les plus grands égards et avec lequel nous nous sommes toujours efforcé de conserver de bons rapports. »

2. Il comprit la faute qu'il avait commise en ne suivant pas la politique de ses prédécesseurs; sous le coup d'une irritation profonde, il reprocha amèrement aux agents italiens de l'avoir poussé à la résistance lorsque leur gouvernement n'était pas en état de le soutenir.

Le 10 mai, il avait réuni son entourage pour le consulter et déclaré qu'il préférerait plutôt mourir que de soumettre son royaume à un protectorat.

3. Voir annexe n° XXIII.

4. Voir annexe n° XXIV.

CHAPITRE III

Première expédition (*suite*).

Le 2 mai, le général Forgemol ordonne la marche concentrique sur Fernana ; la brigade de Brem vient occuper Souk-el-Arba.
La colonne Delebecque se concentre, le 3 mai, à Djebabra, marche vers l'est (reconnaissance de Sidi-Abdallah, 8 mai) et entre en relations avec la colonne Logerot, le 14 mai, à Ben-Métir.
On est au centre du pays khoumir ; l'insurrection de Khoumirie peut être considérée comme terminée.
Le général en chef prescrit une conversion à gauche de la colonne Delebecque, vers le nord-est, pour acculer ce qui reste de Khoumir à la mer, tandis que les généraux Logerot et Maurand, passant par Béja et Mateur, les isoleront des Mogod et leur couperont la retraite par l'est, la garnison de Tabarka opérant de même pour l'ouest.
Les mouvements prescrits s'effectuent : La colonne Delebecque exécute sa conversion (affaire d'avant-postes du 19 mai à El-Guemaïr) ; le 18 mai, le général Maurand, parti de la Manouba, a fait sa jonction à Mateur avec une colonne venue de Bizerte ; le général Logerot entre le 20 mai à Béja et remonte vers le nord.
Le 26 mai, le dernier coup de canon est tiré à la colonne Delebecque ; le 29 mai, elle se concentre à Berzigue et y reste jusqu'au jour où arrivent les ordres de rapatriement (mi-juin).
Les troupes de France s'embarquent (pour la plupart à Tabarka) ; les troupes d'Algérie descendent sur Souk-el-Arba d'où elles se dirigent, à pied, en remontant la vallée de la Medjerdah, vers l'Algérie.
Le 1er juillet, le corps expéditionnaire est dissous ; le général Logerot prend le commandement du corps d'occupation.

La colonne Delebecque était arrêtée depuis le 27 avril ; le général Forgemol, le général Delebecque et la brigade Gerder étaient à El-Aïoun ; les brigades Galland et Vincendon étaient en position à Hadjar-Mkoura et au Kef-Cheraga depuis le 26 avril.

Ces deux dernières brigades poussaient des reconnaissances dans les environs de leur bivouac ; la brigade Gerder protégeait la ligne de communication entre elles et Remel-Souk, base d'opérations[1].[a]

<small>Le 2 mai, le gén. Forgemol ordonne la marche concentrique sur Fernana.</small>

Le 2 mai, le général Forgemol ordonne la marche des colonnes Delebecque et Logerot sur Fernana. Ce mouvement concentrique a pour but de cerner les tribus khoumir rebelles signalées, par les reconnaissances, au djebel-Sidi-Abdallah.

<small>La brigade de réserve vient occuper Souk-el-Arba. La colonne Delebecque se concentre à Djebabra le 3 mai</small>

En exécution de cet ordre, la brigade de Brem s'est portée à Souk-el-Arba, afin de permettre au général Logerot de gagner Fernana, et la colonne Delebecque se concentre à Djebabra[2] (à 3 kilomètres sud d'Aïn-Smaïn) dans la journée du 3 mai[3].

La brigade Gerder s'installe au camp de Djebabra à 10 heures du matin en première ligne.

La brigade Galland s'installe au camp de Djebabra à 1 heure du soir en deuxième ligne.

La brigade Vincendon s'installe au camp de Djebabra à 3 heures du soir.

Le général Forgemol est arrivé à 10 heures de Remel-Souk.

Dans l'après-midi du 3, les troupes complètent leurs munitions

---

1. Tous les jours, une compagnie de la brigade Gerder partait d'El-Aïoun, à 6 heures du matin, pour le col de Fedj-Kahla où elle correspondait avec une compagnie de la brigade Galland, venue en ce point. Les dépêches officielles, les isolés, les convois, faisaient mouvement sous la protection de ces deux compagnies.

a. Par ordre du ministre de la guerre, une brigade topographique, commandée par le lieutenant-colonel Mercier et composée de deux capitaines et de deux lieutenants, est affectée à la colonne Delebecque.

À la date du 29 avril, les brigades de la colonne Delebecque prennent chacune un numéro :

La brigade Ritter, le n° 1.
— Vincendon, le n° 2.
— Galland, le n° 3.

2. Djebabra n'est pas sur la carte au 1/50.000.

Ce point doit se trouver certainement un peu au nord d'El-Hammam, à 3 kilomètres au sud d'Aïn-Smaïn, laquelle est située à 4 kilomètres au sud-sud-ouest d'El-Aïoun.

3. Pour l'exécution de ce mouvement, dans la colonne Delebecque, la brigade Gerder (qui laisse deux compagnies du 59e à Oum-Theboul) se dirige tout entière, le 3 mai, avec son convoi sur El-Hammam. Son convoi administratif, auquel viennent se joindre les convois administratifs des brigades Vincendon et Galland, la suit, le même jour (par un chemin plus praticable probablement).

Il est vraisemblable que les brigades Vincendon et Galland ont marché directement sur El-Hammam.

et s'alignent à trois jours de vivres de sac et cinq jours de vivres de convoi.

Le 4 mai, le camp est porté à Sidi-Youcef [1].

Le 5 mai, — à El-Mana [2].

Le 6 mai, le général Forgemol va, sous la protection de deux compagnies sans sacs de la brigade Gerder, à Fernana, conférer avec le général Logerot.

Une reconnaissance qui doit opérer ce même jour, sous la direction du général Delebecque, est contremandée en raison du mauvais temps [3].

Le 7 mai, un convoi est envoyé à Remel-Souk chercher des vivres de toute nature pour quatre jours; les malades sont évacués sur les mulets partant à vide. Le convoi chargé doit rentrer au camp d'El-Mana, le 8 mai.

Ce même jour, 7 mai, le général Cailliot prend le commandement de sa brigade [4].

Le 8 mai, reconnaissance offensive [5], dirigée par le général

La colonne Delebecque marche vers l'est.

Reconnaissance offensive sur Sidi-Abdallah-ben-Djemel (8 mai).

---

1. A moins de 3 kilomètres sud-est de Djebabra.
2. A 6 kilomètres sud-est de Sidi-Youcef (sur le parallèle du camp de la Santé, carte au 1/200.000e).
Le 5 mai, la colonne Delebecque se porta en deux échelons de Sidi-Youcef à Fedj-Mana.
Le premier échelon (brigades Gerder et Galland) partit à 4 heures du matin dans l'ordre suivant :
Une compagnie de zouaves, génie;
Trois bataillons de zouaves, trois bataillons de tirailleurs, le 7e bataillon de chasseurs à pied, les deux bataillons du 22e de ligne, l'artillerie des deux brigades, les bagages, le convoi administratif escorté par le 57e de ligne.
Le deuxième échelon (général Forgemol et la brigade Vincendon) arriva au camp de Fedj-Mana dans l'après-midi.
3. Chaque brigade devait fournir, pour la constitution de cette forte reconnaissance un détachement, commandé par un colonel ou lieutenant-colonel et fort de trois ou deux bataillons, une batterie de combat, une section du génie, le goum et cent convoyeurs arabes, avec leurs mulets (pour couper du vert).
4. Le général Cailliot avait été nommé, le 29 avril, au commandement de la brigade Ritter.
5. Chaque brigade, commandée par son général, fournit :
    Quatre bataillons (les hommes sans sac, mais portant de quoi faire un repas froid ou du café);
    Sa compagnie du génie;
    Toute son artillerie de combat;
    Ambulance volante;
    Mulets indigènes pour rapporter le fourrage.
Dans cette journée, l'artillerie tira onze obus sur des bois où on avait vu se réfugier quelques Arabes.

de division Delebecque, vers Sidi-Abdallah-ben-Djemel, signalé comme devant être le lieu de la résistance acharnée des Khoumir. Ceux-ci n'essaient même pas de combattre et prennent la fuite en laissant sous la protection du marabout de Sidi-Abdallah, une quantité d'effets et d'objets de toute nature[1].

On ramène du bétail[2] et on rapporte du fourrage.

Les 9 et 10 mai, les troupes de la colonne Delebecque restent à El-Mana, retenues par des pluies torrentielles[3].

La colonne Delebecque reprend sa marche le 11 mai.

Le 11 mai, les brigades se portent en avant ; dans cette journée, l'artillerie lança soixante projectiles environ sur les pentes par où l'ennemi aurait pu venir et sur les bois où il était supposé avoir opéré sa retraite[4].

Le soir du 11 mai, le général Delebecque, avec les brigades Vincendon et Galland, campe à Sidi-Abdallah ; la brigade Cailliot à Dar-el-Abidi, à proximité du Fedj-el-Meridj, col donnant accès dans la plaine de Ben-Métir, que le général en chef vient de choisir comme théâtre des opérations.

Engagement de la colonne Logerot à Ben-Métir (11 mai).

Le même jour, 11 mai, le général Logerot avait quitté Fernana (où il était depuis le 5) pour se rendre à Ben-Métir. Il était arrivé à El-Fedj, où il devait installer son camp, quand ses goumiers, envoyés en avant dans la direction de Ben-Métir, vinrent donner dans un parti d'insurgés qui occupait le

---

1. Voir annexe n° XXV.
2. 84 bœufs et 150 chèvres ou moutons.
3. Le temps, dans la journée du 9 mai, fut si mauvais que personne ne sortit. Dans l'après-midi du 10 mai, une petite reconnaissance dirigée par le commandant Cretin, chef d'état-major de la division, alla à quatre ou cinq kilomètres au nord-est de Fedj-Manà chercher un nouvel emplacement de camp, dans la direction du djebel-Meridj.
Cette reconnaissance découvrit les cadavres de deux hommes du 16ᵉ escadron du train des équipages ; un brigadier et deux soldats du train, du convoi du général Forgemol, étaient allés à trois kilomètres du camp faire du vert pour les chevaux de l'état-major et avaient été massacrés par les Khoumir.
Le cadavre du troisième (le soldat Benet-Philebert, du 8ᵉ escadron) fut trouvé le 11 mai, dans le parcours du camp d'El-Mana au camp d'El-Meridj ; il portait neuf blessures (cinq par armes à feu, quatre par arme tranchante et piquante) et avait été dépouillé.
4. Extrait du *Résumé historique des marches et opérations de l'artillerie.*

khanguet-el-Hammam. Le goum se trouvait en présence des Slelma, des Chiahia (repliés dans la montagne depuis l'affaire de Ben-Béchir, 30 avril) et des premiers contingents des Mekna qui se portaient au secours des Chiahia[1].

Ces deux tribus faisaient leur jonction dans la plaine de Ben-Métir quand les Khoumir, repoussés par la division Delebecque, y arrivaient.

Se sentant en forces, les indigènes résolurent de tenter une action commune contre le général Logerot, occupèrent le khanguet-el-Hammam et y résistèrent pendant trois heures[2].

Les 12 et 13 mai, toutes les troupes restent en position[3]. Dans la division Delebecque, des convois[4] sont envoyés à Remel-Souk pour y évacuer les malades et en rapporter des

---

1. La tribu des Houamdia avait envoyé les cheiks des trois fractions El-Kouamia, Oulad-Saad et Alaoua au colonel Delpech, à Bordj-Djedid (Tabarka) pour faire leur soumission. La quatrième fraction, celle des El-Redjaïbia, qui se trouvait au milieu des Mekna, restait seule rebelle.
Les Oulad-Cedra et les Oulad-ben-Saïd avaient également fait leur soumission.
2. Dans cette journée, les batteries de montagne Moll et Parriaud tirèrent, du camp d'El-Fedj, sur les groupes d'Arabes aperçus dans la vallée de l'oued-Illil, de 1.500 à 3.400 mètres. Le lieutenant-colonel, commandant l'artillerie de la colonne, fit remarquer, à propos de cette affaire, combien il est indispensable de faire camper l'artillerie sur des emplacements d'où elle peut voir les terrains environnants. (Extrait du *Résumé historique des marches et opérations de l'artillerie*.)
3. Pluies torrentielles.
4. Le convoi de la brigade Cailliot, parti d'El-Abidi le 12 mai à 10 h. 30 du matin, sous la protection d'une compagnie de tirailleurs, conduit par un guide envoyé par la division, s'égara, descendit beaucoup trop au sud et passa à Sidi-Youcef à 2 h. 30; il ne fit sa jonction qu'à 3 heures du soir avec les convois des brigades Vincendon et Galland, partis de Sidi-Abdallah, qui se trouvaient en arrière et sur sa droite. (Extrait du rapport du capitaine commandant la compagnie d'escorte.)
Le convoi devait se rendre au pont construit sur l'oued-Melah pour les colonnes Vincendon et Galland; en réalité, il fut conduit par le guide au gué de l'oued-Melah, par où était passée la brigade Gerder, le 3 mai, en allant de Djebabra à Sidi-Youcef.
A 2 h. 30 du soir, le capitaine, alors décidé à continuer et à conduire son convoi jusqu'à Remel-Souk, fut prévenu par son arrière-garde qu'un parti de cavaliers, que la distance et le brouillard empêchaient de distinguer clairement, suivait son convoi. Il envoya reconnaître ce groupe; c'était la division de hussards qui marchait avec les convois des brigades Galland et Vincendon.
Après avoir réuni son convoi à ceux des deux autres brigades, il fit demi-tour et rentra avec sa compagnie au camp de Dar-el-Abidi à 6 heures du soir.
(En réalité, il fallait cinq quarts d'heure pour aller d'El-Abidi au pont et sept quarts d'heure pour en revenir.)

vivres ; la brigade Cailliot fait des reconnaissances dans la direction de Ben-Métir et prépare le passage du col d'El-Méridj[1].

Les colonnes Delebecque et Logerot sont en relations (14 mai).

Le 14 mai, la brigade Cailliot[2] marche sur Ben-Métir.

Le même jour, la colonne Logerot[3] se porte vers le nord, en remontant la vallée de l'oued-el-Lil, pour protéger le débouché de la brigade Cailliot.

Les Khoumir, en fuyant devant les troupes de la brigade Cailliot, viennent passer sous le feu des tirailleurs de la colonne Logerot ; ils n'engagent le combat que pour couvrir leur retraite et protéger leurs troupeaux ; ce but atteint, ils abandonnent la lutte, en proie à un profond découragement.

Le soir, les brigades Cailliot et Logerot campent à Ben-Métir. Les colonnes Delebecque et Logerot sont en relations ; on peut, à cette date du 14 mai, considérer l'insurrection de Khoumirie comme terminée.

Ordres de manœuvre donnés aux généraux Delebecque, Logerot et Maurand.

Il ne s'agissait plus que d'atteindre les fuyards dans leur dernier refuge pour les empêcher de gagner d'autres régions.

Le général en chef décida que les brigades de la division Delebecque manœuvreraient de façon à acculer à la mer les tribus du nord-est, tandis que le général Logerot et le général Maurand, après avoir occupé l'un Béja et l'autre Mateur, s'avanceraient dans le pays des Mogod, pour s'opposer au passage des groupes rebelles.

La division Delebecque est campée, le 15 mai, à Ben-Métir et à l'ouest de ce point[4] ; elle aura donc à marcher vers le nord.

La colonne Logerot retourne le 15 à Fernana ; (le général

---

1. La reconnaissance de quatre bataillons (zouaves et tirailleurs) de la brigade Cailliot partie du camp de Dar-el-Abidi, le 13 mai, à 10 heures du matin, aperçut, après une marche de six kilomètres, les zouaves de la colonne Logerot, à trois kilomètres en avant, et rentra au camp à 6 heures du soir.
2. Voir, annexe n° XXVI, les ordres donnés par le général Cailliot, pour la marche du 14 mai.
3. Les deux batteries de montagne de la colonne Logerot tirèrent quarante-cinq coups de canon.
4. La brigade Cailliot (avec le général Delebecque), à Ben-Métir.
— Vincendon, au djebel-Bir.
— Galland, à Aïn-Draham,

Forgemol¹ marche maintenant avec elle). De là elle se dirige vers l'est et entre à Béja, sans résistance, le 20 mai.

Dans la nuit du 27-28 avril, le bateau français *Santoni* faisait naufrage sur la côte tunisienne, entre le cap Serrat et le port de Bizerte; il fut aussitôt pillé par les Mogod qui retinrent l'équipage prisonnier.

Les Mogod.

Les Mogod étaient surtout excités par un nommé Smith, sujet anglais, établi dans le pays depuis près de vingt ans et y jouissant d'une grande influence.

Le 12 mai, toute la tribu était en insurrection; elle se répandait dans la plaine de Mateur où elle fut rejointe par les contingents des tribus voisines.

De concert, tous ces insurgés se mirent à piller.

Le 16 mai, en exécution des ordres du général en chef, le général Maurand² part de la Manouba (avec deux bataillons d'infanterie, un escadron de cavalerie et une batterie de montagne) dans la direction du nord-ouest, pour aller faire sa jonction avec les colonnes opérant en Khoumirie et dans la vallée de la Medjerdah. Il a pour mission particulière de pacifier d'abord le pays de Mateur. Une petite colonne³ commandée par le colonel Périgord et forte d'un bataillon d'infanterie, une compagnie du génie et trois escadrons de cavalerie, est prête à partir de Bizerte, vers le sud-ouest et doit l'aider à obtenir ce résultat.

Le 17, au soir, la colonne Maurand est à Aïn-Ghellal; la

---

1. Voir, annexe n° XXVII, l'ordre général donné par le général Forgemol à l'issue de ces premières opérations.
2. Débarqué avec le général Bréart et la 4ᵉ brigade de renfort.
Colonne du général Maurand :
    30ᵉ bataillon de chasseurs à pied;
    1ᵉʳ bataillon du 38ᵉ régiment d'infanterie;
    10ᵉ batterie du 13ᵉ d'artillerie (80ᵐᵐ de montagne);
    1 escadron de hussards.
3. *Colonne du colonel Périgord* :
    Un bataillon du 20ᵉ régiment d'infanterie;
    Trois escadrons du 9ᵉ chasseurs à cheval;
    Une compagnie du génie.

colonne Périgord, partie de Bizerte dans la matinée, est à l'oued-Tindja.

Les insurgés, en apprenant la marche concentrique de ces deux colonnes, s'étaient réfugiés aussitôt dans le pâté montagneux qui s'élève entre les deux routes qui, de Mateur, conduisent à l'oued-Tindja et à Aïn-Ghellal.

Le général Maurand et le colonel Périgord entrent à Mateur (18 mai).

Le 18 mai, à 10 heures du matin, les deux colonnes françaises qui n'ont essuyé que quelques coups de feu dans leur marche en avant[1], font leur jonction devant Mateur et y entrent sans résistance.

Conversion à gauche de la colonne Delebecque.

Pendant ce temps le général Delebecque[2] n'était pas resté inactif.

Le 16 mai, le général Cailliot se porte, avec ses troupes, à 10 kilomètres au nord-est[3].

Le 17, le général Delebecque le rejoint à Medjel-Tebaïnia[4].

Les journées des 17 et 18 mai sont employées par les troupes du général Cailliot à faire des razzias et à améliorer les chemins conduisant vers Aïn-Draham.

Le 19 mai, la marche vers le nord-est est reprise[5].

Les brigades Cailliot et Vincendon marchent parallèlement, à 2 ou 3 kilomètres l'une de l'autre : la première (avec laquelle marche le général Delebecque), à droite, suit la vallée; la deuxième suit les crêtes. La brigade Galland séjourne à Aïn-Draham pour assurer les communications avec Remel-Souk.

Affaire d'avant-postes à El-Guemaïr (19 mai).

Le 19 mai, la brigade Cailliot s'installe à El-Guemaïr (oued-Zeen).

A 1 heure de l'après-midi, aussitôt après l'arrivée au

---

1. Quand la colonne Maurand fut attaquée dans le djebel-Mellet, devant Mateur, la 10e batterie du 13e (80mm de montagne, capitaine Naquet) tira sur des groupes d'Arabes et sur la kasbah de Mateur 72 obus, dont 15 à balles.
2. Il avait passé la nuit du 15 mai à Ben-Métir.
3. Il envoie, le même jour, son convoi se ravitailler à Remel-Souk.
4. Ce camp fut appelé aussi camp « d'Aïn-Métir ».
5. Pendant cette marche vers le nord-est, quelques coups de canon furent tirés sur des ennemis toujours invisibles, 17 coups par la 2e batterie du 16e (80mm de montagne, de la brigade Cailliot) à des distances variant de 2.000 à 3.800 mètres; aucun point de chute ne put être observé. (Extrait du *Résumé historique de l'artillerie*.)

bivouac, le sous-lieutenant Lamy, du 1ᵉʳ tirailleurs, dont la section est en petit poste, est, en faisant avec quatre hommes une patrouille en avant de ses sentinelles, attaqué par des indigènes. Le petit poste, la grand'garde s'engagent successivement. Il faut deux compagnies de la réserve pour dégager cette compagnie qui eut trois hommes tués dans cet engagement[1].

Du 19 au 24 mai, le général Delebecque reste à El-Guemaïr. Ses troupes occupent un front de 17 kilomètres de longueur orienté nord-ouest, sud-est, d'Ouldj-Souk à Fedj-Aïeck[2]. (La brigade Galland s'est portée en ligne, ne laissant qu'un détachement à Aïn-Draham. La colonne de munitions de Remel-Souk s'est transportée à La Calle.)

Pendant cette période de cinq jours, les brigades envoyèrent des reconnaissances pour se relier et pour explorer le pays[3].

Le 25 mai, la colonne Delebecque tout entière s'avance de 10 kilomètres vers le nord et vient occuper le front Fedj-el-Asker (Vincendon); El-Khadouma (Delebecque et Galland); Sidi-Khouider[4] (Cailliot).

Son but est de repousser les derniers débris des Mekna vers la mer.

Le 22 mai, la colonne Logerot a quitté Béja se dirigeant vers le nord-ouest pour garder les défilés et couper toute ligne de retraite aux fuyards. Le 23, elle est à Souk-el-Tenin; le 25 à Feighou.

Le même jour, 25, la garnison de Tabarka a opéré vers le sud-est un mouvement qui rejette sur la brigade Vincendon des groupes d'Arabes que canonne son artillerie[5].

---

1. Voir annexe n° XXVIII.
2. Le 24 au soir, la brigade Cailliot campe au plateau de Fedj-Aïeck (8 kilomètres au *sud-est* d'El-Guemaïr). Pourquoi?
3. Le 20 mai, le zouave Pérémon (1ʳᵉ compagnie du 4ᵉ bataillon du 3ᵉ zouaves), d'un petit poste de quatre hommes aux avant-postes, fut atteint de deux coups de feu (poumon gauche et cervelle du côté droit).
4. Le 25, la brigade Cailliot se porte vers le nord-est, à Sidi-Khouider (à 18 kilomètres au nord-est de Fedj-Aïeck).
5. Le 25 mai, la 8ᵉ batterie du 6ᵉ (80ᵐᵐ de montagne) tira 13 obus sur un groupe

Le 26 mai, la colonne Logerot remonte plus au nord, pour empêcher la fuite des Mekna vers l'est.

Dans cette journée, et celle du lendemain 27, la division Delebecque effectue une opération bizarre :

Le général Cailliot, sur l'ordre du général Delebecque, part dès le matin du 26, dans la direction du nord, avec une colonne volante de quatre bataillons, une batterie de combat et une fraction d'ambulance[1].

Quand il sera arrivé à hauteur du général Vincendon, posté au col de Sidi-el-Asker (au nord-ouest de Sidi-Khouïder), il doit accentuer son mouvement vers sa droite (nord-est); puis les deux brigades se portant en avant refouleront les Mekna dans les dunes et les acculeront à la mer.

Les hommes des quatre bataillons de la colonne volante du général Cailliot partent sans sac, emportant dans leur musette des vivres pour deux jours; ils ont leur toile de tente et leurs bâtons; un seul mulet par compagnie, pour les officiers.

En même temps que se met en marche la colonne volante, part pour Tabarka un convoi allant chercher des vivres et composé de tous les mulets, 5 à 600 (du convoi administratif, des corps, d'outils, du génie, d'artillerie et indigènes.)

Derniers coups de canon de la colonne Delebecque (26 mai).

Deux bataillons restent au bivouac à Sidi-Khouïder. L'opération du 26 réussit assez mal; quelques coups de canon[2] (ce sont les derniers de l'expédition de Khoumirie) sont tirés sur des groupes réunis sous bois. Les troupeaux que le général Vincendon désirait vivement razzier[3] s'échappent vers l'est.

---

d'Arabes à 2.700 mètres et la 8ᵉ batterie du 5ᵉ (80ᶜᵐ de montagne) tira 17 obus sur des bois à 2.500 et à 3.500 mètres.

Le soir du même jour, à 4 h. 30, cette batterie, parvenue au camp de Fedj-el-Asker, battit de son feu un petit col, où passaient des Arabes, à 1.800 mètres vers l'est et, à la fin de la journée, elle tira à 4.000 mètres, d'après les ordres du général Vincendon, sur des gourbis appartenant au douar des Oulad-Tugas qui ne purent être atteints, se trouvant à 5.000 mètres. (Extrait du *Résumé historique des marches et opérations de l'artillerie.*)

1. Voir annexe n° XXIX.
2. La 2ᵉ batterie du 16ᵉ envoya quelques obus à 850 mètres et à 1.400 mètres.
3. Désir bien compréhensible, puisque le général Vincendon est *sans intendance*

L'avant-garde de la colonne Cailliot, complètement déployée cependant, ne peut s'emparer que d'une faible partie[1].

Le soir du 26, la colonne volante Cailliot couche à Berzigue. Entre temps le convoi de la brigade Cailliot a reçu l'ordre de venir se décharger à Berzigue, le 27, au lieu de retourner jusqu'à Sidi-Khouïder. Les mulets, une fois déchargés, partiront à l'ancien camp pour y prendre les sacs des hommes, les bagages des officiers et les *impedimenta* laissés[2].

Le 27 au matin, le général Cailliot envoie deux compagnies au devant du convoi, sur la piste de Tabarka ; deux compagnies restent au bivouac de Berzigue pour le garder, avec la batterie de 4.

Puis l'opération tentée la veille, avec le général Vincendon, est reprise, sans plus de succès d'ailleurs[3].

Dans la journée, le général Delebecque, qui était resté au bivouac de Sidi-Khouïder, rallie le bivouac de Berzigue avec un demi-bataillon de la brigade Cailliot.

Le 29 mai, les trois brigades de la colonne Delebecque sont massées autour de Berzigue, sur un front de 3 kilomètres (général Vincendon, à gauche, à Sidi-Asker ; général Delebecque et général Cailliot, à Berzigue ; général Galland, en deuxième ligne.)

La colonne Delebecque est concentrée à Berzigue (26 mai).

Dans la journée, une reconnaissance de deux bataillons, deux sections d'artillerie et un escadron de hussards descend la vallée de l'oued-Zeen vers son embouchure.

En exécution d'ordres du général en chef, la brigade Cailliot doit se tenir prête à entrer, le 2 juin, par l'ouest, sur le terri-

---

et *sans argent*. (Extrait d'une lettre du général Vincendon au général Cailliot, en date du 26 mai.)

1. Voir notes 1 et *a* de l'annexe n° XXIX, page 156.
2. Voir note *b* de l'annexe n° XXIX, page 156.
3. La division donne encore une fois dans le vide.

La Khoumirie ne possédant ni chef-lieu, ni même une agglomération importante, et les fractions khoumir ne s'étant pas réunies pour combattre, les opérations françaises ne pouvaient avoir d'objectif, ni géographique, ni de manœuvre.

Les populations indigènes se laissaient traverser par les colonnes françaises, dont l'activité s'employa dans des razzias de quelques gourbis misérables et clairsemés.

toire des Mogod, où elle doit opérer de concert avec les brigades Logerot et Bréart; elle doit partir avec deux jours de vivres de sac et huit jours de vivres de convoi.

La soumission des Mogod paraissant assurée, ce mouvement n'eut pas lieu ; la brigade Calliot reçut l'ordre de ne faire vers l'est, quand la soumission des Mekna serait complètement terminée, que des démonstrations à courtes distances de Tabarka.

Derniers mouvements de la brigade Cailliot (du 4 au 11 juin).

Les Oulad-Yahia ayant fait leur soumission définitive, la brigade Cailliot fit les mouvements suivants :

Le 4 juin, elle va camper à Sidi-Moussa.

Le 5, elle envoie de Sidi-Moussa des reconnaissances vers le nord, dans la direction du cap Négro.

Le 6, elle va camper au nord de Sidi-Moussa.

Le 7, elle pousse de ce bivouac des reconnaissances vers l'est.

Le 8, elle revient en arrière.

Le 9, elle rentre au camp de Berzigue.

Le 11, elle se rapproche de Tabarka et vient camper à l'est de la brigade Vincendon.

Le 11 juin, le général Delebecque transporte son quartier général à Hamil-el-Slema, où il reste jusqu'au 18 juin.

Le 13 juin, la brigade Cailliot remonte vers Aïn-Draham, prend au passage tous les outils du génie de la brigade Vincendon et vient camper au sud de cette dernière, sur la route muletière de Tabarka à Aïn-Draham.

A cette date, le général Cailliot reçoit l'ordre de faire rétrograder sur Tabarka les deux bataillons du 1ᵉʳ tirailleurs [1] qui doivent se tenir prêts à être embarqués [2].

Le reste de sa brigade (moins un bataillon et la compagnie du génie) sera échelonné entre Aïn-Draham et le khanguet-el-

---

1. Le 2ᵉ régiment de tirailleurs (colonne Logerot), avait été prévenu, dès le 9 juin, de s'embarquer à Bizerte.

2. Le rapatriement était décidé par le ministre de la guerre depuis le 26 mai.

Les Chambres, rentrées le 12 mai, jour de la signature du traité de Kassar-Saïd (heureuse coïncidence), avaient approuvé le traité, à une grande majorité.

Bientôt Clémenceau attaqua le gouvernement, l'accusant d'avoir violé la con-

Méridj pour travailler à la route muletière qui doit aller à Fernana. Une réserve de vivres pour 2.500 hommes et 400 chevaux ou mulets doit être constituée à Aïn-Draham.

Le 15 juin, les deux bataillons du 96ᵉ passent sous les ordres du général Cailliot, ainsi que la compagnie du génie du général Vincendon et les fractions stationnées à Aïn-Draham (section d'artillerie du capitaine Gradoz et peloton de spahis).

A cette date, parvinrent les instructions pour le rapatriement des troupes : *Ordres de rapatriement.*

« Les troupes d'occupation laissées dans les diverses places de la Tunisie, doivent être fournies par les troupes venues de France au corps expéditionnaire. L'état-major de chaque régiment ainsi que les cadres d'un bataillon rentreront en France avec les hommes libérables en 1881 et les malingres. L'autre bataillon du régiment restera en Tunisie après avoir reçu les hommes valides et non libérables en 1881 du bataillon partant, de façon à avoir un effectif moyen d'environ 600 hommes [1].

» Les troupes venues d'Algérie, y rentreront toutes successivement à l'exception des spahis de l'escadron mixte [2]. »

---

stitution en faisant la guerre sans l'assentiment du parlement, et d'avoir fait l'expédition dans l'intérêt seul de quelques compagnies financières.

Puis la presse, et principalement Rochefort qui, amnistié, venait de rentrer, tournèrent l'expédition en ridicule.

Le gouvernement eut la main forcée.

Ce rapatriement hâtif fut la plus grande faute de la campagne.

Résumons les opérations de la colonne Delebecque, depuis les journées sans résultats des 26 et 27 mai.

Le 29 mai, les trois brigades sont massées autour de Berzigue sur un front de trois kilomètres :

Général Vincendon, à Sidi-Asker, à gauche ;
Général Delebecque et général Cailliot, à Berzigue ;
Général Galland, en deuxième ligne a.

Puis les troupes se rapprochent de Tabarka et Aïn-Draham ; la brigade Cailliot seule, fait quelques reconnaissances et démonstrations du 4 au 9 juin vers l'est ; puis, le 11 juin, cette brigade se replie à son tour vers l'ouest.

1. L'effectif des bataillons fut même réduit à 500 hommes dès le 13 août.
2. L'escadron de marche de spahis (3ᵉ régiment), est composé de spahis des smalahs d'El-Méridj et d'Aïn-Guettar (5ᵉ escadron), de Bou-Hadjar et du Tarf (6ᵉ escadron).

a. On peut remarquer que cette brigade fut toujours en deuxième ligne (soit qu'elle fût en réserve pendant les déploiements ou qu'elle convoyât pour les autres brigades, en station) ou à l'aile la moins exposée (quand la division marchait).

Les mouvements commencèrent immédiatement[1].

D'une façon générale, les bataillons de France descendirent vers Tabarka, pour s'y embarquer[2]; les zouaves et tirailleurs descendirent vers Fernana, pour y rejoindre le général Logerot et à Souk-el-Arba pour y rejoindre le général Forgemol[3] et rentrer avec eux en Algérie[4].

La brigade Cailliot[5] était ainsi complètement disloquée. Le général s'installa, le 17 juin, à Aïn-Draham, siège de son commandement; il y était presque seul avec son état-major. On lui envoya immédiatement le 29e bataillon de chasseurs à

Dès le 13 juin, le commandant écrivait de Tabarka, au général en chef, pour lui demander à ramener en Algérie tous ses spahis. Si un détachement était encore nécessaire en Tunisie, il proposait de le réduire à un peloton. Dans ce cas, il ramènerait immédiatement ses spahis en Algérie, formerait et équiperait à neuf un peloton de spahis n'ayant pas encore fait partie de l'expédition, lequel viendrait remplacer le peloton laissé en Tunisie et serait ensuite relevé tous les mois.

« Ces spahis, qui n'ont quitté leurs smalahs que depuis deux mois et demi, désirent aller revoir leur famille et leurs récoltes, et régler leurs intérêts agricoles. »

Il est permis de remarquer qu'en 1871 l'escadron de Souk-Ahras, de ce même régiment, s'était révolté, avait massacré ses officiers et que les spahis rebelles s'étaient réfugiés en Tunisie.

1. Les troupes de la brigade Vincendon (40e et 141e au complet) s'embarquèrent le 15 juin (à l'exception de l'état-major et d'un bataillon du 96e qui étaient à Aïn-Draham et n'arrivèrent à Tabarka, que le 19. (Voir l'ordre du général Delebecque à la brigade Vincendon. Annexe n° XXX.)

2. Il y eut un encombrement à Tabarka. Les bataillons destinés à être rapatriés et qui *attendent* les bateaux, souffrent de la chaleur et de l'agglomération; la fièvre typhoïde se déclare; le moral des troupes est très affecté.

3. Voir annexes n° XXXI et n° XXXIII, les ordres du général commandant le corps expéditionnaire.

4. Ce rapatriement hâtif empêchait le bey de tenir ses engagements, au cas où il aurait voulu les exécuter loyalement; notre expédition avait achevé de ruiner son autorité.

Le départ de nos troupes laissait le pays abandonné à l'anarchie. Celles qui restaient, environ 15.000 hommes [a], suffisaient à peine à maintenir la tranquillité dans le nord (Tunis n'était pas occupé).

Les récoltes faites, mises en sûreté ou vendues, les indigènes n'avaient plus rien à perdre.

Au même moment, les Oulad-sidi-Cheik dirigeaient le soulèvement du Sud oranais.

Aussi, le général Forgemol n'était pas encore rentré à Constantine que l'insurrection, provoquée par notre retraite, éclatait dans le sud de la Régence.

5. Voir l'ordre du général Delebecque à la brigade Cailliot, annexe n° XXXII.

a. 23.616 hommes avaient été envoyés de France; on en rappelle environ 10.000 du 10 au 28 juin. Des 8.200 venus d'Algérie, 7.000 y rentrent avec le général Forgemol. Restent donc en Tunisie environ 15.000 hommes.

pied. Puis les bataillons des 57e, 88e et 96e vinrent successivement occuper Béja, Fernana et Ghardimaou; les bataillons des 18e et 22e, Aïn-Draham; le bataillon du 143e occupa Tabarka.

L'escadron de marche du 3e spahis rallia ses détachements et se concentra à Aïn-Draham.

La 13e batterie du 16e (brigade Galland) et la compagnie du génie du capitaine Hugues (brigade Vincendon) vinrent également à Aïn-Draham.

Le 18 juin, le général Delebecque quitta le commandement de la colonne.

Le 1er juillet, toutes les troupes d'Algérie du corps expéditionnaire ont repassé la frontière. Le corps expéditionnaire est dissous à cette date[1].

Le corps expéditionnaire est dissous le 1er juillet.

(Les généraux commandant les troupes d'occupation en Tunisie doivent adresser leur correspondance au général commandant la division de Constantine).

Restent en Tunisie 15 bataillons d'infanterie, 7 escadrons de cavalerie, 6 batteries 1/3 d'artillerie, 4 compagnies du génie, répartis en 8 points[2].

Le Manouba, Bizerte, Mateur.	Général Maurand.	Aïn-Draham, Tabarka, Fernana, Ghardimaou, Le Kef.	Général Cailliot.

Par décision ministérielle du 1er juillet, le général de division Logerot[3] est appelé au commandement du corps d'occupation de Tunisie, sous l'autorité du général commandant en chef le 19e corps d'armée[4].

---

1. Ordre général donné par le général Forgemol, le 1er juillet, à Souk-Ahras.
2. Voir annexe n° XXXIV.
3. Le général Logerot a été promu au grade de général de division le 18 juin.
4. Le général Saussier a remplacé le général Osmont dans le commandement du 19e corps.

Si on examine, au point de vue militaire, l'expédition de Khoumirie, il est per-

Le général Logerot prend le commandement du corps d'occupation.

Il s'embarque à Bône, arrive à la Manouba, siège de son quartier général et prend le commandement de la division d'occupation (brigades Cailliot et Maurand stationnées en Tunisie) le 12 juillet.

Voyons la situation générale à cette date.

---

mis de dire que les opérations de la colonne furent sans résultats. Il n'existait aucune ville, aucun village pouvant servir d'objectif capital ; il n'y avait eu aucun rassemblement d'indigènes dont la défaite eût frappé la défense d'un coup décisif ; les populations clairsemées s'étaient laissées traverser.

Pour cette expédition rien n'avait été préparé à la frontière ; il n'y avait pas de mulets, pas de matériel d'ambulance. Aucun renseignement sur la Khoumirie, sur les tribus qui l'habitaient, n'avait été recueilli. On n'avait pas de cartes (ce n'est que le 26 mai, les opérations terminées, que furent distribués quelques croquis par renseignements).

IIᵉ PARTIE

ÉVÉNEMENTS ET OPÉRATIONS ENTRE LE PREMIER RAPATRIEMENT ET LA SECONDE EXPÉDITION

ALI BEN KHALIFA; DÉFENSE ET PRISE DE SFAX.
OPÉRATIONS CONTRE GABÈS. OCCUPATION DE DJERBA. LES ZLASS
A KAIROUAN. RÉUNION DES CHEFS INSURRECTIONNELS
A SBEITLA. LES ZLASS ET LA 5ᵉ BRIGADE.
ALI BEN AMMAR ET LES OULAD-AYAR; MASSACRE DE L'OUED-ZERGUA
ET COMBAT DE TESTOUR

CHAPITRE Ier

Opérations du colonel Jamais.

Situation générale de la Tunisie au 1er juillet 1881. Ali ben Khalifa, caïd des Neffet, se met à la tête du mouvement insurrectionnel et vient à Sfax organiser la résistance.
15 juillet, bombardement de Sfax par la flotte française; 16 juillet, débarquement et prise de la ville (colonel Jamais).
Opérations contre Gabès (lieutenant-colonel Mille); débarquement les 24 et 25 juillet.
Occupation de Djerba (lieutenant-colonel Bernet), 28-31 juillet.

Pendant que le général Forgemol opérait dans le nord de la Régence, la situation du pays s'était modifiée.

La convocation des contingents de certaines tribus avait causé une première agitation qui, de proche en proche, avait gagné toutes les populations. Des bandes de pillards, encore peu nombreuses, commencèrent à battre le pays.

Notre entrée dans la Régence n'augmenta que très peu l'inquiétude générale; mais la nouvelle de la prise du Kef causa un surcroît d'effervescence qui amena de nombreuses réunions dans les tribus.

Un vieillard, le caïd des Neffet, Ali ben Khalifa, se faisait surtout remarquer par son activité[1].

Se mettant à la tête du mouvement insurrectionnel, il cherchait à grouper autour de lui le plus de monde possible ou, tout au moins, à assigner aux tribus le rôle qu'elles devaient jouer dans la lutte.

Cette entreprise d'Ali ben Khalifa devait d'ailleurs échouer

---

1. Voir note 1 de l'annexe XXXV, page 162.

Croquis n° II

SUD DE LA RÉGENCE

Kairouan
Sidi Mohd ben Ali
Redir el Ouiba
ZLASS
St Amor bou Hadjeba
Souassi
St Ali ben bou Rebaâ
Oglet ben Zallouch
Retba de St Ali ben Abid
Oglet bou Hadjeba
Metleg
St Hadj Kassem
Metellit
Sfax
Neffet
Oglet Metnem
Aguerba
Od Chaffard
Od Chahal
Regab
Oglet el Founi
Maharès
Mahedba
St Naceur en Nogueuss
St Mehedded
Oglet en Nouaïl
Od Akarit
Od Melah
Oudref
Metouïa
Oglet Telman
El Hamma
Gabès
Ras el Oued
Houmt Souk
Djerba
HARAD
Hazem
Sidi Guenaou
Hadèje
Hamerna
Matmata
Bir Saâdan
Od Mezessar
Zarzis
Accara
Maïder
Bir Abdallah
Metameur
Sebka Aïn
Od Uum
Oglet Neffetia
Bir Zoumit
Medenine
Bordj el Bilan
El Hamlia
Kef Demeur
Touazine
Ksar Beni Khedache
Bir el Ahmeur
Od Fessi
El Ouamhia
Od el Hallouf
Od Sabèque
Ghoumrassen
Saïdan el Melah
Delaouine
Ouderna
Redir Tatahouine
Beni Barca
Douiret
Aïn Stil
Sidi Toui
Od Mokta

fatalement en Tunisie, où les rancunes personnelles, les rivalités de race et les intérêts particuliers passent avant la religion et la patrie.

Il ne s'était encore produit aucun désordre grave quand les gouverneurs reçurent du bey des instructions particulières leur prescrivant de s'abstenir de tout acte d'hostilité contre l'armée française. Ces nouvelles dispositions de Mohammed es Saddok jetèrent le trouble dans tous les esprits. D'une part, le gouvernement tunisien interdisait absolument de lutter; d'autre part, Ali Bey, qui se disait investi de la confiance de son frère Mohammed es Saddok, pressait le rassemblement des contingents armés.

Les populations commencèrent à manifester leur mécontentement; leur indignation s'accrut quand elles apprirent (un courrier du Bardo à Ali Bey fut intercepté), que le bey ordonnait à son frère de se replier devant les troupes françaises.

L'irritation gagna de plus en plus. Quelques tribus sommèrent leurs caïds de se prononcer pour l'insurrection; ceux-ci partirent pour Tunis, soi-disant pour y chercher des instructions et ne revinrent pas.

Des bandes se mirent à attaquer les caravanes et piller les douars; les soldats réguliers des garnisons du Sahel désertèrent et allèrent se mettre sous les ordres de bandits en renom opérant dans les environs.

Cependant, ceux qui possédaient quelque chose ou qui n'avaient rien à gagner à la lutte, provoquèrent une réaction; deux partis se dessinèrent nettement dans le pays : l'un, de la paix, l'autre, de la résistance; ce dernier beaucoup plus nombreux que le premier, renfermant tous les mécontents et comptant dans ses rangs de hauts personnages, particulièrement Ali Bey (entouré d'Italiens), qui continuait à semer le désordre.

Sur ces entrefaites, la connaissance du traité de Kassar-Saïd vint jeter un nouveau trouble dans les esprits. Les chefs du parti de la résistance surent habilement profiter de ce moment d'indécision et d'étonnement; en même temps, ils représentèrent ce traité comme une capitulation de la France devant les exigences des puissances européennes (on parlait également de l'arrivée des armées du sultan), et ils soulevaient l'opinion publique contre le bey, le disant rallié à la cause française et traître à son pays.

Le désordre augmenta [1].

Les tribus les plus puissantes (Fraichich, Zlass, Hammema) forcèrent les tribus moins importantes ou enclavées au milieu d'elles à prendre les armes; mais celles-ci, redoutant les bandes armées de leurs puissants voisins qui rôdaient autour de leur territoire, hésitaient à se mouvoir; elles préféraient défendre leurs biens contre leurs voisins que de s'opposer à l'invasion française.

D'ailleurs, toutes ces tribus paraissaient peu disposées à obéir à un chef unique; les anciennes inimitiés, les vieilles antipathies subsistaient [2].

Les premiers efforts d'Ali ben Khalifa échouèrent donc; il ne se rebuta pas et partit à Sfax avec les cavaliers Neffet, pour y organiser la résistance. Il fut reçu avec enthousiasme par la population, imposa son autorité à la ville et saisit la direction générale des affaires [3].

Ali ben Khalifa vient à Sfax organiser la résistance.

Le 20 juin, toutes les populations nomades de la Régence, en dehors du rayon d'action de nos troupes, sont en insurrec-

---

1. Le gouvernement tunisien avait connaissance de ce qui se passait. Il remplaça quelques chefs indigènes et envoya dans les tribus quelques personnages de confiance pour arrêter les meneurs. Ils revinrent sans avoir accompli leur mission : les uns n'avaient pas pu, les autres n'avaient pas voulu, un certain nombre avait encouragé les populations à la désobéissance et à la révolte.

2. Le mouvement insurrectionnel était dirigé : chez les Zlass, par El Hadj Hassein ben Messaï, caïd des Oulad-Iddir; chez les Fraichich, par El Hadj Harrat, caïd des Oulad-Nadji; chez les Hammema, par Ahmed ben Youcef, caïd des Oulad-Redhouan.

Quant aux tribus voisines du Kef (la ville est presque bloquée), elles sont tout aussi agitées; mais elles n'ont encore à leur tête personne capable de grouper leurs éléments épars.

3. Les Zlass, eux, se dirigèrent sur Kairouan, bien décidés à mettre au pillage cette ville tranquille et riche. Le gouverneur Mahmed el Mrabot, confiant dans son autorité, les laissa pénétrer; immédiatement, ils se proclamèrent les maîtres de la ville.

tion. Le parti de l'insurrection n'attend, pour agir, qu'une occasion : le rapatriement de nos troupes la lui fournit.

<small>Prise de Sfax.</small>

Le consul général de France à Sfax[1] et des officiers de la canonnière *le Chacal*, alors en rade de cette ville, avaient été insultés et violentés par des indigènes ameutés. Des bâtiments de l'escadre vinrent renforcer *le Chacal* et reçurent à leur bord la population européenne et le gouverneur Hassouna Djellouli menacés de mort par les habitants.

Le départ du gouverneur de Sfax fut le signal du pillage complet du quartier européen par les insurgés tant de la ville que du dehors. Un comité de défense s'organise dans la ville; on construit des retranchements extérieurs.

<small>Bombardement de la ville par la flotte (15 juillet).</small>

L'escadre de la Méditerranée, renforcée d'une division de l'escadre du Levant, vint rejoindre *le Chacal*. Le débarquement sur la plage même de Sfax fut décidé. Le 15 juillet, la flotte[2] étant réunie et la population européenne réfugiée à bord des bâtiments, le bombardement de la ville par les cuirassés commença.

<small>Débarquement ; prise de la ville. (colonel Jamais, 16 juillet).</small>

Le 16 juillet, à 6 heures du matin, après une canonnade redoublée, commença le débarquement[3]. [a].

Les fusiliers marins (1.200 hommes) débarqués les premiers,

---

1. Voir annexe n° XXXV.
2. Escadre : vice-amiral Garnault, contre-amiral Conrad :
   Colbert, Revanche, Friedland,   1re division. } Escadre de la Méditerranée.
   Trident, Surveillante, Marengo, 2e   —   }
   Chacal, Hyène, Léopard, canonnières ;
   Alma, Galissonnière, Reine-Blanche, division de l'escadre du Levant ;
   La Sarthe, l'Intrépide, transports.
3. Voir annexes n°s XXXVI et XXXVII.

a. Nous avons vu l'opposition (Clémenceau) et la presse (Rochefort) forcer le gouvernement à hâter le rapatriement des troupes.

Le 7 avril, quand la Chambre des députés avait voté les crédits pour l'expédition, le Cabinet avait eu 474 voix sur 476 votants; au 23 mai, quelques jours après la signature du traité, il avait encore 430 voix en sa faveur: le 30 juin, 249 seulement lui restaient.

Pour essayer de ne pas être en minorité, le cabinet veut annoncer aux Chambres, avant leur séparation et l'ouverture de la période électorale, quelques succès. Il se décide à faire occuper les ports du littoral et à brusquer l'occupation de

attaquèrent la ville européenne, firent sauter la porte de la plage et s'avancèrent vers la kasbah.

Quatre des cinq bataillons du colonel Jamais[1] débarquèrent ensuite successivement et par petits paquets ; une partie pénétra dans la ville arabe, une partie combattit à l'extérieur les indigènes sortant des jardins.

A 10 heures, le drapeau français était hissé sur la kasbah ;
A 11 heures les troupes atteignaient la porte des champs.
La ville est parcourue en tous sens. A midi seulement débarque le cinquième bataillon.

Le 18 juillet débarque un sixième bataillon[2].

Le 25 juillet, le colonel Jamais s'embarque pour Gabès[3].

Sfax et de Gabès pour pouvoir en faire connaître les résultats avant la fin de juillet, et empêcher l'opposition d'aborder les élections générales sur la mauvaise impression des derniers événements.

Pour l'exécution de ces opérations, le gouvernement ne peut envoyer que 8.364 hommes de renfort aux 15.000 hommes laissés en Tunisie.

Dans les dernières séances de juillet, malgré la prise de Sfax et le débarquement à Gabès, le ministère n'a plus pour lui que 214 voix (201 lui sont défavorables ; sa majorité de 13 voix provient du vote des ministres).

Le 29 juillet les Chambres se séparent ; la période électorale est ouverte.

Cette période s'écoulera sans qu'un seul bataillon puisse être embarqué pour Tunisie. Les envois de troupes de renfort, commencés le 9 juillet, cesseront du 1er au 30 août.

1. Un bataillon du 71e régiment, nouveau.
Un bataillon du 92e régiment, a fait partie de la colonne Bréart, vient de la Manouba.
Un bataillon du 93e régiment, nouveau.
Un bataillon du 136e régiment, nouveau.
Un bataillon du 137e régiment, nouveau.
Le bataillon du 92e qui a fait partie de la première expédition est seul à 500 hommes.
Les bataillons nouvellement venus de France n'ont même pas cet effectif : ils seront complétés à 500 par l'envoi ultérieur de renforts.

2. Un bataillon du 77e régiment, nouveau.

3. Nous savons que le gouvernement était décidé à brusquer les opérations.

Dès le 17 juillet, immédiatement après la nouvelle de la prise de Sfax, le ministre de la guerre télégraphiait au général Saussier, à Oran, et au général Logerot, à la Manouba : « Le gouvernement a décidé que l'on occuperait Gabès et Djerba. Prescrivez au colonel Jamais de laisser à Sfax garnison suffisante, deux ou trois bataillons au plus et une demi-batterie, sous les ordres du lieutenant-colonel, et de se mettre avec le reste de ses troupes à la disposition d'Amiral commandant les forces navales qui prendra les mesures pour occuper de vive force Gabès et Djerba. Dès qu'il sera établi sur ces deux points, la marine lui continuera appui tant que besoin pour la sécurité de l'occupation, etc. »

Le 18 juillet, le ministre de la guerre télégraphie au général Saussier, Oran,

Deux bataillons sont embarqués, de Sfax, le 27 juillet, à destination de Gabès et Djerba.

Le lieutenant-colonel Dubuche reste à Sfax avec quatre bataillons (dont trois sont réunis en un régiment de marche, n° 1, sous ses ordres directs) ; un de ces quatre bataillons s'embarque le 11 août pour la Goulette, un deuxième le 4 septembre[1].

Insurrection de l'Aarad.

L'Aarad[2] avait été relativement tranquille jusqu'au traité de Kassar Saïd. Mais à ce moment, où Ali ben Khalifa (qui possédait d'importantes propriétés à Chenini et qui y jouissait par suite d'une grande influence) faisait sa propagande la plus active, la confiscation de cinquante fusils par notre agent consulaire, M. Sicard, provoqua le soulèvement de tous les villages de l'Aarad, à l'exception du seul village de Djara.

Le 25 juin, la nouvelle de l'insurrection de Sfax se répandit à Gabès et augmenta encore l'effervescence. (M. Sicard, dont la vie était menacée, dut s'embarquer le 30 juin.) Les gens de Menzel et de Chenini se montraient les plus ardents (ils avaient

---

qu'il est à même d'envoyer au général Logerot, à très bref délai, des renforts en infanterie et en artillerie.

Le 19 juillet, le général Logerot demande trois bataillons d'infanterie organisés en régiment de marche, sous les ordres du lieutenant-colonel d'un des régiments appelés à les fournir, l'organisation actuelle par bataillon offrant de sérieux inconvénients.

Le 22 juillet, le ministre de la guerre télégraphie au général Saussier, à Saïda :
« Les troupes de Sfax ne pouvant pas immédiatement être disponibles pour l'expédition de Gabès et de Djerba, j'envoie au général Logerot le télégramme suivant :
« Entendez-vous avec M. Roustan et l'amiral commandant l'escadre, à la disposition
» duquel vous pourrez mettre les trois bataillons et la batterie de montagne par-
» tis hier de Toulon à bord de l'*Algésiras*. Ces troupes seraient destinées à occuper
» Gabès et Djerba ; mais il est entendu qu'une fois établis à Sfax, on y laissera deux
» ou trois bataillons au plus et que vous disposerez du surplus. »

Or, le général Logerot attendait ces troupes pour renforcer les postes du nord. Il télégraphia, le 23 juillet, au général en chef à Saïda :
« Je reçois du ministre l'ordre de diriger sur Gabès les trois bataillons et la batterie de montagne qui étaient destinés à renforcer la garnison de la Manouba ; dans ces conditions, je désirerais avoir le 7ᵉ chasseurs à cheval. »

1. Voir deuxième partie de l'annexe n° XXXVII.
2. Voir annexes n°ˢ XXXVIII et XXXIX.

emmené leurs familles et conduit leurs biens dans le djebel-Matmata pour pouvoir se consacrer sans faiblesse à la lutte).

Vers le 20 juillet, Mohamed ben Cherfeddine[1], qui avait été rejoindre (avec quelques cavaliers Beni-Zid, Hazem et Hamerna), Ali ben Khalifa à Sfax, revint à Gabès et annonça la prise de la ville.

Cette nouvelle excita encore les esprits.

Quelques jours après, un navire de guerre français arrive devant Gabès; le commandant du navire fait sommer les gens de l'Aarad de se soumettre; ils refusent énergiquement.

Le 24 juillet, la flotte française paraît dans le golfe de Gabès, commence immédiatement le bombardement des villages qu'elle peut apercevoir et débarque ses fusiliers marins qui s'emparent de Menzel et l'évacuent le soir.

Opérations contre Gabès. Bombardement et débarquements (24, 25 juillet).

Le 25 juillet[2], deux bataillons (14e et 107e) débarquent à Gabès (lieutenant-colonel Mille); les marins rentrent à leur bord.

Deux sections de montagne débarquent le 26.

Les 29 et 30 juillet, débarque un troisième bataillon (137e).

Le faible effectif dont dispose le lieutenant-colonel Mille ne lui permet pas d'occuper Menzel. De son camp, établi autour de la maison du gouverneur, il opère à plusieurs reprises contre Menzel, où s'est concentrée la résistance des rebelles, s'en empare plusieurs fois, et dirige des reconnaissances dans les environs.

L'activité des combattants faiblit petit à petit; mais l'oasis regorge de pillards qui en veulent surtout aux fruits arrivés à maturité des jardins de Djara. (Les habitants de Djara, que nous avons laissés armés, font d'ailleurs la police de leurs jardins et ont journellement des engagements avec ces maraudeurs.)

La nouvelle de la prise de Kairouan[3] éteint ce qui restait d'ardeur chez les dissidents.

---

1. Voir annexe n° XXXV, note 2, page 165.
2. Voir annexes n° XXXIX (2e partie, page 180), et n° XLI.
3. Voir note *a*, page 183 de l'annexe XXXIX.

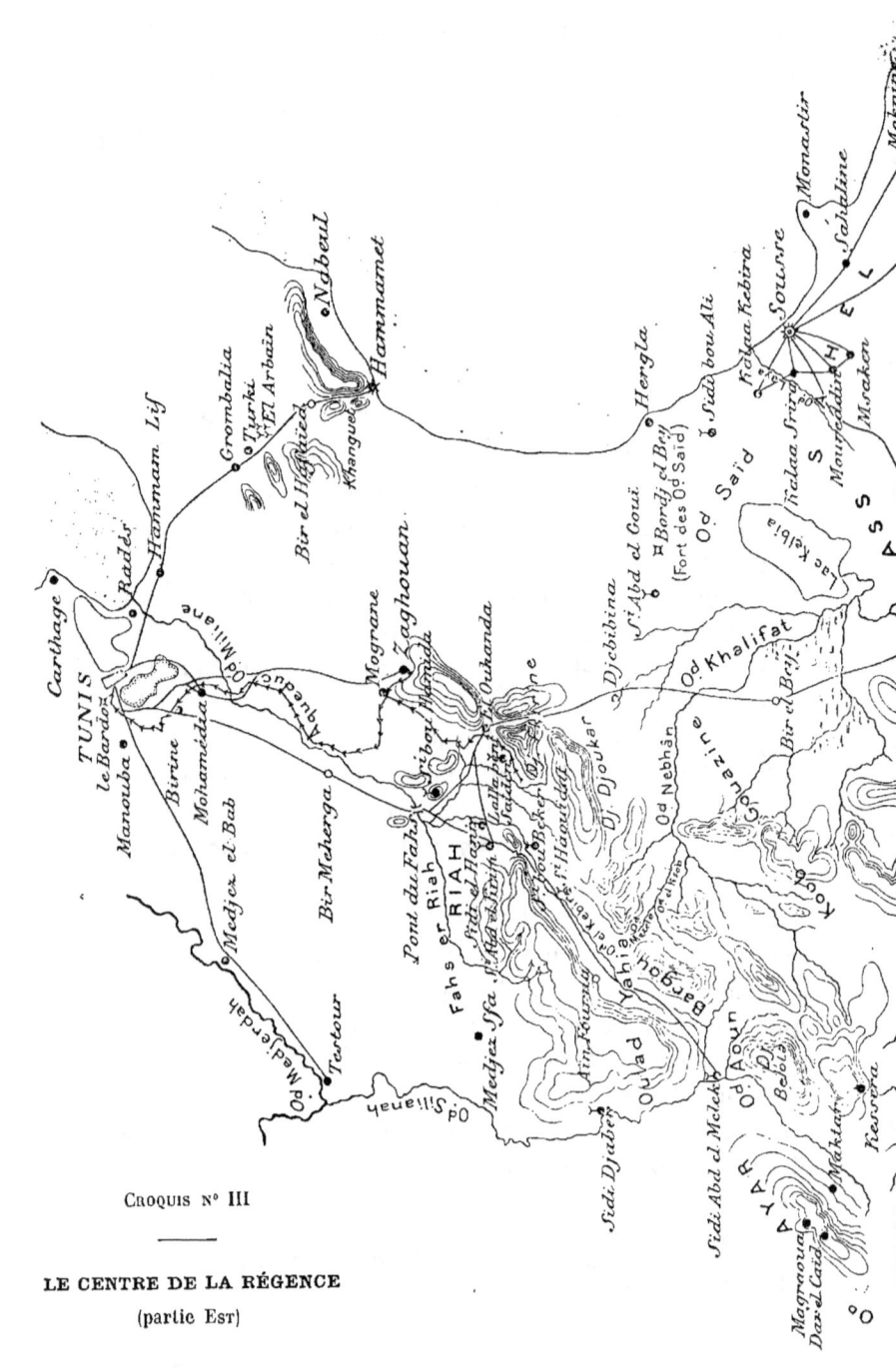

Croquis N° III

LE CENTRE DE LA RÉGENCE
(partie Est)

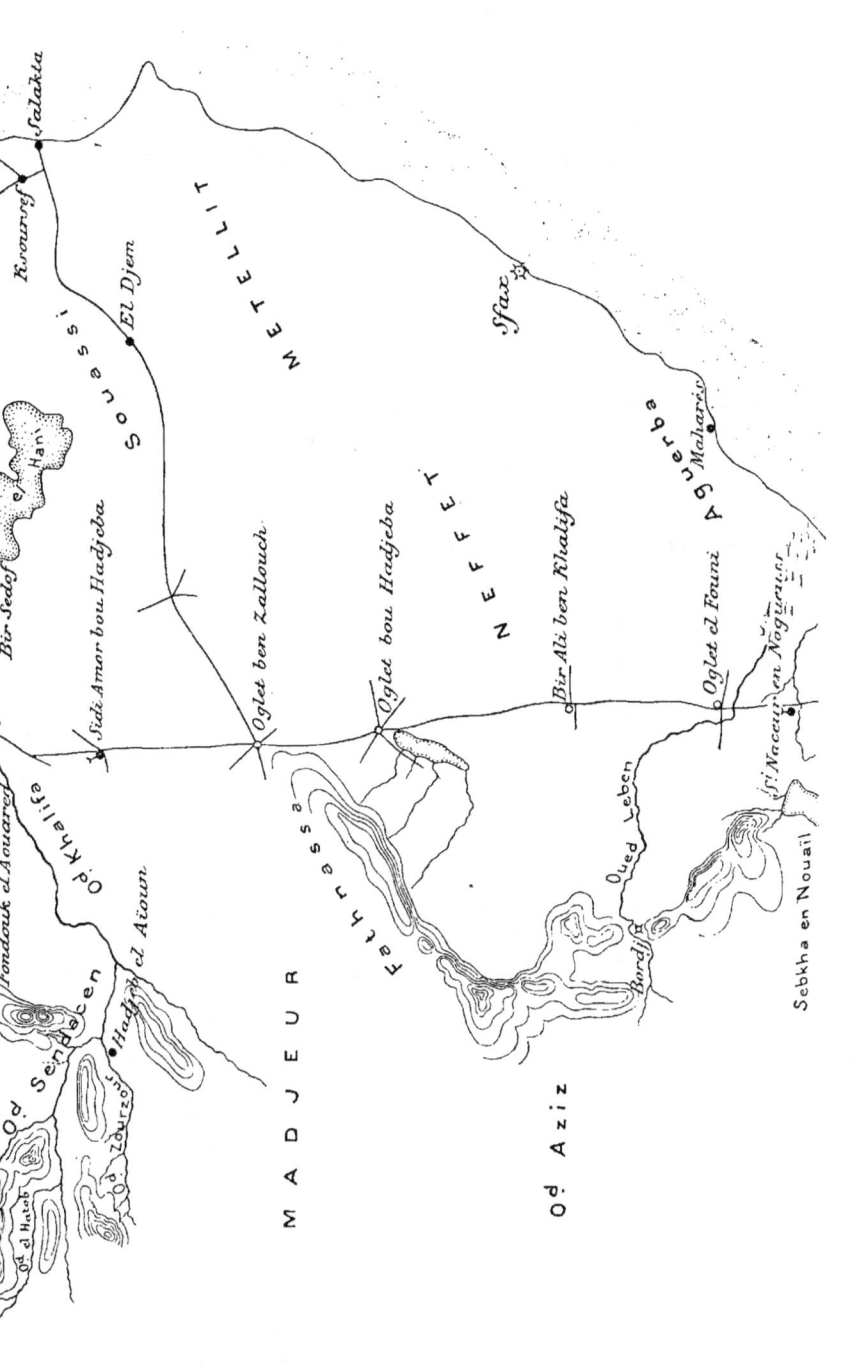

Le refoulement sur l'oasis des groupes poussés vers le sud par la colonne Logerot acheva la désorganisation des gens de l'Aarad[1].

Le 26 novembre, Mohamed ben Cherfeddine abandonne Chenini (quartier général des insurgés) et se replie en toute hâte, suivi de quelques cavaliers, sur El-Hamma des Beni-Zid.

<small>Occupation de l'île Djerba.</small> Du 28 au 31 juillet, débarquent à Houmt-Souk les troupes (bataillons du 71e et du 78e et deux sections d'artillerie) qui, sous les ordres du lieutenant-colonel Bernet, doivent occuper Djerba[2].

L'île est occupée sans incidents.

---

1. Voir plus loin, page 91.
2. Voir annexe n° XLII.

CHAPITRE II

Incursions des insurgés.

El Hadj Hassein ben Messaï, avec les Zlass, occupe Kairouan. — Les Hammema, conduits par Ahmed ben Youcef, viennent du sud, occupent la plaine du Sers et ravagent les environs du Kef. — Ali ben Ammar (détenu jusque là à Tunis et à qui le bey vient de rendre la liberté) prend la direction du mouvement insurrectionnel chez les Oulad-Ayar.
Réunion des chefs insurrectionnels à Sbeitla (15 août); la conduite à tenir y est décidée.
Incursions des Zlass jusqu'aux portes de Tunis. — Marche de la 5ᵉ brigade, en deux colonnes, sur Zaghouan et Hammamet; le général Sabattier arrive à Zaghouan le 26 août; le lieutenant-colonel Corréard à Bir-el-Hafaïed (26 août) et à El-Arbaïn (nuit du 28-29). — Les Zlass observent la brigade Sabattier à Zaghouan (l'aqueduc est coupé, 12 et 13 septembre); ils se replient sur Kairouan, puis, partagés en deux groupes, se mettent en observation sur les routes de Kairouan à Zaghouan et à Sousse (qui vient d'être occupé par les troupes françaises).
Positions des insurgés le 20 septembre.
Opérations d'Ali ben Ammar dans le nord; massacre de l'oued-Zergua (30 septembre); combat de Testour (2 octobre) et surprise de Nebeur (2 octobre).

Dans la Régence, la nouvelle de la prise de Sfax avait encore augmenté l'effervescence. Situation générale de la Régence dans les premiers jours d'août.

La situation générale[1], dans les premiers jours d'août, est la suivante :

El Hadj Hassein ben Messaï occupe, avec les Zlass, la ville de Kairouan, et y dirige le mouvement insurrectionnel. Les Zlass. El Hadj Hassein ben Messaï.

Les Hammema, conduits par Ahmed ben Youcef, se sont répandus dans la plaine du Sers; ils razzient les douars établis aux portes du Kef. Les Hammema. Ahmed ben Youcef.

El Hadj Harrat, révoqué par le bey, n'ayant plus rien à ris- Les Fraichich. El Hadj Harrat.

---

1. Voir, pour plus de détails sur la situation générale au commencement d'août, l'annexe nº XLIII.

quer et complètement compromis, dirige l'action des Fraichich.

Les Oulad-Ayar. Ali ben Ammar. — Ali ben Ammar, jusqu'alors interné à Tunis, vient d'être relâché par ordre du bey. Aussitôt arrivé dans sa tribu, il avait convoqué les Oulad-Aoun, les Oulad-Ayar et les Drid. Proclamé caïd insurrectionnel des Oulad-Ayar, il groupe aussitôt ces trois fractions jusqu'alors indécises, et décide l'attaque du Kef[1].

Reconstitution de l'armée du bey. — C'est à ce moment critique qu'il vint à l'idée du gouvernement beylical de reconstituer l'armée du bey, et, pour cela, d'appeler à Tunis tous les soldats tunisiens et la plus grande partie des cavaliers de l'Oudjak.

La situation empira immédiatement[2].

Réunion des chefs insurrectionnels à Sbeitla (15 août). La résistance est décidée. — Puis, tout à coup, le désordre cesse comme par enchantement; chacun se dirige sur Sbeitla à la réunion provoquée par Ahmed ben Youcef, qui veut créer l'entente entre les différentes tribus du sud-ouest de la Régence.

Toutes les tribus de la région répondirent à cette convocation. La réunion eut lieu le 15 août[3]; elle ne fut présidée par personne; chaque chef indigène émit librement son avis[4].

L'assemblée se prononça pour l'insurrection.

---

1. El Hadj Hassein ben Messaï proposa aux autres chefs une marche générale sur Tunis. Les Hammema et les Fraichich, peu disposés à se lancer dans cette aventure et surtout à se mettre sous l'autorité d'El Hadj Hassein, ne se rendirent pas à son appel. Quant aux Oulad-Ayar, inquiétés par la présence, sur leurs confins, des Hammema, ils répondirent que les circonstances présentes leur interdisaient de quitter leur territoire.

2. Les Chambres s'étaient séparées le 29 juillet (voir note *a*, page 54); à partir de cette date et pendant la période électorale, il ne fut plus envoyé un homme de renfort en Tunisie.

Il n'était pas possible d'entamer des opérations sérieuses avec les faibles effectifs à ce moment en Tunisie; 23.000 hommes au plus (15.000 laissés après le premier rapatriement, 8.000 envoyés du 9 juillet au 1er août, avant les élections).

Le gouvernement était obligé de remettre au mois de septembre la préparation de la deuxième expédition qui devenait indispensable (voir annexe XLV le système employé pour la formation de ce second corps expéditionnaire). Il écourta la période électorale de plus d'un mois et, pour éviter l'augmentation de l'inquiétude et de l'énervement, fixa les élections au 21 août alors qu'il avait laissé prévoir qu'elles auraient lieu du 18 septembre au 2 octobre.

3. Voir annexe XLIV.

4. Le discours modéré de Mohamed Salah Debbich et les paroles d'Ali Sghir, qui osa seul protester catégoriquement contre la résistance, causèrent un tumulte

Mais quand il fallut décider la conduite à tenir, l'entente devint fort difficile, personne ne voulant abandonner son territoire qu'en cas de nécessité absolue.

La conduite à tenir par les insurgés est décidée.

Après de longs débats, on finit par décider que les tribus menacées se porteraient à la rencontre des colonnes françaises et que les autres feraient diversion en se portant vers le nord de la Régence pour inquiéter les populations soumises, les razzier et intercepter les communications.

Cette solution convenait parfaitement à Ahmed ben Youcef, son territoire étant alors suffisamment éloigné de nos centres d'opération. Il appartenait donc aux contingents Hammema de faire incursion chez leurs voisins, rôle parfaitement en concordance avec leurs goûts et leurs coutumes.

Le 18 août, l'assemblée se dispersa ; tout le monde rentra sur son territoire, à l'exception des bandes Hammema qui se mirent immédiatement en campagne, se répandirent dans le Sers, vinrent razzier jusque sous les murs de Kef et firent un butin considérable[1].

Razzias faites par les Hammema dans la plaine du Sers et sous les murs du Kef.

Les Fraichich firent une pointe de peu d'étendue sur l'oued-Mellègue.

Pendant ce temps, les Zlass étaient venus, vers le 5 août, jusque sous les murs du Bardo, razzier un troupeau de chameaux appartenant au bey.

Incursions des Zlass, jusqu'aux portes de Tunis.

El Hadj Hassein ben Messaï, sentant que ces agressions allaient attirer des représailles augmenta le chiffre de ses partisans et résolut d'agir immédiatement.

Il força les tribus voisines à lui envoyer leurs contingents en les menaçant de les attaquer si elles ne faisaient pas cause commune ; les bandes de déserteurs et de réfractaires qui répandaient la terreur dans le Sahel[2], ainsi que les pillards

---

indescriptible ; des coups de feu furent tirés. Mais les discours violents d'Ahmed ben Youcef et d'El Hadj Harrat pesèrent sur la majorité.

1. Les Hammema oublièrent, d'ailleurs, d'accomplir la seconde partie de leur programme (attaque du Kef et destruction de la voie ferrée) et s'en retournèrent dans le sud, avec le produit de leurs razzias, dans les premiers jours de septembre.
2. Ces bandes étaient alors au nombre de quatre :

Expéd. en Tunisie.   6

échappés de Sfax après la prise de la ville et qui avaient préféré rester dans cette riche contrée que de suivre Ali ben Khalifa dans sa retraite vers le sud, répondirent aux émissaires d'El Hadj Hassein qu'ils étaient prêts à seconder ses efforts.

Les Zlass continuaient à razzier autour du Bardo; ils venaient même rôder jusqu'autour du camp de la Manouba.

Leur audace, sans cesse croissante, nous força à sortir de notre inaction.

Marche, en deux colonnes, de la 5ᵉ brigade (général Sabattier) sur Zaghouan et Hammamet.

Le 23 août, les troupes de la 5ᵉ brigade[1] (général Sabattier) des camps de Carthage et d'Hammam-Lif se mirent en mouvement en deux colonnes[2] pour aller occuper Zaghouan et Hammamet.

Groupe de l'Embachi Sassi Souilem, 143 soldats déserteurs, 39 personnes de Kalaa-Kébira;

Groupe de El Hadj Ali ben Khedidja, 300 soldats déserteurs, 50 personnes de Djemal;

Groupe de Saad ben Hassin el Suem (dit El Bey de Benan), 200 soldats réfractaires des villages du district de Monastir;

Groupe de Ould el Bahar, 200 soldats de Ksour-es-Sef et des environs.

Le général Baccouch, gouverneur du Sahel, avait en vain cherché, à plusieurs reprises, à faire rentrer les soldats déserteurs dans le devoir. Vers le 14 juillet, il avait une dernière fois intimé l'ordre au khalifa de Kalaa-Kébira, Abd el Kader ben Ferradj, d'arrêter les déserteurs qui se trouvaient sur son territoire. Le khalifa lui avait répondu qu'il n'avait plus aucune autorité sur eux et qu'ils s'étaient réfugiés en armes dans les jardins.

Irrité de cette réponse, le général Baccouch suspendit le khalifa de ses fonctions. Cette mesure livra complètement le village de Kalaa-Kébira à Sassi Souilem, qui parvint à entraîner 39 habitants du village dans sa bande.

Le général Baccouch s'aperçut aussitôt de la faute qu'il venait de commettre et réintégra Abd el Kader dans ses fonctions; il était trop tard; tout le village de Kalaa-Kébira était en insurrection.

1. Les numéros donnés aux brigades avaient été, dans la première expédition : 1 (Ritter, Gerder), Cailliot; 2, Vincendon; 3, Galland; 4, Bréart.

Dans la deuxième expédition ils furent d'abord : 5, Sabattier; puis : 6, Philebert; 7, Etienne.

2. 5ᵉ brigade, général Sabattier :

Colonne de Zaghouan.
Un bataillon du 6ᵉ d'infanterie;
— 25ᵉ —
— 65ᵉ —
Le 28ᵉ bataillon de chasseurs à pied;
Deux sections d'artillerie montée;
Deux batteries d'artillerie de montagne;
Deux escadrons du 7ᵉ de chasseurs à cheval.

Colonne Corréard.
Un bataillon du 125ᵉ d'infanterie;
— 128ᵉ —
Une section d'artillerie;
Un escadron du 7ᵉ de chasseurs à cheval.

Le 26 août, le général Sabattier arriva à Zaghouan avec sa colonne (4 bataillons, 2 escadrons, 16 pièces de canon) sans éprouver de résistance et établit son camp à Mograne.

Le général Sabattier arrive avec sa colonne le 26 août à Zaghouan.

Les dissidents s'étaient portés vers Grombalia, à la rencontre de la colonne du lieutenant-colonel Corréard, qu'ils savaient la moins forte (2 bataillons, 1 escadron, 2 canons)[1].

Le 26 août, avant le jour, tous les dissidents[2] se jettent sur le camp du lieutenant-colonel Corréard, établi à Bir-el-Hafaïed.

La colonne du lieutenant-colonel Corréard est attaquée le 26, à Bir-el-Hafaïed, le 29, à El-Arbaïn et Turki; elle se replie.

Cette colonne bat en retraite sur El-Arbaïn.

Dans la nuit du 28 au 29, elle est attaquée de nouveau très vigoureusement[3]; elle continue son mouvement de retraite et est attaquée encore près de Turki.

La poursuite des dissidents ne cessa que lorsqu'elle fut arrivée à Grombalia, à 6 heures du soir.

Le 30, la colonne Corréard put rentrer à Hammam-Lif sans être inquiétée; elle s'y réorganisa et rejoignit dans la suite le général Sabattier à Zaghouan[4].

Les Zlass se replièrent sur Djebibina et s'y concentrèrent,

Les Zlass observent la brigade Sabattier à Zaghouan.

---

1. Les bataillons envoyés de France en Tunisie, depuis le premier rapatriement jusqu'au 30 août (c'est-à-dire en réalité, du 9 juillet au 1er août, puisque les envois de renforts cessèrent du 1er au 30 août, pendant la période électorale) furent : le 28e bataillon de chasseurs à pied et un bataillon de chacun des régiments d'infanterie, n° 6, 14, 25, 65, 71, 77, 78, 93, 107, 125, 128, 136, 137.
2. Très approximativement 2.000 cavaliers et 4.000 fantassins.
3. La bande de Sassi Souilem (voir note 2, page 61) qui était partie de Kalaa-Kebira, près de Sousse, le 27 au matin et avait rejoint les dissidents le 28 au soir, prit une part active au combat de nuit, après ses fatigues (80 kilomètres à vol d'oiseau); Sassi Souilem y fut tué. (Voir annexes n°s XLVI et XVLI *bis*, détails sur l'engagement d'El-Arbaïn.)
4. Le 30 août, le ministre de la guerre télégraphiait que trois bataillons, commandés par le lieutenant-colonel Brault, et une batterie de montagne allaient être embarqués à Toulon pour débarquer à Sousse.

Le 31 août, le général Logerot fait connaître par télégramme la retraite du lieutenant-colonel Corréard (pertes de la colonne : 16 blessés, 6 morts dont 1 officier), rend compte qu'il n'a plus qu'un seul bataillon disponible pour Carthage et La Manouba et demande que les troupes du lieutenant-colonel Brault débarquent à La Goulette pour servir à couvrir, au moins momentanément, Tunis menacé par un soulèvement général.

Le 1er septembre, le ministre de la guerre répond par télégramme au général Logerot qu'il estime, comme lui, qu'il faut avant tout couvrir Tunis et l'autorise à disposer des trois bataillons du lieutenant-colonel Brault, destinés à Sousse.

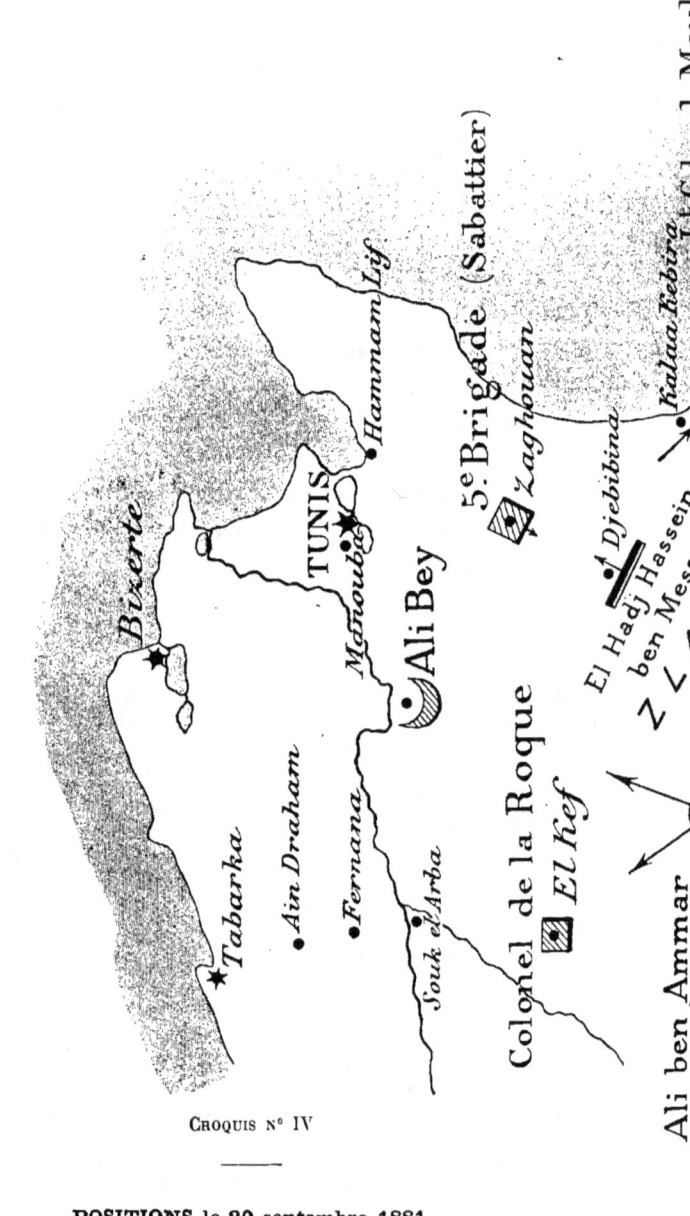

CROQUIS Nº IV

POSITIONS le 20 septembre 1881.

Lt. Colonel Dubuche;
2 Bataillons.
Sfax

Colonel Jamais

Houmt Souk
Lt. Colonel Bernet;
2 Bataillons.

DJERBA

Maharès

bled Chahâl

Ali ben Khalifa
(Neffet)

Lt. Colonel Mille;
3 Bataillons.
Gabès

Mohamed ben
Cherfeddine

Sbeitla

Ahmed ben Youcef
(Hammema)

° Gafsa

El Hadj Harrat
(Fraichich)

envoie quelques renforts à Ali

sous les ordres d'El Hadj Hassein ben Messaï, pour observer la colonne Sabattier. Ils la harcelèrent jusqu'au 11 septembre. A cette date, ayant appris le débarquement de nos troupes à Sousse[1], la majeure partie des Zlass reprit le chemin de Kairouan où ils avaient laissé un certain nombre des leurs pour s'assurer de la possession de la ville.

Le 11 au soir arrive Youcef, fils aîné d'Ahmed ben Youcef, avec 150 Hammema. (Après avoir razzié les douars du Sers, ils ont été rejetés sur la Kessara par les Oulad-Aoun et battus par les Oulad-Ayar qui leur ont enlevé leur butin.)

L'aqueduc de Zaghouan est coupé (12-13 septembre).

Aussitôt arrivé, Youcef propose de couper l'aqueduc amenant les eaux de Zaghouan à Tunis. Dans la nuit même, pendant qu'une partie des insurgés attaque le camp français pour faire diversion, d'autres coupent l'aqueduc en trois endroits. Les dégâts sont réparés le 12, mais le 13 une nouvelle saignée est faite dans l'aqueduc[2]. Le général Sabattier prend des otages à Zaghouan; alors les insurgés se dispersent; les Zlass retournent à Kairouan, les Hammema de Youcef repartent vers le sud.

Les Zlass se replient sur Kairouan; ils se divisent en deux groupes qui se mettent en observation sur les routes de Kairouan à Zaghouan et à Sousse.

Le désordre reparaît dans Kairouan quand tous les Zlass y sont rentrés; des rixes sanglantes s'élèvent même dans leur camp; à la suite de ces rixes, ils se divisent en deux groupes :

L'un, commandé par El Hadj ben Messaï, se met en observation sur la route de Zaghouan à Kairouan;

L'autre, commandé par Ali ben Amara, s'établit à Aïn-el-Khazazia, entre Sousse et Kairouan (excellente position, eau en abondance, ne pouvant être tournée, entre les lacs Kelbia et Sidi-el-Hani); quelques douars se réunissent aussi à l'oued-Laya.

---

1. Dans les premiers jours de septembre, le lieutenant-colonel Moulin avait débarqué à Sousse avec trois bataillons de la 7ᵉ brigade (Etienne). (Voir plus loin, page 71 et annexe n° XLVII, pages 213 et 214.)

2. Le 15 septembre, les ruptures de la conduite d'eau ne sont pas encore réparées. L'ingénieur chargé de ce service a refusé de se déplacer pour les rechercher et les réparer, même sous la protection de nos troupes.

Vers le 20 septembre les positions des insurgés sont les suivantes : Positions des insurgés le 20 septembre.

Les Zlass sont au nord et à l'est de Kairouan, surveillant les débouchés de Zaghouan et de Sousse ;

Les bandes de déserteurs et de réfractaires du Sahel battent la campagne autour de Sousse ;

Ali ben Khalifa, avec les Neffet, est dans le bled Chaâl ;

Mohamed ben Cherfeddine, avec son quartier général à Chenini, lutte contre la colonne de Gabès ;

Les Hammema, qui avaient ramené dans le sud le butin fait dans la plaine du Sers pendant le mois d'août et le commencement de septembre, avaient appris la formation d'une colonne à Tébessa. Dans ces conditions, ils jugeaient prudent de ne pas s'éloigner de leur territoire. Ahmed ben Youcef assurait ses lignes de retraite sur Gafsa et envoyait demander des secours à Tripoli ;

Les Fraichich sont sur leur territoire, prêts à s'opposer à la marche d'une colonne venant de l'ouest ;

Ali ben Ammar a réuni un groupe assez considérable de combattants à Ellez (Oulad-Ayar, Drid, Madjeur[1], quelques contingents des Fraichich). Il se prépare à agir, mais la retraite des Hammema l'inquiète ; il craint qu'ils viennent piller les biens des Oulad-Ayar quand il sera engagé avec les troupes françaises ou beylicales.

(Une colonne beylicale récemment formée et commandée par Ali Bey venait d'arriver à Testour).

Le 24 septembre, Ali ben Ammar se met en marche vers le Opérations d'Ali ben Ammar vers le nord[2].

---

1. Le colonel de la Roque demanda, à plusieurs reprises, l'occupation par un détachement fort au moins de un bataillon d'infanterie, deux pelotons de cavalerie et une section d'artillerie, du point de Calaat-es-Senam (à 16 kilomètres environ à l'est d'El-Méridj). « L'occupation de ce point pèserait considérablement sur les tribus comprises entre le Kef et la frontière, et sur celles campées à proximité (Oulad-ben-Ghanem, Madjeur, Khememsa, Zeghalma) ; ce poste limiterait les incursions des Fraichich vers le nord ; les groupes hésitants, se sentant appuyés et soutenus d'une façon efficace, ne passeraient probablement pas dans le parti de l'insurrection. » (Voir croquis n° VI.)

2. Voir pour le détail des opérations l'annexe n° XLVIII.

nord¹, dans le but de détruire la voie ferrée. « Nous ne faisons pas la guerre à notre bey, disait-il, mais seulement aux Nazaréens : que Dieu les brûle ! »

Il laissa dans le djebel-Bahara, entre l'extrémité du Dyr et le khanguet-el-Gueddim, un contingent nombreux sous les ordres de Salah ben Hamouda, destiné à masquer la place du Kef et à opérer, suivant les circonstances, sur les routes qui conduisent de cette ville à Tunis et à Souk-el-Arba.

Le colonel de la Roque², commandant la place du Kef, avait sous ses ordres une force mobile trop faible pour attaquer Ali ben Ammar dans sa marche de flanc. La ville était complètement isolée, les communications ne se faisaient plus que par l'oued-Meliz. Les tribus de l'Ounifa attendaient les événements pour se joindre aux insurgés si les Français étaient débordés, ou rester en paix si nous avions le dessus.

Le colonel de la Roque se garda bien, dans ces conditions, d'attirer Ali ben Ammar vers le Kef; l'arrivée de ses contingents eût été le signal de la levée en masse des tribus hésitantes; il le laissa s'éloigner.

Le 29, Ali ben Ammar arrive à Aïn-Tunga, à 9 kilomètres de Testour, où est campé Ali Bey.

Dans l'après-midi, l'attaque de la voie ferrée est décidée pour le lendemain.

Massacre de l'oued-Zergua (30 septembre).

Le 30 septembre, une bande de six cents hommes quitte Aïn-Tunga; au confluent de la Medjerdah et de la Silianah, elle se divise en trois groupes marchant sur les kilomètres 98, 97 et la station de l'oued-Zergua.

L'agression eut lieu après le passage des trains qui se croisent à la station de l'oued-Zergua (depuis le 27 septembre, il y

---

1. Ali ben Ammar n'a avec lui ni femmes ni enfants; il n'a que des combattants.
2. Le colonel de la Roque a, au Kef, deux bataillons (83ᵉ et 122ᵉ), un escadron (du 13ᵉ chasseurs à cheval) n'ayant plus que 60 hommes montés, une batterie montée de 90ᵐᵐ et une section de 80ᵐᵐ de montagne.

Il a affecté à la défense de la place un bataillon et la batterie de 90 de campagne.

Il a donc comme colonne mobile un bataillon (de 400 fusils au maximum). 60 cavaliers et 2 pièces de 80 de montagne.

avait un officier et vingt-cinq hommes d'escorte dans chaque train).

Au kilomètre 98, trois Européens sont tués et brûlés ; au kilomètre 97, cinq ouvriers italiens surpris sont écharpés ; à la station de l'oued-Zergua, le chef de gare, M. Raimbaud, est tué et brûlé, la gare et le matériel incendiés [1].

L'attaque de la station de l'oued-Zergua avait été dirigée par le frère d'Ali ben Ammar.

Le 2 octobre, Ali ben Ammar, voulant profiter de l'impression produite par les événements de l'avant-veille, se porta contre le bey du camp qui ne put refuser le combat. *Combat de Testour (2 octobre),*

L'action durait depuis une heure (avec plus de bruit que de mal), et était indécise quand les Drid, à la remorque d'Ali ben Ammar, l'attaquèrent en queue et le mirent en complète déroute.

Cette défection des Drid avait été vraisemblablement amenée par les intrigues d'Ali Bey.

Le même jour, Salah ben Hamouda harcelait vivement une colonne, commandée par le commandant Gerboin, dans sa montée au Kef. *et surprise de Nebeur (2 octobre).*

Le lieutenant qu'Ali ben Ammar avait laissé avec 1.200 fan-

---

[1]. La nouvelle du massacre fut connue à la Manouba dans l'après-midi du 30 septembre.
Le lieutenant-colonel Debord fut envoyé avec deux compagnies du 73e de la Manouba et partit, par chemin de fer, à 11 heures du soir.
Ce détachement descendit du train à l'oued-Zergua, le matin du 1er octobre, marcha jusqu'à Beja en travaillant à la voie, puis il remonta à Beja dans le train venant de la frontière algérienne qui portait à Tunis des malades, des chevaux de remonte et les cadavres des Européens massacrés (qui avaient été ramenés à Beja).
Vers 5 h. 30 du soir, ce train dérailla ; il fut attaqué. Il y eut moment de panique chez les hommes du 73e, depuis huit jours seulement en Tunisie. Mais le lieutenant-colonel Debord put ramener son monde à pied à Medjez-el-Bab (32 kilomètres) où il arriva le 2 octobre, à 9 heures du matin (on avait, pendant un certain temps, cru tout ce monde perdu).
Le 2 octobre, à la nuit, le lieutenant-colonel Vinciguerra partit de Beja relever et ramener les dix-neuf voitures du train déraillé et ramena les cadavres à Beja-gare [a], où il les enterra. (Ces cadavres avaient déraillé deux fois ; une première fois quand ils furent ramenés à Beja, puis quand le lieutenant-colonel Debord les remportait.)

[a] Béja-gare est maintenant dénommé « Pont de Trajan. »

Expéd. en Tunisie.

tassins et 400 cavaliers pour le couvrir sur son flanc gauche, dans la direction du Kef, avait essayé de surprendre la garnison de la place, le 28 septembre, en l'attaquant par les crêtes du Dyr ; il avait été repoussé.

Le 2 octobre, il faillit réussir dans son entreprise contre la colonne Gerboin.

Un bataillon du 80e régiment d'infanterie était envoyé par le général Cailliot, commandant à Aïn-Draham, renforcer la garnison du Kef.

Pour aider ce bataillon à traverser le terrain entre Souk-el-Arba et le Kef, où il pouvait être attaqué par les rebelles, le général Cailliot le faisait escorter par le 29e bataillon de chasseurs à pied (pris à Aïn-Draham), une compagnie du 96e (Ghardimaou), une compagnie du 88e et un peloton du 13e chasseurs à cheval (Fernana).

La concentration de ces différents éléments eut lieu le 1er octobre au matin à Souk-el-Arba [1].

Le 1er octobre, à 2 heures de l'après-midi, la colonne (dix compagnies d'infanterie et un peloton de cavalerie) sous les ordres du chef de bataillon Gerboin (29e bataillon de chasseurs), quitte Souk-el-Arba.

Elle couche à l'oued-Mellègue, suivant les ordres du général Cailliot au 29e bataillon de chasseurs :

« Se rendre dans l'après-midi du 1er octobre à l'oued-Mellègue et y coucher ; partir le 2 pour Nebeur et rétrograder le même jour après que le bataillon destiné au Kef aura rejoint les troupes venues de cette place au devant de la colonne. »

Le 2, le commandant Gerboin laisse la compagnie du 96e à Bahirt-el-Morr (à 3 kilomètres de l'oued-Mellègue) pour assurer sa ligne de retraite, continue sa route ; arrivé à 10 heures à Nebeur, il y fait une grand'halte.

---

1. La compagnie du 96e (capitaine Thibaut), vient de Ghardimaou à Souk-el-Arba, le 1er octobre, par le train du matin. La compagnie du 88e (Durazzo), vient du camp de Fernana ; le peloton d'escorte du 13e chasseurs à cheval (lieutenant Dopf), est tiré du 4e escadron (capitaine de Reinach), à Fernana.

Il a envoyé au devant de lui un officier des renseignements à la rencontre de la colonne qui doit venir du Kef.

Cet officier (sous-lieutenant Delval) ne rencontre aucune troupe ; il poursuit et arrive au Kef à 10 heures ; il prévient le colonel de la Roque de la présence de la colonne à Nebeur.

Le colonel de la Roque s'était trompé d'un jour et croyait l'opération commune fixée au 3 octobre.

A 11 heures, au moment où la colonne Gerboin va reprendre sa marche, les vedettes sont attaquées.

Les neuf compagnies s'avancent, en prenant des positions successives, dans la direction du Kef, vivement harcelées, principalement en queue et sur le flanc gauche. Les hommes sont fatigués ; la chaleur est forte. « Les capitaines sont obligés d'attarder leurs compagnies pour les reposer et les distraire par le feu contre les Arabes [1] ».

La situation est critique pour la colonne française. Heureusement apparaît, à 3 heures, à l'extrémité nord-est du Dyr, la portion mobile de la garnison du Kef, partie de cette place à 11 h. 30. Le feu de ses deux pièces de montagne, dirigé sur le flanc gauche de l'ennemi, permet à la colonne Gerboin de remonter la vallée qu'elle traversait à ce moment, de dépasser la colonne du Kef déployée et, après s'être reformée, de poursuivre sa route [a].

Les contingents de Salah ben Hamouda, après avoir tenté une dernière attaque au moment où les deux colonnes faisaient leur jonction, se replièrent vers l'est, dans le khanguet-el-Gueddim.

La compagnie laissée à Bahirt-el-Morr ne fut pas inquiétée et, prévenue, put rentrer le 3 au matin à Souk-el-Arba.

---

1. « Qui cherchaient à s'emparer de quelques vivres et quelques sacs qui avaient été abandonnés ». (Extrait du rapport du chef de bataillon Dudon, commandant le bataillon du 80ᵉ.)
a. Voir annexe XLVIII, page 234.

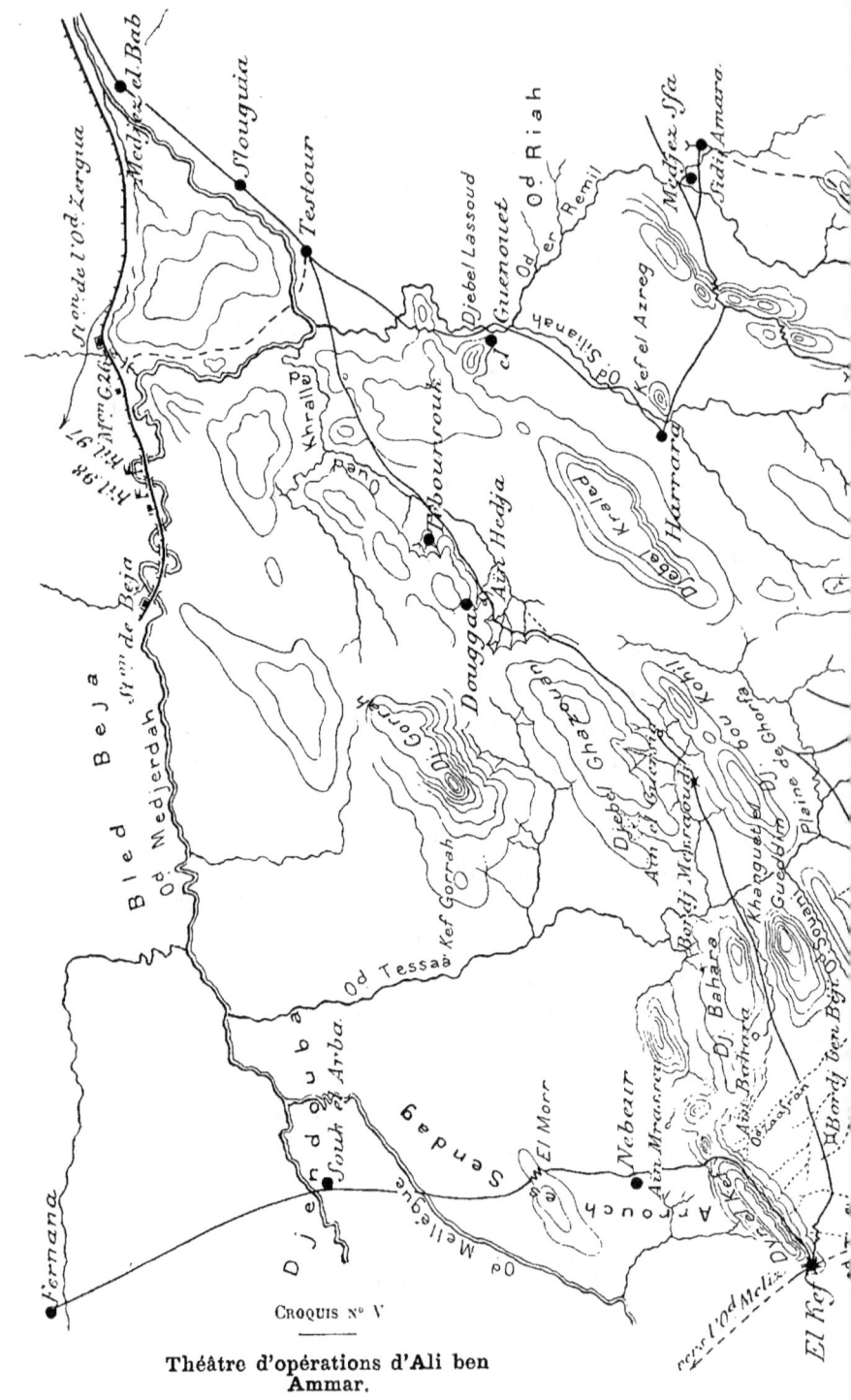

Théâtre d'opérations d'Ali ben Ammar.

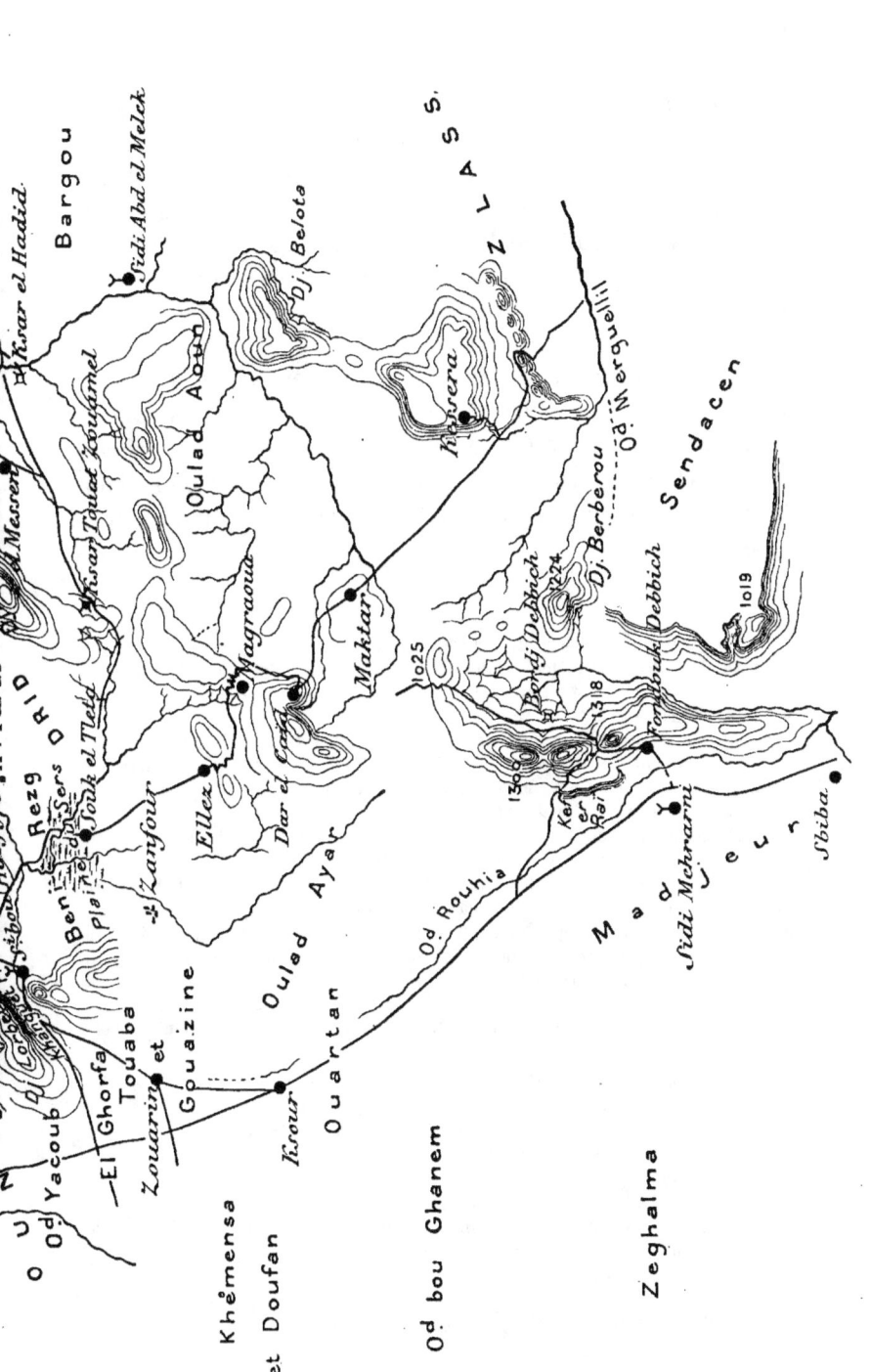

Les Fraichich qui étaient avec Salah ben Hamouda, apprenant qu'une colonne française se formait à Tebessa, regagnèrent en toute hâte leur pays. Salah ben Hamouda se retira personnellement de la lutte; le reste de sa bande rejoignit Ali ben Ammar[1] qui, à force d'activité, put reconstituer un groupe d'environ 2.700 combattants vers le 18 octobre, au khanguet-el-Gueddim.

Le général Sabattier à Zaghouan (du 14 septembre au 21 octobre). La 5ᵉ brigade.

Pendant que ces événements se passaient entre le Kef et Testour, le général Sabattier[2] exécutait des reconnaissances dans les environs de Zaghouan; il occupe le Fahs, puis El-Oukanda; il fait travailler, malgré les attaques d'El Hadj Hassein ben Messaï, au défilé de Karrouba, pour le rendre praticable[3].

---

1. A la suite du massacre de l'oued-Zergua et de la surprise de Nebeur, les Djendouba (vallée de la Medjerdah, confluent de l'oued-Mellègue et de l'oued-Tessaa) avaient été sommés, par Ali ben Ammar, sous peine d'être attaqués, de prendre les armes.

Les Djendouba étaient fort inquiets. [Les gares avaient été abandonnées (l'exploitation ne pouvant plus être assurée par suite de dégâts aux travaux d'art), les employés repliés sur Ghardimaou.] Leur caïd était à Tunis et y restait, *sous prétexte qu'il n'avait plus de train pour revenir.*

Le 29ᵉ bataillon de chasseurs à pied revint du Kef par l'oued-Meliz[a], arriva à Souk-el-Arba le 5 octobre, y resta, s'y retrancha et demanda des renforts.

Le général Cailliot descendit d'Aïn-Draham, le 10, avec un bataillon et quatre pièces, fit venir trois pelotons de cavalerie de Ghardimaou et constitua à Souk-el-Arba une colonne légère qui opéra du 12 au 15 pour protéger les opérations du colonel de la Roque sur le khanguet-el-Gueddim et Nebeur. (Le 16, le général Cailliot remontait à Aïn-Draham.)

L'apparition de cette petite colonne et la mise en état de défense de toutes les gares et stations de la voie ferrée suffirent à maintenir les Djendouba. (Voir détails, annexe LVIII, page 309.)

2. 5ᵉ *brigade, général Sabattier :*
   28ᵉ bataillon de chasseurs à pied;
   1 bataillon de chacun des régiments nᵒˢ 6, 25, 55, 65, 125, 135;
   2 batteries de montagne;
   1 batterie montée;
   3 escadrons du 7ᵉ chasseurs à cheval;
   Goum, commandé par le colonel Allegro (qui a marché avec la brigade Cailliot, pendant la première expédition).

3. Voir annexe nᵒ XLIX.

a Voir annexe XLVIII, page 237.

Le lieutenant-colonel Moulin, avec les trois bataillons débarqués à Sousse, le 11 septembre[1], luttait contre les bandes du Sahel et les Zlass d'Ali ben Amara (combats de Kalaa-Kebira le 15 septembre, de Sahaline le 20 septembre).

Le 1ᵉʳ octobre, le général Etienne débarqua à Sousse avec le reste de sa brigade (7ᵉ) ; combats de Msaken, 7 et 8 octobre[3].

Débarquement à Sousse. Le lieuten¹-col. Moulin. La 7ᵉ brigade et le général Etienne[2]. (du 11 septembre au 8 octobre).

---

1. Bataillons des 48ᵉ, 66ᵉ et 116ᵉ. (Voir annexe n° XLVII, page 214.)
2. 7ᵉ brigade, général Etienne :
    23ᵉ bataillon de chasseurs à pied ;
    1 bataillon de chacun des régiments nᵒˢ 19, 48, 62, 66, 116, 138 ;
    1 batterie de 95 ⎫
    —   90 ⎬ montées ;
    —   80 ⎭
    —   80 de montagne ;
    3 escadrons du 6ᵉ régiment de hussards.
3. Voir annexe n° L.

3ᵉ PARTIE

SECONDE EXPÉDITION

OCCUPATION DE KAIROUAN. OPÉRATIONS CONTRE ALI BEN AMMAR.
POURSUITE DES INSURGÉS
(COLONNES DE GABÈS ET DE GAFSA).
LES DISSIDENTS SE RÉFUGIENT EN TRIPOLITAINE
D'OU ILS FONT DES INCURSIONS
AUXQUELLES METTENT FIN LES COLONNES DU NEFZAOUA,
DE MÉDENINE ET DE L'OUED TATAHOUIN.
LES OPÉRATIONS ACTIVES SONT TERMINÉES ET LES DISSIDENTS
NE PEUVENT PLUS QUE POUSSER QUELQUES DJICH.

CHAPITRE Ier

Seconde expédition ; Kairouan

Le 14 octobre, le général Saussier prend le commandement du second corps expéditionnaire. — Préparation de la marche de trois colonnes sur Kairouan : colonne Etienne venant de l'est (Sousse) ; colonne Logerot venant du nord ; colonne Forgemol venant de l'ouest (Tebessa).
Positions des troupes françaises le 16 octobre.
Marche concentrique sur Kairouan. — Entrée du général Etienne à Kairouan, le 26 octobre ; du général Saussier et de la colonne Logerot le 28 octobre. — Engagements de la colonne Forgemol sur la Rouhia (22 octobre) et au koudiat-el-Halfa (25 octobre), pendant sa marche sur Kairouan.

Préparation de la marche sur Kairouan.

La marche sur Kairouan était prévue, dès le 22 juillet, par le général Logerot.

Le général croyait une expédition nécessaire, mais la jugeait hasardeuse en plein été ; de plus, par suite du petit nombre de troupes dont il disposait à ce moment, il n'eût pu envoyer à Kairouan que quelques bataillons[1] en les faisant partir de Sousse ; puis il aurait été obligé de les ramener à Sousse après une courte occupation de la ville sainte.

Aussi le général Logerot propose de ne faire cette opération qu'à la fin de septembre. Il estime qu'il faut une forte colonne pour cette expédition ; toutes les troupes devraient, au préalable, être réunies à Sousse par voie de mer (de l'avis du général, la cavalerie même ne peut voyager par voie de terre ; elle trouverait difficilement l'eau nécessaire à ses besoins et elle serait exposée, si elle n'était appuyée par des troupes des autres armes, à un terrible échec).

Il faut au minimum 9 à 10.000 hommes d'infanterie, 800

---

[1]. L'effectif des bataillons d'occupation fut même, dès le 13 août, réduit de 600 à 500 hommes (voir 1, page 45.)

sabres, 3 batteries de campagne de 80, 2 batteries de montagne de 80, 2 compagnies du génie, des services, etc.

Le gouvernement admet cette idée.

Le général Saussier, qui avait été nommé, par décret du 4 juillet, au commandement du 19ᵉ corps d'armée, en remplacement du général Osmont, et qui avait pris, le 15 juillet, le commandement de toutes les troupes d'Afrique, se rend à Tunis après avoir parcouru la province d'Oran.

Il arrête aussitôt, dans son ensemble, un vaste plan qu'il soumet, dès le 3 septembre, au ministre de la guerre, et qui consiste à prendre simultanément l'offensive sur toute l'étendue de la Régence, jusqu'aux chotts, en même temps que dans le Sud oranais jusqu'à Figuig exclusivement.

Le général Farre approuva ce plan dont les détails d'exécution consistaient, en Tunisie, en un grand mouvement concentrique (analogue à celui qui nous avait rendus maîtres presque sans coup férir de la Khoumirie) et dont l'objectif serait Kairouan.

Le général Logerot est invité à faire connaître les moyens dont il peut disposer pour l'exécution de cette manœuvre en ce qui concerne son commandement.

Il répond, dès le 14 septembre, qu'il pourra disposer de 17 à 18 bataillons, 5 batteries et 1 section, 8 escadrons (fournis par les 5ᵉ et 6ᵉ brigades et les troupes de Sousse); il demande un régiment pour assurer ses communications, car le mouvement doit se faire par terre en prenant comme base d'opérations de la colonne du nord la place de Zaghouan.

Il commence à faire concentrer des approvisionnements à Sousse et à Zaghouan; mais les moyens de transport par terre lui manquent presque complètement; il lui faudrait au moins 1.500 arabas[1] en plus des mulets du train qu'il a demandés et il n'a pu faire réunir que quelques-unes de ces voitures.

Il ne pourra donc pas se mettre en route avant le 10 ou 12 octobre.

---

1. Espèce de charrette à deux roues, en usage en Tunisie.

Mais le ministre de la guerre s'impatiente. Dès le 15 septembre il envoie au général Saussier une succession de télégrammes pour presser les préparatifs.

« Les opérations du côté de Kairouan sont extrêmement urgentes, il ne faut pas perdre un moment. » « Il y a un très grand intérêt à commencer les opérations sans délai. Le gouvernement y tient essentiellement [1] ».

Il émet l'idée de faire concourir à la marche concentrique sur Kairouan, non seulement les colonnes de Zaghouan, de Sousse et de Tébessa, mais même la colonne du Kef [2], accompagnée de goums.

Il envoie tout ce qu'il peut trouver de troupes disponibles [3], en Tunisie pour la colonne de Sousse, et en Algérie pour la colonne de Tebessa ; il recommande même au général commandant le 19e corps de ne pas attendre l'arrivée de ces derniers bataillons pour terminer l'organisation de la colonne de Tébessa ; ils serviront à remplacer ceux qui auront été pris par ailleurs pour la constitution de la colonne.

Il propose l'envoi immédiat de généraux de division et de brigade.

Le ministère semble pris d'affolement.

Pour sortir de cette situation difficile, il ne compte plus que sur l'habileté, l'activité et l'énergie du général Saussier.

Il l'invite à partir immédiatement et directement d'Alger pour Tunis par mer.

Arrivé à Tunis, il hâtera les préparatifs et jugera la situation.

« Il faut agir avec la plus grande énergie et la plus grande promptitude, tant au point de vue politique qu'au point de vue

---

1. Il faut que le cabinet apporte une bonne nouvelle à sensation à la première réunion de la nouvelle Chambre des députés.
2. A ce moment, on peut considérer la place du Kef comme bloquée et sa garnison est trop faible pour pouvoir former une colonne.
3. Même plus que n'osait en demander le général Logerot.
Les éléments que l'on envoie sont réduits par suite de la nécessité où s'est trouvé le ministre de la guerre de ne pas y comprendre les hommes de la classe 1876 (voir fin de l'annexe n° XLV), « ce qui ne doit pas empêcher, télégraphie le ministre à ce sujet, de conserver tous les hommes de cette classe actuellement en Afrique ».

militaire ». Quant au point de vue militaire, ajoute le ministre de la guerre dans son télégramme du 16 septembre, « deux objectifs doivent surtout attirer votre attention : 1° les opérations autour de Tunis auxquelles vous donnerez la plus vigoureuse impulsion et 2° l'*expédition* de Sousse sur Kairouan qui semble la plus facile à hâter et qui est de nature à faire le plus d'impression[1]. »

Et quand le général Saussier s'est rendu à Tunis pour quelques jours, afin de juger les événements sur place et hâter les préparatifs, le ministre de la guerre lui télégraphie encore : « Il paraît extrêmement désirable au gouvernement qu'une marche de Sousse sur Kairouan puisse avoir lieu en même temps que la marche des colonnes de Zaghouan et de Tebessa : quand ces deux dernières colonnes opéreront, les forces de Sousse peuvent se porter sur Kairouan et en *brusquer l'attaque*. » Et il termine par l'offre de fournir tous les moyens d'action.

Reconstitution de l'armée beylicale.

Nous avons vu que l'armée beylicale avait été reconstituée.

Nous savons comment les détachements du kaïmakam Taïeb ben el Hadj Ahsen Mesmouri et du kaïmakam Nasef se comportèrent les 26, 27, 28 et 29 août à El-Arbaïn, pendant la retraite du lieutenant-colonel Corréard[2].

L'armée d'Ali Bey venait d'être envoyée à Testour.

Par l'attitude qu'avait déjà eue son chef[3] à Sidi-Roumani, près de Souk-el-Khemis, le 30 avril, pendant l'engagement du colonel Hervé à Ben-Béchir, on pouvait prévoir les services que rendrait la nouvelle colonne envoyée dans la vallée de la Medjerdah[4].

Dans le nord, le général Logerot avait songé à utiliser les détachements tunisiens pour la garde de ses communications avec la 5e brigade.

---

1. En France surtout.
2. Voir note 2 de l'annexe XLVI (page 206) et l'annexe XLVI *bis*.
3. Voir tome I, page 30 et annexe n° XXI, page 144.
4. Voir tome I, page 67 et annexe n° XLVIII, pages 226 et 230.

Les Zouaouas qui sont à Mohamédia n'assurent pas les communications de la Manouba à Zaghouan. Le gouvernement tunisien reste sourd à toutes les plaintes que porte le général français, tant sur l'attitude de l'armée que sur celle de divers chefs indigènes.

«Tous ceux qui nous ont servi pendant l'expédition sont impitoyablement révoqués et remplacés par des agents qui nous sont ouvertement hostiles. Il est indispensable que le gouvernement tunisien adopte une ligne de conduite franche et correcte, surtout à la veille de notre expédition sur Kairouan, afin que nous sachions bien que nous ne laissons pas d'ennemis derrière nous [1] ».

Le général sait de source certaine que les populations des régions du nord n'attendent que le moment où nous nous mettrons en marche sur Kairouan pour se soulever.

La situation à Tunis et aux environs devient de plus en plus mauvaise. Le général Logerot est dans l'impossibilité d'arrêter ces méfaits si le gouvernement tunisien ne fait rien de son côté : ses soldats (beylicaux) regardent et laissent faire; ils sont respectés par les insurgés, preuve de connivence. Tout le monde est contre nous; les armes et la poudre sortent journellement de Tunis [1].

Occupation de la ville de Tunis (10 octobre.)

Avant de s'avancer vers le sud il était donc de toute prudence de s'assurer de la ville de Tunis [2] et de l'armée d'Ali Bey.

Dans la matinée du 6 octobre, le général Logerot fit occuper la position du Belvédère, qui domine immédiatement Tunis, par un bataillon français et une section d'artillerie; le 10 octobre, la ville elle-même et les forts furent occupés.

Quant à Ali Bey, il reçut de son gouvernement l'instruction formelle de marcher de concert avec nous [3].

---

1. Extraits de télégrammes des 14, 15 septembre du général Logerot au ministre de la guerre et au général Saussier.
2. Où l'effervescence a augmenté à la nouvelle des opérations d'Ali ben Ammar.
3. Nous verrons plus loin (page 82, notes 3 et 5, et annexe LVI) la mauvaise

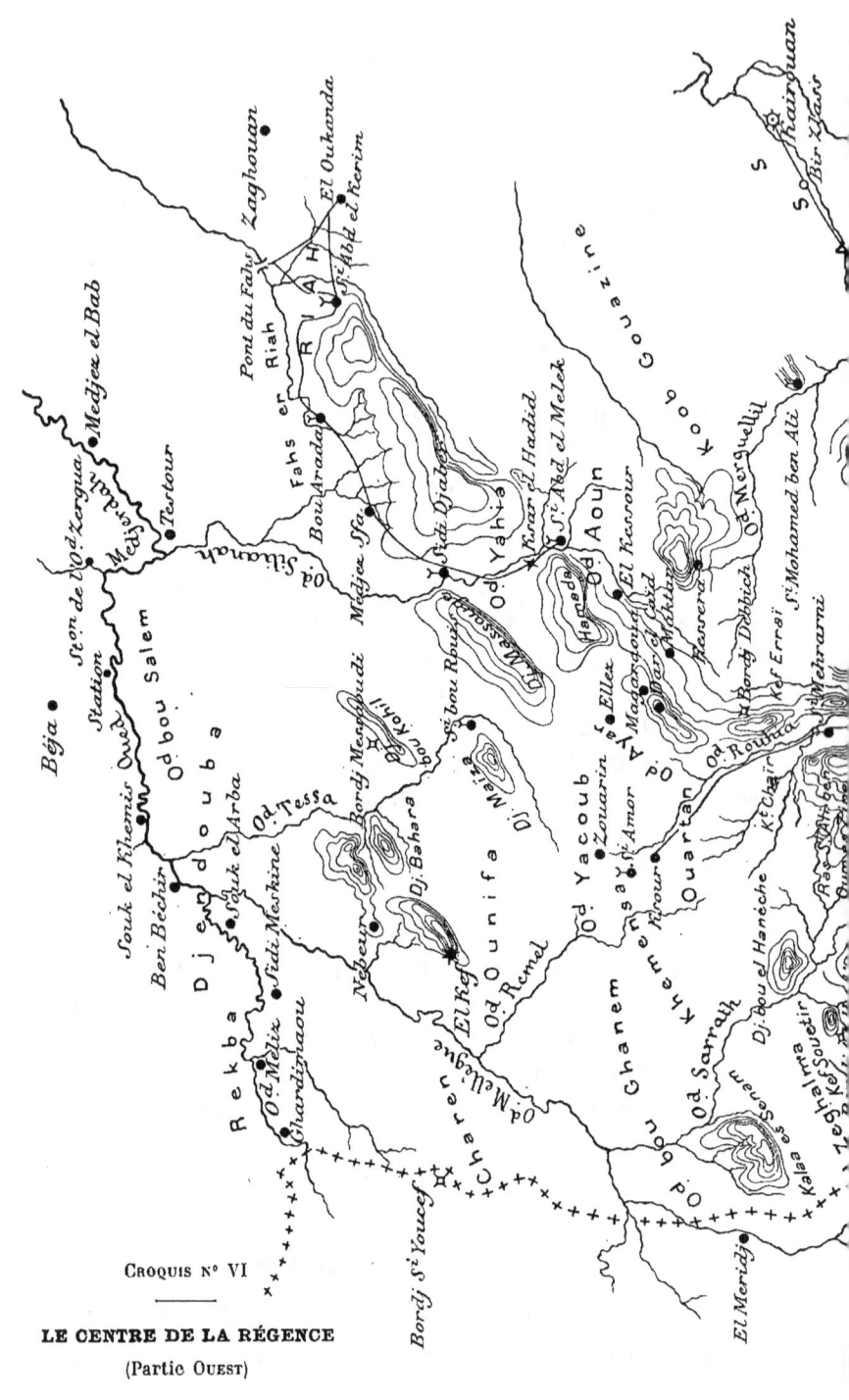

Croquis N° VI

LE CENTRE DE LA RÉGENCE

(Partie Ouest)

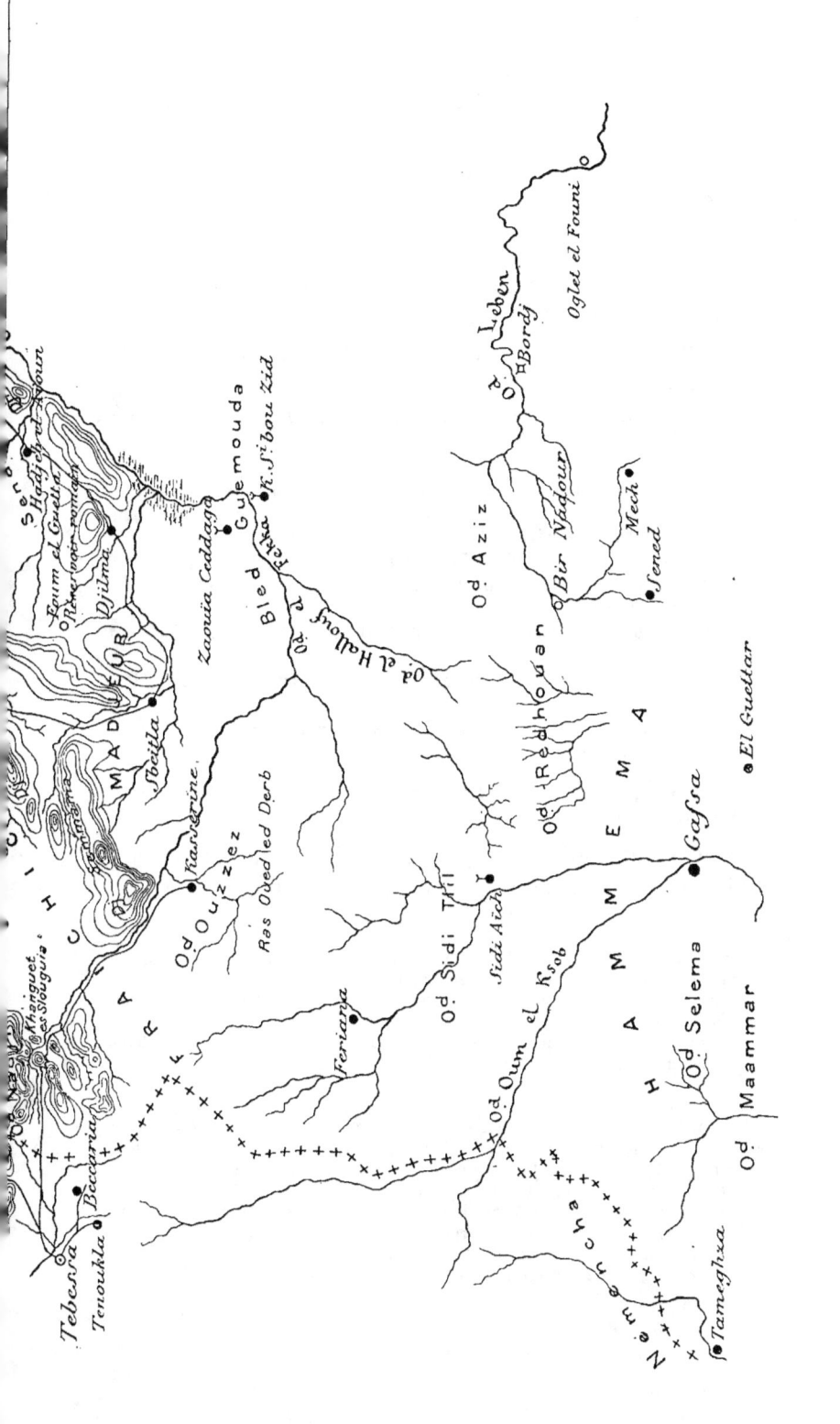

L'intention du général Logerot était, si l'attitude des troupes tunisiennes n'était pas satisfaisante, de demander leur rappel à Tunis, après l'occupation des forts.

Le 12 octobre, les préparatifs de l'expédition étant presque terminés, le général Saussier s'embarque à Alger pour Tunis [1].

Il débarque le 14 octobre à la Goulette et donne immédiatement son ordre n° 1 [2].

A partir du 16 octobre, les commandements sont ainsi répartis :

Commandant en chef du corps expéditionnaire : général SAUSSIER.

1° Commandant supérieur de Tunis, de la région nord de la Régence, et de la Medjerdah, général de division JAPPY :

Troupes des généraux de brigade Maurand, Cailliot, d'Aubigny.

2° Commandant supérieur de la région sud de la Régence, général de division LOGEROT :

Troupes des généraux de brigade Sabattier, Philebert, Etienne, et du colonel Jamais.

Régiments de cavalerie du général DE SAINT-JEAN (7e chasseurs, 1er et 11e hussards).

3° Commandant de la colonne de Tebessa, général de division FORGEMOL DE BOSTQUÉNARD [3].

Trois colonnes vont marcher sur Kairouan [4] :

Venant de l'est, la brigade Etienne.

Venant du nord, la colonne Logerot (brigade Sabattier et Philebert); le général en chef marche avec elle.

---

volonté que mit Ali Bey, à Zaghouan (quand le général d'Aubigny eut obtenu son renvoi de Testour), à garder notre ligne d'opérations.

Il fallut immobiliser la plus grande partie de la 6e brigade française pour cette mission.

1. Il emmène avec lui un bataillon du 1er zouaves (464 hommes), trois pelotons d'escorte du 1er chasseurs d'Afrique (82 chevaux) et un détachement du train (65 mulets).

2. Voir annexe n° LI.

3. D'une façon générale, on peut dire que les troupes des trois généraux de la région nord sont des troupes d'occupation *a*, tandis que les troupes des trois généraux de la région sud de la Régence vont marcher sur Kairouan en deux colonnes pendant que que la colonne de Tebessa marchera sur le même objectif.

4. On croyait, paraît-il, rencontrer à Kairouan tous les fanatiques de l'Islam et avoir à briser une résistance acharnée.

(Voir les lettres de notre consul à Tripoli, M. Féraud, dans l'ouvrage de M. le général Philebert : *La 6e brigade en Tunisie* pages 42 et 43).

a. Voir annexe n° LII.

Venant de l'ouest, la colonne Forgemol (troupes d'Afrique).

Le 16 octobre, les positions des troupes françaises qui vont marcher sur Kairouan sont les suivantes : *(Positions des troupes françaises le 16 octobre.)*

La brigade Etienne se prépare à marcher de Sousse vers l'ouest[1] ;

La brigade Sabattier campée à El Oukanda (biscuit-ville au Fahs) prépare le passage de Foum-el-Karrouba[2] ;

La brigade Philebert, qui a quitté La Goulette et Carthage le 28 septembre, est en marche entre Birine et Bou-Hamida pour venir rejoindre la brigade Sabattier[3] ;

La colonne Forgemol concentrée à El-Aïoun (nord-est de Tebessa) est prête à franchir la frontière.

A la même date, Ali ben Amara, avec les Zlass campés à Aïn-Kazezia et à l'oued-Laya, fait face au général Etienne ; El Hadj Hassein ben Messaï, avec les Zlass qui l'ont suivi à Djebibina, observe le général Sabattier ; El Hadj Harrat a concentré les Fraichich pour s'opposer à la marche du général Forgemol ; il a un poste au khanguet-Slouguia qu'il suppose être le point de pénétration de la colonne de Tebessa. *(Positions des insurgés, face aux colonnes françaises qui vont déboucher.)*

Quant à Ahmed ben Youcef, avec les Hammema, il attend les événements, ayant préparé sa ligne de retraite vers le sud.

Ali ben Khalifa, avec les Neffet, enhardi par notre inaction, est remonté vers le nord du bled Chaâl, à la koubba d'El Hadj Kacem (à la fin du mois il se rapprochera encore de Kairouan, venant jusqu'à la retba de Sidi Ali ben Abid, à 70 kilomètres de cette ville).

Ali ben Ammar déploie la plus grande activité pour réunir les partisans qui lui sont restés fidèles dans le khanguet-el-Guedim.

---

1. Voir annexe n° LIV, les opérations préliminaires du général Etienne pour se donner de l'air du côté de l'ouest et préparer son débouché de Sousse vers Kairouan.
2. Voir annexe n° XLIX.
3. Voir note 3, page 82.

Marche concentrique sur Kaïrouan.

Entrée du général Etienne à Kaïrouan, le 26 octobre.

Le 17 octobre, le ministre de la guerre envoie par télégramme l'ordre général du départ.

Le 7e brigade[1] (général Etienne), après avoir lutté, le 22 octobre, à l'oued-Laya, contre les Zlass d'Ali ben Amara (tué dans cette affaire), arrive le 26 octobre devant les murs de Kaïrouan et entre dans la ville le jour même[2].

La colonne Logerot[3] (le général Saussier[4] marche avec elle), partie d'El-Oukanda le 22 octobre, arrive sans combat, le 28, à Kaïrouan[5].

---

1. Voir annexes nos LIV et LV.
2. Voir note 4, page 80.
3. La colonne Logerot comprend la 5e brigade Sabattier, un groupe de deux bataillons, un escadron et une section de montagne pris à la brigade Philebert, un bataillon et les trois pelotons de chasseurs d'Afrique, escorte du général en chef.

Le général Saussier était venu de La Manouba avec le général Logerot (ils avaient suivi l'itinéraire suivant : Birine, Bir-Mecherga, le Fahs et El-Oukanda).
La 5e brigade l'attendait à El-Oukanda.
La 6e brigade de renfort avait quitté, le 28 septembre, La Goulette et Carthage, et avait campé le même jour à Radès; le 29, elle vient (moins le 2e régiment) s'installer à Mohammédia (mise en main de la brigade); le 7 octobre, la brigade s'installe à Birine, où elle reste jusqu'au 15 octobre. Puis elle vient se concentrer, par petites fractions se succédant à un jour d'intervalle, à Bou-Hamida, où elle remplace la brigade Sabattier; elle y arrive le 19. Le 20 octobre, le groupe du lieutenant-colonel Travailleur rejoint le général Philebert et toute la brigade est concentrée à Bou-Hamida (rive droite de l'oued-Miliane). Le même jour, le général Saussier et le général Logerot arrivent à Bou-Hamida.
Le 21 octobre, toutes les troupes se portent sur El-Oukanda.
Le général Logerot prend le commandement des deux brigades réunies.
Le 22 octobre, le général Saussier, le général Logerot, la brigade Sabattier et l'escadron du 1er hussards, la section d'artillerie et les deux bataillons (33e et 43e, lieutenant-colonel Frayermuth) pris à la 6e brigade, se mettent en route sur Kaïrouan, laissant le général Philebert à El-Oukanda avec mission de couvrir la route de Tunis et de rayonner avec des colonnes légères. (Voir plus loin, note 4, page 86).
(Voir l'ouvrage du général Philebert : *La 6e brigade en Tunisie*, Lavauzelle, 1893.)

6e brigade de renfort (général Philebert).
- 27e bataillon de chasseurs à pied.
- 1 bataillon de chacun des régiments d'infanterie nos 33, 43, 46, 61, 110 et 111e.
- 3 escadrons du 1er régiment de hussards.
- 2 batteries d'artillerie (une montée, une de montagne).

4. Le jour même où le général Saussier entrait à Kaïrouan, se réunissait, pour la première fois, la nouvelle Chambre des députés. Cette heureuse coïncidence ne sauva pas cependant le ministère Jules Ferry, qui fut obligé de donner sa démission quelques jours plus tard.
5. Les communications de cette colonne sont gardées par une partie des troupes

(Les Zlass ont abandonné la lutte[1] : ils ont essayé de piller Kairouan avant l'arrivée des troupes françaises; cette fois, le gouverneur avait fermé les portes et ils ne peuvent que piller

du général Philebert et par l'armée tunisienne (une partie avec Si Ali Bey, à Zaghouan, l'autre partie à Hammam-Lif).

Ali Bey, sur la demande du général d'Aubigny (voir annexe LVI, page 253), avait quitté Testour le 18 octobre, couché le 18 à Slouguia et était arrivé le 19 à Medjez-el-Bab; il devait en partir le 20 pour Zaghouan. Mais le 19, il y eut dans le camp de Medjez une rébellion des soldats qui dirent ne pas vouloir aller à Zaghouan. Le colonel Noëllat, en mission près du bey du camp, obtint cependant que la colonne reprendrait sa route le lendemain, ce qui fut fait. La colonne partit le 20, arriva le 21 à Bou-Hamida, le 22 à Mograne.

Le général Saussier avait prescrit d'occuper Bir-Bouita, près d'Hammamet, pour le couvrir vers l'est. Le ministre de la guerre tunisien, Si Selim, envoya, le 25, un détachement de 1.200 Coulouglis et Zaouaoua à Hammam-Lif; ils ne servirent à rien (ils rentrèrent d'ailleurs, paraît-il, presque immédiatement à Tunis).

Le 26 octobre, Ali Bey installa son camp à Zaghouan.

L'armée tunisienne, qui reste à Zaghouan, ne comprend que 1.500 fantassins vieux (il y a 800 à 900 indisponibles), 200 cavaliers, 300 artilleurs. Officiers et hommes ne reçoivent ni vivres ni argent.

« Les soldats ont reçu 5 réaux (3 francs) pour le mois de septembre, rien pour le mois d'octobre. Ils mangent, soir et matin, une grande cuillerée de soupe faite avec l'huile et le blé moulu. C'est là toute leur nourriture. »

L'autorité militaire voudrait cependant que cette petite armée ne se désorganisât pas. Si elle reste constituée, elle peut, telle qu'elle est, rendre encore quelques petits services en occupant Zaghouan ; mais si elle se débande, il faudra mettre à sa place des troupes françaises et nous pourrons avoir à craindre l'action contre nous des soldats déserteurs, action qui n'est pas à dédaigner, telle celle que fournit la bande de Sassi Souilem, à El-Arbain, dans la nuit du 28 au 29 août.

Un convoi de petits vivres est envoyé par l'intendance de Tunis. Ali Bey fait mille difficultés pour l'accepter. Le trésor français envoie 20.000 francs. Le 2 novembre, jour de la fête de l'Aïd-el-Kebir, le lieutenant-colonel Noëllat donne 3 francs aux soldats, 25 aux capitaines, 33 aux commandants; le mois d'octobre est payé.

Le gouvernement français voulait donner ensuite 50 centimes par jour à chaque soldat, en remplacement de viande (les petits vivres continuant à être fournis en nature).

Ali Bey objecte que « le soldat tunisien n'a jamais mangé de viande qu'une fois, deux au plus, chaque semaine ; lui donner plus serait lui donner des besoins que, sous peu, le gouvernement tunisien serait impuissant à satisfaire. Le trésor tunisien ne pourrait continuer une pareille solde ; il s'ensuivrait des désertions en masse; d'ailleurs, toute la solde mise dans la main du soldat ira à la famille de celui-ci et n'améliorera en rien l'état des troupes. » On continue donc la solde de cinq réaux.

En résumé, la mauvaise volonté d'Ali Bey est flagrante : révolte, probablement suscitée par lui, pour ne pas quitter la vallée de la Medjerdah; envoi du détachement à Hammam-Lif au lieu d'Hammamet; difficultés pour recevoir argent et vivres, vraisemblablement pour amener les désertions.

Aussi, le 22 novembre, le camp tunisien fut-il levé. Ali Bey rentra à Tunis, le farik Si ben Turki demanda « un carta » et le lieutenant-colonel Noëllat commanda la colonne de Zaghouan.

1. Voir annexe n° LIV, page 247.

les faubourgs ; puis ils battent en retraite vers le sud, seule ligne qui leur reste pour s'échapper¹.)

La colonne Forgemol², qui avait franchi la frontière le 17 octobre, eut un engagement avec les Fraichich d'El Hadj Harrat, au koudiat-Remila. Le 22, elle se heurta de nouveau, sur la Rouhia, aux contingents d'El Hadj Harrat, renforcés par les bandes d'Hammema qu'Ahmed ben Youcef avait amenées. (La jonction des Fraichich et des Hammema avait eu lieu le jour même de la rencontre; l'effectif total des combattants était de 3.000).

Les insurgés se replièrent sur le koudiat-el-Halfa où ils furent rejoints par trois cents Oulad-Ayar qu'amenait Ali ben Ammar (c'était tout ce qui restait à ce chef après sa défaite à Testour et les échecs successifs infligés à ses contingents par le colonel de la Roque sur la Tessaâ³). Le 25 octobre, la colonne Forgemol fut attaquée pendant sa marche sur le koudiat-el-Halfa.

Les insurgés furent battus et la plus grande partie se dispersa après cette défaite.

Ahmed ben Youcef et les Hammema rentrèrent sur leur territoire pour se préparer à émigrer vers le sud; El Hadj Harrat, abandonné des Fraichich, suivit Ahmed ben Youcef avec quelques partisans qui lui étaient restés fidèles; Ali ben Ammar, avec les Oulad-Ayar qu'il put entraîner à sa suite, remonta vers la hamada.

Le général Forgemol arrive à Kairouan le 29 octobre.

---

1. Voir annexe n° LIV, page 247.
2. Voir annexe n° LVII.
3. Le colonel de la Roque, renforcé de 800 hommes d'Algérie arrivés le 13 octobre au Kef, avait fait une première sortie de trois jours (14, 15, 16 octobre; trois notables de Nebeur fusillés le 15); le 19 octobre il était reparti de nouveau, avait franchi le khanguet-el-Gueddim le 20 et battu, les 21 et 22, au djebel-Gahzouan et au djebel-Bou-Kohil, les bandes d'Oulad-Ayar qui s'étaient réfugiées près de Bordj-Messaoudi. (Reconnaissance sur Bordj-Messaoudi, le 21 octobre, du lieutenant Vincent, du service des renseignements, avec un goum de Djendouba et une section montée de la 1ʳᵉ compagnie de discipline.) Voir annexe n° LVIII. Note A, page 277.

CHAPITRE II

Opérations contre Ali ben Ammar [a].

Le colonel de la Roque au Kef. — Opérations des colonnes de la Roque et d'Aubigny autour de Bordj-Messaoudi.
Marche concentrique des colonnes de la Roque (ouest), d'Aubigny (nord) et Philebert (est), sur la hamada des Oulad-Ayar.
Ali ben Ammar s'échappe (19 novembre).

Ali ben Ammar, après sa défaite à Testour[1], s'était replié dans le Ghorfa. Il déployait la plus grande activité pour reconstituer son armée avec les bandes qui erraient près de Bordj-Messaoudi, dans le Ghorfa et dans le Sers, et avec le petit nombre de fidèles, provenant de la bande de Salah ben Hamouda, qui étaient venus la rejoindre, quand son lieutenant s'était retiré de la lutte[2].

Ali ben Ammar après le combat de Testour.

Pendant ce temps la garnison du Kef était renforcée.

Huit cents hommes, venant d'Algérie, arrivèrent dans la place le 13 octobre[3]. Aussitôt qu'il eut reçu ces renforts, qui lui permettaient de prendre l'offensive, le colonel de la Roque fit une première sortie de trois jours (14, 15 et 16 octobre — le 15, il fusilla trois notables de Nebeur[4]).

La colonne mobile du Kef prend l'offensive (14 octobre).

Le 19 octobre, il repart de nouveau, franchit le khanguet-el-Gueddim le 20, et bat, les 21 et 22 octobre, au djebel-Ghazouan

---

a. Voir croquis n° V.
1. Voir page 67.
2. Voir 1, page 70.
3. { Un bataillon du 2ᵉ régiment d'infanterie de ligne,
   { Deux compagnies du 3ᵉ régiment de tirailleurs algériens,
   { 150 goumiers de Souk-Ahras.
(Voir annexe LVIII, note 3, page 274.)
4. Voir annexe LVIII, pages 274 et suivantes.

et au djebel bou-Kohil, les bandes d'Oulad-Ayar qui s'étaient réfugiées près de Bordj-Messaoudi[1].

La colonne de Testour.

Le général d'Aubigny, avec une colonne, vint de Testour à Bordj-Messaoudi faire sa jonction avec le colonel de la Roque (24 octobre)[2].

La route de Tunis était rouverte.

Opérations autour de Borj-Messaoudi.

Par de petites opérations combinées, prenant comme base Bordj-Messaoudi, les deux commandants de colonne nettoient le pays au nord de la route[3]; puis la colonne d'Aubigny reprend le chemin de Testour où elle rentre le 10 novembre[4].

Ali ben Ammar dans le Massouge.

Ali ben Ammar, après la défaite des Fraichich et des Hammema, le 25 octobre, au koudiat-el-Halfa, était revenu dans la hamada des Oulad-Ayar.

Il essaie de grouper de nouveaux contingents; mais la présence des deux colonnes du général d'Aubigny et du colonel de la Roque à Bordj-Messaoudi et l'arrivée de la reconnaissance du général Philebert à la zaouïa de Sidi Abd el Melek ont démoralisé ses derniers partisans; ils déclarent qu'ils ne veulent plus se battre.

Cependant le retour du général d'Aubigny à Testour, la retraite inexpliquée du général Philebert sur El-Oukanda, le séjour du colonel de la Roque à Bordj-Messaoudi, permirent à Ali ben Ammar de réunir environ un millier d'hommes (Oulad-Ayar et Oulad-Aoun les plus compromis).

---

1. Voir annexe n° LVIII, A, page 277, la reconnaissance du lieutenant Vincent du service des renseignements, le 21 octobre, sur Bordj-Messaoudi, avec un goum de Djendouba et une section *montée* de la 1ʳᵉ compagnie de fusiliers de discipline.
2. D'après les instructions formelles du général Logerot, puis du général Japy, le but à atteindre par les deux colonnes d'Aubigny et de la Roque est de couvrir le chemin de fer au lieu de suivre Ali ben Ammar et l'achever. Aussi perd-on le contact.
3. Voir annexe n° LVIII, page 281.
4. Pendant ces opérations autour de Bordj-Messaoudi, le général Philebert, laissant un bataillon au Fahs et un bataillon à El-Oukanda, faisait une première reconnaissance avec trois bataillons, du 24 au 27 octobre, et une seconde, avec le même effectif, du 31 octobre au 7 novembre.
Dans le cours de cette dernière, il vint jusqu'à la zaouïa de Sidi Abd el Melek (3 novembre).
La retraite de cette reconnaissance étonna fort les indigènes et rendit confiance aux Oulad-Ayar et aux Oulad-Aoun. (Voir annexe LVI, pages 263 et suivantes.)

Pendant cette période, Ali ben Ammar, bien que sentant la partie perdue, n'avait cessé de déployer la plus grande activité; il projetait de défendre le Massouge jusqu'à la dernière extrémité.

L'attaque par les colonnes françaises des dernières positions des Oulad-Ayar est décidée[1].

La colonne de la Roque, qui a repris le contact d'Ali ben Ammar le 12 novembre, refoule dans la hamada les dissidents qui tenaient le Sers.

La colonne d'Aubigny qui, partant de Testour le 12, a remonté le cours de la Silianah et qui a traversé le Massouge, refoule dans la hamada les insurgés qui occupaient ce massif.

Le général Philebert, avec toute sa brigade (moins les deux bataillons détachés à la colonne du général Saussier), se dirige par le pays des Oulad-Aoun vers le djebel-Belota[2].

Le 20 novembre, la colonne de la Roque est à Ellez, la colonne d'Aubigny est devant Megaraoua[3], la 6e brigade est à Maktar[4].

La hamada est entourée de trois côtés (ouest, nord et est); mais elle n'est pas cernée, le sud restant ouvert.

L'attaque simultanée est convenue pour le 21[5].

Marche concentrique de trois colonnes françaises sur la hamada des Oulad-Ayar.

Attaque de la hamada (21 novembre). Ali ben Ammar s'est échappé.

---

1. Il n'y a pas de plan d'ensemble, pas d'unité de direction (voir annexe LVIII, notes 1 et 2, page 292) et une colonne qui devait venir du sud, pour couper la seule ligne de retraite possible d'Ali ben Ammar et des Oulad-Ayar, n'est pas mise en mouvement. (Voir annexe LVIII, note 2, page 301.)

2. Le djebel-Belota est à l'est de la hamada. L'envoi d'une colonne sur ce point était d'une utilité fort contestable, car il était à supposer que les dissidents ne chercheraient pas à s'échapper par l'est, direction qui les eût menés vers Kairouan à travers une population de montagnards résolus et qu'ils savaient leur être hostiles.

3. Le 18 novembre, le général d'Aubigny a pris Bordj-Messaoudi comme base de ravitaillement, ses relations avec Testour, par la Silianah, étant devenues trop difficiles.

4. La 6e brigade a envoyé une partie de ses chameaux à la colonne Logerot qui marche sur Gabès; obligée de se faire suivre d'arabas et emmenant avec elle sa batterie montée, elle n'a pu marcher directement sur Maktar par la montagne et a fait un long détour par le nord-ouest; elle a été contrainte à marcher par échelons.

A partir du 20, le général Philebert prend Sousse comme base et envoie un bataillon se poster entre Kairouan et Maktar.

5. Depuis la reprise des opérations actives, et l'issue de la lutte étant désormais

Dans la nuit du 20, la hamada paraît tout en feu.

Le 21, au point du jour, ainsi qu'il a été convenu, la hamada est abordée par l'est, le nord et l'ouest.

Elle est complètement déserte[1].

Le général Philebert découvre, vers 10 heures seulement, la trace de la fuite des insurgés vers le sud[2]. Avec les trois bataillons qui lui restent dans la main, il marche à leur suite et atteint leur camp, à la tombée de la nuit, au Kef-Erraï. Il fait tirer sur cette foule pour ne pas avoir à lui accorder l'aman et s'empare des troupeaux[3].

L'insurrection des Oulad-Ayar se termine faute d'insurgés.

Le 24, le général Philebert est de retour à Maktar; les trois colonnes restent autour de la hamada jusqu'au 1er décembre.

A cette date, le général d'Aubigny se rend à Medjez-el-Bab (sa colonne, placée sous les ordres du colonel Menessier de la

---

certaine, des goums de plus en plus nombreux étaient venus se mettre à la disposition des commandants des colonnes françaises, principalement du général Philebert et du colonel de la Roque qui marchaient aux ailes.

Depuis quelques jours, au contraire, Ali ben Ammar n'avait plus avec lui qu'une foule affolée; il ne s'y trouvait plus, au maximum, qu'un millier d'hommes armés, tous des Oulad-Ayar, traînant maintenant avec eux femmes, enfants et troupeaux, et ne songeant plus qu'à s'échapper.

1. Ali ben Ammar, avec une petite troupe de fidèles, s'était échappé dans la nuit du 19. Le caïd des Oulad-Ayar, Mohamed Salah ben Ali Debbich, qui voltigeait de l'une à l'autre des colonnes françaises, protestant de son dévouement, était celui qui, vraisemblablement, avait fait fuir son ancien compagnon de prison. (Voir annexe LVIII, page 301.)

Quant aux autres Oulad-Ayar, ils avaient caché leur fuite, dans la nuit du 20, par l'incendie des plateaux.

2. Cependant, il semble que si les commandants des deux ailes avaient envoyé leurs goums nombreux, connaissant bien le pays et ne désirant que piller les Oulad-Ayar (ils s'étaient fait suivre, dans ce but, de tous les moyens de transport qu'ils avaient pu trouver) surveiller le sud de la hamada, seule ligne de retraite laissée aux dissidents, ceux-ci n'auraient pu s'échapper aussi facilement.

3. Le 21 au matin (c'eût été déjà bien tard) au lieu de mettre à sa gauche tout son goum d'Oulad-Aoun, connaissant par conséquent le pays, et de lui donner l'ordre de se relier au goum du colonel de la Roque dans le cas où celui-ci aurait envoyé le sien sur sa droite, le général Philebert n'en envoya qu'une partie avec le bataillon de chasseurs sur son flanc extérieur; de sa personne et avec le gros de ses forces, il se porta sur son flanc intérieur.

Quand il vit que la hamada était vide, il fit encore un nouveau détachement vers sa droite et, par suite, ne put se lancer à la poursuite des Oulad-Ayar qu'avec les trois cinquièmes de ses forces; les deux détachements ne rejoignirent que dans la nuit, après une marche de quarante kilomètres.

Lance, du 11ᵉ hussards, reste encore quelques jours à Ellez, pour recevoir les soumissions); la colonne de la Roque part vers le Ksour, chez les Ouartan, avant de rentrer au Kef; la 6ᵉ brigade se dirige vers le sud-est (Sidi Mohamed ben Ali, où le général Philebert avait envoyé un bataillon dès le 20 novembre).

CHAPITRE III

Poursuite des dissidents [a].

Marche de la colonne Logerot sur Gabès (arrivée à Ras-el-Oued le 29 novembre). — Mohamed ben Cherfeddine et les Beni-Zid. — Rentrée de la colonne à Sousse.
Marche de la colonne Forgemol sur Gafsa (entrée à Gafsa le 20 novembre). — Marche de la colonne de Négrine (colonel Jacob) sur Tameghza et Gafsa; de la colonne d'El-Oued (lieutenant-colonel Le Noble) sur Nefta.
Le colonel Jacob reste à Gafsa (4 décembre); la colonne Forgemol rentre à Tebessa (12 décembre).
Les dissidents se sont réfugiés en Tripolitaine.

Le 11 novembre, le général Forgemol quitte Kairouan et se dirige sur Gafsa pour atteindre et refouler les Hammema [1].

Marche de la colonne Logerot sur Gabès;

Le 12 novembre, une colonne sous les ordres du général Logerot et précédée du goum de Youcef Allegro, quitte aussi Kairouan, se dirigeant sur Gabès [2].

elle arrive à Ras-el-Oued (29 novembre).

Elle arrive à Ras-el-Oued le 29 novembre, sans avoir eu à tirer un coup de fusil; le pays qu'elle avait traversé était complètement désert.

Retraite d'Ali ben Khalifa.

Ali ben Khalifa [3], en apprenant la destination de la colonne Logerot, s'était replié à grandes journées, suivi des Neffet, sur Telman, à l'est du chott-Fedjej.

Là, il avait été rejoint par les Zlass, ses complices du pillage d'El-Djem et quelques Hammema de l'est, voisins des Neffet.

Pendant ce temps les Souassi et les Metellit s'étaient repliés

---

a. Voir croquis n° II.
1. Voir plus haut, page 84 et plus loin, page 92.
2. Voir annexe n° LIX.
3. Ali ben Khalifa, depuis la prise de Sfax, n'avait à son actif, comme action de guerre, que le pillage d'El-Djem, le 30 octobre, avec les Zlass, les Souassi et les Metellit. (Voir annexe n° LIX, note A, page 314).

sur El-Hamma et les Hammema qui s'étaient groupés à Gafsa, autour d'Ahmed-ben-Youcef, traversaient le chott.

Le 12 novembre, une réunion des chefs eut lieu à El-Hamma. Il fut reconnu qu'il était urgent de passer en Tripolitaine et nécessaire d'y arriver en force pour résister aux tribus tripolitaines et il fut décidé qu'Ali ben Khalifa passerait par la plaine pour gagner le Mokta, tandis que les Hammema, après avoir été rejoints à Bir-Zoumit par les douars établis à El-Hamma, s'y porteraient par Bir-Sultan et la montagne.

L'approche de la colonne Logerot força Ali ben Khalifa à continuer sa retraite vers le sud. Il gagna rapidement l'oued-Oum-Es-Zessar, au nord-est de Médenine, y resta jusqu'au moment où il apprit l'arrivée des troupes française à Ras-el-Oued, puis, par petites journées, prenant après chaque étape deux ou trois jours de repos, afin de conserver son monde bien groupé, il se porta sur le Mokta qu'il atteignit vers le 10 décembre, à El-Djedlaouin[1].

L'arrivée de la colonne Logerot fait tomber la résistance à Gabès.

La nouvelle de l'arrivée de la colonne française, le passage des tribus refoulées par elle, qui pillaient et ravageaient tout sur leur passage, avaient désorganisé la résistance autour de Gabès[2]. Les insurgés s'étaient dispersés et Mohammed ben Cherfeddine s'était replié sur El-Hamma avec quelques Beni-Zid.

Le surlendemain de son arrivée à Ras-el-Oued, c'est-à-dire le 31 novembre, le général Logerot dirige une reconnaissance sur Chenini, quartier général abandonné des chefs insurgés et y fait brûler la maison d'Ali ben Khalifa.

Soumission des Souassi et des Metellit. (5 décembre).

Le 1er décembre, il se porte avec sa colonne sur El-Hamma ; il y arrive le 3 et le trouve abandonné des dissidents. La colonne se dirige alors vers le sud et, le 5 décembre, le goum d'Allegro, appuyé par notre cavalerie, surprend près de Sidi-Guenaou le camp des Souassi et Metellit que le mauvais temps a empêchés de gagner Bir-Zoumit.

---

1. Voir suite, plus loin, page 97.
2. Voir plus haut, 1, page 58.

Les dissidents ne font aucune résistance; ils sont désarmés et dirigés sur leur territoire d'origine.

Soumission de Mohamed ben Cherfeddine (6 décembre).

Le 6, Mohamed ben Cherfeddine vint faire sa soumission. L'aman fut accordé aux Beni-Zid à condition qu'ils rentreraient sur leur territoire et qu'ils fourniraient un goum.

Seconde tournée.

La colonne rentra le 8 décembre à Ras-el-Oued. Comme la région paraissait pacifiée, le général se préparait à faire revenir ses troupes à Sousse[1]. Mais l'annonce de leur départ détruisit presque l'effet de leur arrivée; l'indécision, l'hostilité même se manifestèrent dans les fractions qui avaient semblé se rallier à nous et le général Logerot, au lieu de se diriger vers le nord comme il en avait eu l'intention, dut entamer une nouvelle marche vers le sud.

Il partit le 12 de Ras-el-Oued, visita successivement les villages des Beni-Zid, Zeraoua, Tamezert, Bou-Dafer, contourna les Matmata et rentra à Gabès en passant par Mareth et Kétenah.

Cette fois, le calme se rétablit dans la région et, le 26 décembre, le général Logerot put mettre sa colonne en route sur Sousse. Elle suivit la côte, passa par Sfax et arriva à Sousse le 17 janvier 1882.

Marche de la colonne Forgemol sur Gafsa[2]. Elle arrive à Gafsa le 20 novembre.

Le 11 novembre, le général Forgemol avait quitté Kairouan pour se porter contre les Hammema.

La colonne (le général Saussier marchait avec elle) arriva le 20 novembre à Gafsa, sans autre incident pendant la route que la prise, par la cavalerie, de tous les troupeaux des Oulad-Ayar qui avaient abandonné Ali ben Ammar et qui avaient pu s'échapper avant l'arrivée du général Philebert au Kef-Erraï.

Le pays traversé était complètement désert, mais portait les traces du passage récent des insurgés.

Des reconnaissances envoyées vers l'est à El-Guettar, Oum-Ali, El-Ayacha (canonnade du général de Gislain sur les gens

---

1. Voir plus loin, note 1, page 94.
2. Voir annexe n° LX.

du village qui venaient faire leur soumission) du 22 au 29 novembre, permirent de constater que les dissidents avaient quitté le pays.

Dès les premiers jours de novembre, en effet, les Hammema s'étaient groupés pour la plus grande partie autour d'Ahmed ben Youcef; d'autres, longeant la rive nord du chott-el-Fedjej, avaient été rejoindre Ali ben Khalifa à Telman [1].

Ahmed ben Youcef se mit en relations avec le khalifa de Kebilli, Chaouch Ahmed ben Belkassem; celui-ci le laissa passer sur son territoire quand l'approche de la colonne Forgemol força les Hammema à franchir le chott et à se diriger en toute hâte sur Bir-Zoumit où devaient les rejoindre les dissidents alors à El-Hamma [2]; puis le khalifa de Kebilli, une fois que cette migration fut passée, écrivit au général Forgemol pour lui affirmer ses bonnes intentions [3].

Colonnes de Négrine et d'El-Oued.

Tous les nomades n'avaient pas émigré. Un assez grand nombre de douars qui, pendant qu'Ahmed ben Youcef combattait sur la Rouhia et au koudiat-el-Halfa, étaient restés dans le sud, rançonnant les paisibles populations des ksour et faisant même des incursions en Algérie, demeuraient sur leur territoire.

Ces pillards avaient deux points d'appui : les oasis du Djérid et le groupe des villages de Tameghza, Chebika et Midès.

Pour arrêter leurs razzias en Algérie, des troupes avaient été échelonnées sur la frontière; cette mesure n'avait pas suffi et deux colonnes [4] avaient été organisées pour refouler du Djérid ces maraudeurs et en même temps appuyer le mouvement du général Forgemol vers le sud.

Ces deux colonnes s'étaient mises en marche le 19 novembre.

---

1. Voir plus haut, page 90.
2. Nous savons (voir plus haut, page 91) que ceux-ci furent surpris plus tard, par le général Logerot, à Sidi-Guenaou.
3. Voir annexe LX, 2, page 323.
4. Colonne de Négrine (colonel Jacob, du 3ᵉ tirailleurs); 2 bataillons d'infanterie, 1 escadron de hussards, spahis et goums.
Colonne d'El-Oued (lieutenant-colonel Le Noble, spahis); 1 bataillon mixte (3ᵉ tirailleurs et 3ᵉ bataillon d'Afrique), spahis et goums.

Le colonel Jacob arriva le 20 à Tameghza puis gagna Gafsa sans incident.

Le lieutenant-colonel Le Noble s'était mis également en marche le 19 novembre. Il arriva à Nefta le 24 novembre, à Touzeur le 27 novembre. Puis, le 1er décembre, ayant désarmé les gens de Nefta, El-Hamma, Touzeur et El-Oudiane, et perçu les contributions qu'il avait fixées, il s'en retourna à Débila, ramenant un certain nombre d'otages.

La colonne Forgemol rentre en Algérie.

Le 5 décembre, le général Forgemol quitte Gafsa et rentre à Tebessa le 12 décembre, sans incident; une colonne d'observation est formée à Tebessa.

Quant au colonel Jacob il a été laissé à Gafsa avec une colonne mobile[1] (4 bataillons, 2 escadrons, 2 sections d'artillerie, génie) jusqu'au moment où elle pourra être relevée par des troupes de la division Logerot.

Quelques douars rentrèrent sur leur territoire; mais des bandes de maraudeurs remontèrent, après le départ de la colonne du général Forgemol, jusqu'aux environs de Gafsa; elles allaient ensuite mettre leur butin en sûreté dans les centres qu'elles s'étaient constitués au sud du Nefzaoua.

C'est au général Philebert qu'il appartiendra d'opérer contre ces bandes.

---

1. Cette colonne mobile (qui reçut le nom de colonne de Gafsa et dépendait de Constantine) fut formée par le général Saussier, le 4 décembre, la veille de son départ de Gafsa.

Elle avait pour mission de contenir, avec celle de Gabès, les rebelles au delà des chotts et de les empêcher de revenir dans leurs terrains de labour jusqu'à ce qu'ils eussent fait leur soumission.

Ces dispositions prises, le général Saussier avait ordonné aux colonnes Forgemol et Logerot de remonter vers le nord, traversant les territoires nouvellement soumis et achevant la pacification.

La première, seule, put exécuter le mouvement prescrit; elle quitta Gafsa le 5 décembre, rentra en Algérie par Feriana et Tebessa et fut dissoute; une colonne d'observation fut formée à Tebessa.

Nous savons (voir 1, page 92), que la seconde fut forcée par les événements d'entreprendre une deuxième tournée, avant de pouvoir aller reprendre ses emplacements de Sousse et de Kairouan.

CHAPITRE IV

La poursuite (*suite*). — **Incursions des dissidents** *a*.

La 6ᵉ brigade (général Philebert) à El-Aâla (7 décembre 1881), à Djilma (12 janvier 1882), à Gafsa (14 février). — La colonne Jacob rentre en Algérie.
Les dissidents sur le Mokta. — Les Ouarghamma. — Premières incursions.
Opérations du général Logerot : le général Philebert au Nefzaoua et chez les Aouaya, le général Jamais à Médenine. — Les deux colonnes entrent en relations sur l'oued-bou-Hamed (7 mai 1882) : la colonne Philebert sur l'oued-Tatahouine, la colonne Jamais sur l'oued-Fessi. Elles ne peuvent atteindre les dissidents.
Fin des opérations actives.

La 6ᵉ brigade (sept bataillons, deux escadrons et deux batteries), était concentrée, le 25 novembre, à Maktar [2].

La 6ᵉ brigade à Sidi-Mohamed-Ben-Ali [1].

Le 1ᵉʳ décembre, le général Philebert avait dirigé ses troupes, par échelons successifs, sur le bled Aala.

Le 7 décembre, la 6ᵉ brigade est réunie en entier à Sidi-Mohamed-ben-Ali, sur la rive gauche de l'oued Merg-el-Lil.

Le général Philebert organise le camp; y laisse, sous les ordres du lieutenant-colonel Frayermuth, deux bataillons, la batterie montée, l'ambulance et les services; envoie, le 17 décembre, le lieutenant-colonel Travailleur, avec deux bataillons, un escadron, deux pièces de montagne, douze jours de vivres, pour se mettre en relations avec le lieutenant-colonel Moulin, vers la Trozza et part, le 18, avec trois bataillons, un

---

a. Voir croquis nº II.
1. Voir *La 6ᵉ brigade en Tunisie*, chapitre V, pages 77 et suivantes, et annexe nº LXI.
2. Le détachement du lieutenant-colonel Frayermuth (deux bataillons, un escadron, deux pièces), qui avait marché avec la colonne Logerot d'El-Oukanda sur Kairouan, venait de rejoindre sa brigade.

escadron, quatre pièces de montagne et dix-huit jours de vivres dans la direction du sud.

Le 27, le général Philebert est rejoint à Redir-el-Hallouf par le lieutenant-colonel Travailleur; le 28, les deux colonnes réunies vont camper à Sidi-Ali-ben-Aoun (oued-Cehela).

Le même jour, un convoi (un bataillon, un escadron, interprète Vallet), est envoyé sur Gafsa pour en rapporter des approvisionnements.

Le général Philebert reçoit l'ordre de se concentrer à Djilma et d'y attendre l'ordre de se porter sur Gafsa.

Pendant que le général Philebert attend à Sidi-Ali-ben-Aoun le retour de son convoi, les troupes du camp de Sidi-Mohamed-ben-Ali gagnent Djilma en deux échelons.

Le convoi étant rentré à Sidi-Ali-ben-Aoun, le 5 janvier 1882, le général Philebert se met en route, le lendemain 6, avec ses cinq bataillons, vers Djilma.

La 6ᵉ brigade à Djilma 1 (12 janvier 1882).
La brigade y est concentrée en entier le 12 janvier 1882, et les troupes commencent la construction d'un caravansérail.

Le 28 janvier, le général Philebert reçoit l'ordre de se porter sur Gafsa avec quatre bataillons, deux escadrons et la batterie de montagne pour y remplacer les troupes de la division de Constantine.

Le lieutenant-colonel Frayermuth est laissé à Djilma avec trois bataillons.

Le général Philebert à Gafsa 2 (14 février).
Le général Philebert met en route, le 5 février, le lieutenant-colonel Travailleur, avec toutes les voitures et les *impedimenta* et un bataillon d'escorte; le 8 février, il part avec le reste de la brigade (trois bataillons, cavalerie, canons), et entre à Gafsa le 14 février[3].

---

1. Voir *La 6ᵉ brigade en Tunisie*, chap. VI, pages 94 et suivantes.
2. Voir *La 6ᵉ brigade en Tunisie*, chap. VII, pages 109 et suivantes.
3. Le 16 février, le colonel Jacob quitta Gafsa, remmenant ses troupes en Algérie. Le mois de février s'acheva sans incident.
Une colonne légère alla châtier Sened, qui donnait asile aux djich qui s'aventuraient jusqu'à Kairouan.
Le général Philebert préparait une opération sur Mech quand il reçut l'ordre d'entrer dans le Nefzaoua (annexe LXIV, page 349).
Voir suite des *Opérations de la 6ᵉ brigade*, page 99.

Nous avons vu² qu'Ali ben Khalifa, avec les Neffet et les Zlass, était arrivé sur le Mokta, aux oglet-Djedlaouin, vers le 10 décembre. Les dissidents sur le Mokta¹.

Le vieux caïd avait traversé le pays des Ouarghamma à petites journées, laissant à sa colonne des repos nombreux qui lui permirent de rester concentrée.

Le vue de cette émigration s'opérant lentement et dans de bonnes conditions de cohésion changea la disposition des esprits des Ouarghamma³.

Les premiers événements, l'occupation même de Gabès, ne leur avaient causé aucun mécontentement. Ils étaient plutôt satisfaits de cet état de choses qui leur permettait de vivre indépendants et de s'affranchir des redevances exigées par le gouvernement tunisien; ils espéraient bien que nos colonnes n'iraient pas jusque chez eux. Mais quand ils apprirent le passage du général Logerot chez les Matmata⁴, ils se décidèrent à entrer dans la lutte; ils étaient d'ailleurs travaillés depuis longtemps par des émissaires du pacha de Tripoli et ils comptaient sur l'appui des émigrants qu'ils venaient de voir traverser leur pays. Les Ouarghamma

Ils se mirent donc à faire des razzias, à petite distance, il est vrai, sur les tribus soumises (Hazem, Hamerna, Beni-Zid, Matmata).

Ahmed ben Youcef, avec les Oulad-Redhouan, était resté un certain temps à Bir-Sultan, attendant l'arrivée des dissidents d'El-Hamma (la plus grande partie, retardée par les pluies, avait été surprise par le général Logerot, le 5 décembre, à Sidi-Guenaou)⁵, et tâchant de ramener à lui les autres fractions des Hammema qui, après la traversée du chott, marquaient une grande hésitation à la suivre dans son exil et étaient échelonnées du Nefzaoua à Bir-Zoumit. Les Hammema

---

1. Voir annexe n° LXII.
2. Voir plus haut, 1, page 91.
3. Voir annexe n° XXXVIII, l'organisation de la confédération des Ouarghamma.
4. Voir plus haut, page 92, la seconde journée du général Logerot.
5. Voir plus haut, page 91.

Sur ces entrefaites, le caïd des Oulad-Redhouan avait été avisé par Ali ben Khalifa de la marche, vers les Matmata, de la colonne Logerot qui allait menacer sa ligne de retraite.

Il se remit immédiatement en marche vers la Tripolitaine ayant décidé, par la communication de cette nouvelle, les autres fractions des Hammema à suivre son mouvement[1].

La tête de colonne des Hammema arriva sur l'oued-Mokta, à Aïn-Steil; leur retraite rapide (ils se croyaient poursuivis par nos colonnes) à travers un pays difficile et pauvre et par un temps très mauvais, les avait désorganisés : les premiers s'enfoncèrent assez avant en Tripolitaine pour mettre à l'abri leurs familles et leurs troupeaux; les derniers ne purent même pas atteindre le Mokta et restèrent derrière l'oued-Fessi, presque tout le mois de janvier, occupés à se reconstituer.

Les dissidents en Tripolitaine[2].

Une misère terrible s'abattit sur les exilés[3].

Resserrés sur un espace trop restreint, ils n'en pouvaient sortir, étant donné leur état actuel de désorganisation, pour tenter des razzias soit sur les Tripolitains, soit sur les Ouarghamma qui étaient devenus méfiants depuis qu'ils avaient vu arriver, par la montagne, les nombreuses bandes d'Hammema désagrégées et affamées.

Cette crise provoqua bientôt des idées de soumission. Quelques douars se mirent même en mouvement vers l'oued-Fessi; mais des cavaliers Neffet et Zlass, lancés à leur poursuite par Ali ben Khalifa, les razzièrent impitoyablement et ramenèrent hommes, femmes et enfants aux campements des dissidents.

Cet exemple rigoureux fit cesser immédiatement les plaintes. La situation s'était d'ailleurs améliorée. Les tribus

---

1. Pour les entraîner, il leur assura également que les troupes turques qui devaient venir à leurs secours, retardées jusqu'ici par le mauvais temps, allaient arriver.
2. Voir annexe n° LXIII.
3. La canonnière *l'Aspic* stationnait en face de Zarzis et surveillait la côte afin de prévenir tout débarquement clandestin sur le rivage, entre l'île Djerba et la frontière tripolitaine.

tripolitaines étaient entrées en relations avec les dissidents[1], les campements avaient pu s'étendre et les groupes reconstitués sous les ordres de leurs chefs pouvaient se mettre en campagne.

Aussitôt les razzias commencèrent; les djich s'aventurèrent jusqu'à Gafsa, Kairouan et Sfax pendant que les Ouarghamma brigandaient dans l'Aarad.

Il devenait indispensable d'empêcher ces incursions qui se montraient de plus en plus audacieuses.

Opérations dans l'extrême sud.

La situation était délicate car, si d'un côté il fallait agir rapidement et énergiquement pour protéger les tribus soumises et les maintenir dans le devoir, d'un autre côté il était nécessaire d'opérer avec prudence et ménagements pour attirer à nous les populations qui étaient hésitantes et faciliter les défections dans le camp dissident.

Cette mission fut confiée au général Logerot, commandant la division sud; il était chargé d'atteindre ce double but en utilisant les troupes des généraux Philebert et Jamais.

Le général Logerot arriva à Gabès dans les premiers jours de mars pour diriger les opérations qu'allaient avoir à exécuter ces deux généraux pendant le mois d'avril.

Le général Philebert était à Gafsa depuis le 14 février[3]. Il avait envoyé une colonne légère châtier Sened et il préparait une opération contre Mech, coupable, comme Sened, d'aider les opérations des djich, quand il reçut l'ordre de réunir sa brigade et de se préparer à marcher sur le Nefzaoua.

La 6ᵉ brigade au Nefzaoua[2].

Le lieutenant-colonel Frayermuth rallia, le 23 mars, avec

---

1. On dut bientôt constater que le blocus tenté par la canonnière *l'Aspic* (voir note 3, page 98) restait sans effets; les populations tripolitaines et les autorités turques ravitaillaient les dissidents.
2. Voir *La 6ᵉ brigade en Tunisie*, chap. IX, pages 138 et suivantes, et l'annexe n° LXIV, page 349.
3. Voir plus haut, 2, page 96.

deux de ses bataillons[1]; le même jour le général commandant la 6e brigade recevait l'ordre d'être le 31 à Oum-Smaâ (nord-ouest de Kebilli). Ordre fut envoyé au dernier bataillon laissé à Djilma de rallier directement la colonne d'opérations.

Le 25 mars, le général Philebert, laissant un bataillon à Gafsa, se met en route. Il traverse le défilé d'Oum-Ali le 29, le chott El-Fedjej le 30 et arrive à Oum-Smaâ le 31 mars.

Le 3 avril, le général détruit le bordj de Negguâ; il est rejoint le 4, à Tembar, par le dernier bataillon de Djilma et arrive le 5 à Kebilli.

Le 6, le général Philebert commence la construction d'une redoute et envoie le lieutenant-colonel Travailleur (avec deux bataillons, deux pièces de montagne et un peloton de hussards) à Gabès, y chercher des vivres.

Le 14 avril, le général se rend à Douz; il y reçoit les protestations d'amitié des Merazigue. Avec l'aide de ces derniers, il propose de marcher sur Rhadamès quand il reçoit l'ordre de se porter vers l'est, à Bir-Sultan.

La colonne du général se met en route le 15 avril, dans cette direction et arrive le 18 à Bir-Zoumit[2]. Le général s'y arrête et décide de ne pas pousser plus loin. Il fait restaurer le bordj, combler l'ancien puits à un kilomètre et creuser un nouveau; mais il reçoit de nouveau l'ordre de se porter sur Médenine, pour se relier au général Jamais.

Le général Jamais à Médenine (2 avril).

Le général Jamais avait quitté Gabès le 30 mars et était arrivé le 2 avril à Médenine; le ksar était abandonné. Des colonnes légères envoyées dans les environs constatèrent que le pays était désert; les Touazine s'étaient retirés sur l'oued-Fessi.

Le 18, une colonne légère avait été détruire les plantations autour de Ksar-Djouana, sur le territoire des Aouaya.

---

1. Le général Philebert, quand il était venu à Gafsa, avait laissé à Djilma le lieutenant-colonel Frayermuth, avec trois bataillons.
2. Voir *La 6e brigade en Tunisie*, chapitre X, pages 162 et suivantes.

Le 1er mai, la 6e brigade se porte sur Bir-Sultan¹ (un batail- *La 6e brigade à Bir-Sultan (1er mai) et chez les Aouaya.*
lon et le génie y avaient été envoyés le 25 mars); la garde de
Bir-Zoumit avait été confiée par le général Philebert aux
gens de Tamezert.

L'occupation de Bir-Zoumit et de Bir-Sultan avait eu pour
résultat de rendre de plus en plus rares les incursions des
djich; la traversée du Dahar leur devenait presque impossible².

Le 3 mai, le général Philebert arrive à Ksar-beni-Khedach;
ainsi qu'il en a reçu l'ordre du général Logerot, il détruit les
récoltes sur pied, coupe les arbres fruitiers et détériore les
citernes des Aouaya.

Le 7 mai, la 6e brigade arrive aux Oglet-Ababsa sur l'oued- *Jonction des colonnes Philebert et Jamais, sur lo'ued-bou-Ahmed, le 7 mai.*
bou-Ahmed, à 4 kilomètres du camp de la colonne Jamais
établi sur l'oued-Néfetia.

Le général Logerot venait d'arriver à Ksar-Médenine pour
imprimer une direction unique aux opérations des généraux
Jamais et Philebert.

Les Touazine n'étant venus faire aucune offre de soumission,
la destruction impitoyable de leurs récoltes fut décidée. La
colonne Philebert se porta sur l'oued-Tatahouine, la colonne
Jamais sur l'oued-Fessi. Ces deux colonnes détruisirent à fond
sur leur route et razzièrent tout ce qu'elles rencontrèrent.

L'expédition était terminée, mais son but était manqué. A *Fin des opérations actives (14 mai 1882).*
la suite de conventions passées par un ambassadeur envoyé
directement de Paris à Tripoli, ordre avait été donné à nos
troupes de ne pas dépasser l'oued-Fessi.

Les insurgés, réfugiés entre l'oued-Fessi et la frontière tripolitaine réelle, n'avaient pas été atteints. Il eût fallu marcher

---

1. Voir *La 6e brigade en Tunisie*, chapitre XI, pages 178 et suivantes.
2. Voir annexe n° LXIV, note 3, page 351.

jusqu'au contact du rassemblement des dissidents et les forcer soit *à combattre* (ce qu'ils ne voulaient pas) ; *à passer réellement en Tripolitaine* (d'où ils auraient été rejetés fatalement, en peu de temps, par les populations jalouses de leur sol qui suffit à peine à leurs besoins) ; *à se jeter dans le Sahara* (où une pareille agglomération n'aurait pu faire vivre ses troupeaux).

Les Ouarghamma ne firent aucune offre de soumission. Tout ce qu'ils possédaient au nord de l'oued-Fessi avait été détruit ; n'ayant plus rien à risquer, trouvant sur la rive droite de l'oued des terrains de pâturage et de culture suffisants, ils ne rentrèrent pas sur leur territoire.

La présence de nos troupes ne pouvait plus avoir d'autre but que de couvrir les tribus récemment soumises et de leur permettre de se réorganiser pour faire face aux tentatives des bandes rebelles.

La colonne Jamais était suffisante pour cette mission ; elle resta donc en observation sur la frontière, tandis que la 6ᵉ brigade se repliait sur Gabès où elle arriva le 24 mai (elle fut disloquée et une partie de ses éléments alla occuper Gafsa).

La colonne Jamais rentra elle-même à Gabès, le 18 juin, pour échapper aux trop fortes chaleurs dans l'extrême sud.

CHAPITRE V

Expansion des dissidents. — Leurs djich. — Colonnes de Zarzis et de Gabès [a].

Djich poussés jusqu'à Kairouan, Djilma, El-Djem, etc..., dans le Djérid; nos colonnes ne peuvent les atteindre; on occupe les points de passage obligés.
Le mouvement d'expansion des dissidents est devenu presque impossible; premières soumissions.
Colonnes du colonel de la Roque et du lieutenant-colonel Corréard, de Gabès et de Zarzis, dirigées par le général Guyon-Vernier (décembre 1882 et janvier 1883).

La présence de nos colonnes[1] dans la région de l'oued-Fessi avait provoqué une nouvelle crise dans le camp des émigrés; la misère s'accentua et le mouvement d'expansion des dijch ne pouvant se produire du côté de la Régence, les maraudeurs Zlass et Hammema tentèrent quelques coups de main sur les troupeaux et sur les récoltes des Tripolitains. Un conflit grave et sanglant se serait inévitablement produit sans l'intervention des autorités turques et le commencement du ramadan qui amena une trêve.

Nouvelle crise chez les dissidents.

Entre temps, la désunion s'était mise entre les chefs des émigrés[2].

Dissentiments entre les chefs.

Pendant qu'Ahmed ben Youcef et Hassein ben Messaï faisaient un voyage à Tripoli pour s'y entendre avec le pacha, Ali ben Khalifa s'était réfugié au milieu des Nouail tripolitains.

Ali ben Khalifa invita Ahmed ben Youcef et Hassein ben

---

a. Voir croquis nº II.
1. Les colonnes Philebert et Jamais. Voir plus haut, page 102.
2. Voir annexe LXIII, page 346.

Expéd. en Tunisie.

Messaï à venir lui parler. Il voulait imposer son autorité à tous les rebelles et devenir le chef unique du parti de la protestation. Cette deuxième tentative devait échouer comme la première et pour les mêmes raisons[1].

Ahmed ben Youcef et Hassein ben Messaï, voyant dans ce procédé une atteinte à leur indépendance, refusèrent de se rendre à cette invitation; Ali ben Khalifa vint donc les trouver à leur camp.

Il lui fut reproché de n'être qu'un intrigant ambitieux, poussant les autres à la lutte sans s'être jamais exposé dans aucun combat. A la fin de cette réunion orageuse il fut décidé que chacun, à l'avenir, opérerait pour son propre compte dans une région bien déterminée.

Afin de rendre ces opérations plus fructueuses, il convenait que les maraudeurs se rabatissent sur les pays qu'ils avaient précédemment habités, dont ils connaissaient les points de passage, les ressources et les habitudes des populations.

C'est d'après cette idée que furent déterminés les futurs théâtres d'opérations[2].

LES DJICH.[3]

Le djich des Zlass et Hammema vers le nord.

A la fin du ramadan, dans les premiers jours du mois d'août 1882, un groupe de 250 cavaliers environ (Zlass, Oulad-Redhouan, Oulad-Aziz) quitta l'oued-Fessi, passa à Douiret, Bir-Sultan, Bir-Zoumit (où il culbuta les gens de Tamezert chargés de la garde du puits), Limagués et traversa le chott.

Le 28 août, au soir, il est dans les collines à 8 kilomètres au sud de Gafsa guettant les chameaux de la colonne mobile qui viennent chaque jour pâturer dans cette direction.

Cette surprise n'échoua que grâce au dévouement du caïd d'El-Ayacha qui vint dans la nuit, à franc étrier, prévenir

---

1. Voir plus haut, page 51.
2. Il faut remarquer que le principal but poursuivi par les bandes qui allaient opérer était plutôt de razzier, pour améliorer leur situation matérielle, que de lutter contre nos troupes dont elles connaissaient maintenant l'écrasante supériorité.
3. Voir annexe n° LXVII.

l'état-major de Gafsa; (le service des renseignements n'avait rien éventé).

Le lendemain matin, le capitaine chef d'état-major, avec le maghzen disponible, la cavalerie et deux compagnies d'infanterie se porta contre cette bande qui fut obligée de se rejeter vers l'est.

Arrivée à El-Guettar, elle se divisa en deux pour gagner le bled Thala, passa ainsi au nord et au sud du poste d'El-Ayacha, dévalisa les bergers de Mech et de Sened et se réunit dans les premiers jours de septembre dans le Regab[1].

De là, chaque groupe reprenant son indépendance s'élance sur le théâtre qu'il s'est réservé.

Les Zlass prennent l'offensive les premiers.

Le 5 septembre, à la pointe du jour, ils arrivent devant Kairouan, dépouillent des indigènes, dévastent des jardins et razzient cinq douars des Oulad-Khalifa. Le soir, ils se sont repliés à 100 kilomètres dans le sud.

Le 18 septembre, le djich, que l'on croyait rentré, se rencontre inopinément avec la compagnie mixte de Kairouan; malgré les pertes qu'il éprouve, il continue sa marche en avant, razzie complètement, le lendemain matin 19, Djemalia (à 40 kilomètres environ sud-ouest de Kairouan, sur l'oued-Zeroud), reprend le chemin du Regab, et enlève, le 20 au matin, les chameaux de la compagnie détachée à Sidi-Amor-bou-Adjeba; le 22, attaqué par la compagnie mixte de Kairouan qui s'est portée au djebel-Mettelègue pour l'attendre, il lui tue un officier, un sous-officier et trois cavaliers français et poursuit vigoureusement les débris du peloton qui sont recueillis par l'infanterie[2].

---

1. Les abris que renfermait le Regab, les silos, les figues et les pâturages qui s'y trouvaient et qui permettaient d'y faire vivre hommes et animaux, avaient fait choisir cette zone comme centre d'opérations.
2. A la suite de cet engagement malheureux, il fut rappelé aux commandants des compagnies mixtes que les cavaliers adjoints à leur infanterie avaient pour mission d'éclairer la marche à faible distance et que, sous aucun prétexte, ils ne devaient engager l'action isolément ni charger l'ennemi avant que celui-ci ait été mis en déroute par l'infanterie.

Les Oulad-Redhouan.

Les Oulad-Redhouan, qui avaient quitté le Regab postérieurement, font preuve d'une égale activité.

Du 14 au 25 septembre, ils exécutent les opérations suivantes :

1° Surprise d'un douar des Oulad-Redhouan campé par ordre à Sidi-Ali-ben-Aoun pour assurer le service de la correspondance; pillage des tentes, enlèvement des troupeaux; les silos sont vidés, le courrier porteur des dépêches de Djilma est tué;

2° Razzia des troupeaux des gens du Majoura, d'Oum-Saâd et de Bou-Amran, à Sbeitla ;

3° Pillage de caravanes à Bir-Mrabot, dans la plaine de Lalla (aux portes de Gafsa), à Sidi-Aïch ;

4° Razzia de 35 chameaux, sous le feu d'une compagnie du 43e, à Lalla; de 36 chameaux d'un convoi du 4e zouaves ;

5° Engagements près de la Zaouïa-Ceddaguia avec une reconnaissance[1] venue de Djilma et conduite par un officier de renseignements.

Les Oulad-Aziz.

Les Oulad-Aziz montrèrent beaucoup moins d'audace que les autres Hammema. Ils rayonnèrent assez timidement autour du Regab. Ils ne pouvaient d'ailleurs s'attaquer aux leurs restés dans le devoir ; la seule fraction qui n'avait pas émigré avait été mise à l'abri sur le territoire des Fraichich.

L'extrême mobilité des djich empêchait de les poursuivre; il fallait couper leur ligne de retraite vers la Tripolitaine.

Les points de Chenchou et d'El-Hamma furent occupés par des détachements de Gabès; les Beni-Zid donnaient la main aux gens du Nefzaoua pour garder les passages du chott; au nord du chott nous occupions Sidi-Mohamed-Noggués, le Bou-Hedma, El-Haffey, El-Ayacha, Gafsa et Gourbata.

---

1. Les hussards n'ont point de cartouches.
Une reconnaissance semblable, qui s'était lancée à la poursuite du djich, avait crevé quatre chevaux sans pouvoir l'atteindre.

Les dissidents comprirent notre plan.

Retraite du djich.

Aussi, dès le 25 septembre au soir, ils prirent leurs dispositions pour rétrograder vers la frontière tripolitaine.

S'ils passaient par l'est, ils seraient attaqués par Allegro et Cherfeddine.

En passant par l'ouest et le Djerid, ils s'engageaient dans le Sahara.

Ils se décidèrent à reprendre le chemin qu'ils avaient suivi dans leur marche vers le nord et à forcer un des passages à proximité de Gafsa.

Le 27 au matin, le djich (200 chevaux environ) paraît au Madjoura : le soir il traverse au galop le col de Lalla, à 3 kilomètres de Gafsa, sous le feu de la garde indigène placée en ce point[1].

Le 30 septembre, il est à Bir-Zoumit[2]; le 3 octobre il reparaît au milieu des campements de l'oued-Fessi[3].

Vers le 10 septembre, un djich de cavaliers Neffet avait traversé les Beni-Zid et était venu piller quelques caravanes près d'El-Djem.

Les efforts des dissidents ne s'étaient pas portés seulement vers le nord de la Régence. Pendant les mois de septembre et d'octobre le Djérid avait été sillonné de nombreuses bandes, opérant d'une façon indépendante de celles qui razziaient dans les environs de Gafsa, Sbeitla et Kairouan.

Djich dans le Djérid.

Bien qu'ils fussent signalés, pour la plupart, par le poste de Bir-Zoumit et malgré la présence d'une compagnie mixte à Touzeur, ces djich razziaient au passage les Merazigue, ravageaient les oasis d'El-Oudiane, de Nefta, poussaient même jusqu'à Chebika et pillaient les caravanes du Souf[4].

---

1. L'autorité militaire fut encore prévenue, comme au premier passage, par le caïd d'El-Ayacha.
2. Cette fois la garde défend le puits; le djich est obligé de poursuivre sa route sans avoir pu boire et laisse un homme mort sur le terrain.
3. Soit au minimum 450 kilomètres, dont la traversée du chott, parcourus en sept jours.
4. Ils razzièrent même une caravane dans laquelle se trouvait le marabout El Haffnaoui de Tameghza.

Un des djich les plus importants (250 chevaux) et qui fournit le plus long parcours fut celui qui, signalé à son passage à Bir-Zoumit le 10 octobre, gagna Nefta par le sud du chott, ravagea et pilla l'oasis en plein jour, se porta sur Touzeur et y bouscula le fezza mené à sa rencontre par le capitaine du service des renseignements commandant l'annexe[1], abreuva ses chevaux à El-Hamma, passa à El-Oudiane (en vue du fezza de cette localité qui n'osa l'attaquer) et s'en revint sur l'oued-Fessi.

Des groupes d'émigrés cherchent à rentrer dans la Régence[2].

Les djich poussés au nord du chott revenaient avec d'assez maigre butin. La misère augmentait chez les émigrés. Les secours turcs, si souvent annoncés, ne paraissaient pas. Le découragement se mit dans un certain nombre de groupes qui vinrent s'installer entre l'oued-Fessi et Ksar-Médenine, tant pour sonder les intentions de l'autorité militaire française que pour s'éloigner du parti violent des dissidents.

Le mouvement vers le nord de ces groupes, de plus en plus considérables, eut pour conséquence de pousser de nouvelles bandes de maraudeurs dans l'Aarad.

Pour faire cesser cette agitation il fallait montrer des troupes dans le sud de la subdivision de Gabès. Leur présence aurait pour effet de soumettre les tribus encore hostiles et de combattre ou, tout au moins, de forcer à s'éloigner de notre frontière les dissidents et de permettre aux groupes qui voulaient rentrer sur leur territoire et qui stationnaient hésitants près de Médenine, de se détacher[3] des fractions qui persistaient dans leur hostilité.

Colonnes de Gabès et de Zarzis.

Deux colonnes mobiles furent organisées sous la direction du général Guyon-Vernier, commandant la division sud :

---

1. Abandonné par ses gens, le capitaine dut fuir et s'enfermer dans la kasbah de Touzeur.
2. Voir annexe n° LXVIII.
3. Il avait fallu que le plus grand nombre des groupes qui désiraient rentrer dans la Régence livrassent de vrais combats aux fractions qui ne voulaient pas se soumettre pour pouvoir quitter l'oued-Fessi.

La colonne de Gabès (3 bataillons, une compagnie mixte, un escadron de cavalerie, 2 sections d'artillerie), sous les ordres du colonel de la Roque, devait pacifier et ensuite réorganiser le pays.

La colonne de Zarzis (3 bataillons, un escadron, 2 sections d'artillerie), sous les ordres du lieutenant-colonel Corréard, devait venir prendre position entre les tribus dissidentes et les groupes qui désiraient rentrer, pour forcer les premières à la lutte ou à la retraite et permettre aux seconds d'accentuer leur mouvement de retour.

Ali ben Khalifa, prévenu dès les premiers jours de décembre, de la prochaine sortie de ces colonnes, ne les attendit pas et se replia sur la frontière tripolitaine.

Il ne restait plus, sur le territoire tunisien que les Toudjane, les Rebeten, les Aouaya et des Matmata qui n'avaient fait aucune démarche de soumission.

La seule présence de la colonne de la Roque, partie de Gabès le 15 décembre 1882, amena leur soumission. La colonne rentra à Métameur le 31 décembre.

Le débarquement de la colonne Corréard à Zarzis, le 11 décembre, permit aux douars rassemblés autour de ce point par Youcef-Allégro de remonter vers le nord [1].

Le général Guyon-Vernier, avec la colonne Corréard, poussa ensuite jusqu'à l'oued-Fessi, protégeant, par cette marche vers le sud, la rentrée d'un certain nombre de douars. Le 1er janvier 1883, il se rabattit sur Métameur où le colonel de la Roque lui présenta les mihad des tribus soumises par ses premières opérations.

La mission de la colonne Corréard était terminée ; les troupes gagnèrent Gabès, puis la Skira où elle s'embarquèrent pour rentrer à Sousse le 21 janvier 1883.

Quant au colonel de la Roque, resté à Métameur, il employa

---

[1]. Le 18 décembre 1882, 2.900 tentes environ des Zlass, Hammema, etc..., ont remonté à Ras-el-Oued.

la première quinzaine de janvier à faire des reconnaissances dans les environs. Le 16 janvier il se mit en marche vers l'oued-Fessi (facilitant la rentrée par Tatahouine de 3.000 Zlass ou Souassi) et assura la soumission des Ouderna et des Bou-Zid (Touazine); puis il revint à Ras-el-Oued, le 9 février 1883.

TOME II

Troupes ....
- 2ᵉ rég. de zouaves.. Colonel Swiney.... à Oran.
- 2ᵉ rég. de tiraill... Colonel O'Neill..... à Mostaganem.
- 1ᵉʳ bat. d'inf. légère d'Afrique........ Command. Pyot.... à Tlemcen.
- 3ᵉ comp. de fusil. de discipline........ Capit. Stocker..... à Tiaret.
- Légion étrangère.. Col. de Mallaret... à Sidi-bel-Abbès.
- 2ᵉ rég. de chasseurs d'Afrique........ Col. de Simard de Pitray.......... à Tlemcen.
- 4ᵉ rég. de chasseurs d'Afrique........ Col. Innocenti..... à Mascara.
- 2ᵉ rég. de spahis... L.-col. Gaillard.... à Sidi-bel-Abbès.

Division de Constantine : Général FORGEMOL DE BOSTQUÉNARD.
(Chef d'état-major : Colonel du génie hors cadres DE POLIGNAC.)

- Subdivision de Constantine.... Gén. de Gislain.... à Constantine.
- — de Bône........... Général Ritter..... à Bône.
- — de Batna.......... Général Logerot... à Batna.
- — de Sétif............ Gén. de la Soujeole. à Sétif.

Troupes ....
- 3ᵉ rég. de zouaves.. Colonel Cajard..... à Constantine.
- 3ᵉ rég. de tiraill... Colonel Gerder.... à Constantine.
- 3ᵉ bat. d'inf. légère d'Afrique........ Command. Gallet.. à Batna.
- 2ᵉ comp. de fusil. de discipline........ Capit. Cellarié..... à Souk-Ahras.
- Comp. de pionniers de discipline..... Capit. Thieulent... à Guelma.
- 3ᵉ rég. de chasseurs d'Afrique........ .... à Constantine.
- 3ᵉ rég. de spahis... L.-col. Masson..... à Batna.

Troupes stationnées dans la 19ᵉ région :

Infanterie...
- Un bataillon du 50ᵉ rég. d'inf. de ligne à Milianah.
- — 108ᵉ — à Dellys.
- — 7ᵉ — à Sétif.
- — 11ᵉ — à Batna.
- — 34ᵉ — à Guelma.
- — 59ᵉ — à Bône.

Cavalerie, 2ᵉ brig. de hussards.
- 2ᵉ rég. de hussards. Colonel de Bonne... à Orléansville.
- 4ᵉ rég. de hussards. Colonel de Poul.... à Sétif.

N° II

Organisation du service des affaires indigènes dans la division de Constantine (au 1ᵉʳ avril 1881).

Chef de section des affaires indigènes de la division de Constantine : commandant PONT.
Premier adjoint : Capitaine DIDIER.
1ʳᵉ subdivision : Constantine. Cercle de Tebessa.

2ᵉ subdivision : Bône.
Mouline, capit., h. cad., chef de bureau arabe, près du général commandant la subdivision.
Louvet, capit., h. cad., adjoint de 2ᵉ classe.
Durand, capit., h. cad., adjoint de 2ᵉ classe, command. la force supplétive des Beni-Salah.

(*L'état de la subdivision de Bône est seul donné en détail.*)

Cercle de Souk-Ahras :
Com. supér. Com. Vivensang, chef de bat. au 3ᵉ tirail.
Heymann, capit. h. c., chef de bur. arabe.
Baras, lieut., adjoint de 2ᵉ classe.
Séris, lieut., adjoint de 2ᵉ classe.
Richomme, lieut., stagiaire.
Meyer, lieut., stag.

Cercle de la Calle :
Com. supér. Lac de Bosredon, cap. de caval. h. cad.
Barbier, cap. inf., h. c. chef de bur. arabe de 2ᵉ classe.
Jeckel, lieut. inf., adjoint de 1ʳᵉ classe.
Eynard, cap. inf., h. c., adj. de 2ᵉ classe.
Chollat-Traquet, l. c., adj. de 2ᵉ classe.

3ᵉ subdivision : Batna.
- Cercle de Batna.
- — de Biskra.
- — de Khencela.
- Annexe de Barika.

4ᵉ subdivision : Sétif. Annexe de M'sila.

N° III

Le bataillon du 3ᵉ zouaves du Tarf, le 31 mars 1881.

Le commandant Bounin, commandant le bataillon de zouaves, envoie du Tarf un premier télégramme, le 31 mars, à 8 h. 10 du matin, pour demander au commandant de la subdivision de Bône de faire les mouvements nécessaires à la concentration de son bataillon, le 1ᵉʳ avril, à El-Aïoun.

Le commandant chargé de l'expédition des affaires à Bône transmit cette dépêche au général Ritter, à Souk-Ahras, et informa, par télégramme, le commandant Bounin, que le général Ritter lui répondrait directement.

C'était une idée bizarre que de prévenir le commandant Bounin que le général lui répondrait directement. Il est probable que la transmission de Souk-Ahras au Tarf devait passer par Bône.

Cette façon de faire a causé les incertitudes du commandant chargé de l'expédition des affaires et du capitaine faisant fonctions d'officier d'ordonnance, à la réception des deux télégrammes suivants du commandant Bounin.

En tout cas, si le général Ritter a autorisé directement le commandant Bounin à faire le mouvement proposé, il aurait dû en aviser la subdivision de Bône.

Il n'a été trouvé aucune trace de cette autorisation du général et de cet avis, s'ils ont été donnés.

A 10 h. 45 du matin, le commandant Bounin expédie à la subdivision de Bône un second télégramme :

> Je partirai demain matin (avec les trois compagnies qui me restent) pour Remel-Souk, car je n'aurai mes mulets de la Calle et de Bône que ce soir tard.

Puis, à 11 h. 45 du matin (ayant été probablement avisé de

la gravité de l'engagement sur l'oued-Djenan), il télégraphie de nouveau :

Une compagnie de zouaves, au moins, partira ce soir à 5 heures remplacer compagnie Drouin à Remel-Souk. Bataillon partira ou ce soir ou demain matin ; cela dépendra de l'état des mulets de Bône.

Le commandant Bounin était donc décidé à faire partir le 31, à 5 heures du soir, une compagnie sans attendre l'arrivée des mulets. Il est presque certain qu'au moment (11 h. 45) où il expédiait ce troisième télégramme à Bône, il n'avait pu encore recevoir ni la réponse de la subdivision de Bône, l'informant que le général Ritter lui répondrait directement, ni cette autorisation venant de Souk-Ahras, la durée de la transmission télégraphique entre le Tarf et Bône étant, à ce moment, d'environ deux heures, ce qui nécessitait au moins quatre heures pour recevoir une réponse.

Les deuxième et troisième télégrammes du commandant Bounin furent transmis de Bône au général Ritter, le troisième à 2 heures de l'après-midi.

Ce troisième télégramme du commandant Bounin fut remis, à Bône, au capitaine faisant fonctions d'officier d'ordonnance. Celui-ci *écrivit* au commandant chargé de l'expédition des affaires :

Aucune dépêche de *Bône* n'a été envoyée à M. le commandant Bounin lui prescrivant de partir. Peut-être a-t-il reçu une dépêche directement du général ?
Je crois qu'il y aurait lieu d'envoyer à M. le commandant Bounin une dépêche lui disant d'attendre *pour partir* ou faire partir ce soir une compagnie, d'avoir reçu la réponse du général à cet égard, et j'ai l'honneur de *prier* M. le commandant chargé de l'expédition des affaires de me faire connaître sa décision à ce sujet.

Ce télégramme et la demande du capitaine faisant fonctions d'officier d'ordonnance ne furent envoyés au commandant chargé de l'expédition des affaires qu'à 2 heures de l'après-midi.

Le commandant chargé de l'expédition des affaires répondit *par écrit* de télégraphier au commandant Bounin d'attendre.

Il est étrange de voir à Bône, à 2 heures de l'après-midi, quand la situation est relativement grave, le capitaine faisant fonctions d'officier d'ordonnance transmettre les télégrammes au commandant chargé de l'expédition des affaires, lui faire des propositions par écrit et le commandant y répondre par écrit.

Cette perte de temps eut un résultat heureux : le commandant Bounin ayant reçu ses mulets plus tôt qu'il supposait, pût adresser à Bône, du Tarf, à 3 heures du soir (c'est-à-dire avant d'avoir reçu la réponse à son troisième télégramme), ce quatrième télégramme :

Je fais partir ce soir deux compagnies au lieu d'une. J'ai bien fait d'envoyer cette nuit compagnie Drouin[1] qui est arrivée à temps; la quatrième compagnie partira demain matin à 4 heures; mulets fatigués m'empêchent de l'emmener ce soir.

Le commandant du bataillon de zouaves put donc faire marcher ses soldats vers la fusillade bien qu'un camarade moins ancien que lui dans le grade et seulement chargé de l'expédition des affaires de la subdivision, lui eût télégraphié d'attendre.

N° IV

Les incursions des Khoumir.

Certains auteurs ont affirmé que les incursions en grandes bandes des Khoumir, les 30 et 31 mars, avaient été préparées par le gouvernement français.

Il est difficile d'admettre cette hypothèse. Les états-majors, les services ont été surpris. Le général commandant la subdivision n'est pas au siège de son commandement au début des

---

1. Cette phrase permet de supposer que le commandant Bounin était en relations directes avec le capitaine Barbier et qu'il était renseigné sur la situation critique de nos troupes engagées sur l'oued-Djenan.

hostilités ; les deux compagnies engagées ont presque complètement épuisé leurs munitions dans la première journée de combat et c'est à grand'peine qu'elles peuvent être réapprovisionnées en cartouches pendant la nuit; il n'y a, sur la frontière, ni mulets, ni matériel d'ambulance; on n'a recueilli aucun renseignement sur les tribus tunisiennes voisines de la frontière, on n'en possède même pas sur les lignes et gîtes d'étapes sur le territoire algérien; les moyens de transport par voie ferrée ne sont pas préparés, de petits bataillons de 500 hommes, sans matériel, éprouvent une journée complète de retard, dans un déplacement très court; un bataillon, désigné par télégramme pour venir d'urgence à la frontière, est prévenu alors qu'il exécute tranquillement une marche militaire. (Le bataillon du 34ᵉ reçut son ordre de mouvement alors qu'il faisait une marche militaire et ne put exécuter cet ordre dans les conditions prévues.)

Une telle sécurité dans les états-majors, une telle imprévoyance dans les services ne sont excusables que s'il y a eu surprise.

Les incertitudes du gouvernement général et du commandement militaire dans la direction à donner aux opérations, prouvent que les incidents qui venaient de surgir étaient ou imprévus ou trop précipités, ce qui caractérise encore la surprise.

N° V

Le cabinet Jules Ferry et la préparation de l'expédition.

Le conseil des ministres était présidé par Jules Ferry (ministre de l'instruction publique); Barthélemy-Saint-Hilaire avait le portefeuille des affaires étrangères, le général Farre avait la guerre, l'amiral Cloué la marine.

Le 4 avril, le président du conseil et le ministre de la guerre rendent compte des événements au Parlement et annoncent la concentration de troupes sur la frontière.

Le 7 avril, deux demandes de crédits sont soumises à la Chambre des députés (quatre millions pour la guerre, un peu plus d'un million et demi pour la marine).

Les crédits sont votés par la Chambre; le lendemain 8, par le Sénat.

Les crédits demandés sont trop faibles; on ne peut expliquer la modicité de la somme demandée par le Cabinet que par l'intention qu'il voulait en finir très vite (avant la rentrée des Chambres qui allaient se séparer pour un mois à l'occasion des vacances de Pâques).

Le 11 avril, Jules Ferry déclara à la Chambre que le gouvernement poursuivrait la répression militaire de manière à protéger d'une façon sûre et durable notre colonie d'Algérie, et qu'il ferait part aux membres du parlement, quand ils reviendraient dans un mois, des incidents survenus pendant les vacances.

La droite protesta en déposant un ordre du jour limitant l'action du gouvernement à la seule expédition de Khoumirie. Le ministère refusa d'accepter cette rédaction, affirmant ainsi qu'il voulait une latitude plus grande, et fit adopter un ordre du jour de confiance dans sa prudence et son énergie.

L'expédition va commencer par un malentendu, le gouvernement n'ayant fait connaître de ses projets que la dépense de moins de six millions suffira pour les mener à bonne fin.

N° VI

Recrutement du corps expéditionnaire.

L'expédition était à peine décidée que la presse commençait à blâmer la lenteur des préparatifs du ministre de la guerre. Le général Farre n'était pas populaire. Dès le 9 avril (les crédits avaient été votés le 7 avril) des journaux demandaient déjà son renvoi. Il poursuivit cependant avec sang-froid le sage plan qu'il avait conçu : ne pénétrer en Tunisie que lorsque les forces françaises seraient assez nombreuses pour espérer abattre l'insurrection, d'un coup et sans combat, par une imposante démonstration.

Pour exécuter ce plan il fallait au ministre trente mille hommes. La presse émit l'avis de mobiliser un corps d'armée dans le midi. Beaucoup de journaux, à l'exception de ceux du midi, bien entendu, appuyaient leur opinion des raisons suivantes : le midi n'a pas souffert de l'invasion allemande, à lui de donner maintenant ; c'est une excellente occasion de faire l'essai de notre nouvelle organisation militaire qui n'a pas encore été expérimentée ; un exemple de mobilisation partielle avait d'ailleurs été donné, peu de temps auparavant, par l'Autriche-Hongrie quand elle avait occupé la Bosnie et l'Herzégovine.

Mais les populations du midi n'étaient pas du tout de cet avis ; l'exécution de ce système eût vraisemblablement compromis l'existence de la République elle-même.

Pour ne pas aller contre l'opinion des régions du midi, le ministre dut recruter le corps expéditionnaire de façon à peu près égale dans tous nos corps d'armée. Comme il ne pouvait songer, à cause de la mobilisation des réservistes dans le cas d'une guerre européenne imprévue, à prendre des régiments de France complets, il fut obligé de recourir à l'expédient suivant : prendre des moitiés de régiment de France (deux bataillons complétés à cinq cents hommes) et quelques bataillons des régiments d'Afrique.

Ces mesures furent critiquées toutes deux; on reprocha au ministre de n'avoir laissé en France, dans chaque corps de troupe auquel il avait fait des emprunts, qu'un demi-régiment squelette (il n'en pouvait être autrement) et on le rendit responsable de l'insurrection du Sud oranais, ce qui était un tort puisque les troupes d'Afrique (trois bataillons et une batterie) détachées de la division d'Oran en Tunisie furent remplacées sur le territoire algérien par des troupes de France et que, plus tard, quand on préleva sur l'armée d'Afrique, pendant l'expédition du Tonkin, des détachements beaucoup plus forts, il n'y eut aucun trouble en Algérie.

N° VII

Objectif de la colonne Logerot.

La colonne Logerot avait un objectif important que la presse ne connut pas (car le plan du ministre de la guerre ne fut pas divulgué et ce fut encore un des griefs de l'opinion publique contre le général Farre).

Le général Logerot devait séparer les tribus du sud de celles du nord, maintenir les tribus hésitantes et tenir en respect l'armée du bey si elle se montrait hostile, pendant que la colonne Delebecque, où le général Forgemol avait établi son quartier général, agirait contre les Khoumir. Puis il devait remonter le plus rapidement possible vers le nord pour prendre les rebelles à revers et compléter l'investissement de la contrée en combinant ses mouvements avec ceux du général Delebecque.

N° VIII

Déclaration de M. Barthélemy-Saint-Hilaire au bey. — Protestation du bey.

Le 6 avril, M. Barthélemy-Saint-Hilaire avait adressé à M. Roustan, notre chargé d'affaires à Tunis, la dépêche suivante :

Veuillez déclarer au bey que nous faisons fond sur l'amitié fidèle dont il nous a si souvent donné l'assurance et dont nous avons à réclamer aujourd'hui des marques effectives. Un péril menace l'intégrité de notre territoire et la sécurité des populations qui y vivent sous la protection de nos lois. Le péril vient des tribus insoumises qui occupent une partie des Etats du bey et contre lesquelles un devoir impérieux de défense légitime nous oblige d'opérer avec rigueur. Nous ne pouvons malheureusement pas compter sur l'autorité du bey pour réduire ces tribus avec l'énergie et la promptitude qui sont indispensables à un état de soumission qui les rende désormais inoffensives, mais nous avons le droit de compter sur les forces militaires du bey pour nous prêter main-forte dans l'œuvre de répression nécessaire.

Nos généraux reçoivent en conséquence l'ordre de s'entendre amicalement avec les commandants des troupes tunisiennes et de les avertir au moment où les besoins des mouvements stratégiques les amèneront à emprunter pour leurs opérations le territoire tunisien, soit près de la Calle, soit dans la vallée de la Medjerdah.

C'est en alliés et en auxiliaires du pouvoir souverain du bey que les soldats français poursuivront leur marche ; c'est aussi en alliés et auxiliaires que nous espérons rencontrer les soldats tunisiens avec les renforts desquels nous voulons châtier définitivement les auteurs de tant de méfaits, ennemis communs de l'autorité du bey et de la nôtre.

BARTHÉLEMY-SAINT-HILAIRE.

Le bey répondait le lendemain, 7 avril, à M. Roustan :

L'agitation qui s'était manifestée dans nos tribus de la frontière n'avait pour cause que la crainte des préparatifs militaires faits contre elles sur la frontière algérienne. Les troupes que nous avons envoyées aujourd'hui et celles qui partiront incessamment suffiront à rétablir la tranquillité.

L'entrée des troupes françaises sur le territoire de la Régence est une atteinte à notre droit souverain, aux intérêts que les étrangers ont confiés à nos soins, et surtout aux droits de l'empire ottoman.

Nous n'acceptons donc pas les propositions de votre gouvernement de faire entrer ses soldats dans notre royaume. Nous nous y opposons formellement, et s'il ne tient pas compte de notre volonté, il assumera la responsabilité de tout ce qui peut arriver.

Mohammed es Saddok.

7 avril 1881.

Le bey entretenait, d'une part, une volumineuse correspondance avec notre représentant, dans l'espoir de gagner du temps, et, d'autre part, adressait des appels désespérés à l'empire ottoman et aux puissances qui l'avaient poussé dans la voie où il s'était engagé. Mais ni la Sublime-Porte, ni l'Angleterre, ni même l'Italie n'étaient en situation d'intervenir; elles se contentaient de donner des réponses évasives peu en rapport avec la situation critique de la Régence.

N° IX

Instruction générale pour le corps expéditionnaire sur la frontière tunisienne et composition de ce corps.

Les troupes chargées des opérations sur la frontière tunisienne sont organisées en deux colonnes sous les ordres des généraux Delebecque et Logerot.

La colonne Delebecque a été concentrée à Remel-Souk.

La colonne Logerot a été concentrée à Souk-Ahras.

Ces colonnes sont composées ainsi qu'il suit :

1° COLONNE DELEBECQUE

INFANTERIE

1° Brigade RITTER, 7 bataillons.	2ᵉ régiment de zouaves..........	1 bataillon.
	3ᵉ — —	2 —
	1ᵉʳ régiment de tirailleurs......	2 —
	3ᵉ — —	1 —
	59ᵉ — d'infanterie........	1 —
2° Brigade VINCENDON, 7 bataillons.	7ᵉ bataillon de chasseurs à pied.	1 —
	141ᵉ régiment d'infanterie	2 —
	40ᵉ — —	2 —
	96ᵉ — —	2 —
3° Brigade GALLAND, 7 bataillons.	29ᵉ bataillon de chasseurs à pied.	1 —
	18ᵉ régiment d'infanterie........	2 —
	57ᵉ — —	2 —
	22ᵉ — —	2 —

ARTILLERIE

2ᵉ batterie du 16ᵉ régiment d'artillerie............ 80ᵐᵐ de montagne.
8ᵉ   —   6ᵉ   —   ....   —   —
1ʳᵉ   —   7ᵉ   —   ....   —   —
8ᵉ   —   5ᵉ   —   ....   —   —
2ᵉ   —   1ᵉʳ   —   (2 sections seulement) 4 rayé   —

GÉNIE

2ᵉ compagnie du 12ᵉ bataillon.
3ᵉ   —   12ᵉ   —
3ᵉ   —   16ᵉ   —

CAVALERIE

4ᵉ régiment de hussards........... 1 escadron.
3ᵉ   —   de spahis............ 1 escadron mixte.

2° COLONNE LOGEROT

INFANTERIE

1° Brigade LOGEROT, 7 bataillons.	1ᵉʳ régiment de zouaves........	2 bataillons.
	4ᵉ — —	1 —
	2ᵉ — de tirailleurs.....	2 —
	83ᵉ — d'infanterie.......	2 —

CAVALERIE

Brigade Gaume,
9 escadrons.
{ 3ᵉ régiment de chass. d'Afrique 3 escadrons.
  7ᵉ   —   à cheval.   3   —
  11ᵉ   —   de hussards..... 3   —

ARTILLERIE

2ᵉ batterie du 38ᵉ régiment d'artillerie..... 90ᵐᵐ de campagne.
3ᵉ   —   26ᵉ   —   .....   —   —
8ᵉ   —   38ᵉ   —   ..... 80ᵐᵐ de montagne.
¹3ᵉ   —   30ᵉ   —   .....   —   —

Une section de munitions (dite n° 5).

GÉNIE

4ᵉ compagnie du 17ᵉ bataillon.
4ᵉ   —   18ᵉ   —
2ᵉ   —   18ᵉ   —

A ces colonnes, il faut ajouter la brigade de Brem (dite de réserve), ainsi composée :

INFANTERIE

Brigade de Brem
(dite de réserve),
5 bataillons.
{ 27ᵉ bataillon de chasseurs à pied 1 bataillon.
  122ᵉ régiment d'infanterie....... 2   —
  142ᵉ   —   —   2   —

CAVALERIE

13ᵉ régiment de chasseurs à cheval................ 3 escadrons.

Chacune des colonnes est pourvue de tous les services nécessaires pour vivre et opérer isolément.

Les mouvements de concentration de ces troupes, sur les points indiqués, ont été effectués avec ordre et rapidité. Pour beaucoup de corps, ils ont été rendus pénibles par la longueur du trajet parcouru avant le débarquement et par les chaleurs qu'ils ont rencontrées pendant leurs étapes sur le territoire d'Algérie.

Ces premières épreuves ont été courageusement supportées.

---

1. Cette batterie, provenant d'Algérie et commandée par le capitaine Parriaud, se composait en réalité de deux sections, de 80ᵐᵐ de montagne, de la 3ᵉ batterie du 30ᵉ d'artillerie, et d'une section, de 80ᵐᵐ de montagne, de la 2ᵉ batterie du 28ᵉ d'artillerie.

Le général commandant le corps expéditionnaire est heureux de le constater.

Au moment où commencent les opérations, il croit utile d'indiquer quelques mesures qui s'appliquent dans un pays difficile, peu connu, et à un genre de guerre avec lequel quelques-unes, peut-être, des troupes réunies sont peu familiarisées.

Suivent des instructions sur l'hygiène et la tenue, les marches, le service de sûreté, l'installation au camp et la police, le service intérieur, le service de police, l'emplacement des munitions.

N° X

19° CORPS D'ARMÉE

CORPS EXPÉDITIONNAIRE
de la
frontière tunisienne.

El-Aïoun, 23 avril 1881.

Ordre général.

Officiers, sous-officiers et soldats,

M. le Ministre de la guerre vient de m'adresser, en me conférant le commandement du corps expéditionnaire de la frontière tunisienne, la dépêche suivante :

« Général,

» Au moment où cette dépêche vous sera remise, vous serez sur le point d'entreprendre les opérations sur les frontières de la Tunisie, dont le gouvernement de la République vous confie la direction.

» Je compte sur votre énergie et votre prudence pour obtenir tous les fruits qu'on doit en attendre. Il faut mettre un terme aux déprédations incessantes des Khoumir, trop longtemps tolérées par un excès de longanimité. Il faut châtier et mettre dans l'impuissance de nuire, ces tribus turbulentes, ne reconnaissant aucune loi, et qui ont poussé l'audace jusqu'à attaquer nos troupes. Il faut, au besoin, faire respecter les personnes et les droits de nos concitoyens établis sur le territoire de la Régence.

» Les troupes sous vos ordres sauront se dévouer à cette œuvre de réparation et de justice. L'Europe entière a les yeux sur elles, le Président de la République compte sur leur valeur, leur constance et leur discipline. Cette campagne aura pour résultat, j'en ai la profonde conviction, de mettre glorieusement en relief toutes les qualités de notre armée. Vos collaborateurs, inspirés par les sentiments les plus élevés, seconderont vaillamment vos patriotiques efforts et, par leur courage et leur sagesse, ils élèveront à la hauteur où il doit être porté le drapeau de la République. »

Je ne saurais faire un appel plus élevé à votre patriotisme.

Chacun, dans le corps expéditionnaire, sera jaloux, j'en ai la ferme conviction, de justifier la confiance que le gouvernement de la République et le pays mettent dans nos efforts et notre dévouement.

Forgemol.

N° XI

Répartition de l'artillerie, le 24 avril 1881.

Commandant de l'artillerie du corps expéditionnaire :
Lieutenant-colonel Brugère [1].

COLONNE DELEBECQUE

Camp d'Oum-Theboul.
Brigade Ritter.
Commandant de l'artillerie :
Commandant Nussbaum.

- 2ᵉ batterie du 16ᵉ.. 80ᵐᵐ de mont. Cap. Carrié...... A [2]
- Deux sections de la 2ᵉ batterie du 1ᵉʳ. 4 de mont. Cap. Pertus..... A
- Un échelon de munitions.

---

[1]. Le lieutenant-colonel Brugère (qui, au moment de sa nomination au commandement de toute l'artillerie du corps expéditionnaire, était attaché à la personne du Président de la République) avait débarqué à Bône le 11 avril.

Quoique commandant l'artillerie de tout le corps expéditionnaire, il devait marcher avec la colonne Logerot et quand le colonel Putz eut pris le commandement de toute l'artillerie, le lieutenant-colonel Brugère resta auprès du général Logerot comme commandant de l'artillerie de cette colonne.

Par décision ministérielle du 18 avril (mise à l'ordre du corps expéditionnaire le 29 avril) le colonel d'artillerie Putz, du 32ᵉ, classé à l'état-major particulier de l'artillerie et nommé directeur de l'artillerie à Constantine, reçut le commandement de l'artillerie du corps expéditionnaire en remplacement du lieutenant-colonel Brugère.

Le colonel Putz prit son commandement le 3 mai à Djebabra. Il avait l'ordre de marcher avec l'officier général chargé d'opérer contre les Khoumir.

[2]. A indique une batterie venant d'Algérie.

F indique une batterie venant de France.

Camp d'El-Aïoun
Brigade VINCENDON.
Commandant de l'artillerie : N.....
- 8ᵉ batterie du 5ᵉ... 80ᵐᵐ de mont. Cap. Berthaut.... F
- 8ᵉ batterie du 6ᵉ... — Cap. Bourgois.... F
- Un échelon de munitions.

Camp de Remel-Souk.
Brigade GALLAND.
Commandant de l'artillerie : Commandant Reynaud.
- 1ʳᵉ batterie du 7ᵉ.. 80ᵐᵐ de mont. Cap. Peffau...... A
- 13ᵉ batterie du 16ᵉ. — Cap. Faure...... F[1]
- Un échelon de munitions.

En dehors des brigades il y a, à Remel-Souk
- Un dépôt d'approvisionnement de munitions formé par
  - la section de munitions tirée de la 13ᵉ batterie du 2ᵉ (capitaine Basset).
  - un détachement de la section de munitions tirée de la 10ᵉ du 36ᵉ (lieutenant Leclerc).
- Une section de 4 de montagne de la 2ᵉ batterie du 28ᵉ (capitaine Gradoz).

COLONNE LOGEROT

1ᵉʳ groupe.
Commandant DECREUZE.
- 12ᵉ batterie du 16ᵉ. 80ᵐᵐ de mont. Cap. Cohadon.... F[2]
- 8ᵉ batterie du 38ᵉ. — Cap. Moll........ F
- Deux sections de la 3ᵉ du 30ᵉ........
- Une section de la 2ᵉ du 28ᵉ..........
} Cap. Parriaud.... A

2ᵉ groupe.
Commandant DUCHATEAU.
- 3ᵉ batterie du 26ᵉ.. 90ᵐᵐ de camp. Cap. Lennuyeux.. A
- 2ᵉ batterie du 38ᵉ.. — Cap. About....... F

3ᵉ groupe.
- Une section de munitions tirée de la 2ᵉ batterie du 6ᵉ............ Cap. Blanc....... F
- Une demi-section de munitions tirée de la 10ᵉ batterie du 36ᵉ.

Les dépôts de munitions des différentes colonnes sont établis à Sidi-Youcef et Remel-Souk avec Souk-Ahras et La Calle pour places d'approvisionnements, Bône restant parc de ravitaillement pour tout le corps expéditionnaire.

---

1. Cette batterie n'arrivera que le 25 avril.
2. Cette batterie ne rejoignit le groupe qu'à Souk-el-Arba (voir annexe nᵒ XX).

N° XII

Organisation administrative de la régence de Tunis en mars 1881.

Tunis, président de la municipalité : El Arbi Zerrouk, émir el lioua.
Caïdat de l'Ariana............ Amel. El Hadj Mohamed el Branessi, bach bouab.
— de la Marsa............ — Si Chakir.
— de Cebala.............. — Si Mohamed Eddouik.
— de Tebourba............ — —
— de la Manouba......... — Hassouna Djellouli.
— de Mornag............. — Ali el Achi.
— Outhan-el-Guebli ...... — Tahar ben Hassein, émir el lioua.
— des Riah { avec le Fahs, Testour, Zaghouan et Medjez..... — Mostepha ben Cherif Ali.
— de Bizerte............. — Si Mourad.
— des Bejaoua........ .... — Si Sliman el Khabitani.
— des Mogod............. — Si Ali ben Ismaïl.
— de Mateur............. — —
— des Trabelsia .... — —
Gouvernement de l'Ounifa.
—
Gouverneur: l'émir el Amara Si Réchid.
{ Embrassant Le Kef, les Arrouch-Sendjak, les Zeghalma, les Touaba, les Gouazine, les Oulad-Yacoub, les Khemensa et Doufan, les Ouagha, les Cheren et les Oulad-bou-Ghanem.
Caïdat des Ourtan............ Amel. El Abidi Esbouaï, émir alaï.
— des Gherabas .... — Hamouda Ech Chergui.
Gouvernement des Drid.
—
Gouverneur: Si Mérad, émir el lioua.
{ (Beni-Rezg, Oulad-Djouni, Oulad-Mennàa, Oulad-Arfà).
Caïdat des Arab-Meijour...... Amel. Si Mérad, émir el lioua.
— de Teboursouk......... — Hassouna ben Brahim ed Djouini, émir alaï.
— des Arrouch-Regag-Ettania................. — . Mohamed es Sfar. émir el lioua.

Caïdat des Ouccltia	....	Amel.	Mohamed bou Harem, kaïmakam.
— des Arrouch-Regag-el-Aoulà	....	—	Chadli el Djellouli.
— des Oulad-Aoun	....	—	Brahim ed Djouini.
— des Oulad-Ayar	....	—	Ahmed Abou.

Gouvernement de la Rebka.
—
Gouverneur: Ahmed ben Amara El Hamissi. } (Ghazouan, Oulad-Sedira, Hakim, Oulad-Ali, Oulad-Soltan, Khezara, Massen, Ouchteta, Beni-Mazzen).

Caïdat des Djendouba......... Amel. Allala Djouini, émir alaï.

Gouvernement de Béja.
—
Gouverneur: Younés Dziri, émir el lioua. } (Béja-Ville, Amdoun, Nefza, Mekna, Chiahia et Khoumir).

Caïdat des Oulad-bou-Salem... Amel. Ali ben Salah.

— de Kouka { Drid-Badia et Oulad-Khiar..... — Hassouna ed Djouini.

Gouvernement du Sahel.
—
Gouverneur: l'émir el Amara Mohamed el Bacouch. { Sousse........ Khalifa. Mohamed Righi, alaï amin.
Monastir...... — Salah Mezali, alaï amin.
Mahédia...... — Mohamed ben Mahmoud Khodja.

Caïdat des Oulad-Saïd (Enfida).		Amel.	El Haffeïd ben Chikh.
— des Souassi	....	—	Ahmed ben Sliman, alaï amin.
— de Sfax	....	—	Hassouna Djellouli, émir el lioua.
— des Metellit	....	—	Mohamed Djellouli, émir el lioua.

Gouvernement des Zlass.
—
Gouverneur: l'émir el Amara Mahmed el Mrabot. { Oulad-Sendacen. — Mohamed el Afif.
Oulad-Iddir..... — El Hadj Hassein ben Messaï.
Oulad-Khalifa... — Mostepha ben Gaddoum.

Caïdat des Arrouch-es-Sendjak de Kairouan............... — Si Amor bel Ounis.
Caïdat des Koobs et Gouazine.. — Mohamed Chaïb ben Ferdjani.

Gouvernement de Kairouan et de la Kessera. — Gouverneur: Mahmed el Mrabot, émir el Amara.	Kairouan, sous-gouverneur............... La Kessera....	Khalifa.	Mohamed el Mrabot, émir alaï. Mohamed el Borni, yous-bachi.

Caïdat des Chéketma et Fouad des Madjeur................		Amel.	Hassouna Zouari.
Caïdat des Oulad-Mehenna des Madjeur....................		—	Ahmed ben Belkassem.
Caïdat des Oulad-Redhouan et Oulad-Slama................		—	Ahmed ben Youcef.
Caïdat des Oulad-Maamar......		—	Chihi ben Ali.
— des Oulad-Abd-el-Krim (Oulad-Azir)................		Caïd.	Ahmed ben Ali el Hamami.
— des Oulad-Ben-el-Hadi (Oulad-Azir).........		—	Ahmed ben Amar.
— des Oulad-Sidi-Abid....		—	Emir el amara Mahmed el Mrabot.
— des Oulad-Ouzzez (Fraichich)................		—	Ali Sghir.
— des Oulad-Nadji (Fraichich)................		—	El hadj Harrat ben Mohamed.
— des Oulad-Ali (Fraichich)		—	El hadj Gaïd.
— Feriana et Oulad-Tlil...		—	Belkacem ben Sassi.

Gouvernement du Djérid. — Gouverneur: Mahmed el Mrabot, émir el Amara.	Touzeur......	Khalifa.	Salah ben Athman Ezz Beidi.
	Nefta.........	—	El Abidi ben el Hadj Ahmed el Alguemi et Si Mohamed ben el Ghazem ben Nacer Allah chérif.
	El-Oudiane...	—	Si Tahar ben el Hadj Ahmed.
	El-Hamma....	—	Mohamed ben Youcef.
	Tameghza....	—	Ahmed ben Messaoud.
	Nefzaoua.....	—	Ahmed ben Hamadi, alaï amin et Ali bou Allègue.

Gouvernement de Gafsa. — Gouverneur: Mahmed el Mrabot, émir el Amara	Gafsa........	—	Ahmed ben Abid.
	Ksar-el-Lalla..	—	Athman ben Assen.
	El-Guettar, Sened et Mech.	—	Mabrouk ben Rezgui.
	El-Aaïacha et Bou-Saâd...	—	Brahim ben Soucy.

Gouvernement de l'Aarad. — Gouverneur: Si Haïder, émir el Amara.	Ksour de Gabès, El-Hamma et Beni-Zid, Hamerna, Hazem, Matmata, confédération des Ouarghamma (Touazine, Khezour, Ouderna, Accara).		
Caïdat des Neffet............	Amel.	Ali ben Khalifa.	
— de Djerba.............	—	Mohamed el Djellouli, émir el lioua.	
— des Mahedba..........	—	Chadli el Djellouli.	

N° XIII

Situation générale de la régence de Tunis au commencement de l'année 1881.

Les populations, ruinées par des gouverneurs insatiables et agissant sans contrôle, indignement exploitées par les juifs installés dans la Régence et qui trouvaient, grâce à leur argent, de puissants protecteurs parmi les autorités tunisiennes, se voyaient encore accablées d'impôts écrasants, perçus d'une façon odieuse, sans qu'il fût possible aux contribuables de trouver recours et appui auprès d'un tribunal intègre et désintéressé.

Ajoutons à cela les luttes de tribu à tribu, les redevances prélevées par les nomades sur les groupes sédentaires, l'insécurité des pistes, l'impunité où vivaient quelques assassins de profession qui jouissaient même parfois de l'admiration générale, l'immigration de tous les malfaiteurs algériens.

L'organisation administrative du pays existait (voir annexe n° XII), mais le commandement des tribus passait à tout instant dans de nouvelles mains, suivant le bon plaisir du bey ou du favori du jour. Tout fonctionnaire arrivant au pouvoir n'avait d'autre souci que d'augmenter sa fortune personnelle, avant d'être atteint par la disgrâce qu'il considérait comme inévitable.

Un pareil état de choses avait amené plusieurs soulèvements chez les indigènes; ces soulèvements avaient été réprimés avec la plus grande cruauté. Quelques tribus seules, mieux défendues par leur sol, par le climat et par l'aridité de leur pays, avaient pu conserver une certaine indépendance qui les mettait à l'abri des exactions des fonctionnaires tunisiens.

C'est ainsi que les Ouarghamma[1] et les Khoumir n'appartenaient que nominalement aux gouvernements de l'Aarad et de Béja; ils étaient arrivés, à force de résistance, à conserver une certaine autonomie reconnue tacitement par le bey qui se contentait d'intervenir lorsqu'il s'agissait de percevoir des impôts ou de réprimer les incursions et les rapines de ces populations remuantes sur les territoires voisins.

Quant à la situation financière, elle était déplorable. La majeure partie des revenus avaient été concédés à la commission chargée de sauvegarder les intérêts des créanciers de l'Etat. Les autres impôts, perçus à un taux exagéré, restaient fort souvent entre les mains des agents collecteurs, et dans tous les cas, arrivaient considérablement amoindris dans le trésor tunisien. Là, ils devenaient la propriété du bey qui en disposait à peu près à sa guise et se gardait bien de les consacrer aux besoins innombrables du pays ou au développement de l'industrie et du commerce de la Régence.

---

1. Voir annexe n° LXII, page 340, l'attitude des Ouarghamma pendant l'expédition française.

N° XIV

Occupation du Kef, le 26 avril 1881, par le général Logerot.

Le 25 avril au soir, la colonne Logerot bivouaquait à l'oued-Remel, en vue du Kef, couverte par des avants-postes placés à moins de 4 kilomètres de la ville, à hauteur de la koubba de Sidi-Abdallah-Sghir.

Le lendemain, 26 avril, à 6 heures du matin, la colonne quitte son camp et entre à midi au Kef, sans pertes.

La population, sous l'influence des excitations du marabout Sidi Ali ben Aïssa (des Rahmania), s'était d'abord décidée à la défense à outrance. (Le Kef passait, dans la Régence, pour une place forte inabordable et les tribus environnantes, répondant aux instances du gouverneur Si Rechid, avaient promis de concourir à la défense de la place, soit en contrariant notre marche, soit en envoyant des contingents pour protéger directement la ville.)

Mais lorsque, le 25, les habitants virent arriver la colonne à l'oued-Remel, sans qu'elle eût eu à combattre les tribus sur la résistance desquelles ils comptaient, l'enthousiasme fit place à la stupeur. Le marabout Si Kaddour el Mizouni (des Quadria) profita de ce changement pour émettre l'avis de renoncer à la résistance. L'attitude de Si Kadour détermina, le 26 au matin, les habitants à se rendre, malgré les protestations de Sidi Ali ben Aïssa. Quand l'artillerie fut arrivée à mille mètres de la kasbah, Sidi Ali ben Aïssa, lui-même, vint demander la protection de M. Roy, l'agent consulaire de France.

Le 25 au soir, M. Roy avait décidé le gouverneur Si Rechid à traiter de la capitulation.

Lorsque, le lendemain matin, le parlementaire du général Logerot se présenta, le farik fit cependant encore quelques difficultés; il prétendit avoir égaré les clefs; finalement il s'engagea à les remettre à M. Roy qui fit ouvrir la porte Bab-el-Hannin par un de ses janissaires.

Le parlementaire quitta la ville sans encombre et, un peu après midi, nos troupes se présentèrent simultanément aux portes Bab-el-Hannin et Bab-el-Aouareth.

M. Roy, accompagné de quelques indigènes, était allé à la rencontre du général Logerot.

Au moment où il arrivait près de Bab-el-Hannin, des coups de feu retentirent dans les jardins environnants; le bruit se répandit aussitôt que les Ouargha venaient d'attaquer les derrières de la colonne; notre agent consulaire fut mis en demeure de rétrograder et, comme il insistait pour faire ouvrir la porte, il fut mis en joue par un indigène; il dut donc reprendre le chemin du consulat.

Cet incident ne retarda que fort peu l'entrée de nos troupes qui occupèrent, quelques instants après, la kasbah et les remparts.

Si Rechid se présenta au général Logerot.

Les Charen, les Ouargha et une partie des Oulad-bou-Ghanem envoyèrent aussitôt leurs notables au général Logerot pour lui offrir leur soumission et recevoir ses ordres.

Les Charen et les Ouargha furent rendus responsables de la sécurité de la route du Kef à Sidi-Youcef; ils installèrent aussitôt des postes de cavaliers; ils se chargèrent, de plus, du transport des dépêches et mirent la meilleure volonté dans l'exécution de ces services.

Quant aux Oulad-bou-Ghanem, plus éloignés du Kef, ils prirent une attitude moins accentuée. (Ils avaient d'ailleurs commis déjà un acte d'hostilité qui leur inspirait maintenant des inquiétudes. Le 21 avril, deux des leurs avaient attaqué sur le territoire algérien, près d'El-Meridj, un homme et une femme qui voyageaient sans crainte, conduisant un mulet chargé de marchandises; ils avaient blessé l'homme, violé la femme et s'étaient enfuis, emmenant le mulet et son chargement.)

N° XV

Occupation de Tabarka (25-26 avril 1881).

A l'annonce de l'arrivée de la flottille française, les contingents des Oulad-bou-Saïd, des Haoumdia et des Oulad-Amor étaient accourus pour s'opposer au débarquement; ils avaient renoncé à défendre l'île, le mauvais état de la mer en rendant l'accès difficile et pouvant les empêcher de battre en retraite, en cas d'insuccès; ils attendaient sur la plage.

Le fort de Tabarka était commandé par le kaïmakam Taïeb ben el hadj Ahsen Mesmouri[1].

Au premier coup de canon tiré par la flottille, le 25, quand le vent fut un peu tombé, les soldats tunisiens prirent la fuite, laissant à leur chef le soin de hisser le drapeau blanc.

(La veille, un courrier, envoyé du Bardo, pour engager Taïeb ben el Hadj à ne pas résister, était arrivé en vue de Tabarka. Saisi d'effroi à la vue de la flotte, il était revenu sur ses pas.)

Le colonel Delpech occupa le fort avec 1.200 hommes. Le lendemain, 26 avril, nos troupes occupèrent le bordj-Djedid, sur la côte tunisienne, sans aucune perte, bien qu'elles eussent essuyé quelques coups de fusil. Les Khoumir prirent la fuite, malgré l'arrivée des renforts que leur envoyaient les Atatfa, les Debabsa et les Tebaïnia.

---

[1]. Nous le retrouverons plus tard (25-29 août) à El-Arbaïn, commandant une colonne tunisienne (voir annexes n°ˢ XLVI et XLVI *bis*).

Instructions du général Delebecque pour franchir la frontière.

N° XVI

CORPS EXPÉDITIONNAIRE
de Tunisie.

Colonne Delebecque.

N° 20.

Oum-Theboul, le 24 avril 1881.

*Le général Delebecque à M. le général Ritter,
à Demanet-Rebah.*

Mon cher Général,

Conformément aux dispositions arrêtées hier par le général commandant le corps expéditionnaire, vous franchirez la frontière demain 25, au petit jour, par le col voisin du Kef-Radjela.

Au même moment, le général Vincendon, partant d'El-Aïoun, abordera les crêtes à l'est de son camp, et le général Galland, partant d'Aïn-Smaïn, le suivra de près par derrière.

Ces deux généraux doivent s'emparer des hauteurs de la rive droite de l'oued-Djenan.

Vous avez pour mission de couronner les crêtes de la rive gauche de la même rivière, de vous rapprocher le plus rapidement possible des généraux Vincendon et Galland, après le passage du col.

Vous devez donc vous rabattre immédiatement vers le sud, de façon que nos trois colonnes soient liées entre-elles de la façon la plus étroite.

Vous laisserez deux compagnies du 59e au bordj de Oum-Theboul et vous enverrez dès aujourd'hui à Roum-el-Souk la division de hussards qui est à votre camp après en avoir prélevé les cavaliers nécessaires à la constitution de votre escorte.

Les troupes que vous porterez en avant emporteront dans le sac les vivres du jour et deux jours de vivres de réserve. Elles seront accompagnées d'un convoi portant quatre jours de vivres.

Vous mettrez en œuvre tous les moyens dont vous pouvez disposer pour emmener avec vous la plus grande quantité d'eau.

Je suivrai votre mouvement le premier jour.

Le général Forgemol reste à Roum-el Souk jusqu'à nouvel ordre.

N° XVII

CORPS EXPÉDITIONNAIRE
de Tunisie.

Colonne Delebecque.

N° 24.

Oum-Theboul, le 24 avril 1881.

*Le général Delebecque à M. le général Ritter,
au camp de Demanet-Rebah.*

L'opération ordonnée pour le 25 est remise.

MON CHER GÉNÉRAL,

En raison du mauvais temps et de l'état du terrain, le mouvement ordonné pour demain, 25, est ajourné.

Tenez vous prêt à l'exécuter au premier ordre et ravitaillez journellement vos troupes, de manière qu'elles puissent se mettre en marche avec le nombre de jours de vivres fixé par ma lettre n° 20, de ce jour.

Le général commandant le corps expéditionnaire m'informe que le camp de Si Sélim[1] a reçu aujourd'hui son infanterie (environ 1.000 à 1.200 hommes) et que Si Ali Bey[2], frère du bey, est arrivé à Manâ, à deux petites journées de Roum-el-Souk, avec deux ou trois mille cavaliers. Il a écrit au général Forgemol qu'il vient régler les difficultés pendantes entre les Khoumir et nos tribus[3].

DELEBECQUE.

N° XVIII

CORPS EXPÉDITIONNAIRE
de Tunisie.

Colonne Delebecque.

N° 26.

Oum-Theboul, le 25 avril 1881.

*Le général Delebecque à M. le général Ritter,
au camp de Demanet-Rebah.*

Elle est fixée au 26 avril.

MON CHER GÉNÉRAL,

Vous voudrez bien exécuter demain, au petit jour, le mouvement qui avait été arrêté pour le 25 avril.

DELEBECQUE.

---

1. Si Sélim, ministre de la guerre tunisien.
2. Si Ali Bey, frère du bey régnant Mohammed es Saddok et, selon l'usage, bey du camp; est actuellement sur le trône de Tunisie.
3. Le lendemain, 25 avril, le général commandant le corps expéditionnaire re-

N° XIX

BRIGADE RITTER.
N° 19.   Ordre pour la journée du 26 avril.

Demain, 26 avril, les troupes de la brigade franchiront la frontière et s'empareront du col de Kef-Baba-Brik.

L'attaque sera faite par deux colonnes : l'une, celle de droite, composée de deux bataillons du 1er régiment de marche[1], sous les ordres du colonel Cajard ; l'autre, celle de gauche, formée de deux bataillons du 2e régiment de marche, sous les ordres du colonel Gerder.

La colonne de gauche sera chargée de l'attaque directe du col et suivra le chemin qui y conduit en passant par le douar qui est placé au pied du contre col [2].

La colonne de droite tournera par le sud la position à enlever et s'emparera, à cet effet, du contre col [2] qui l'avoisine.

Chacune de ces colonnes sera conduite par des guides arabes.

Celle de droite, ayant moins de chemin à faire que l'autre, attendra, pour prononcer son attaque, le signal qui lui sera donné par le

---

çut de Si Ali Bey, toujours à Manà, une nouvelle lettre dans laquelle il déclare qu'il ne s'opposera pas à la marche de nos troupes, mais qu'il nous laisse la responsabilité des faits que notre entrée sur le territoire tunisien pourrait amener.

Le ministre de la guerre français fait savoir, par télégramme, que d'après une convention avec le bey, les troupes tunisiennes doivent nous livrer passage où nous les rencontrerons et se retirer vers les points que nous leur indiquerons, et prescrit d'agir rigoureusement dans ce sens.

(Extraits de la lettre n° 27, en date du 25 avril, du général Delebecque au général Ritter.)

1. Les sept bataillons de la brigade Ritter avaient été groupés en deux régiments de marche.

1er rég. de marche. Colonel Cajard (du 3e zouaves), trois bataillons.
- Un bataillon (le 2e) du 2e régiment de zouaves .... Commandant Leschères.
- Deux bataillons du 3e régiment de zouaves .... { Commandant Baudouin. — Bounin.

2e rég. de marche. Colonel Gerder (du 3e tirailleurs), quatre bataillons.
- Deux bataillons du 1er tirailleurs (lieutenant-colonel Rousset) .. { Commandant Wasmer. — Gay de Taradel.
- Un bataillon du 3e tirailleurs .. Capitaine Maux.
- Un bataillon (le 3e) du 59e régiment d'infanterie .... Commandant O'Kelly.

2. ?

général de brigade qui appréciera le temps nécessaire à la colonne de gauche pour arriver devant son objectif.

Chaque colonne prendra la formation d'attaque suivante :

Un bataillon en première ligne marchant en deux échelons de deux compagnies chacun, destinés à se relever successivement pendant la marche, et séparés par une distance d'autant moindre que l'on se rapprochera davantage du col ;

Un bataillon en seconde ligne, servant de réserve, prêt au besoin à relever le premier, et marchant à la distance et dans la formation que le colonel commandant la colonne jugera les plus opportunes.

A la colonne de droite, seront affectées une section de trois pièces de 80 de montagne et une section de 4 de montagne ; à la colonne de gauche, deux sections de 80 de montagne et deux sections de 4 de montagne [1].

Dans les deux colonnes, l'artillerie marchera avec l'avant-garde, de façon à prendre position le plus tôt possible sur les points reconnus à l'avance et préparera l'attaque du col et du contre col [3] par une canonnade qui devra se prolonger jusqu'au moment où elle pourrait inquiéter nos troupes de première ligne.

Les mulets porteurs des cartouches de bataillon marcheront groupés avec le bataillon de réserve de chaque régiment.

La compagnie du génie de la brigade sera partagée ainsi qu'il suit entre les deux régiments : soixante hommes avec la colonne de gauche et quarante avec celle de droite.

Elle créera ou améliorera le chemin des colonnes, au fur et à mesure des progrès de l'attaque.

Dans chaque colonne, vingt mulets de cacolet marcheront en arrière du deuxième échelon, entre les bataillons de première et de seconde ligne.

Ces mulets devront être amenés tout bâtés, à 3 heures du matin, au point de rassemblement de chacune des colonnes.

L'ambulance restera au camp.

Les troupes laisseront leurs sacs au camp. Elles emporteront la musette, le capuchon, les outils de compagnie et deux jours de vivres dont un de réserve [2].

Le bataillon de chacun des régiments de marche qui devait prendre aujourd'hui le service d'avant-postes, restera demain à la garde du camp. Les grand'gardes seront relevées ce soir à 3 heures.

---

1. Il n'y a pas concordance avec les effectifs d'artillerie pris dans le *Résumé historique des marches et opérations de l'artillerie*.
D'après ce document officiel, il n'y a à la brigade Ritter qu'une batterie de 80mm de montagne et deux sections de 4 de montagne. (Voir annexe n° XI.)
2. Voir, annexes n°s XVI et XVII, les instructions du général Delebecque au sujet du transport des vivres de sac.
3. ?

Le général de brigade se tiendra de sa personne entre les deux colonnes sur le mamelon placé en face du col où sera l'artillerie de la colonne de gauche.

Les troupes de la colonne de gauche, qui ont un détour à faire, se mettront en marche demain à 3 heures du matin, et la colonne de droite se rassemblera à 3 h. 30.

Des ordres ultérieurs fixeront les mesures à prendre pour s'installer et se fortifier sur les hauteurs du Kef-Baba-Brik.

Deux cent soixante outres serviront au transport de l'eau pour les troupes parvenues au col et à leur approvisionnement, en cas de besoin, lorsqu'elles parcourront et fouilleront le pays des Oulad-Cedra (Khoumir).

Dès que le général trouvera le moment opportun, le grand camp se transportera au pied de l'Adeda et traversera cette chaîne, si des emplacements favorables sont trouvés en pays ennemi.

Un mulet du train, porteur de deux tonnelets d'eau, marchera, dans chaque colonne, avec le détachement de mulets de cacolet.

Camp de Demenet-Rebah, le 25 avril 1881.

Le général de brigade,
Général Ritter.

N° XX

L'artillerie de la colonne Logerot.

L'artillerie de la colonne Logerot était sous les ordres directs du lieutenant-colonel Brugère. (Voir note 1 de l'annexe n° XI.)

Le 26 avril, les batteries avaient été habilement disposées pour une attaque sérieuse de la place du Kef qui aurait été bombardée si elle n'avait capitulé.

Deux batteries (3ᵉ du 26ᵉ et 2ᵉ du 38ᵉ) entrèrent dans la ville; les deux de montagne restèrent en dehors de l'enceinte.

Le lendemain, 27 avril, la 3ᵉ du 36ᵉ rentrait à Souk-Ahras, la 2ᵉ du 38ᵉ restait au Kef qu'elle ne devait plus quitter.

Le capitaine était chargé d'étudier la défense et de reconnaître l'état du matériel tunisien.

Ce dernier se composait de :

30 canons, couleuvrines et mortiers en bronze;
31 canons en fonte ou en fer.

C'est donc avec une artillerie réduite à deux batteries de montagne que la colonne Logerot se dirigea, le 27, vers Souk-el-Arba.

Pendant que la colonne séjournait en ce point, le commandant de l'artillerie reconnaissait l'importance de Ghardimaou, station extrême du chemin de fer de Tunis, et en même temps la nécessité d'y établir un dépôt d'approvisionnements, plus rapproché que Sidi-Youcef, de la colonne expéditionnaire qui s'éloignait de sa base primitive d'opérations.

Il y fit venir, de Souk-Ahras, un million de cartouches modèle 1879 et 2.000 coups de canon de 80 de montagne.

Sidi-Youcef fut désigné comme dépôt de munitions pour la place du Kef.

Enfin, l'artillerie de la colonne fut complétée par l'arrivée de la 12e batterie du 16e, capitaine Cohadon, et le retour de Souk-Ahras à Ghardimaou de la 3e du 26e, capitaine Lennuyeux.

Il y a lieu de signaler la marche de cette batterie qui, avec un matériel de 90, parvint à franchir en soixante-sept heures une distance de 64 kilomètres en pays jusqu'alors considéré comme impraticable aux voitures et fut citée, pour cette marche, à l'ordre du corps expéditionnaire.

Pendant l'engagement du 30 avril, à Ben-Béchir, la 8e batterie du 38e (80^{mm} de montagne) capitaine Moll, tira 33 obus ordinaires sur les Chiahia qui avaient attaqué le 1er zouaves en reconnaissance.

Le lieutenant-colonel commandant l'artillerie signala dans cet engagement un fait intéressant: la distance fut mal appréciée; le deuxième obus tomba à trente mètres en avant des tirailleurs du 1er zouaves. D'où la nécessité de munir les batteries de montagne d'un télomètre dans des pays et des climats où la pureté de l'air rapproche les distances et peut causer de grandes erreurs d'appréciation. (Extrait du *Résumé historique des marches et opérations de l'artillerie.*)

N° XXI

Ali Bey. — Combat de Ben-Béchir.

Le 28 avril, quand la colonne Logerot arriva à la station de Souk-el-Arba, Ali Bey se trouvait à Ben-Béchir.

Il envoya aussitôt un de ses officiers au général Logerot, à Souk-el-Arba, pour lui annoncer sa visite.

Le général ne voulut pas recevoir l'officier, mais se rendit immédiatement à Ben-Béchir, au camp d'Ali Bey.

Celui-ci crut devoir faire quelques difficultés, sous prétexte qu'il était le frère du souverain de la Régence (il voulait probablement se donner une certaine importance et maintenir son prestige parmi les populations de la région et espérait que le général français insisterait pour être reçu).

Le général Logerot reprit aussitôt le chemin de Souk-el-Arba, en faisant signifier à Ali Bey qu'il le recevrait le lendemain au camp français, à 2 heures de l'après-midi.

Le 29, à l'heure fixée, Ali Bey arrivait en grand apparat au camp français.

Il déclara que le gouvernement tunisien ne comptait mettre aucun obstacle à nos opérations et que, de son côté, il avait fait tous ses efforts pour calmer l'agitation qui régnait dans le pays.

Ali Bey mentait. Nous savions qu'il excitait les populations contre nous (les Khoumir contre les colonnes Vincendon et Galland, les Chiahia contre la colonne de Brem) et qu'il avait fait tous ses efforts pour persuader au gouverneur du Kef, Si Rachid, de défendre la place à outrance.

L'entrevue fut froide. Le général Logerot invita Ali Bey à s'éloigner dans le plus bref délai de Béja, et à porter son camp du côté de Tunis, vers Téboursouk et Medjez-el-Bab.

Le lendemain matin, 30, à la première heure, Ali Bey partait dans la direction de Tunis ; mais, chemin faisant, il licenciait, en leur laissant leurs armes, les contingents des Oulad-bou-Salem, des Chiahia et des Amdoun. Ceux-ci gagnèrent les montagnes pour rejoindre les Khoumir.

Le même jour, 30, le général de Brem recevait, à l'oued-Méliz, la soumission, sans combat, des Ouchteta et entrait en relations avec les Mrassen, les Oulad-Ali et les Oulad-Soltan de la Rekba.

Nos troupes, en arrivant à Souk-el-Arba, avaient trouvé le pays complètement désert. Quelques heures après, les indigènes des environs (Djendouba) s'aventurèrent à proximité du camp, pour vendre leurs produits. Dans le courant de la journée, complètement rassurés, ils affluaient de tous côtés.

Le 30 avril, le général Logerot, avant de se remettre en marche, avait envoyé une reconnaissance vers Ben-Béchir.

Le détachement, commandé par le colonel Hervé, du 1ᵉʳ zouaves, était précédé par un goum dirigé par un officier des affaires indigènes.

En arrivant à l'oued-Boul, près de la gare de Ben-Béchir, l'officier commandant le goum fut accueilli par une vive fusillade : c'étaient les Chiahia qui attaquaient; aussitôt on vit descendre des pentes environnantes les groupes armés des Oulad-bou-Salem et des Amdoun qui venaient successivement soutenir les Chiahia. Il était 8 heures du matin.

Le colonel Hervé prit immédiatement ses dispositions de combat et demanda des renforts à Souk-el-Arba. A midi ces troupes arrivaient et à 6 heures du soir l'ennemi était en complète déroute.

La reconnaissance française avait eu à lutter contre les Oulad-bou-Salem, les Chiahia et les Amdoun.

Ces tribus avaient entendu répéter, par les soldats originaires de la région qu'Ali Bey avait licenciés le 29 au soir avec leurs armes, les paroles que le frère du souverain leur avait adressées avant leur départ de sa colonne : « *Les Français arrivent; allez chez vous et recevez-les.* » Connaissant les dispositions d'Ali Bey à notre égard, elles avaient interprété ces mots dans le sens qu'Ali Bey avait voulu leur donner.

Les Oulad-bou-Salem, qui avaient laissé une vingtaine des leurs sur le terrain de l'engagement, envoyèrent, le 30 au soir, au camp de Souk-el-Arba, implorer la protection du général français.

Quant aux Chiahia et aux Amdoun, pleins du désir de venger leurs morts, il s'étaient retirés vers le nord, demandant des secours aux tribus de la Rekba. Celles-ci, empêchées par la présence de nos colonnes, ne pouvaient répondre à leur appel.

Pendant cette rencontre, les troupes tunisiennes campées à Sidi-Roumani, près de Souk-el-Khemis, avaient pu assister de loin au combat qui se livrait dans la plaine des Oulad-bou-Salem.

Ali Bey, dépité de notre succès et cédant aux inspirations haineuses des agents italiens attachés à sa personne, écrivit aussitôt à son frère pour lui annoncer le combat de Ben-Béchir.

Pour soulever l'opinion publique contre nous, il s'exprimait à peu près en ces termes : « On m'a raconté que le général commandant la colonne de Souk-el-Arba a voulu réquisitionner trois cents chevaux et deux mille mulets chez les Oulad-bou-Salem, les Djendouba et les Chiahia. Les Oulad-bou-Salem et les Djendouba ont répondu que leur misère ne leur permettait pas de satisfaire à cette demande. Quant aux Chiahia, ils ont refusé de se soumettre aux exigences du général. A la suite de ce refus, les Français sont venus les attaquer; ils ont incendié les gourbis et ont tué tous ceux qui tombaient sous leur main, sans distinction de sexe ni d'âge. Les blessés étaient amenés au commandant en chef qui les faisait décapiter, et on ouvrait le ventre aux femmes enceintes pour en arracher l'enfant ! »

Le général Logerot, dans une dépêche adressée à notre chargé d'affaires à Tunis, protesta avec indignation contre les accusations portées par Ali Bey.

Celui-ci ne répondit pas.

Il s'occupait, d'ailleurs, à soulever les Mogod (entre Bizerte et Mateur), région que nous devions fatalement traverser, en marchant sur la capitale de la Régence; et il réussit.

N° XXII

Résumé succinct des principales causes de l'expédition française.

Dès l'avènement de Si Mohammed es Saddok, la frontière algérienne avait été le théâtre de désordres continuels.

Aux nombreuses réclamations adressées par notre chargé d'affaires à Tunis, le gouvernement beylical répondait par l'envoi de commissions d'enquête (sans résultats), par l'emprisonnement de quelques coupables (aussitôt relâchés), par des protestations d'amitié et d'attachement et par le rare payement de quelques faibles indemnités.

Au début, et comme ses prédécesseurs, le bey s'était montré animé de bonnes intentions à notre égard; mais bientôt, poussé par son entourage, encouragé peut-être par notre longanimité qu'il finissait par prendre pour de l'impuissance, son attitude se modifia sans devenir ouvertement hostile.

Fidèle aux traditions orientales, il continuait à répondre aux observations de nos agents avec le plus grand empressement et se confondait en regrets et en promesses. Mais les autorités tunisiennes ne réprimaient pas les excès de leurs administrés et même elles les provoquaient, en soulevant à chaque instant des contestations de toute nature; le gouvernement beylical invoquait les prescriptions du Coran pour refuser l'extradition des Algériens condamnés pour crimes et délits de droit commun; il offrait des terres à nos tribus de l'Aurès et du Souf pour les engager à quitter l'Algérie; il accueillait avec empressement nos déserteurs et même il encourageait les prédications hostiles des marabouts.

Nos désastres de 1870-71 avaient sans doute ébranlé notre autorité en Tunisie. Mais, de plus, notre influence qui, depuis la prise d'Alger, n'avait cessé de régner en maîtresse souveraine à la cour de Tunis, avait vu surgir une rivale que nous avions créée vingt ans auparavant.

En 1862, la presse du royaume naissant désignait déjà la Tunisie comme une future Algérie italienne.

Les spéculateurs de la péninsule commencèrent à jeter les yeux sur la terre promise qui leur était indiquée ; on les vit bientôt établir un système postal, solliciter des concessions de mines et d'entreprises de toute nature.

Ces tentatives, qui eurent généralement peu de succès, furent ardemment soutenues par les consuls italiens (M. Maccio principalement).

Les consuls des autres puissances mirent, de leur côté, un véritable point d'honneur à maintenir l'influence de leur pays et à défendre les intérêts de leurs nationaux contre les empiétements et les prétentions exorbitantes des brasseurs d'affaires venus en masse d'Italie.

Le gouvernement tunisien voyait de l'œil le plus favorable les difficultés surgissant à toute occasion entre les représentants européens.

L'entourage du bey, de son côté, ne s'était jamais trouvé dans une situation plus heureuse et plus prospère. Il distribuait les concessions et les privilèges au plus offrant, et se créait ainsi des revenus faciles et considérables.

Le gouvernement français avait été informé, à plusieurs reprises, de cet état de choses ; mais comme il ne s'agissait en réalité que d'intérêts particuliers, il n'avait pas encore jugé urgent d'intervenir.

Cependant les entreprises des spéculateurs italiens commençaient à péricliter ; de nombreuses faillites venaient, coup sur coup, ébranler leur crédit.

C'est alors que le gouvernement du Quirinal, espérant sauvegarder son influence en Tunisie, résolut de soutenir ses nationaux et de leur accorder le concours financier de l'Etat.

En même temps, il arrivait à faire admettre ses agents au Bardo comme interprètes, médecins ou même conseillers intimes et à y dominer en maître.

La France ne pouvait demeurer plus longtemps indifférente. Outre les intérêts particuliers que nous avions en Tunisie, nous avions encore à assurer la sécurité de nos possessions algériennes qui eût été fortement compromise par le voisinage d'une puissance européenne rivale et hostile.

La lutte se localisa donc entre la France et l'Italie.

La tâche qui incombait à notre représentant dans la Régence était des plus lourdes; mais heureusement ses adversaires, malgré leurs dispositions innées à l'intrigue, se montrèrent peu avisés et surtout très maladroits dans la nouvelle campagne qui venait de commencer.

Ne doutant plus du succès, ils prétendirent immédiatement s'emparer de toutes les concessions disponibles et, bientôt, celles-ci ne suffisant plus à leur avidité, ils essayèrent d'enlever aux compagnies françaises les avantages qui leur avaient été accordés par des contrats conclus précédemment.

C'est ainsi que la compagnie des chemins de fer Bône-Guelma, qui avait obtenu la concession de la voie de Tunis à Sousse, se voyait contester la validité de ses titres au profit d'une compagnie italienne fondée en 1869 et qui avait fait faillite en 1871, avant d'avoir commencé ses travaux.

On interdisait à cette même compagnie française de construire une gare à Radès, sous prétexte que le traité conclu avec la compagnie italienne Rubattino s'opposait à l'installation d'un établissement de ce genre à proximité de la Goulette. La compagnie Rubattino, de son côté, fortement soutenue, réclamait le droit de construire une ligne télégraphique le long de la voie de Tunis à la Goulette, contrairement au traité conclu entre le bey et Napoléon III qui avait obtenu, en 1861, l'exploitation des réseaux télégraphiques de la Régence.

Enfin, la société marseillaise qui avait acheté la propriété de l'Enfida au général Kheireddine, se voyait menacée d'expropriation au bénéfice d'un nommé Lévy, israélite, protégé anglais, mais commandité, paraît-il, par des financiers italiens.

Loin de s'opposer à ces abus, le bey semblait au contraire les approuver en se ralliant de plus en plus au parti antifrançais qui les commettait. L'attitude des consuls et agents de l'Angleterre, qui appuyaient de toute leur influence les prétentions de nos adversaires, ne faisait qu'encourager Mohammed es Saddok dans la voie où il s'était engagé.

Enfin, l'opinion publique, fortement travaillée par les excitations des émissaires italiens et par les articles de la presse antifrançaise (le journal italo-arabe *Le Moscatel*), commençait à nous devenir contraire à Tunis, à Sousse et, en général, dans les contrées où paraissaient les Européens.

Cette hostilité se traduisait extérieurement par de nombreux attentats contre nos nationaux et, tout particulièrement, contre les employés des exploitations essentiellement françaises (employés de la compagnie Bône-Guelma.)

Mais les réclamations qu'adressait, à cette occasion, notre chargé d'affaires, obséquieusement accueillies par le Bardo, donnaient lieu à des correspondances interminables, suivies d'objections sans nombre qui aboutissaient à des fins de non-recevoir adroitement déguisées.

N° XXIII

Résumé de la circulaire de M. Barthélemy-Saint-Hilaire aux agents diplomatiques.

Le 9 mai 1881, notre ministre des affaires étrangères, M. Barthélemy-Saint-Hilaire, adressait une circulaire aux représentants français à l'étranger, dans le but de faire connaître les vues et les intentions du gouvernement de la République dans l'expédition qu'il avait entreprise sur le territoire tunisien.

Dans ce long document diplomatique il expose les causes de l'expédition et les résultats que la France en attend.

En résumé : la France est obligée d'assurer la sécurité de sa colonie algérienne; or, à l'est, du côté de Tunis, le désordre est permanent; le premier objet de l'expédition est donc la pacification complète de la frontière orientale de l'Algérie.

L'ordre et le calme rétablis, il est indispensable que la Tunisie, d'hostile et menaçante qu'elle est maintenant, devienne une alliée loyale et bienveillante.

Le ministre signale, d'une façon discrète, les agissements de l'Italie. (Le livre jaune adressé à nos agents diplomatiques les édifiera d'ailleurs.) Le second motif de l'expédition est de soustraire le gouvernement beylical à l'influence de la puissance étrangère qui nous est si hostile.

Puis il établit l'indépendance du royaume de Tunis à l'égard du sultan et par conséquent la responsabilité directe du bey. C'est donc au bey qu'il faut imposer un traité qui garantisse l'Algérie sur sa frontière et le gouvernement français contre les menées déloyales du Bardo. Enfin, après avoir rappelé ce que la France a fait jusqu'alors pour la Tunisie, il conclut en montrant l'avantage que le bey trouvera dans notre alliance, les bienfaits que la Tunisie, placée sous la protection de la France, retirera des travaux qui seront exécutés et des réformes qui seront faites, et le profit que toutes les nations civilisées tireront, aussi bien que la France, des progrès apportés par nous dans la Régence.

N° XXIV

Tunis à la signature du traité.

La capitale de la Régence, à l'arrivée de la colonne du général Bréart, était sous le coup d'une profonde émotion. Les souks étaient fermés et les juifs, retranchés dans leurs maisons, s'y barricadaient dans la crainte d'être attaqués par les indigènes, venus du dehors, avec des intentions très équivoques[1].

El Arbi Zerrouk, le président de la municipalité et Ahmed ben el Khodja, le cheick el Islam, entretenaient l'agitation ; ils s'adressaient surtout aux chefs indigènes venus de l'intérieur en quête de nouvelles et qui, retournant auprès de leurs administrés, allaient leur rapporter ce qu'ils avaient entendu et les promesses qui leur étaient faites.

Pendant toute la soirée du 12, Kassar-Saïd fut assiégé par les notables qui désiraient avoir des nouvelles. Ahmed ben el Khodja, qui était venu lui-même demander une entrevue, fut éconduit. Mohammed es Saddok désirait tenir secrètes, pendant quelques jours encore, les clauses du traité.

Ali Bey, qui était arrivé de son camp de Medjez-el-Bab, où il s'était retiré après l'incident de Souk-el-Arba, eut avec son frère une longue conférence à la suite de laquelle il partit immédiatement pour la Marsa[2].

Il s'agissait cependant de détourner l'attention publique des excitations malsaines des fauteurs de désordres qui se multipliaient de plus en plus à Tunis. La tâche était difficile; le gouvernement beylical sut néanmoins se tirer d'affaire très habilement.

D'une part, il donna satisfaction au parti de la résistance en faisant répandre une dépêche qu'il avait adressée à Saïd Pacha, premier ministre de Constantinople et où il exposait qu'un général français, suivi d'une troupe de cavaliers, était arrivé au Bardo et l'avait obligé à signer un traité par lequel il se soumettait au protectorat de la France.

D'autre côté, il rassurait le pays, en faisant publier, dans le

---

1. En vain les zaptiés et les gendarmes beylicaux avaient-ils été chargés d'annoncer qu'il ne serait porté atteinte ni à la vie, ni aux biens des habitants. Ces déclarations, contredites par des personnages intéressés à voir le désordre s'accentuer, restaient sans effet.
2. Cette retraite qui, du reste, dura fort peu de temps, fut vivement commentée sur le moment. On attribuait à Mohammed es Saddok l'intention d'éloigner du théâtre des événements la personnalité gênante d'Ali Bey, et cette opinion pouvait, à bien des titres, être considérée comme fondée.

Raïd el Tounsi, un récit, très adroitement présenté, de l'entrevue du Bardo, et d'après lequel la mission du général Bréart n'avait eu d'autre but que de renouer les anciennes relations d'amitié qui avaient existé entre la France et la Tunisie.

« Son Altesse le Bey, disait le *Journal officiel*, a prié le général de repartir avec son armée, et elle a reçu l'assurance que les troupes françaises reprendraient le chemin par lequel elles étaient venues. »

Tunis reprit bientôt son aspect accoutumé.

N° XXV

Reconnaissance offensive dirigée par le général Delebecque, le 8 mai 1881, sur Sidi-Abdallah-ben-Djemel.

Le 8 mai, à 6 heures du matin, les troupes sont réunies (à droite du col) :

A droite, le détachement Cailliot ; au centre, le détachement Galland ; à gauche, le détachement Vincendon.

L'infanterie est en colonnes de compagnie ; l'artillerie et les ambulances en deuxième ligne.

Les hommes mettent baïonnette au canon et toute la ligne se met en marche au commandement du général Delebecque.

La marche s'exécute ainsi pendant 5 kilomètres ; les troupes couronnent le faîte en face du marabout. Le détachement Galland s'établit à droite, dans une forêt de chênes-liège ; le détachement Cailliot reste en position. Le détachement Vincendon se porte en première ligne, descend dans le ravin, traverse l'oued et fait halte en attendant le résultat de la pointe de cavaliers envoyés sur le marabout.

Pendant ce temps tous les convoyeurs, protégés par le détachement Vincendon, font du fourrage dans la vallée.

A 8 h. 30, la cavalerie s'empare du marabout (il y était resté seul un vieux brave homme !). A 9 heures, l'infanterie Vincendon en prend possession ; les fantassins font le café. La cavalerie s'est portée en avant pour razzier. A 1 heure de l'après-midi, le détachement Vincendon redescend dans la vallée et se replie par échelons, protégeant le retour du troupeau pris par les spahis.

A 3 heures, les détachements des trois brigades se replient (les troupes du général Cailliot en tête de colonne) et rentrent au camp de Fedj-el-Mana à 4 heures.

Marche de Dar-el-Abidi sur Ben-Métir.

N° XXVI

N° 44. Ordre pour la journée du 14 mai 1881 (donné par M. le général Cailliot).

Le camp sera levé aujourd'hui (l'heure exacte sera donnée ultérieurement pour chaque fraction). La brigade ira camper à Ben-Métir en passant par le col d'El-Méridj. Un bataillon du 1er régiment de marche partira à 6 h. 30, ainsi que la compagnie du génie, ne laissant au camp que les hommes strictement nécessaires pour charger leur convoi ; dix mulets de cacolets les accompagneront. La compagnie du génie a pour mission de préparer la route du camp de Dar-el-Abidi au col, et ensuite du col au nouveau camp de Ben-Métir. Le bataillon du 1er régiment de marche a pour mission de protéger ce travail jusqu'au marais qui est à l'entrée du col et de fournir cent travailleurs au génie. Quand cette première partie du travail sera exécutée, le 2e bataillon du 1er régiment de marche sera mis en route pour protéger le flanc gauche du défilé. En même temps un bataillon du 2e régiment de marche sera mis en route pour protéger le flanc droit. Ces bataillons prendront position à flanc de coteau. Le 2e bataillon du 2e de marche ira occuper la crête du flanc droit (que les tirailleurs ont occupée dans la première partie de la reconnaissance du 13 mai). Le convoi sera chargé vers 9 heures et massé en avant de la première face.

Le général de brigade mettra ensuite en route le 1er bataillon du 3e de marche avec l'artillerie et les bagages des corps, et enfin le 2e bataillon du 3e de marche qui fera l'arrière-garde et dont la 1re compagnie, séparée en quatre sections, encadrera le convoi administratif divisé lui-même en quatre fractions.

Dix hommes du goum partiront avec le 1er bataillon du 1er de marche pour l'éclairer; dix avec la compagnie du génie pour communiquer avec le général de brigade; vingt hommes du goum partiront avec le 2e bataillon du 2e de marche pour le couvrir en avant du défilé; le restant du goum se mettra en marche en même temps que le général de brigade.

Les heures de départ de chaque bataillon seront données au fur et à mesure. Les chefs de bataillon viendront prendre les ordres du général en se mettant en marche.

N° XXVII

N° 18. Ordre général.

Officiers, sous-officiers et soldats,

Après trois semaines pendant lesquelles vous avez eu à lutter contre les circonstances atmosphériques les plus défavorables et, à plusieurs reprises, contre un ennemi résolu, vous êtes arrivés au cœur du pays des Khoumir en surmontant, le fusil et la pioche à la main, les plus rudes difficultés.

Vos colonnes ont successivement occupé les hauteurs réputées inaccessibles de Sidi-Abdallah, d'El-Méridj, d'Aïn-Draham. Aujourd'hui, vous avez fait flotter le drapeau de la République sur les sommets de Ben-Métir, où aucune nation n'avait encore déployé le sien; nos airs nationaux, nos refrains et nos sonneries se sont répétés de l'un à l'autre des trois camps qui dominaient ce site grandiose.

Je me fais un devoir de signaler à M. le Ministre de la guerre ce résultat dû à votre persévérance, à votre énergie et à votre dévouement.

Vous montrerez, j'en suis certain, les mêmes qualités dans la continuation des opérations.

Au quartier général, camp de Fernana, le 14 mai 1881.

Le Général commandant le corps expéditionnaire,
Forgemol.

N° XXVIII

Attaque d'avant-postes par les Khoumir, le 19 mai, à Djebibia.

La 4ᵉ compagnie du 2ᵉ bataillon du 1ᵉʳ régiment de tirailleurs fut envoyée en grand'garde (n° 2), le 19 mai, à 1 heure de l'après-midi, à l'arrivée au camp de Bled-el-Guemaïr, en avant de la face nord-est du camp de la brigade Cailliot. Le sous-lieutenant Lamy y commandait un petit poste.

Le sous-lieutenant Lamy, après avoir placé ses sentinelles d'une façon provisoire faisait, protégé par une patrouille de trois hommes et un caporal, une reconnaissance à environ 300 mètres de la position, quand il fut assailli par des coups de feu.

Les Khoumir, peu nombreux d'abord, se renforçaient rapidement. Le sous-lieutenant Lamy ne pouvait ni marcher en avant, ni battre en retraite. Défilant ses hommes derrière de gros arbres, il se défendit par un feu ajusté. Sa section, prévenue par un des hommes de la patrouille, vint heureusement le secourir; puis la grand'garde, seulement après deux heures de combat.

Vers 4 heures, deux compagnies du 4ᵉ bataillon du 1ᵉʳ tirailleurs, conduites par le commandant Wasmer, vinrent dégager la compagnie de grand'garde n° 2, fort compromise. Ce groupe de deux compagnies dirigea sa droite sur la gauche de la chaîne de la compagnie engagée, puis fit une conversion à droite.

Les Khoumir s'enfuirent en passant sous les feux de la compagnie de grand'garde n° 2, puis devant la compagnie de grand'garde n° 1 qui leur envoya deux feux de salve. (Leur nombre était de 300 environ; ils durent éprouver des pertes assez sérieuses.)

La 4ᵉ compagnie du 2ᵉ bataillon (de grand'garde n° 2) eut trois tués (deux sur place; un mort à l'ambulance dès son arrivée) et un blessé. Elle avait brûlé dans cet engagement 250 paquets de cartouches. (Extraits des rapports du sous-lieutenant Lamy, du commandant de Taradel et du commandant Wasmer.)

N° XXIX

Dernières opérations de la 1ʳᵉ brigade contre les Mekna, 26-27 mai.

Le 26 mai, à 4 h. 30 du matin, la colonne volante du général Cailliot quitte le camp de Sidi-Khouïder, traverse l'oued-Zeen, passe devant le camp du général Galland et s'engage sur les pentes de la rive gauche.

L'infanterie et l'artillerie se massent derrière la crête pendant que la cavalerie fait la reconnaissance du plateau.

A 7 h. 30, les troupes se remettent en mouvement pour franchir la crête.

La marche va s'effectuer en trois colonnes :

1° *A droite*, le colonel Gerder (avec un bataillon du 3ᵉ tirailleurs et un bataillon du 2ᵉ zouaves), doit longer la crête du djebel-Dkeria;

2° *Au centre*, le général Cailliot (avec le bataillon de zouaves du colonel Cajard et l'artillerie), doit traverser l'oued-Moula;

3° *A gauche*, le colonel Colonna d'Istria (avec le 4ᵉ bataillon du 1ᵉʳ tirailleurs) doit brûler tous les douars et razzier les moissons.

Les trois colonnes doivent ensuite converger vers le djebel-Berzigue et s'y réunir entre 11 heures et midi.

La colonne de droite, seule, fit une razzia assez importante [1][a].

Pendant ce temps, tous les mulets vont en ravitaillement à Tabarka[b].

La colonne volante passe la nuit du 26-27 au djebel-Berzigue. Dans la journée du 27, le général Cailliot reprend, avec trois bataillons, l'opération manquée la veille.

Il envoie, dès le matin, deux compagnies au devant du convoi qui a dû se charger et laisse le camp de la colonne volante à Berzigue, sous la protection de deux compagnies et de la batterie.

Ce même jour, le général de division, qui était resté le 26 au camp de Sidi-Khouïder, vient au camp de Berzigue, sous l'escorte de deux compagnies prises dans ce camp [c].

Si nous examinons la répartition, dans la journée du 27 mai, de la 1re brigade forte de sept bataillons, nous trouvons :

1° Un bataillon sur la ligne d'opérations (perdu depuis longtemps pour les opérations actives;

---

1. Un fort troupeau, qui avait été cerné par une compagnie de zouaves, échappa par l'effet d'une ruse originale : Deux Arabes présentèrent au commandant de la compagnie française « un carta » au crayon, sans date, signé du capitaine d'état-major de la brigade, certifiant que ces deux hommes avaient fait leur soumission et que leurs propriétés devaient être respectées.

Les zouaves laissèrent donc aller le troupeau ; on s'aperçut ensuite qu'il n'appartenait pas aux indigènes qui avaient montré le carta et qui lui avaient servi de sauvegarde.

a. Une compagnie de tirailleurs algériens en razzia n'eut à son tableau que : 1° un petit poulain de 6 mois ; 2° une ânesse ; 3° un petit bourriquot de 1 mois environ ; 4° deux pots de beurre ; 5° une boîte de couscouss ; 6° un pot d'huile ; 7° un petit sac de farine ; 8° dix galettes ; 9° un fusil assez mauvais ; 10° un pistolet sans batterie ; 11° six tellis ; 12° deux couvertures ; 13° une mauvaise cartouchière khoumir ; 14° un poignard ; 15° deux petits poulets.

b. Le convoi, qui devait primitivement revenir à Sidi-Khouïder, d'où il était parti le 26, reçut l'ordre de venir se décharger à Berzigue, le 27.

On supposait que les animaux, après avoir été déchargés de leurs vivres à Berzigue, pourraient repartir à 2 heures de l'après-midi pour aller chercher les sacs et les bagages des officiers.

En réalité, le 28 au matin, à 8 heures, les six compagnies de Sidi-Khoulder attendent encore, tentes pliées, l'arrivée des mulets qui auraient dû arriver la veille dans l'après-midi et qui ne sont même pas signalés.

c. Le 27 au soir, quand le général de division voulut faire tirer des fusées, à Berzigue, pour correspondre avec les autres brigades, on s'aperçut que les artifices de la 1re brigade étaient restés à Sidi-Khouïder !

2° Un groupe de 6 compagnies, à Sidi-Khouïder (gardant les sacs de la colonne volante, les *impedimenta*) complètement immobilisé ;

3° Un groupe de deux compagnies, à Berzigue (gardant le camp de la colonne volante), immobilisé ;

4° Un groupe de deux compagnies, entre Sidi-Khouïder et Berzigue (escortant le général de division) ;

5° Un groupe de deux compagnies, entre Berzigue et Tabarka (au-devant du convoi) ;

6° Trois bataillons en opération ;

7° Un groupe (convoi) renfermant *tous* les mulets (du convoi, des corps, d'outils, du génie, d'artillerie, indigènes), à Tabarka en chargement, ou en route pour revenir.

N° XXX

CORPS EXPÉDITIONNAIRE
DE TUNISIE.

Colonne Delebecque.

Ordre général à la brigade Vincendon.

Officiers, sous-officiers et soldats,

Il y a deux mois le gouvernement de la République vous appelait de France et vous réunissait aux vieilles troupes d'Algérie pour venger les insultes faites à notre frontière.

Aujourd'hui votre tâche est terminée et vous allez regagner vos garnisons.

Sans guides, sans cartes, avec un temps constamment mauvais, dans un pays inconnu de tous, coupé de ravins et couvert de bois inextricables, vous n'avez pu vous avancer que la pioche à la main, en construisant chaque jour les sentiers que vous deviez suivre le lendemain.

Entraînés par l'exemple de votre brillant général, chaque fois que l'ennemi a osé vous attendre, vous l'avez abordé avec la vaillance de soldats éprouvés.

Maintenant tout le pays est rentré dans l'ordre,

La France doit à votre bravoure, à votre esprit de discipline, à l'expérience et à l'énergie de vos officiers, à votre abnégation, un résultat si rapide et obtenu au prix de si peu de sang versé; elle le doit aussi au concours actif de toutes les armes et de tous les services.

Emportez dans vos garnisons, avec la noble fierté de l'expérience acquise et du devoir accompli, l'assurance de la gratitude de la République et la confiance la plus ferme dans l'avenir de l'armée.

<small>Au quartier général, à Hamil-el-Slema, le 13 juin 1881.</small>

Le général de division,
DELEBECQUE.

N° XXXI

Ordre général n° 22.

Officiers, sous-officiers et soldats du corps expéditionnaire de Tunisie,

Nous sommes arrivés au terme de nos plus difficiles opérations.

Au moment où les brigades et les corps vont se séparer, je tiens à vous féliciter de l'esprit de discipline qui vous a toujours animés, du dévouement et de l'entrain que vous avez montrés au milieu des plus dures fatigues, et de l'énergie avec laquelle vous avez, en toutes circonstances, abordé l'ennemi.

Sous la conduite de chefs dont je ne saurais trop reconnaître l'habileté et la constante sollicitude, vous avez rivalisé d'ardeur et répondu au chaleureux et patriotique appel que le ministre de la guerre vous adressait au début de l'expédition.

Partez donc avec la satisfaction d'avoir dignement rempli votre tâche et avec la conviction d'avoir soutenu vaillamment l'honneur des jeunes drapeaux que vous avez reçus du gouvernement de la République.

<small>Au camp de Béja, le 16 juin 1881.</small>

Le général commandant le corps expéditionnaire,
FORGEMOL.

N° XXXII

CORPS EXPÉDITIONNAIRE
DE TUNISIE.

Colonne Delebecque

Ordre général n° 16 adressé aux troupes de la brigade Cailliot.

Officiers, sous-officiers et soldats,

Le gouvernement de la République vous a fait venir des trois provinces de l'Algérie pour venger les insultes faites à notre frontière.

Sans cartes, sans guides, dans une région inconnue et plus difficile que toutes celles parcourues jusqu'alors par les plus vieux d'entre vous, dans des circonstances atmosphériques épouvantables et sans précédent en Afrique, vous avez marché, la pioche à la main, avec la vaillance des anciens zouaves et tirailleurs dont vous perpétuez la tradition.

Sous l'habile direction d'un chef qui a longtemps servi dans vos rangs, avec le concours empressé de toutes les armes et de tous les services, vous avez culbuté l'ennemi partout où il a osé vous attendre.

Et maintenant, le pays étant rentré dans l'ordre, vous commencez à regagner vos provinces, prêts à donner à la France et à la la plus belle de ses colonies de nouvelles preuves de votre discipline, de votre courage et de votre abnégation.

Partez avec l'orgueil du devoir accompli, et avec l'ambition de courir à de nouveaux combats si la République, dont la gratitude vous est acquise, fait encore appel à votre dévouement.

Au camp de Hamil-el-Slema, le 16 juin 1881.

Le général de division,
DELEBECQUE.

No XXXIII

CORPS EXPÉDITIONNAIRE.

Quartier général.

Ordre général n° 25.

Le général en chef porte à la connaissance des troupes du corps expéditionnaire la dépêche suivante de M. le Ministre de la guerre :

« Au moment où les troupes du corps expéditionnaire de la frontière de Tunisie cessent leurs opérations, je suis heureux de reconnaître les services qu'elles ont rendus, de leur témoigner toute ma satisfaction et de les féliciter sur les résultats obtenus. Elles ont justifié pleinement la confiance que le pays avait en elles et que M. le Président de la République leur exprimait solennellement, il y a moins d'une année, en remettant leurs drapeaux à tous les corps de l'armée. Dans tous les rangs on a rivalisé de patriotisme et d'ardeur pendant cette laborieuse campagne; les soldats ont supporté avec courage les épreuves les plus dures, dans une contrée inextricable, sous un climat pénible et au milieu d'incessantes intempéries. Leurs efforts surtout ont surmonté tous les obstacles. C'est avec joie que je les en félicite; mais je ne dois pas moins féliciter leurs chefs, les officiers de tous grades, les fonctionnaires de tout ordre, dont le zèle, l'intelligence, l'ardeur et l'habileté ont su tirer un si bon parti de nos jeunes troupes. Leurs soins incessants et leur paternelle vigilance ont maintenu un état de santé véritablement surprenant, eu égard aux difficultés et aux circonstances que présentaient les opérations.

» J'adresse aussi des félicitations toutes spéciales au général Forgemol dont le commandement supérieur a été exercé avec une rare sagesse ; au général Delebecque, qui commandait la colonne principale d'opérations; au général Logerot, qui a su donner une énergique impulsion à ses troupes; au général Bréart, qui a si dignement représenté notre pays dans des circonstances difficiles, ainsi qu'aux généraux et chefs de corps sous leurs ordres.

» Ces services ne seront pas oubliés ; la reconnaissance de la République est acquise à tous ceux qui ont pris part à cette campagne. »

Au camp de Souk-el-Arba, le 24 juin 1881.

Le général commandant le corps expéditionnaire,
FORGEMOL.

N° XXXIV

Etat, au 1ᵉʳ juillet 1881, des troupes restant en Tunisie, après le premier rapatriement.

INFANTERIE (15 bataillons).

Un bataillon du 96ᵉ......	provᵗ de la brig.	Vincendon, à Ghardimaou.
Le 29ᵉ bat. de chass. à pied.	—	Galland, à Aïn-Draham.
Un bataillon du 18ᵉ......	—	Galland, à Aïn-Draham.
— 22ᵉ......	—	Galland, à Aïn-Draham.
— 57ᵉ......	—	Galland, à Béja.
— 83ᵉ......	—	Logerot, au Kef { 3 comp. au Kef, 1 à Sidi-Youcef.
Le 27ᵉ bat. de chass. à pied.	—	de Brem.
Un bataillon du 122ᵉ......	—	de Brem, au Kef.
— 142ᵉ......	—	de Brem.
— 88ᵉ......	avant à Tabarka, à Fernana.	
— 143ᵉ...............	à Tabarka.	
Le 30ᵉ bat. de chass. à pied. provᵗ de la brig. Bréart, à Mateur.		
Un bataillon du 20ᵉ......	—	Bréart.
— 38ᵉ......	—	Bréart, à Bizerte.
— 92ᵉ......	—	Bréart, à la Manouba.

CAVALERIE (7 escadrons).

Trois escadrons du 13ᵉ chass. à cheval { 1 escadron au Kef (le 2ᵉ). / 1 — à Fernana (le 4ᵉ). / 1 — à Ghardimaou (le 3ᵉ).
Trois escadrons du 11ᵉ hussards.
L'escadron mixte fourni par le 3ᵉ spahis.

GÉNIE (3 compagnies).

Compagnies 12/2, 18/2 et 16/3.

ARTILLERIE (6 batteries 1/3.)

10ᵉ bat. du	9ᵐᵉ rég...............	80ᵐᵐ de camp., à la Manouba.		
8ᵉ —	12ᵉ — (1 sect. seulᵗ)..	80ᵐᵐ de mont., à Tabarka.		
9ᵉ —	13ᵉ —	80ᵐᵐ —	{ 1 sect., Kef. / 1 — Ghardimaou. / 1 — Fernana.	
10ᵉ —	13ᵉ —	80ᵐᵐ —	{ 1 sect., La Manouba. / 1 — Mateur. / 1 — Béja.	
13ᵉ —	16ᵉ —	80ᵐᵐ —	, à Aïn-Draham.	
1ʳᵉ —	19ᵉ — batterie à pied,	servant du 90, à Bizerte et à Tabarka.		
2ᵉ —	38ᵉ —	90ᵐᵐ de camp., au Kef.		

N° XXXV

Insurrection de Sfax.

Dès les débuts des opérations de Khoumirie, la population de Sfax et des environs avait été en proie à une vive agitation.

A cette époque, les caïdats des Metellit et de Sfax étaient réunis entre les mains de Hassouna Djellouli, homme déjà âgé, et gouverneur depuis de longues années.

Dans les premiers jours de juin, Ali ben Khalifa[1] (tête du mouvement insurrectionnel), arriva avec les Neffet au marabout de Sidi-el-Ouaïchi et de nombreuses députations accoururent le saluer.

Hassouna Djellouli, voyant cette affluence et craignant des désordres, demanda au gouvernement tunisien l'appui d'un détachement de soldats réguliers. Ce détachement fut envoyé; mais, menacé par la foule irritée, il ne put occuper la kasbah et les bastions de la ville; il dut se rembarquer sans avoir rempli sa mission et retourner à son point de départ.

---

1. Ali ben Khalifa, le vieux caïd des Neffet, avait affirmé, dès le début, son intention de se mettre à la tête du mouvement insurrectionnel; il se faisait remarquer par son activité.

Il avait envoyé un de ses fils en Tripolitaine, soi-disant pour demander des secours à l'empire ottoman et il affirmait hautement que cinq armées turques avaient débarqué à Tripoli et allaient incessamment se mettre en route pour venir au secours de la Tunisie.

Il serait difficile de préciser le mobile qui avait poussé Ali ben Khalifa à se lancer dans le parti de la protestation. Etait-ce l'ambition, le mécontentement ou les convictions politiques et religieuses? Redoutait-il de perdre, par le fait de notre protectorat, la considération et l'influence dont il jouissait dans le pays, ou bien rêvait-il, peut-être, de substituer son autorité à celle du bey et de se créer une puissance avec laquelle nous consentirions à traiter? Il y avait certainement un peu de tout cela dans les motifs qui le faisaient agir. Ajoutons que depuis quelque temps il voyait son crédit diminuer à la cour du Bardo et qu'il désirait vivement ressaisir la haute situation qu'il avait occupée jusqu'alors dans la Régence.

Son fils Rached, ardent et fanatique, aux passions vives et d'une ambition sans bornes, entraîné par son caractère vers les émotions et les aventures de la vie guerrière, avait une grande influence sur l'esprit, déjà affaibli par l'âge, de son père Ali ben Khalifa.

Au même moment, les Metellit[1] refusaient d'obéir à Hassouna Djellouli.

Sur ces entrefaites, le consul de France d'une part et les officiers de la canonnière *le Chacal* mouillée en rade de Sfax, furent l'objet de violences et d'insultes de la part des indigènes ameutés qui dirigèrent même des coups de feu sur les marins venus au secours de notre représentant et de leurs chefs.

Le surlendemain et les jours suivants, des bâtiments de l'escadre vinrent renforcer le *Chacal*. La population européenne, menacée par les insurgés, dut se réfugier à bord de nos vaisseaux.

Un comité de défense s'organisa dans la ville sous la présidence du cheik El Hadj Mohamed Kamoun (la direction des travaux était confiée à l'amin des maçons, Mohamed ben Zid; le commandement de l'artillerie à Mohamed Mahtoug).

Des contingents des Souassi, des Oulad-Iddir et des Zlass arrivèrent, répondant à l'appel d'Ali ben Khalifa.

Les Souassi (cent cavaliers) s'en retournèrent bientôt chez eux. Les Oulad-Iddir séjournèrent quelques jours dans la ville; ils y commirent tant de désordres qu'Ali ben Khalifa les renvoya honteusement[2].

Cette intervention accrut encore l'influence d'Ali ben Khalifa sur la population de Sfax.

Dès lors il imposa complètement son autorité à la ville et saisit la direction générale des affaires.

---

1. Ils voulaient un autre caïd de leur choix. Celui qu'ils voulaient c'était Mohammed Djellouli récemment nommé gouverneur du Kef et de l'Ounifa, en remplacement de Rechid (celui qui avait livré la place au général Logerot). Cette préférence mérite d'être remarquée et se passe de commentaires.

Le Bardo avait été informé des événements survenus à Sfax. Espérant donner satisfaction, dans une certaine mesure, aux exigences des Metellit, il leur envoya comme caïd Saddok ben Abd el Ouahab bach amba. Ce personnage ne put que se présenter devant la ville; l'attitude de ses administrés lui parut si peu rassurante qu'il jugea prudent de retourner immédiatement à Tunis.

2. Ils allèrent rejoindre, sous la conduite d'Ali ben Amara et d'Ali, fils de leur caïd El Hadj Hassein ben Messaï, les Oulad Sendassen et les Oulad Khalifa des Zlass à Sidi-Amor-bou-Hadjeba.

Hassouna Djellouli était, par ce fait, mis à l'écart. Comme il évitait prudemment de faire parler de lui, personne ne songeait à l'inquiéter. Mais tout à coup le bruit se répandit qu'il favorisait les étrangers et leur confiait les secrets de la défense. Aussitôt la foule se porte devant sa maison et le menace de mort; il n'eut que le temps de se réfugier dans l'asile de la zaouïa de Sidi-el-Karraï, d'où il put gagner clandestinement un des bâtiments de la flotte.

Le départ du gouverneur de Sfax fut le signal du pillage du quartier européen, auquel se livrèrent, avec une égale ardeur, les habitants de la ville et les Metellit accourus du dehors.

Le 13 juillet, Mohamed el Baccouch, gouverneur de Sousse, envoya aux notables une lettre pour les inviter à respecter les volontés du bey et à ne pas prendre part à la révolte.

Les notables se réunirent chez le cadi. La majeure partie désirait vivement la paix; mais la minorité turbulente fit prévaloir son avis et réussit, par ses menaces et ses violences, à intimider les instigateurs du mouvement de réaction.

Pendant que l'on commentait, dans le plus grand tumulte, les termes de la lettre du gouverneur du Sahel, arrivent deux cavaliers Neffet, qui, sans plus de cérémonie, arrachent ce document des mains du cadi qui venait d'en donner lecture et vont le porter à Ali ben Khalifa.

Dès le lendemain, Ali ben Khalifa fait venir les notables à son camp, leur reproche amèrement leur faiblesse et leur déclare que, dans ces conditions, il va se rendre à Gabès où il a des biens et des propriétés à défendre; tant pis pour eux si, après son départ, les Métellit et les autres tribus mettent leur ville au pillage. Il donne, devant eux, l'ordre du départ et de la marche sur la route de Si-el-Aguerba et les congédie.

Les Neffet lèvent immédiatement le camp et commencent leur mouvement de retraite; mais dans la soirée les notables de la ville vinrent supplier Ali ben Khalifa de ne pas les abandonner, lui promettant de se défendre jusqu'à la dernière extrémité.

Le chef insurgé consentit à arrêter la marche rétrograde de sa tribu.

Peu de temps après, le bombardement régulier de la place commença. Les habitants de Sfax résistèrent d'abord avec vigueur; la nuit, ils réparaient les dégâts causés à leurs murs pendant le jour et remettaient en batterie les canons démontés. Le commandant de l'escadre française mit fin à ces travaux en faisant continuer le tir à l'aide de la lumière électrique.

Le 16 juillet[1], au matin, la majeure partie des insurgés, effrayés par le redoublement de la canonnade et par les préparatifs de débarquement, s'enfuit dans les jardins; quelques groupes de fanatiques seuls restèrent dans l'intérieur de l'enceinte pour faire face à notre attaque. Abrités derrière les débris de leurs murailles ou derrière des retranchements improvisés, ils soutinrent courageusement la lutte, jusqu'à la dernière extrémité, malgré de fortes pertes.

Les Neffet et les autres nomades s'étaient chargés de la défense extérieure. Ils combattirent d'abord sur le rivage; mais bientôt, chassés par le feu de l'artillerie, ils prirent la fuite pour se réfugier dans les jardins. Presque aussitôt Ali ben Khalifa donna le signal de la retraite.

Laissant son frère El Hadj Salah ben Khalifa[2] repartir pour Chenini, il alla reporter son camp dans la vallée de l'oued-Chaffar, au lieu dit Marouga, à 60 kilomètres à l'ouest de Sfax; plus tard il devait aller s'établir avec ses fils et ses neveux à Oglat-el-Foumi, dans la vallée de l'oued-Rann.

Les combattants de Sfax qui échappèrent au désastre allèrent, pour la plupart, se joindre à Ali ben Khalifa; quelques-

---

1. Voir annexe n° XXXVI.
2. En quittant son frère, El Hadj Salah ben Khalifa se rendit à Gabès avec Mohamed el Midassi, le khalifa des Hazem, Belkassem ben Said et Mohamed ben Cherfeddine. Il était suivi de quelques cavaliers des Hazem et des Beni-Zid qui, vers la fin du mois de juin, était venus au marabout de Sidi-el-Ouaïchi mettre leurs services à la disposition du caïd des Neffet.

166   L'EXPÉDITION MILITAIRE

uns partirent immédiatement pour la Tripolitaine¹, d'autres, enfin, restèrent cachés dans les jardins.

Le groupe qui se disposait à suivre la fortune du vieux caïd des Neffet était composé des Aguerba et de plusieurs fractions des Metellit, qui devaient se réunir à lui, quelques jours après, à Marouga ou, dans la suite, sur l'oued-Rann.

Aussitôt maîtresse de la ville, l'autorité française entra en pourparlers avec la population réfugiée dans les jardins et, avec l'aide d'Hassouna Djellouli, elle parvint à les décider, en grande partie, à rentrer chez elle et à reprendre ses travaux habituels. Un certain nombre de douars revinrent de Marouga faire leur soumission.

Les Metellit et les Aguerba dissidents devaient encore tenir la campagne, jusqu'au mois de novembre, partie aux abords de Kairouan, partie entre Sfax et Gabès.

On les retrouvera dans la suite menaçant, avec les bandes de Ksour es Sef, les villages du Sahel et combattant les troupes de la 7ᵉ brigade à Kalaa-Sghira et à Msaken, et semant la terreur dans toute la contrée avoisinant la ville de Sfax.

Nº XXXVI

Bombardement et prise de Sfax ².

Sfax a la forme d'un carré un peu allongé dans la campagne; la ville arabe est entourée de fortifications en maçonnerie composées de bastions carrés et de courtines, les bastions très rapprochés les uns des autres et d'une hauteur de 15 à 18 mètres, crénelés pour la mousqueterie et couronnés de larges créneaux.

---

1. Voir annexe nº LXIII. 1, page 342.
2. Extrait du rapport adressé, le 17 juillet, par le colonel Jamais, commandant le corps expéditionnaire de Sfax, au ministre de la guerre.

Il y a, en outre, des batteries couvertes armées d'artillerie de 16 et 18 centimètres, surtout du côté de la mer.

Il n'y a que deux portes, l'une vers l'ouest, donnant sur la campagne, l'autre vers l'est communiquant avec la plage.

De ce côté se trouve, à l'angle sud-est, le fort ou kasbah; à l'angle nord-est, un bastion très puissant. La sortie sur la campagne est couverte par des ouvrages avancés; celle de la plage est masquée par le quartier européen qui s'avance vers la mer. En somme la place est très forte.

La campagne est découverte vers le sud. Vers l'ouest, les jardins et les habitations se rapprochent; au nord, ils se trouvent à 300 mètres de la plage et s'étendent au loin sur plusieurs kilomètres, le bord se rapprochant quelquefois jusqu'à moins de 200 mètres de la plage.

Cette masse de jardins, tous garnis de murs ou de haies de cactus, forme un ensemble presque inabordable; les arbres y cachent les mouvements de l'ennemi.

La plage n'est abordable que sur un très petit espace, au débarcadère ordinaire; partout elle est très vaseuse. Il n'y a d'autre point abordable qu'à 11 kilomètres au sud ou à 2 kilomètres au nord.

L'ennemi avait renforcé sa position par une redoute carrée en terre renfermant un chantier d'alfa; des ballots d'alfa encombraient les environs.

La flotte arriva au mouillage, le 14 juillet, à 10 h. 30.

A 4 heures, il y eut conseil chez le vice-amiral Garnault. On y proposa le débarquement soit à 11 kilomètres au sud, soit à 2 kilomètres au nord; dans le premier cas, il fallait faire une longue marche de flanc, dans un terrain assez découvert, mais par une température élevée, avec des soldats fatigués de la vie à bord; le deuxième projet présentait des difficultés moindres, mais le terrain était plus couvert et la ligne de marche enserrée entre les jardins et la plage.

Le colonel Jamais préférait tenter le débarquement de vive force après bombardement. Il fit accepter son projet par le vice-amiral et il fut décidé que les préparatifs seraient faits le lendemain dans tous leurs détails, que le bombardement serait entretenu avec régularité pendant ce temps et que le 16, au point du jour, le bombardement le plus intense écraserait la ville pendant que les troupes descendraient dans les embarcations et seraient remorquées vers la plage.

Le colonel Jamais, qui prenait le commandement de l'opération dès que les troupes étaient à terre, régla ainsi les dispositions de l'attaque :

L'attaque du quartier européen fut donnée aux compagnies de débarquement de la marine (1.200 hommes) ; elles devaient être appuyées par un bataillon du deuxième voyage (bataillon du 136e) ;

L'attaque de droite était donnée au bataillon du 92e (500 hommes), déjà habitué au climat[1] ; il devait être soutenu par le bataillon du 93e ;

L'attaque de gauche devait être exécutée par le bataillon du 71e, soutenu par le bataillon du 137e.

Le côté droit était certainement le plus menacé.

Pendant l'attaque, les flancs devaient être balayés par les canonnières et les canots armés.

On devait commencer à toucher terre à 6 heures du matin. Les choses suivirent d'abord leur cours ; mais les marins de débarquement gagnèrent de vitesse et débarquèrent seuls et avec entrain au quartier de la marine. Une batterie rasante, qui s'y trouvait, n'avait pas été complètement démontée ; son tir n'eut pas d'effet. Une tranchée établie à sa droite contenait une douzaine de fantassins qui firent feu sans résultat et furent tués sur place. Le quartier européen put être abordé et tourné sur la droite.

Les marins s'étendirent vers le chantier d'alfa ; mais presque aussitôt arriva le convoi de l'*Alma* portant le 92e, qui débarqua aussi à la marine et remplaça les marins à droite.

---

1. Le bataillon du 92e avait débarqué avec le général Bréart ; il venait de la Manouba.

La ville était muette ou à peu près, sauf quelques coups de fusil.

Dans la plaine, les Arabes accouraient en foule de leurs jardins, se jetant dans la redoute de l'alfa et dans quelques petites levées de terre faites sur le rivage. Les cavaliers tournoyaient.

Les canons-revolvers et ceux des canonnières tiraient vivement et ralentissaient l'ardeur de l'ennemi.

Cependant la fusillade fut vive sur ce point. Deux compagnies du 92e se jetèrent dans la redoute, en chassèrent les défenseurs, pendant que des marins y arrivaient par le bord de la mer, et poursuivirent l'ennemi vers les jardins. Là, elles trouvèrent une résistance sérieuse et firent des pertes assez sensibles (2 officiers, 1 adjudant, 25 caporaux et soldats blessés). Ces compagnies durent se replier sur la ligne de la redoute à la plage; elles firent ce mouvement avec le plus grand calme.

Une compagnie du 93e vint renforcer le 92e.

Pendant ce temps, le gros convoi avait pu atterrir. Les marins avaient occupé le quartier européen et avec la torpille faisaient sauter la porte de l'enceinte : des coups de fusil partaient d'une maison sur la gauche; ils y firent plusieurs pertes.

Les deux portes successives étant brisées, les fusiliers marins se dirigèrent sur la kasbah. Le 93e arrivant enfin, le colonel Jamais le fit entrer dans la ville arabe. Conduit par le lieutenant-colonel Dubuche, ce bataillon devait gagner, le plus vite possible, par le chemin de droite, le bout de la ville; il fut renforcé dans ce mouvement par deux compagnies du 71e, suivies plus tard des deux autres.

Deux compagnies de marins, avec trois batteries de 65, étaient à gauche.

Le débarquement continuant avec assez de lenteur, le colonel Jamais dut diriger les groupes à mesure qu'ils étaient formés. C'est ainsi qu'il fit passer le 136e près de la kasbah pour renforcer les fusiliers marins puis envoya à l'alfa deux des trois batteries de 65 qui n'étaient pas nécessaires à gauche.

Cependant, en ville, les marins gagnaient la kasbah; le lieutenant-colonel Dubuche faisait le tour des remparts à droite.

A l'alfa, les Arabes disparaissaient, puis revenaient; les cavaliers tournoyaient en tiraillant. Nous y faisions quelques pertes et nos munitions commençaient à s'épuiser. Le colonel Jamais en fit envoyer de la marine et demanda au capitaine de vaisseau de Marquessac, commandant au débarquement, de faire passer au nord des canonnières et des canots armés de canons-revolvers pour flanquer de leurs feux la droite de la ligne d'attaque.

Leur effet ne se fit pas attendre : les Arabes, déjà fatigués de leurs pertes antérieures, rentrèrent dans les oliviers et n'en sortirent plus ensuite qu'en petit nombre.

Le combat était en réalité terminé; il était environ 11 heures. En ville, les marins avaient aussi continué leur marche vers l'ouest et s'étaient rencontrés avec les compagnies d'infanterie. On sillonnait les rues. A la mosquée, il y eut des coups de fusil et des blessés.

Le drapeau français flottait à la kasbah à 10 heures; à 11 heures il était planté à la porte de la campagne.

A la porte de la plage, il fallut faire avancer un canon de 65 pour mettre le feu à la maison d'où l'ennemi nous avait blessé et tué des marins.

Le 137e ayant pu débarquer un deuxième convoi à midi, le colonel Jamais lui fit relever le 92e. Les fusiliers marins rentrèrent à bord et les bataillons prirent leurs positions d'occupation et de défense.

Le 92e, rentré dans Sfax, occupa la moitié est de la ville, dont le 93e occupait la moitié ouest; le 137e s'installa dans la redoute de l'alfa; le 136e prit position au pied de la kasbah, en dehors et le 71e dans le quartier européen, prêts à se porter où il serait nécessaire.

Puis on continua à fouiller les maisons. Les Arabes qui s'y

défendaient encore furent exécutés ; à la mosquée il fallut employer la torpille, une douzaine d'Arabes y furent écrasés. Nos pertes dans la journée du 16 furent de dix tués (dont sept marins) et vingt-cinq blessés (le lendemain un fantassin fut encore tué en fouillant une maison).

On trouva sur place 43 pièces de 16 et 18 centimètres, puis 19 de calibres très variés 12, 4, etc ; des boulets de tous les modèles, 2.200 kilogrammes de poudre à la kasbah et beaucoup de munitions de fusils de guerre de précision portant sur l'enveloppe des paquets l'indication de leur origine, suisse, américaine, anglaise, italienne, Venise [1].

Un bataillon du 77e et des détachements de renfort arrivèrent en rade de Sfax, le 17 juillet dans l'après-midi.

N° XXXVII

La prise et l'occupation de Sfax.

A la suite du rapport officiel du colonel Jamais, il ne sera pas inutile de consulter le résumé des « Rapports hebdomadaires » des opérations des troupes depuis le jour de l'occupation de la ville de Sfax.

Ce document (dont l'établissement fut prescrit par l'instruction n° 19, en date du 31 juillet 1881, du général de division) a pu être rédigé posément, d'après les comptes rendus des troupes.

---

[1]. La circulaire par laquelle le gouvernement tunisien fit part à ses agents et à la population musulmane de l'entrée des troupes françaises à Sfax, constitue un document curieux à citer à cause des réticences qu'il renferme, de sa tournure oblique et des biais employés pour fausser l'opinion que les indigènes doivent avoir touchant la nature des relations existant entre les deux gouvernements.
En voici la copie :
« Vous informons que les troupes françaises qui étaient allées à Sfax contre les rebelles sont entrées et ont occupé avec la force nécessaire la susdite ville de Sfax, afin qu'on ait à reconnaître l'autorité de notre souverain comme par le passé, de sorte qu'il ne reste plus aux rebelles aucun espoir de révolte. »

En ce qui concerne la prise de Sfax, il ne concorde pas pour les détails avec le rapport du colonel Jamais.

Ce dernier, fort long d'ailleurs et écrit entièrement par le général, ayant été fait très rapidement (puisqu'il fut adressé au ministre de la guerre le 17 juillet) et probablement avant que le colonel eût eu connaissance de tous les mouvements *réellement* exécutés, il semble préférable de s'en rapporter, pour les *faits*, aux « Rapports hebdomadaires » dont suit un résumé :

Résumés des « Rapports hebdomadaires » des opérations des troupes depuis le jour de l'occupation de la ville de Sfax.

16 *juillet*. — Le 14, au conseil de guerre tenu à bord du *Colbert*, le débarquement avait été préparé de la manière suivante :

Les compagnies de débarquement de la marine, formant un corps spécial, devaient débarquer à la marine. Le bataillon du 92ᵉ devait, en même temps, profiter d'un chenal plus au nord, débarquer en face de l'établissement de l'alfa, s'en emparer et poursuivre son action sur les huileries qui lui font face. Le 93ᵉ venant en deuxième ligne, devait débarquer aussitôt que possible, appuyer l'action du 92ᵉ et tenter l'escalade de la brèche visible au front nord-est. Le 71ᵉ, débarquant derrière les marins, devait filer au sud et dégager les abords extérieurs de ce côté ; il avait pour objectifs des huileries très visibles de loin. Enfin le 136ᵉ et le 137ᵉ formant un troisième convoi, devaient former réserve et se porter où besoin serait.

L'influence de la marée, les bas-fonds de la plage, l'insuffisance des moyens de remorque ne permirent pas d'exécuter ce plan.

La marine, débarquée la première, occupa la ville européenne et tâta la ville arabe complètement fermée.

Le 92ᵉ débarqua vingt minutes après, se jeta sur l'enceinte palissadée de l'alfa, s'en empara, escalada fort difficilement, avec quelques hommes, la brèche indiquée et prolongea son mouvement assez en avant dans la direction des jardins.

Le 93ᵉ, constituant le premier convoi de l'*Intrépide*, débarqua une demi-heure après avec le colonel et le lieutenant-colonel. Le colonel se rendit compte des mouvements opérés. Les marins avaient fait sauter les portes de la ville arabe et se dirigeaient sur la kasbah. Il ordonna au lieutenant-colonel de pénétrer dans la ville par le front opposé à la kasbah et de chercher à gagner l'extrémité opposée, vers la porte dite « des champs ».

Le 136ᵉ, débarquant en même temps que le 93ᵉ, reçut l'ordre de se porter à l'extérieur, vers le front sud-ouest, et de dégager les abords.

Ces mouvements s'exécutèrent promptement; la marche dans l'intérieur fut lente et pénible, plus par la difficulté des voies d'accès, des éboulements, que par le feu des maisons encore occupées. Sur ces entrefaites, le 71ᵉ avait débarqué et était dirigé sur la ville, entre les marins de la kasbah et le 93ᵉ. La ville fut parcourue dans tous les sens pendant trois ou quatre heures malgré de nombreux coups de feu sans effet.

Le 137ᵉ débarqua beaucoup trop tard pour prendre part à l'action.

La ville occupée, les centres sérieux de résistance étaient rompus.

Le colonel Jamais répartit les troupes, vers 2 heures de l'après-midi, dans les positions suivantes :

Les marins se retirèrent et le 92ᵉ occupa, avec deux compagnies, la kasbah et ses abords; avec deux compagnies le bastion blanc et ses abords; le 93ᵉ occupa tout l'intervalle entre ces deux postes, vers la porte des champs; le 71ᵉ fut cantonné dans la ville européenne; le 136ᵉ dans la partie ouest de ce quartier avec une compagnie de grand'garde sur la face de la kasbah, en avant de laquelle elle commença une tranchée-abri et une compagnie en soutien gardant la porte de l'ouest; le 137ᵉ occupa l'enceinte palissadée de l'alfa, prolongée jusqu'au rempart par des balles de cette plante.

La nuit se passa sans incidents bien notables; il y eut quelques coups de feu et beaucoup de bruit à l'extérieur, surtout du côté nord-est; de nombreux coups de feu également dans la ville arabe, ce qui tint les troupes en alerte une partie de la nuit.

Le service de sûreté avait été aussitôt organisé partout.

Résumé très sommaire des événements postérieurs au 16 juillet.

17 *juillet*. — Les bataillons s'organisent dans leurs cantonnements. Arrivée en rade d'un bataillon du 77ᵉ et de détachements de renfort.

18 *juillet*. — Débarquement du bataillon du 77ᵉ et des détachements d'autres corps destinés à compléter les bataillons à 500 hommes. Le bataillon du 77ᵉ est installé dans la grande mosquée de la ville arabe. Construction d'un retranchement en avant de la compagnie de grand'garde du 136ᵉ, à l'ouest de la kasbah.

25 *juillet*. — Le colonel Jamais, commandant le corps expéditionnaire de Sfax, remet le commandement des troupes au lieutenant-colonel Dubuche, du 83ᵉ, et s'embarque pour Gabès [1].

26 *juillet*. — Le bataillon du 93ᵉ quitte ses cantonnements de la ville arabe pour aller camper dans la redoute de l'alfa.

---

1. Le colonel Jamais embarqué sur *la Pique*, débarque à Houmt-Souk le 28

27 juillet. — Les bataillons du 71ᵉ et du 137ᵉ quittent Sfax pour s'embarquer à bord de l'*Intrépide*[1], à destination de Gabès et de Djerba.

Le bataillon du 77ᵉ quitte ses cantonnements de la ville arabe pour aller camper sur la place des Consulats, dans le quartier européen.

28 juillet. — Le gouverneur tunisien de la ville de Sfax, Si Hassouna Djellouli, réfugié à bord de l'*Alma*, descend à terre et reprend possession de son poste; il avait attendu, sur le bâtiment français, de pouvoir rentrer chez lui en toute sûreté.

Arrivée en rade de Sfax du général Logerot, commandant la division d'occupation.

29-30 juillet. — Le général Logerot visite la ville. Avant de s'embarquer pour Gabès, le général de division décide la réunion en un régiment de marche portant le nᵒ 1 et placé sous les ordres du lieutenant-colonel Dubuche des bataillons du 77ᵉ, 93ᵉ et 136ᵉ.

3 août. — Débarquement à Sfax d'une demi-compagnie du génie; l'autre moitié de la compagnie poursuit sa route sur Gabès et Djerba.

5 août. — Le général Logerot (arrivé à Sfax revenant de Gabès) visite l'ambulance et le fondouk du quartier européen destiné à servir de magasin de subsistances.

11 août. — Le bataillon du 92ᵉ s'embarque pour La Goulette.

Le bataillon du 136ᵉ quitte la ville européenne pour occuper, dans la ville arabe, les cantonnements laissés par le 92ᵉ. Le 77ᵉ élargit ses cantonnements dans le quartier européen.

21 août. — Le colonel Jamais rentre de Gabès.

3 septembre. — Le bataillon du 93ᵉ s'embarque à destination de La Goulette (il part le 4 septembre); deux compagnies du 77ᵉ quittent la ville européenne pour aller occuper le camp de l'alfa laissé vacant par le départ du bataillon du 93ᵉ.

9 septembre. — Le bataillon du 136ᵉ, dont l'état sanitaire laisse un peu à désirer, élargit ses cantonnements en installant une partie de ses hommes sur les bordjs des remparts de la ville arabe.

15 septembre. — Le colonel Jamais se rembarque pour Gabès.

Des reconnaissances, fortes, le plus souvent, de quatre compagnies et d'une section d'artillerie, partent de la place presque journellement depuis l'occupation de Sfax et opèrent dans les environs

---

juillet, en même temps que le bataillon du 78ᵉ, venu sur l'*Algésiras* et qui, avec le bataillon du 71ᵉ, formera le groupe commandé par le lieutenant-colonel Bernet, chargé de l'occupation de l'île Djerba.

[1]. L'*Intrépide* arrive le 29 juillet en rade de Gabès, y débarque le 137ᵉ (une compagnie le 29 au soir, trois compagnies le 30 au matin), puis file sur Djerba où il débarque, le 31 juillet, le bataillon du 71ᵉ.

N° XXXVIII

Organisation de la province de l'Aarad, en 1881.

1° Oasis de Gabès (Djara, Menzel, Nahal, Es-Souaïdia de Sidi-bou-el-Baba, Chenini, Bou-Chemma, Methouïa, Oudref, Grennouch, Teboulbou, Zarat);
2° El-Hamerna, possédant les oasis de Mareth, Ketena, Zrigue el Berrania, Aram, El-Medouc, El-Ghendri, El-Mnara;
3° El-Aleya;
4° Oulad-Mansour;
5° El-Hazem. Les Hazem possèdent Zrigue-el-Daklania et Meterech;
6° El-Gheraïria, possédant les oasis de Sidi-Salem et Gheraïri;
7° Benid-Zid et El-Hamma;
8° Matmata (El-Achach, Taoudjout, Guelaat-beni-Aïssa, Tamezeght, Oulad-Sliman, Beni-Zelten, El-Braouka, Zmerten, Zraoua, etc.).

9° Confédération des Ouarghamma.
- 1° Khezour : Hararza, Rebeten noirs, Rebeten blancs, Oulad-Aoun-Allah, Rebaïa, Mestoura, Haouaïa;
- 2° Accara;
- 3° Oulad-Medenin;
- 4° Temera;
- 5° Touazine : Oulad-Bou-Zid; Oulad-M'hamed { Oulad-Hamed; Oulad-Khalifa;
- 6° Ouderna nomades;
- 7° Djelidat;
- 8° Ouarghamma du djebel : Ghoumerassen, Beni-Barka, Guettoufa, Beni-Khezer, Cedra, Chenenni, Douiret.

N° XXXIX

Insurrection de l'Aarad.

1re Partie.

Jusqu'au traité de Kassar-Saïd aucun désordre ne s'était produit dans l'Aarad.

Mais la nouvelle de l'établissement de notre protectorat[1], coïncidant avec un redoublement d'activité dans la propagande d'Ali ben Khalifa, provoqua une première agitation, surtout dans les villages de Chenini et de Menzel.

Ce surcroît d'effervescence était tout naturel à Chenini, où le caïd des Neffet était représenté par son frère El Hadj Salah ben Khalifa[2] et où il possédait lui-même une maison et d'importantes propriétés et s'expliquait, à Menzel, par les nombreux rapports d'amitié qui liaient les deux villages.

Un événement, insignifiant en lui-même, vint aggraver la situation et augmenta le mécontentement général.

Un habitant de Menzel ayant fait débarquer, à Gabès, deux caisses d'apparence suspecte, notre agent consulaire, M. Sicard, qui était en même temps représentant de l'administration des revenus concédés, exigea qu'elles fussent ouvertes malgré la déclaration faite par l'expéditeur sous la rubrique « marchandises diverses ».

On y découvrit cinquante fusils qui furent saisis, conformément aux prescriptions d'un décret récemment édicté par le bey et interdisant dans la Régence le commerce des armes et des munitions de guerre.

---

1. Personne, en Tunisie, hormis, bien entendu, les classes élevées de la société, ne pouvait se rendre compte de ce qu'était le protectorat imposé à la Régence. On ne comprenait pas qu'il fût possible d'obéir à deux gouvernements dont les intérêts étaient évidemment opposés.

« Il y aura donc deux autorités, disait un indigène à un de nos officiers, quelque temps après la signature du traité; nous devons continuer à obéir au bey, tout en vous obéissant; comment cela pourra-t-il se faire ? Une femme ne saurait être à deux maris. »

Ces paroles étaient bien l'expression des sentiments qui animaient la foule.

2. Voir la note 2 de l'annexe n° XXXV, page 165.

La mesure, dont M. Sicard avait pris l'initiative, causa chez les Beni-Zid et les Hazem aussi bien qu'à Menzel et à Chenini, une très vive irritation qui se traduisit par des menaces de mort à l'adresse de notre agent consulaire et des rares Européens établis dans la région.

Tous les villages de l'Aarad, à l'exception du seul village de Djara, résolurent de prendre les armes.

Cette abstention de Djara était due à El Hadj Ahmed ben Djerad, oukil des habbous à Djara, vieillard de 80 ans, qui persista jusqu'au bout, malgré les menaces de ses ennemis et les malheurs qui vinrent le frapper, dans la voie qu'il s'était tracée.

Il avait compris que toute immixtion dans les affaires de la Régence devait nécessairement mettre un terme aux abus qui écrasaient son pays et il désirait pour les siens la civilisation, la paix et la prospérité.

Ali ben Khalifa qui, quelques semaines avant, campait auprès de Chenini, sur la lisière de l'oasis, avait remarqué la tiédeur des sentiments qui animaient les habitants de Djara. Il avait fait appeler El Hadj Ahmed ben Djerad; celui-ci avait refusé de se rendre à cet appel.

Les événements du nord avaient attiré Ali ben Khalifa vers l'oued-Rann; il avait oublié d'inquiéter l'homme qui lui avait résisté.

Les gens de Chenini et de Menzel apprirent avec colère la défection des habitants de Djara; ils leur envoyèrent M'hamed el Midassi pour tâcher de les entraîner; une dizaine de meskines ou de voyous de Djara se rallièrent seuls à sa cause.

Vers le 15 juin 1881, les Menzeli affirmaient leurs intentions séditieuses en assassinant un juif de Ksar-Moudenine qui était venu se réfugier dans leur village, et en détruisant le fil télégraphique. Le premier pas était fait.

Le lendemain, Mohammed ben Cherfeddine[1], El Hadj Salah

---

1. Mohamed ben Cherfeddine, khalifa des Beni-Zid, se décidait à entrer franche-

ben Khalifa et M'hamed el Midassi, avec quelques cavaliers des Beni-Zid, des Hamerna et des Hazem, se mettaient en marche pour rejoindre Ali ben Khalifa qui, depuis quelque temps déjà, avait quitté son camp de l'oued-Rann pour remonter vers Sfax[1].

Quelques jours après, le bach-muphti de l'Aarad, Ali el Habib ben el Hadj Habib ben Aïssa, voulut renouveler la démarche tentée par M'hamed el Midassi auprès des gens de Djara; il les invita à venir délibérer à Menzel.

El Hadj Ahmed ben Djerad, l'yous-bachi Moustapha Tourki, qui commandait le bordj de Menzel et quelques autres Djariens répondirent à son invitation.

D'autre part, les habitants de Menzel et de Chenini étaient venus en foule.

Le bach-muphti commença à déclarer qu'il avait reçu de Tripolitaine des lettres lui annonçant l'arrivée des troupes turques, puis il reprocha à El Hadj Hamed son attitude et l'adjura de faire revenir ses concitoyens sur leur décision; enfin, il somma Moustapha-Tourki de lui livrer les armes et les munitions qui se trouvaient dans le bordj de Menzel.

El Hadj Hamed dit qu'il devait consulter les Djariens et se retira; quant à Moustapha Tourki, il se contenta de répondre que son devoir était de se conformer aux ordres du bey.

Aussitôt rentré à Djara, El Hadj Hamed en convoqua les habitants qui commençaient à s'inquiéter et à hésiter. Il exposa la situation nettement, se déclara hautement contre toute idée de résistance et entraîna ainsi la masse de l'assemblée. La détermination de se soumettre à l'autorité française fut religieusement consacrée par la lecture du Fatha. Une cinquantaine de personnes, cependant, voulurent suivre les conseils des gens de Menzel. Elles quittèrent Djara avec leurs

---

ment dans l'insurrection; aux premières excitations d'Ali ben Khalifa il avait répondu, tout en lui promettant son concours, qu'il regrettait de ne pouvoir quitter son territoire menacé par les Ouarghamma et les bandits tripolitains.

1. Voir 1, annexe n° XXXV, page 162.

familles; elles devaient y revenir plus tard en fugitives et en vaincues.

Le 25 juin, la nouvelle de l'insurrection de Sfax se répand à Gabès.

Aussitôt les Beni-Zid manifestent ouvertement l'intention de massacrer les étrangers établis à Gabès.

Malgré les protestations des notables de Djara, qui promettaient de le défendre jusqu'à la dernière extrémité, notre agent consulaire jugea prudent de s'éloigner; il s'embarqua le 30 juin avec sa famille, quelques Européens et deux employés tunisiens.

Le khalifa de l'Aarad, Si Zerrouk ben Bou Ali, s'empresse de rendre les armes confisquées quelque temps auparavant et qu'il n'avait pas envoyées à Tunis, malgré les ordres du gouvernement beylical. Cet acte de Zerrouk (le représentant officiel du gouverneur de l'Aarad Si Haïder, qui était à Tunis et se gardait bien de revenir dans son commandement), fut considéré comme la reconnaissance de l'insurrection.

Dès lors ceux qui, en dehors du village de Djara, pouvaient encore pencher en notre faveur, nous abandonnèrent.

Les gens de Menzel et de Chenini, voulant se consacrer sans arrière-pensée et sans faiblesse à la lutte qu'ils sentaient prochaine, conduisirent leurs familles et transportèrent leurs biens dans le djebel-Matmata. Ils revinrent ensuite à Gabès, plus arrogants encore.

Vers le 19 juillet, El Hadj Salah ben Khalifa, M'hamed el Midassi, khalifa des Hazem et Mohamed ben Cherfeddine revinrent de Sfax[1]. Leur arrivée provoqua un redoublement d'irritation.

A force de travailler sur les événements du 16 juillet, les imaginations voient déjà les troupes françaises en marche sur Gabès; bientôt on raconte couramment qu'elles sont à Metouïa et qu'elles se portent sur Chenini.

---

1. Voir la note 2 de l'annexe XXXV, page 165.

Les Chenaoui se replient aussitôt sur Menzel qui prend les armes.

(Personne ne songe à chercher à contrôler la véracité de ces racontars.)

Le lendemain, on se porte à la rencontre des infidèles.

Les contingents de Chenini et de Menzel, renforcés par quelques Hazem sous la conduite de M'hamed el Midassi, par une centaine de cavaliers des Beni-Zid et par les Djariens rebelles, se dirigent vers Metouïa, en suivant le bord de la mer.

Chemin faisant, ils détruisent le magasin de la Compagnie transatlantique, puis, apprenant qu'ils ont été trompés par une fausse alerte, ils font demi-tour.

Le surlendemain, un navire de guerre français arrivait en rade de Gabès et débarquait un domestique indigène de notre agent consulaire, porteur d'une lettre invitant les gens de l'Aarad à faire connaître l'attitude qu'ils désiraient prendre vis-à-vis des troupes françaises; la réponse devait être rapportée dans la journée.

Réunion tumultueuse dans la maison du cadi de Menzel. Tout à coup on y voit arriver des cavaliers couverts de poussière, qui annoncent que les armées du sultan ont débarqué en Tripolitaine et sont en marche sur Gabès (c'était une comédie imaginée par Mohamed Cherfeddine). On reproche aux habitants de Djara leur faiblesse et leur défection; on les forcera à prendre part à la lutte : on menace de mort Ahmed ben Djerad. Enfin on répond au commandant du navire que les populations de l'Aarad ne se soumettront pas.

2ᵉ Partie.
Opérations.

Le 24 juillet, un dimanche, la flotte française parut dans le golfe de Gabès et, sans entamer de nouvelles négociations, commença à bombarder le bordj de Moustapha Tourki, Menzel, Sidi-Boul-Baba, et les différents villages qu'elle pouvait découvrir.

Mohamed ben Cherfeddine et Salah ben Khalifa essayèrent un instant d'attirer les feux de l'escadre sur Djara, en plaçant leurs contingents derrière les maisons de ce village; mais craignant d'être pris à revers par les partisans d'Ahmed ben Djerad, ils prirent le parti de se retirer dans Menzel.

Les fusiliers marins débarquèrent et dépassèrent rapidement le Kechla-Mta-el-Bahar inoccupé. Au moment où les éclaireurs de la colonne arrivaient près de Djara-Kébira, Ahmed ben Djerad se présenta à eux et les assura de son dévouement.

Les marins se rabattirent alors sur Menzel. L'yous-bachi Moustapha Tourki s'empressa de hisser le drapeau blanc; les marins pénétrèrent dans le bordj et, garnissant les murs, ils répondirent au feu qui partait de Menzel.

Cependant un groupe d'une trentaine d'hommes, entraînés par l'ardeur du combat, fait irruption dans le village. Parvenus à la place du marché, ils sont accueillis de toutes parts par une vive fusillade qui les arrête. Le muphti de Menzel, qui s'était précipité sur eux à cheval, tombe raide mort d'une balle en pleine poitrine. Nos marins se retirent sur le bordj.

Vers 3 heures de l'après-midi, nos troupes, qui n'avaient reçu aucune instruction pour occuper Menzel, se replient sur le camp établi au bord de la mer.

Les insurgés s'empressent d'occuper le fort; mais leur mouvement est aperçu et l'escadre leur envoie quelques coups de canon. Un des projectiles tombe sur un dépôt de munitions; une formidable explosion bouleverse de fond en comble le bordj de Menzel et ensevelit une soixantaine d'indigènes sous ses décombres.

Dès le soir, les notables de Djara se rendent auprès de l'amiral, pour affirmer de nouveau leurs bonnes dispositions à notre égard.

Le 25 juillet commence le débarquement des troupes de la guerre; elles s'installent à Kechla-Mta-el-Bahar; l'opération est terminée le 30[1].

---

[1]. Voir annexe n° XL, composition du « corps expéditionnaire » du colonel Jamais

[Le colonel Jamais après la prise de Sfax dirige l'ensemble des opérations sur la côte sud :

Le 31 juillet, le lieutenant-colonel Mille, commandant d'armes de Gabès, ordonne une reconnaissance sur Djara et Menzel.

Menzel est enlevé par nos troupes; le lieutenant-colonel en fait la reconnaissance et constate qu'il lui faudrait trop de monde pour occuper ce village d'une façon solide. Il se décide à évacuer Menzel et à faire occuper Djara [1], village ami, par un bataillon.

Mais le soir, en se repliant, nos soldats laissaient trois [2] des leurs entre les mains des insurgés. Ces trois malheureux furent brûlés vifs sur la place de Chenini en présence de M'hamed el Midassi, Salah ben Khalifa et Mohamed ben Cherfeddine, dont les contingents avaient pris part au combat.

Quelques jours auparavant, cinq juifs avaient été égorgés à Menzel.

Cependant l'enthousiasme baissait chez nos adversaires; revenus à Menzel, ils se contentaient maintenant de tirer sur tous ceux qui s'aventuraient autour de Djara; ils se maintenaient sur la défensive.

Dans les premiers jours d'août, Menzel fut le théâtre d'un nouveau crime, aussi affreux que celui qui avait été commis précédemment à Chenini.

Deux soldats, voulant se rendre à Djara, avaient fait fausse route et s'étaient dirigés sur Menzel; ils furent pris par les insurgés qui, après les avoir fait mourir avec des raffinements de cruauté inouïs, jetèrent leurs cadavres dans l'oued-Gabès qui servait à approvisionner en eau le camp français.

Le 7 août, le lieutenant-colonel Mille fait détruire les maisons des principaux chefs et la grande mosquée de Menzel.

Après avoir accompli leur œuvre, nos troupes se retirent.

1° occupation de Sfax (lieutenant-colonel Dubuche);
2° opérations à Gabès (— — Mille);
3° prise de possession de Djerba (lieutenant-colonel Bernet);]
et annexe n° XLI. Résumé des rapports hebdomadaires du commandant d'armes de Gabès.

1. L'audace des insurgés rendait intolérable la situation des habitants de Djara-Kebira.
2. Trois soldats du 14ᵉ régiment d'infanterie.

Peu de temps après les insurgés reviennent et brûlent la maison du télégraphe et les habitations des juifs.

Jusqu'alors, Si Haïder, gouverneur de l'Aarad, n'avait pas quitté Tunis. Ayant appris que nos opérations étaient en bonne voie, il s'embarque et arrive le 12 août à Gabès.

Dès le 13, il se mettait en relations avec le cadi de Menzel, Si Abd el Aziz; celui-ci, en homme pratique et voyant que la balance penchait de notre côté, répondit favorablement à ses ouvertures.

Abd el Aziz n'obtint d'abord aucun succès auprès des siens; le ramadan venait de finir et les excitations du mois sacré avaient rallumé l'ardeur générale; mais, surtout, certaines récoltes arrivées à maturité dans les jardins de l'oasis de Gabès, tentaient les voleurs et les pillards.

L'oasis de Gabès regorgeait alors d'indigènes, venus de presque tous les villages de l'Aarad, dans l'intention de piller les jardins de Djara. Quelques-uns avaient commencé leur besogne et ne voulaient pas l'abandonner; les ouvertures d'Abd el Aziz ne pouvaient donc réussir auprès d'eux.

La situation ne se modifia pas sensiblement jusqu'à la fin d'octobre. Les dissidents inquiétaient les gens de Djara et nos avant-postes, reculant devant la marche de nos troupes, revenant à leurs positions quand celles-ci retournaient à leurs quartiers [a].

Le 31 août, le lieutenant-colonel Mille conduit une forte reconnaissance vers Métrech et Zerigue; quelques coups de fusils à Ménara.

Le 17 septembre, un bataillon secondé par les gens de Djara continue la destruction de Menzel; les jours suivants l'artillerie fouille les oasis des environs pendant que le *Chacal*

---

a. Les opérations autour de Gabès présentent peu d'intérêt au point de vue militaire (elles se bornèrent, presque dès le début, à des sorties du petit corps français, s'appuyant sur un camp fortifié, contre un ennemi qui reste sur la défensive, actions qui ont surtout pour but de lui donner de l'air) et ne se liant pas aux opérations poursuivies ultérieurement par les colonnes françaises, nous avons terminé d'un coup l'étude de l'insurrection dans l'Aarad, jusqu'au moment où l'approche de la colonne Logerot sur son flanc en désorganisa la résistance.

concentre son feu sur Chenini, Bou Chemma, Menzel et l'oasis de Gabès.

Le 27 septembre, trois indigènes de Ghennouch, faits prisonniers près de Djara, sont passés par les armes.

A la suite de cette exécution et de la canonnade des jours précédents, les maraudeurs commencent à abandonner l'oasis de Gabès pour rentrer chez eux.

La nouvelle de la prise de Kairouan (26 octobre) achève de jeter le trouble dans le camp dissident.

Mohamed ben Cherfeddine et M'hamed el Midassi manifestent l'intention de se retirer sur El-Hamma, tandis que Salah ben Khalifa et le bach muphti Ali el Habib prétendent continuer la résistance sur place. Les moins compromis parlent même de soumission.

Bientôt on apprend qu'une colonne française doit partir de Kairouan pour venir donner la main aux troupes de Gabès. Aussitôt les habitants d'Oudref et de Métouïa viennent faire leur soumission.

Ceux des Djariens qui avaient suivi les conseils des gens de Menzel, regagnent clandestinement leur village; l'autorité française, afin d'encourager ces tendances, ne paraît pas s'apercevoir de leur retour.

Dès le 23 novembre, des groupes d'indigènes de différentes tribus, refoulés vers le sud par la colonne Logerot, commencent à affluer dans l'Aarad, ravageant les jardins, ruinant et détruisant ce qui avait été épargné jusqu'alors.

Le 26 novembre, la colonne française étant arrivée sur l'oued-Akarit, les chefs insurgés se décidèrent à abandonner Chenini, dont ils avaient fait leur quartier général, pour se retirer sur El-Hamma des Beni-Zid.

Le désordre était arrivé à son comble. Mohamed ben Cherfeddine et le bach muphti Ali el Habib avaient en vain essayé de le prévenir et d'empêcher les forces insurrectionnelles de se disperser. Ils avaient été débordés et ils se retiraient en toute hâte, accompagnés seulement de quelques cavaliers qu'ils avaient pu encore grouper autour d'eux.

N° XL

L'infanterie du corps expéditionnaire du colonel Jamais est forte de neuf bataillons.

Elle est ainsi répartie, le 1ᵉʳ août 1881 :

- **Un bataillon du 77ᵉ** — débarqué à Sfax le 17 juillet.
- **Un bataillon du 93ᵉ** — était présent à Sfax le 16 juillet.
- **Un bataillon du 136ᵉ** — était présent à Sfax le 16 juillet.

à SFAX. Ces trois bataillons ont formé, à la date du 31 juillet, le régiment de marche n° 1, sous les ordres du lieutenant-colonel DUBUCHE, du 83ᵉ.

- **Un bataillon du 92ᵉ** — était présent à Sfax, le 16 juillet. Ce bataillon ancien, provenant de la Manouba, reste à Sfax jusqu'au 11 août, date à laquelle il s'embarque pour la Goulette.

- **Un bataillon du 137ᵉ** —
  - était présent à Sfax, le 16 juillet. Embarqué le 27 juillet (avec le 71ᵉ) à bord de l'*Intrépide*.
  - débarqué à Gabès les 29 et 30 juillet.

- **Un bataillon du 14ᵉ** —
  - embarqué le 21 juillet à Toulon à bord de l'*Algésiras*, à destination de la Manouba, dirigé directement sur le sud par ordre du ministre de la guerre.
  - débarqué le 25 juillet à Gabès.

à GABÈS. Sous les ordres du lieutenant-colonel MILLE, du 143ᵉ, commandant d'armes de Gabès.

- **Un bataillon du 107ᵉ** —
  - embarqué le 21 juillet à Toulon à bord de l'*Algésiras*, à destination de la Manouba; dirigé directement sur le sud par ordre du ministre de la guerre.
  - débarqué le 25 juillet à Gabès.

- **Un bataillon du 78ᵉ** —
  - embarqué le 21 juillet à Toulon à bord de l'*Algésiras*, à destination de la Manouba; dirigé directement sur le sud par ordre du ministre de la guerre.
  - débarqué le 28 juillet à Houmt-Souk.

- **Un bataillon du 71ᵉ** —
  - était présent à Sfax le 16 juillet. Embarqué le 27 juillet (avec le 137ᵉ) à bord de l'*Intrépide*.
  - débarqué le 31 juillet à Houmt-Souk.

à DJERBA. Forment un régiment de marche sous les ordres du lieutenant-colonel BERNET, du 55ᵉ.

De ces neuf bataillons, huit sont des bataillons envoyés de France depuis le premier rapatriement.

Le 24 juillet, est passé devant Sfax l'*Algésiras*, parti le 21 de Toulon et ayant à bord les trois bataillons et la batterie destinés aux opérations contre Gabès et Djerba.

Le colonel Jamais s'embarque à Sfax le 25 juillet au soir, à bord de *la Pique*, pour aller installer ces troupes.

Il passe les journées des 26 et 27 à Gabès, rembarque sur l'*Algésiras*, qui, après avoir débarqué à Gabès les bataillons du 14e et du 107e et deux sections d'artillerie, continue sur Djerba avec le bataillon du 78e et une section d'artillerie.

Il débarque le 28 à Houmt-Souk.

Le 2 août, il se rembarque à Houmt-Souk, à bord du *Voltigeur*, pour Gabès.

Le 21 août, il s'embarque à Gabès, à bord du *Chacal*, pour Sfax.

Le 15 septembre, il s'embarque à Sfax, à bord de *la Vienne*, pour Gabès.

XLI

Résumés des « Rapports hebdomadaires » établis par le lieutenant-colonel commandant d'armes de Gabès (lieutenant-colonel Mille, du 143e).

OPÉRATIONS DEPUIS LE JOUR DU DÉBARQUEMENT DES TROUPES DE LA GUERRE

25 juillet 1881. — A 9 heures du matin, les deux bataillons du 14e et du 107e sont débarqués à Kechla-Mta-el-Bahar; les marins, qui avaient passé la nuit du 24-25 dans la maison du gouverneur, rallient leur bord à midi, laissant à terre quatre pièces de petit calibre.

26 juillet. — Débarquement de deux sections du 35e régiment d'artillerie (9e batterie); les quatre pièces de la marine laissées à terre sont rembarquées.

L'infanterie organise défensivement les faces ouest et sud de son camp.

27-28 *juillet*. — Des groupes de fantassins et de cavaliers ennemis s'étant montrés sur la lisière orientale de l'oasis de Menzel, les deux sections d'artillerie prennent position à 200 mètres au sud ouest de la maison du gouverneur; quelques obus suffisent pour disperser ces groupes.

29 *juillet*. — Arrivée en rade de l'*Intrépide*, portant un bataillon du 137e; une compagnie débarque à 5 heures du soir.

30 *juillet*. — Le 137e achève son débarquement. Quelques groupes ennemis, qui s'étaient encore montrés du côté de Menzel, sont dispersés par l'artillerie.

31 *juillet*. — Le lieutenant-colonel commandant d'armes, ordonne une reconnaissance dans la direction des villages de Djara et de Menzel :

Le 137e occupera le village de Djara avec deux compagnies et lancera deux compagnies à l'attaque du village de Menzel, du côté de l'ouest, afin d'attirer de ce côté les forces ennemies et de faciliter l'attaque que le 14e doit faire du côté de l'est et du sud. Le 107e restera en réserve en avant de la maison du gouverneur et servira de soutien à l'artillerie.

Le mouvement commence à 5 heures du matin.

Le 137e occupe, sans coup férir, le village de Djara, y laisse deux compagnies qui s'y organisent défensivement et lance les deux autres à l'attaque de Menzel. Ces deux compagnies pénètrent dans le village, après une vive résistance de l'ennemi, s'y établissent et réussissent à éteindre le feu de mousqueterie dirigé des palmiers, sur la rive gauche de l'oued-Gabès.

Pendant ce temps, le 14e, en formation de combat, attaque le village à l'est et au sud, y pénètre et lance une compagnie dans l'oasis, à la poursuite de l'ennemi qui oppose, sur tous les points, une très énergique résistance.

Le lieutenant-colonel opère la reconnaissance de Menzel; il constate que l'occupation de ce village ne peut être solidement assurée que par deux bataillons au moins. Il renonce dès lors à s'y établir, sa colonne ne comprenant au total que trois bataillons et la nécessité s'imposant de ne pas trop dégarnir la maison du gouverneur où sont installés les magasins, l'ambulance et l'artillerie. Menzel sera donc évacué. Le 107e porte en avant une compagnie pour couvrir le mouvement rétrograde; le 137e va s'établir à Djara, village ami, qui, une fois organisé défensivement, peut être tenu par un seul bataillon; le 14e bat en retraite.

A 10 h. 15, les bataillons du 14e et du 107e et l'artillerie se réinstallent à Kechla-Mta-el-Bahar.

Pertes de la journée.... { 14ᵉ régiment d'infanterie : 1 tué, 7 blessés, 3 disparus¹.
137ᵉ régiment d'infanterie : 5 blessés, dont un mortellement.

Munitions consommées. { 10.615 cartouches mˡᵉ 1879.
24   —   de revolver.
43 obus ordinaires.
5   —   à balles.

7 août. — Les habitants de Menzel inquiétant chaque jour les habitants de Djara et nos avant-postes, le lieutenant-colonel décide une expédition contre Menzel; il se propose de faire détruire les maisons des principaux chefs et la grande mosquée. Deux lieutenants de vaisseau, à la tête de quelques marins porteurs de fulmicoton sont chargés de l'opération. L'un d'eux a mission de détruire ces bâtiments; le second, couvert par une compagnie du 137ᵉ, pénètre dans l'oasis et essaie d'abattre les palmiers.

Le 107ᵉ se relie au 137ᵉ et couvre le village; les hauteurs qui dominent Menzel, du côté du sud, sont occupées par une compagnie du 107ᵉ.

Le travail de destruction réussit pleinement dans le village, mais non dans l'oasis où cinq arbres seulement ont pu être abattus (le bois de palmier est trop élastique). L'opération, commencée à 5 heures du matin a été terminée à 8 heures; l'ennemi n'a point paru; les hommes rapportent une petite provision de bois.

10, 11, 12 août. — Les habitants de Menzel tiraillent contre Djara; les gens de Djara, autorisés à conserver leurs armes, font le coup de feu contre eux; les démonstrations contre nos avant-postes sont dispersées par nos feux de salve.

Le 12, vers midi, les habitants de Menzel semblent évacuer complètement ce village après avoir brûlé la maison du télégraphe et celle d'un juif.

31 août. — Reconnaissance des oasis de Métrech, de Ménara et de Zérigue dirigée par le lieutenant-colonel.

Y prennent part 6 compagnies (2 du 107ᵉ, 4 du 14ᵉ), la section du génie, les 2 sections d'artillerie et le détachement du train des équipages.

[Le bataillon du 137ᵉ fournit entièrement le service des avant-postes (2 compagnies à Djara, 2 compagnies à la garde du camp); les 2 compagnies restantes du 107ᵉ, en réserve, surveillent le village de Menzel.]

La colonne, partie à 5 heures du matin, trouve Métrech inoccupé,

---

1. Voir 2, annexe n° XXXIX, page 182.

est assaillie à Ménara par une fusillade assez vive, mais inoffensive (l'ennemi ne tente aucune résistance sérieuse), canonne avec son artillerie des groupes de cavaliers qui s'étaient montrés en plaine, fouille l'oasis de Zérigue qu'elle trouve inoccupée et rentre au camp à 8 heures du matin, ayant essuyé, à son retour, quelques coups de feu.

Munitions consommées.
$\begin{cases} 14^e \text{ d'infanterie : } 54 \text{ cartouches} \\ \quad m^{le} 1879\dots\dots\dots\dots\dots\dots \\ 107^e \text{ d'infanterie : } 931 \text{ cartouches} \\ \quad m^{le} 1879. \\ 35^e \text{ d'artillerie : } 8 \text{ obus ordinaires.} \end{cases}$ 985

6, 7 et 8 septembre. — Les dissidents étant venus, en nombre considérable, piller les jardins et attaquer le village de Djara-Srira, les pièces de montagne et la canonnière *le Chacal* fouillent l'oasis et bombardent les villages de Chenini, de Boul-Baba, Menzel.

Les deux sections de montagne ont tiré :

40 obus dans la journée du 6,
68   —   —   7,
40   —   —   8.

Les insurgés n'ont osé, dans aucune de ces journées, attaquer nos avant-postes.

17 septembre. — *Opération contre Menzel.* — But : 1° destruction par la dynamite de la partie de l'enceinte nord du village, contiguë à la rivière (cette partie d'enceinte, distante de 4 à 500 mètres de nos avant-postes de Djara, servait d'abri aux dissidents qui, de là, fusillaient journellement et en toute sécurité nos sentinelles); 2° l'incendie et la destruction des maisons les plus importantes du village.

Deux compagnies du 137e pénètrent à 4 h. 30 du matin dans Menzel dont elles bordent la lisière du côté de l'oued-Gabès; elles trouvent le village complètement évacué. Pendant que le génie prépare son opération, les hommes d'infanterie incendient les principales habitations.

Les deux autres compagnies du 137e sont maintenues extérieurement en réserve.

Quelques groupes de dissidents se glissent dans les jardins jusqu'à la rive gauche de l'oued-Gabès et ouvrent le feu contre nos sentinelles établies sur les terrasses; celles-ci ripostent vigoureusement.

L'artillerie fouille de ses projectiles les jardins qui s'étendent à l'ouest de Menzel.

A 7 heures, l'explosion se produit.

(La section du génie avait disposé un chapelet de dynamite, sur les murs à détruire, à raison de 2ᵏ,500 par mètre courant; la longueur totale du chapelet était de 18 mètres; il était amorcé en 5 points au moyen de cartouches munies de un mètre de cordeau Bikford. A 7 heures, toutes les mèches furent allumées à la fois, et, quelque temps après, une explosion unique déterminait la chute de 20 mètres de murs).

La colonne rentra aussitôt au camp, sans aucune perte.

Munitions consommées. { 137ᵉ d'infanterie : 531 cartouches mˡᵉ 1879. artillerie : 28 obus ordinaires, 8 à balles; total 36.

Dès lors, il n'y a plus rien d'intéressant à signaler.

Presque journellement des dissidents pénètrent en armes dans les jardins de Djara. Le but principal de leurs incursions est l'enlèvement des récoltes des Djariens. Ceux-ci se défendent énergiquement. L'artillerie française les aide, en fouillant l'oasis, ce qui détermine presque toujours la retraite de l'ennemi. Quand ses attaques sont trop vives, des pelotons de grand'garde exécutent des feux de salve, qui suffisent à les repousser.

Nº XLII.

Extraits du « Journal des marches et opérations » du groupe d'opérations de Djerba (lieutenant-colonel Bernet, du 55ᵉ d'infanterie).

Ce groupe est constitué, par ordre, en date du 30 juillet, du colonel Jamais, commandant la colonne expéditionnaire de Sfax.

Il se compose d'un régiment de marche (un bataillon du 71ᵉ, un bataillon du 78ᵉ), de deux sections d'artillerie du 13ᵉ et du 35ᵉ, d'une section du 4ᵉ génie, d'un détachement de 12 hommes du train.

Il est commandé par le lieutenant-colonel Bernet, du 55ᵉ.

Les troupes arrivent successivement à Houmt-Souk, point de débarquement.

28 *juillet*. — Débarquement du bataillon du 78ᵉ, de la section du 35ᵉ d'artillerie [1], du train des équipages amenés par l'*Algésiras* venant de France.

---

[1]. Deux sections de cette batterie ont débarqué le 26 juillet à Gabès.

31 *juillet*. — Débarquement du bataillon du 71ᵉ, de la section du 13ᵉ d'artillerie venant de Sfax par l'*Intrépide*.

2 *août*. — Les troupes reçoivent les affectations suivantes :

Le lieutenant-colonel et demi-bataillon du 78ᵉ.....	Houmt-Souk.
Demi-bataillon du 78ᵉ, avec le commandant et section du 13ᵉ d'artillerie........................	Bordj-Marsa.
Demi-bataillon du 71ᵉ........................	Bordj-Tarbella.
Demi-bataillon du 71ᵉ, avec le commandant, et section du 35ᵉ d'artillerie........................	Bordj-Castel.

Le mouvement général est fixé au 6 août.

4 *août*. — Débarquement d'une section du 4ᵉ génie[1].

6 *août*. — Le mouvement s'exécute ; les détachements occupent leurs emplacements, le 7, de bonne heure.

Nº XLIII

Situation générale de la Régence, au commencement du mois d'août 1881.

Les Zlass n'avaient pas pris part à la défense de Sfax ; un des groupes de la tribu, les Oulad-Iddir, qui avait répondu à la convocation d'Ali ben Khalifa, avait été renvoyé honteusement de Sfax par ce chef[2].

Les Zlass (el Hadj Hassein ben Messaï) à Kairouan et dans le nord de la Régence.

Les Oulad-Iddir, ayant à leur tête Ali ben Amara[3], Ali, fils de leur caïd El Hadj Hassein ben Messaï, et Naçeur ben Ali ben Aïssa, s'étaient rendus à Sidi-Amor-bou-Adjeba.

Là, vinrent les rejoindre les Oulad-Sendacen et les Oulad-Khalifa. Réunis, ils se mettent en marche sur Kairouan, bien décidés à mettre cette ville au pillage et à substituer leur autorité à celle du bey.

---

1. La compagnie, embarquée sur un bateau de la Compagnie Transatlantique, a débarqué le capitaine et deux sections à Sfax le 3 août ; une section est ensuite débarquée à Gabès, la quatrième à Djerba.
2. Voir 2, annexe XXXV, page 163.
3. Tué le 22 octobre à Kalaa-Sghira. Voir annexe nº LIV, page 246.

Jusqu'alors Kairouan avait été relativement calme. La nouvelle de la prise du Kef avait provoqué quelques désordres; mais le farik Si M'ahmed el Mrabot, gouverneur de Kairouan, avait promptement rétabli l'ordre en faisant bâtonner, puis emprisonner, les meneurs,

Survinrent les Zlass.

M'ahmed el Mrabot, confiant dans son autorité et son influence, les laissa entrer dans la ville; mais aussitôt entrés, les Zlass se proclament les maîtres de Kairouan; ils s'emparent de Si Ahmed ben Sliman, caïd des Souassi, de Si Mustapha ben Gaddoum, caïd des Oulad-Khalifa, et de Si el Hafif ben Smida, caïd des Oulad-Sendacen, qui s'étaient réfugiés en ville; ils les conduisent à la zaouïa de Sidi Saheb el Rassoul (la mosquée du barbier) et, là, les mettent en demeure, sous peine de mort, de signer devant le tombeau du marabout la déclaration formelle d'embrasser, sans arrière-pensée, la cause de l'insurrection. (Les trois caïds jurèrent, mais ils ne reprirent pas le commandement de leurs tribus.)

Le gouverneur, épouvanté de la tournure que prenaient les événements, s'était réfugié dans sa maison. Dès le lendemain, les insurgés lui envoyèrent les nommés Salah ben Saïdan et Kinani ben Ghorissa, des Oulad-Sendacen, pour l'inviter à accepter l'insurrection et à signer la convention qui avait été présentée aux caïds des Souassi, des Oulad-Khalifa et des Oulad-Sendacen.

M'ahmed el Mrabot reçut les délégués avec beaucoup d'égards; il les combla de bonnes paroles et, finalement, il les congédia sans leur avoir fait aucune concession.

Après être sorti de la maison du gouverneur, Salah ben Saïdan, s'apercevant qu'il avait été joué, s'écria : « Si nous ne menaçons ce chien-là de mort, nous n'obtiendrons rien de lui. »

Cependant l'émeute grossissait dans la ville; des groupes de Fathnassa, de Koobs, de Gouazine, en quête d'aventures, étaient venus se joindre aux Zlass et participer à leurs désordres.

Les Zlass avaient imposé aux habitants de Kairouan, gens tranquilles et pacifiques, comme caïd, un des leurs, Hassein ben Brénis; personne n'avait protesté contre cette mesure qui mettait la ville à la merci des pillards qui faisaient partie des bandes insurgées.

Le 17 juillet, Salah ben Saïdan se rend, à la tête de quelques hommes armés, à la maison du gouverneur, sous prétexte de lui demander de la poudre, en réalité pour s'emparer de sa personne. Mais il trouva porte close et une garde bien résolue et bien armée; il fut forcé de rebrousser chemin; grand tumulte dans la ville.

Le lendemain 18, le bruit se répand que Sfax a été bombardé et pris d'assaut; les émeutiers inquiets s'attendent à voir les troupes françaises marcher sur Kairouan. Cette diversion sauva le gouverneur.

Le ramadan venait de commencer : l'observation des pratiques religieuses obligeait un grand nombre d'indigènes à l'inaction : mais si la lutte brutale était suspendue, la propagande se poursuivait active et incessante.

El Hadj-Hassein ben Messaï, caïd des Oulad-Iddir, avait pris récemment la direction du mouvement insurrectionnel à Kairouan (il projetait une marche sur Tunis pour fêter la fin du mois sacré et il assignait comme point de rendez-vous général la plaine de Kasseb, au nord de Kairouan).

Ses émissaires allèrent partout porter sa parole :

Les Oulad-Ayar, encore inquiétés par la présence, sur leurs confins, des Hammema et des Madjeur, répondirent que les circonstances présentes ne leur permettaient pas de se rendre à son appel.

Les Oulad-Aoun[1] et les habitants de la Kessera déclarèrent qu'ils étaient liés aux Oulad-Ayar.

---

1. Pendant les mois de juin et juillet, les Oulad-Aoun s'étaient maintenus dans la neutralité la plus absolue. Un chef habile, bien intentionné et courageux, eût pu profiter avantageusement de ces bonnes dispositions pour maintenir ses administrés dans le devoir. Mais le caïd de la tribu, Brahim ben Djouini, habitait Tunis. Au milieu du désordre général, il n'eut qu'un souci : nuire à la réputation et aux

Les Hammema, les Fraichich et les Madjeur paraissaient peu disposés à s'engager dans l'aventure proposée par El Hadj Hassein ben Messaï et à se mettre sous son autorité.

Les Zlass se lancent donc seuls vers le nord.

El Hadj Hassein, comprenant que ces djich vont lui attirer des représailles, veut des alliés. Aussitôt il envoie des cavaliers chez les Oulad-Saïd pour les prévenir qu'il va les attaquer s'ils ne font pas cause commune avec lui. Le caïd El Hadj Ouâar ne fait aucune opposition; il entraîne presque toute sa tribu qu'il groupe à El-Agaïr, au nord du lac Kelbia et à l'est du fort de Sidi-Ghouï. (Les Oulad-Abderrahman et les Oulad-Abdallah, seuls, restent fidèles au bey et vont camper à Settah, près de Sidi-Bou-Ali.)

Il procède de même à l'égard des Souassi. Le khalifa Salah ben el Hafsi, resté seul à la tête de la tribu, depuis la fuite du caïd, lui amène immédiatement à Kairouan 150 cavaliers et 300 fantassins.

Les bandes de déserteurs et de réfractaires qui font la loi dans le Sahel et sèment la terreur dans les environs de Sousse, Mahédia et Monastir, répondent aux émissaires d'El Hadj Hassein qu'elles sont prêtes à seconder ses efforts[1].

Les Zlass seront donc aidés, dans les incursions qu'El Hadj Hassein ben Messaï projette de faire dans le nord de la Régence, par la plus grande partie des Oulad-Saïd, les Souassi et les bandes du Sahel.

Les Fraichich.
El Hadj Harrat.

Les Fraichich et les Hammema avaient été les premiers à se

---

intérêts du marabout Sidi Ahmed ben Abd el Melek, avec lequel il était en mauvais termes.

Comme toujours, les petites rivalités et les vengeances particulières passaient avant le bien public.

Dès le début, Brahim ben Djouini avait accusé le marabout de prêcher le désordre; puis il avait révoqué le khalifa, parent du marabout, et l'avait remplacé par Mohamed el Bouiri, dont les sentiments hostiles à notre égard étaient connus.

Brahim ben Djouini préparait donc l'insurrection par ses mesures maladroites, sinon malveillantes.

1. Voir note 2, tome I, page 61.

jeter, sans hésitation, dans le parti de l'insurrection; les Fraichich surtout, qui avaient depuis longtemps de vives contestations de limites de territoire avec les tribus algériennes dans la zone avoisinant Tébessa.

L'instigateur du mouvement était le caïd des Oulad-Nadji (Fraichich), El Hadj Harrat.

Ce chef indigène devait 70.000 piastres au bey, et il ne pouvait s'acquitter; il avait également contracté, chez les juifs de Tébessa et de Tunis, d'assez forts emprunts qui l'avaient forcé à recourir aux derniers expédients.

El Hadj Harrat, dans sa situation désespérée, profita des circonstances pour donner un prétexte grand et honorable à sa détermination de se proclamer le défenseur de son pays et de la religion de Mohamed.

Le caïd des Oulad-Nadji avait cherché à attirer dans ses vues le caïd des Oulad-Ouzzez, Ali Sghir, et le caïd des Oulad-Ali, El Hadj Gaïd[1]. Ces tentatives furent vaines. L'entente ne parut cependant pas troublée entre les trois chefs des Fraichich.

Mais au mois de juillet, quand l'insurrection gagnait toute la Tunisie, le gouvernement tunisien, voulant donner un point d'appui au parti de l'ordre dans le sud-ouest de la Régence, confia le commandement des Oulad-Nadji à Ali Sghir, espérant que ce chef pourrait maintenir dans le devoir toute la tribu des Fraichich. (Le bey avait mis El Hadj Harrat en mesure de le rembourser et, n'ayant pu obtenir satisfaction immédiate, il l'avait révoqué.)

El Hadj Harrat refusa de résilier ses fonctions et de fait il resta le caïd de sa tribu jusqu'à son départ pour la Tripolitaine. Dès lors il mit tout en œuvre pour détacher d'Ali Sghir

---

1. Ali Sghir mit un certain temps à se prononcer; mais bientôt voyant la tournure que prenaient les événements dans le nord de la Régence, n'ignorant pas du reste, en homme intelligent qui avait vécu un peu à notre contact, que la lutte serait inévitablement fatale pour sa tribu, il finit par déclarer qu'il ne voulait pas prendre part au mouvement insurrectionnel.

Quant à El Hadj Gaïd, homme déjà âgé, il désirait la paix par tempérament et se souciait fort peu, à la fin de sa carrière, de tenter une aventure aussi périlleuse.

les fractions des Oulad-Ouzzez qui étaient restées fidèles jusqu'alors à leur caïd.

Ali Sghir entra en relations avec l'autorité militaire de Tébessa et lui demanda son appui.

Le ramadan venait de commencer.

<small>Les Hammema.</small>
<small>Ahmed ben Youcef.</small>

De fortes bandes de Hammema arrivaient sur la Rouhia. Cette marche vers le nord était le résultat des conciliabules qui s'étaient tenus depuis deux mois, soit à la zaouïa de Sidi Bou Zid, soit à la smalah d'Ahmed ben Youcef, caïd des Oulad-Redhouan. Ce chef indigène avait acquis une telle influence sur les Oulad-Aziz et les Oulad-Maamar (dont les caïds s'étaient placés sous sa dépendance absolue) ne relevant pas de son commandement, qu'il pouvait être considéré comme le chef du mouvement insurrectionnel chez les Hammema.

En s'installant sur les bords de la Rouhia, les Hammema venaient peser sur les déterminations des Madjeur.

L'insistance pressante des Hammema ne put vaincre les hésitations des Madjeur, qui, riches et laborieux, sentaient qu'ils n'avaient qu'à perdre dans la lutte.

Les Hammema ne se sentaient pas encore en forces pour imposer leur autorité; ils remontaient du reste vers le nord, avec l'intention bien arrêtée de faire ample récolte de butin et ils évitaient avec soin de se créer des inimitiés pouvant, à un moment donné, inquiéter leur mouvement de retraite.

Bientôt ils se répandaient par bandes dans le Sers, dans la plaine de Zouarine et dans le Ghorfa; ils poussaient l'impudence jusqu'à aller razzier les douars établis aux portes du Kef et tentaient un coup de main sur le ksar des Ourtan.

Les Oulad-Ayar avaient répondu aux avances des Hammema en prenant les armes pour défendre leurs biens contre les maraudeurs qui les convoitaient.

Ahmed ben Youcef voulut créer l'entente entre les différentes tribus du sud-ouest [1].

---

[1]. Voir, annexe n° XLIV, réunion de Sbeitla.

Dans les premiers jours du mois de juin, le commandant supérieur [1] du Kef, justement inquiété par les bruits qui circulaient dans la région, manda dans cette ville les chefs et les notables des tribus environnantes. Ils obéirent, pour la plupart, à cette invitation, en protestant de leurs bons sentiments.

Oulad-Ayar.
Ali ben Ammar.

L'autorité militaire arrêta, révoqua et conserva comme otages quelques-unes de ces personnalités que l'agent consulaire, M. Roy [2], désignait comme les plus hostiles.

Cette mesure n'empêcha pas le désordre de se propager : 1° les halga se succédaient sans interruption dans tout le sud-ouest du Kef et devenaient de plus en plus tumultueuses ; 2° à cette source d'agitation s'ajoutait la propagande des principaux chefs de l'insurrection dans les autres contrées de la Régence, El Hadj Hassein ben Messaï (Zlass), Ahmed ben Youcef (Hammema), Ali ben Khalifa (Neffet). Les lettres qu'ils adressaient à tout instant, soit pour appeler aux armes, soit pour annoncer l'arrivée des troupes turques et l'intervention des puissances européennes, soit encore pour faire part de prétendues victoires remportées sur nos armes, provoquaient un vif enthousiasme qui devenait aussitôt le signal d'actes de violences et de brigandages souvent assez graves [3].

---

1. Le colonel de Coulange du 83ᵉ d'infanterie.
2. Le colonel de la Roque, du 13ᵉ chasseurs à cheval (qui a fait une grande partie de sa carrière en Algérie dans le service des affaires indigènes), commandant du Kef depuis le 25 juin, rend compte qu'il n'a pas besoin d'officier des affaires indigènes ; le consul, M. Roy, lui suffit.
3. La situation de la place du Kef est la suivante :
Le colonel de Coulange (83ᵉ) a quitté Le Kef, le 25 juin, emmenant les officiers et hommes de troupe à rapatrier. A cette date le colonel de la Roque (13ᵉ chasseurs à cheval) prend le commandement du Kef (il est arrivé au Kef depuis trois jours). Les troupes présentes au Kef sont : 3 compagnies du 83ᵉ (la quatrième est détachée à Sidi-Youcef) ; une batterie de 90^{mm} ; un escadron du 13ᵉ chasseurs à cheval.
Aussitôt après avoir pris possession de son commandement, le colonel de la Roque rend compte que l'installation des troupes est des plus précaires, que l'état sanitaire et l'état moral sont mauvais (deux artilleurs se suicident dans la soirée du 26 juin) ; la fièvre typhoïde règne dans la population indigène (un tiers a péri du choléra en 1845-46 ; la moitié de ce qui restait avait succombé au typhus de 1867) ; la ville est d'une saleté repoussante.
Le colonel demande deux cents grandes tentes pour faire camper les troupes à

Le 16 juillet, le collecteur des droits du marché du Sers était expulsé dans de pareilles circonstances. Les jours suivants, des juifs étaient dévalisés, des boutiques de marchands mises au pillage sur différents marchés du territoire.

Les Oulad-Ayar prenaient une large part à tous ces désordres. Dans les premiers jours de juillet, leur caïd, Ahmed Abou, se voyant en péril au milieu de ses administrés, avait demandé au bey et obtenu l'autorisation d'aller à Tunis pour y chercher des instructions. Il était parti avec l'intention bien arrêtée de ne plus reparaître dans son commandement.

L'éloignement d'Ahmed Abou devait faciliter notablement le jeu d'Ali ben Ammar, qui, de Tunis où il était encore détenu, engageait les Oulad-Ayar à persévérer dans leurs dispositions, leur promettant de venir sous peu se placer à leur tête pour prendre la direction du mouvement insurrectionnel[1].

Le parti de la protestation avait besoin d'un chef énergique; ses éléments épars agissaient isolément, sans ordres, obéissant aux impressions du moment, aux sentiments et aux désirs de quelques individualités intéressées qui les entraînaient à leur suite.

Une telle situation, en se prolongeant, eût inévitablement provoqué, sinon un revirement complet dans l'opinion publique, tout au moins une certaine lassitude dans les esprits qui eût fortement compromis l'existence des groupes dissidents de la région.

Sauf Ali ben Ammar, il ne s'était trouvé aucune personnalité assez entreprenante pour chercher à imposer son autorité aux bandes qui parcouraient le pays.

---

l'extérieur de la ville, des outils (il n'y en a que dix par bataillon), des médicaments (il n'y en a pas).

Le bataillon du 122ᵉ qui était à Ghardimaou vient, le 27 juin, renforcer la garnison du Kef; il n'a pas 400 hommes valides.

1. Ali ben Ammar, détenu à Tunis par ordre du bey, faisait prêcher l'insurrection chez les Oulad-Ayar par son frère Amor ben Ammar et par quelques personnages tarés, anciens cheikhs ou khalifas révoqués pour concussions, abus de pouvoir ou détournement de fonds du gouvernement.

Salah ben Hamouda, cheikh des Oulad-Medine, des Arrouch-Regag, essaya un instant d'étendre son autorité et son influence aux tribus voisines, mais sans grand succès. A ce moment, d'ailleurs, l'attention générale se portait avec inquiétude du côté de la Rouhia où les Hammema arrivaient en foule avec l'intention, disaient-ils, d'aller attaquer le Kef et de couper la voie ferrée.

Dès le 22 juillet, de fortes bandes de pillards Hammema cherchaient à pénétrer sur le territoire des Oulad-Ayar; mais, effrayés par l'attitude résolue de ces derniers, ils se rabattaient vers le pays des Ourtan, le Sers et la région du Kef, razziant indistinctement douars amis et ennemis, partisans de l'ordre et dissidents, en compagnie de bandits appartenant aux tribus de la contrée, qui les guidaient dans leurs opérations[1].

Pendant quinze jours, désordre inimaginable.

Mohamed Djellouli[2], qui avait remplacé Si Rachid Mameluck dans ses fonctions de gouverneur du Kef, paraissait peu s'émouvoir de cet état de choses.

---

1. Dans la nuit du 22-23 juillet, des rôdeurs viennent tâter les avant-postes du 122e, campé sous Le Kef.
Dans l'après-midi du 23, un djich de onze cavaliers (trois Oulad-Ayar, deux Hammema, six Madjeur) vient à l'oued-Zaafran; il est, peu après, capturé à Bahra.
Le 24, d'autres cavaliers sont vus à l'oued-Remel.
Le 26, un douar des Klâ, sur l'oued-Souani, à 18 kilomètres du Kef, est pillé.
2. Mohamed Djellouli est arrivé au Kef le 13 juillet (il avait été choisi par le résident général, M. Roustan, parmi les meilleurs administrateurs de la Régence). Il ne suit pas les conseils que lui donne le colonel de la Roque, de faire rentrer immédiatement dans leur tribu les chefs indigènes qui résident au Kef et de parcourir lui-même le pays. « C'est un caractère faible, écrivait le colonel de la Roque; il demeurera tout au moins inerte au milieu de gens que je soupçonne fort d'être en connivence avec nos ennemis. »
Si Djellouli ne quitte pas le Kef. Il ne va pas dans les tribus; il laisse ainsi passer le moment où il pourrait encore faire usage de ce puissant moyen d'action.
Les caïds ne sont pas dans leurs tribus; ils sont dans les villes, heureux d'y rester pour avoir, quand la révolte éclatera, un alibi à leur service.
Les autorités tunisiennes ne font rien de sérieux pour le maintien de l'ordre; elles adressent quelques lettres banales aux personnages influents pour leur vanter les avantages de la paix et de la tranquillité, font quelques discours, dans le même sens, aux caïds et aux cheikhs qu'elles mandent auprès d'elles, et tout se borne là.

De temps en temps il envoyait des cavaliers de l'Oudjak[1] pour arrêter les malfaiteurs qui lui étaient signalés ; ces agents revenaient régulièrement sans avoir pu accomplir leur mission, après s'être fait dépouiller, le plus souvent, de leurs chevaux, de leurs armes et de leurs vêtements[2].

A ce moment, le gouvernement beylical, invité à mettre tout en œuvre pour pacifier le pays, désireux lui-même d'éviter de plus grands malheurs à la Régence, eut la malencontreuse idée d'accorder le pardon de leurs fautes passées aux chefs indigènes révoqués et non révoqués alors internés à Tunis[3]. Quelques-uns même reçurent des commandements. C'est ainsi que Mohamed Salah ben Ali Debbich arriva dans les derniers jours de juillet, chez les Oulad-Ayar, avec le titre de caïd des Oulad-Mehenna des Madjeur ; Ali ben Ammar, son ancien compagnon d'infortune, revint également dans sa tribu, mais sans fonctions.

---

1. « Le maghzen du Kef se compose de deux cents cavaliers assez bien montés, ayant l'habitude de se faire obéir, *écrivait le colonel de la Roque avant les événements que nous citons maintenant.* C'est une force que l'on pourrait employer utilement, le cas échéant. Les cavaliers sont dans leur douar ; on les commande quand on en a besoin. »

2. Quatre cavaliers de l'Oudjak, envoyés à El-Ksour le 26 juillet, y sont dépouillés de leurs chevaux, de leurs armes et de leurs burnous par des cavaliers des Hammema.
Le 30 juillet, un cavalier de l'Oudjak est dépouillé au Sers.

3. Il existait alors, à Tunis, un certain nombre de personnages influents, caïds ou cheikhs révoqués ou en fonctions, que l'autorité beylicale avait internés dans la capitale, soit pour les punir de leurs exactions ou des détournements commis au préjudice du Trésor, soit pour les écarter d'un pays où leur présence devenait une source d'agitation et de désordre.

Dans les premiers jours de juillet, Mohamed es Saddok, pensant rallier à sa cause un certain nombre de personnalités influentes et donner satisfaction à la majorité des mécontents, avait rendu la liberté aux indigènes de quelque importance détenus à Tunis. Il avait même confié certains commandements ou réintégré dans leurs fonctions ceux qui s'étaient le moins compromis.

C'est ainsi que Mohamed Salah ben Ali Debbich avait été nommé caïd des Oulad-Mehenna (Madjeur), et que Chiahi ben Ali ben Youcef, frère du caïd des Oulad-Redhouan, avait été replacé à la tête des Oulad-Maamar. D'autres internés, tels qu'Ali ben Ammar, auxquels il eût été dangereux de confier un commandement, avaient été renvoyés simplement dans leurs tribus, après avoir promis de mettre tout en œuvre pour hâter la soumission de leur pays ; ils avaient souscrit à tous les engagements que l'autorité beylicale avait exigés d'eux. Nous verrons, plus tard, comment ils devaient les tenir.

A leur départ de Tunis, ils avaient promis tous deux de tout faire pour rétablir l'ordre; trois jours après, ils prêchaient la guerre sainte et la résistance aux autorités du pays.

En arrivant chez les Oulad-Ayar, Ali ben Ammar convoqua, dans la plaine du Sers, les Oulad-Aoun, les Oulad-Ayar et les Drid. L'entente fut parfaite et on décida, d'un commun accord :

1° Que chaque tribu nommerait des chefs insurrectionnels;

2° Que les tribus voisines du Kef, qui étaient encore en dehors du mouvement, seraient contraintes d'y prendre part;

3° Que Le Kef serait attaqué[1];

Puis on se sépara.

Cependant le gouvernement beylical reconstituait l'armée d'Ali Bey; il appelait à Tunis les soldats tunisiens[2] et les cavaliers de l'Oudjak.

L'exécution de cet ordre enlevait au gouverneur et aux autres chefs de la région les derniers moyens de coercition qui leur restaient; cette mesure produisit en outre un fâcheux effet aux yeux de la population, toujours disposée à interpréter dans un sens hostile à notre cause les actes de Mohamed Es Saddok.

La situation empira immédiatement.

Ali ben Ammar déployait une activité remarquable; il se mettait en relations avec ses voisins Ahmed ben Youcef (Hammema) et El Hadj Harrat (Fraichich); le 3 août, il faisait répandre le bruit que Sfax avait été repris par Ali ben Khalifa; d'où surcroît d'effervescence.

---

1. Plan d'attaque du Kef :

1° Une concentration aurait lieu à El-Mohr, entre les plateaux de Nebeur et le gué de l'oued-Mellègue inférieur, pour couper les communications entre le Kef et Souk-el-Arba.

2° Une concentration plus nombreuse que la précédente aurait lieu à El-Haouaz, à 40 kilomètres environ du Kef, au sud-ouest de la route de Sidi-Youcef et à 12 kilomètres de cette route, pour menacer les communications avec Souk-Ahras.

2. Les soldats de la Régence, présents au Kef, refusent de concourir à la formation d'une colonne tunisienne, mais donneraient leur concours à l'action des troupes françaises et combattraient avec elles (*d'après le colonel de la Roque*).

Le 5 août, un juif campé au djebel-Massonge est dévalisé par les Oulad-Aoun et les Drid.

Dans la nuit du 5-6, la ligne télégraphique est coupée à Aïn-Hedja, entre Bordj-Messaoudi et Teboursouk.

Le 8, des bandes de dissidents occupent les gorges de Khalled et se dirigent vers la Medjerdah.

Le 10, d'autres bandes sont signalées entre Nebeur et Souk-el-Arba.

Le 15 août, le désordre cesse comme par enchantement.

Chacun se dirige vers Sbeitla à la réunion provoquée par Ahmed ben Youcef. Ali ben Ammar et Mohamed Salah ben Ali Debbich se rendent tous deux à Sbeitla, l'un en qualité de caïd insurrectionnel des Oulad-Ayar, l'autre comme caïd des Oulad-Mehenna, quoiqu'il n'eût encore jamais paru au milieu de ses administrés.

N° XLIV

Réunion de Sbeitla (vers le 15 août).

Dans les derniers jours du ramadan (c'est-à-dire vers le 15 août), Ahmed ben Youcef, caïd des Oulad-Redhouan, chef du mouvement insurrectionnel chez les Hammema, voulant créer l'entente entre les différentes tribus du sud-ouest de la Régence, convoqua à Sbeitla les Fraichich, les Madjeur, les Oulad-Ayar, les Ourtan, les Zeghalma et les tribus de l'Ounifa à une grande réunion où l'on discuterait la conduite à tenir et les mesures à prendre d'après le but qu'on se proposerait.

Jamais, pendant toute la période insurrectionnelle, on ne vit halga plus nombreuse et aussi passionnée.

Toutes les tribus de la région avaient répondu à l'appel du caïd des Oulad-Redhouan et elles s'étaient fait représenter à la réunion par de fortes députations conduites par leur chef[1].

Cette réunion générale, qui n'avait d'autre but que de décider de la paix ou de la guerre, ne fut présidée par personne. Chaque chef indigène y était venu au même titre et put, en conséquence, émettre librement son avis.

Mohamed Salah Debbich, obscur et embrouillé, parut pencher pour la soumission; mais le caïd des Oulad-Ouzzez, Ali Sghir, osa seul protester catégoriquement contre toute idée de résistance. Son discours provoqua le plus grand tumulte; des coups de feu furent tirés, et, si des gens de sa fraction n'étaient arrivés à temps pour le dégager, il eût couru les plus grands dangers.

Après un certain temps de désordre indescriptible, la discussion reprit son cours.

Les autres personnalités qui prirent la parole, les unes par conviction comme Ali ben Ammar, les autres par prudence, se prononcèrent pour l'insurrection.

Ahmed ben Youcef et El Hadj Harrat s'étaient montrés des plus violents : leurs menaces et l'influence prépondérante qu'ils exerçaient naturellement comme représentants des deux tribus les plus puissantes parmi celles qui s'étaient rendues à Sbeitla, avaient pesé sur la détermination de la majorité de l'assemblée.

---

[1]. On remarquait à la réunion de Sbeitla, parmi les personnalités dirigeantes, outre Ahmed ben Youcef :
Mohamed Ech Chiahi, caïd des Oulad-Maamar;
Ahmed ben Ali El Hammami, caïd des Radadia (Oulad-Aziz);
Ahmed ben Mohamed, caïd des Bdour et des Oulad-ben-el-Hadi (Oulad-Aziz);
El Hadj Harrat (caïd révoqué des Oulad-Nadji);
Ali Sghir, caïd des Oulad-Ouzzez et des Oulad-Nadji;
Mohamed Salah Debbich, caïd des Oulad-Mehenna (il n'était pas encore entré en fonctions : peu de temps après il devait céder à Ali Sghir son commandement pour prendre celui des Oulad-Ayar);
Le caïd des Ourtan;
Ali ben Ammar, caïd insurrectionnel des Oulad-Ayar;
Enfin un grand nombre de cheikhs, de notables et de cavaliers qui avaient accompagné leurs chefs, plus le khalifa des Madjeur et la majorité des gens de cette tribu (Sbeitla est sur le territoire des Madjeur.)

Il restait encore une question à élucider : Quelle conduite tenir à la suite des décisions prises par l'assemblée ? L'entente devait être fort difficile sur ce point, personne ne voulant abandonner son territoire qu'en cas de nécessité absolue.

Après de longs débats, on finit par décider que les tribus menacées se porteraient à la rencontre des colonnes françaises et que les autres feraient diversion en se portant par bandes vers le nord de la Régence, pour inquiéter les populations soumises, les razzier et intercepter les communications.

Cette solution convenait parfaitement à Ahmed ben Youcef; son territoire était alors suffisamment éloigné de nos centres d'opération pour qu'il pût se croire, au moins pendant un certain temps, à l'abri d'une attaque.

Il appartenait donc aux contingents Hammema de faire incursion chez leurs voisins, rôle tout à fait en concordance avec leurs goûts et leurs coutumes et qui devait être une cause de profits considérables.

Le 18 août, l'assemblée se dispersa.

Les Fraichich, les Madjeur, les Oulad-Ayar, les Zeghalma et les Ourtan reprirent le chemin de leur territoire, et Ahmed ben Youcef partit pour le Guemonda où il avait installé sa smalah.

Les contingents Hamemma seuls se mirent aussitôt en campagne.

N° XLV

Recrutement du 2ᵉ corps expéditionnaire.

Pour la première expédition, le Ministre de la guerre avait dédoublé les régiments d'infanterie, envoyant en Tunisie un demi-régiment de mille hommes, laissant en France un demi-régiment squelette. (Voir annexe n° VI.)

La deuxième expédition demandait des effectifs plus nombreux ; les opérations semblaient devoir être plus longues et plus difficiles.

Le premier système, du dédoublement des régiments, présentait, dans ce cas, de grands dangers.

Le Ministre décida de prendre dans les bataillons disponibles (les quatrièmes bataillons) pour former le corps expéditionnaire. « Ainsi, disait le général Farre, nous conservions sur le continent tous les éléments de la mobilisation absolument complète de nos dix-huit corps d'armée, et nos 144 régiments d'infanterie, avec leurs chefs de corps, leurs états-majors et leurs cadres, étaient prêts à recevoir, s'il avait fallu, leurs réservistes. »

Le deuxième corps expéditionnaire allait comprendre bientôt, sans compter les 8,364 hommes envoyés avant les élections, du 9 juillet au 1er août, 22.057 hommes, soit en tout 30.421 hommes, lesquels, ajoutés à la fraction du corps d'occupation maintenu en Tunisie après le rapatriement et complétés par 11 bataillons, 6 escadrons et 3 batteries d'Algérie, portèrent le chiffre total des effectifs de la deuxième expédition à 50.000 hommes environ.

Le général Farre maintint sous les drapeaux la classe 1876, mesure impopulaire qui dut être rapportée presque aussitôt.

N° XLVI

Le lieutenant-colonel Corréard à Bir-el-Hafaïed (26 août), à El-Arbaïn (nuit du 28-29), à Turki (29 août) [a].

Le 23 août 1881, les troupes de la 5e brigade (général Sabattier), du camp de Carthage et du camp d'Hammam-Lif, se mettent en mouvement en deux colonnes pour aller occuper Zaghouan et Hammamet.

Le 26 août, le général Sabattier (avec 4 bataillons, 2 escadrons, 16 pièces) arrive à Zaghouan sans avoir éprouvé de

---

[a]. Voir croquis n° III.

résistance, et établit son camp à Mograne, à 5 kilomètres à l'ouest du village.

Les dissidents se portent vers Grombalia, à la rencontre de la colonne du lieutenant-colonel Corréard, qu'ils savent la moins forte.

Le 26 août, avant le jour, tous [1] les contingents insurgés se précipitent sur le camp du lieutenant-colonel Corréard, établi à Bir-el-Hafaïed, à l'entrée du khanguet-Hammamet. (Chemin faisant, des cavaliers Zlass et Souassi pillent le bordj de Bir-el-Hafaïed.)

Dans la nuit du 28 au 29, les troupes françaises, qui avaient battu en retraite sur El-Arbaïn, sont attaquées de nouveau et le combat commencé à minuit ne cessa qu'à 4 heures du matin [2].

(La bande de Sassi-Souïlem [3] qui était partie de Kalaa-Kebira le 27 au matin seulement et avait rejoint les dissidents le 28 au soir, prit, malgré ses fatigues, une part active au combat de nuit [4].)

---

1. Zlass et Fathnassa.................. 1.500 cavaliers, 2.500 fantassins;
Souassi (Salah ben el Hafsi)......... 150 — 300 —
Oulad-Saïd (caïd El Hadj Ouaâr)...... 100 — 250 —
Plus les Riah et les Trabelsia.

2. Pendant les opérations du lieutenant-colonel Corréard, une colonne tunisienne, commandée par le kaïmakam Taïeb ben el Hadj Ahsen Mesmouri, était campée à El-Arbaïn.

Tandis que les troupes françaises subissaient des pertes et se repliaient, la colonne tunisienne restait sur ses positions, sans combattre.

L'attitude de Si Taïeb el Mesmouri, l'ancien commandant du fort de Tabarka (voir annexe n° XV), et celle de son second, le kaïmakam Nasef ayant paru douteuses, le général Logerot demanda ultérieurement une enquête.

Nous pourrons lire plus loin le rapport de Si Taïeb el Mesmouri (annexe n° XLVI bis).

3. La bande de Sassi Souïlem est forte de 182 combattants (voir tome I, page 64, note 2).

4. Un soldat déserteur, blessé au combat de nuit d'El-Arbaïn, racontait quelque temps après, de la façon suivante, ce sanglant épisode :

« Je faisais partie de la bande de Sassi Souïlem. Dans la soirée du 28, nous rejoignîmes à El-Arbaïn les contingents dissidents qui avaient décidé d'attaquer la colonne française dans la nuit même. Vers minuit, Sassi-Souïlem nous fit prendre position derrière un pli de terrain, pendant que la cavalerie des dissidents, en tête de laquelle marchaient les Zlass, allait ouvrir le feu sur la colonne qui était au repos. Les troupes françaises, mises immédiatement sur pied, répon-

Les insurgés, voyant la colonne continuer son mouvement de retraite, la poursuivent et l'attaquent encore dans la journée du 29, à son passage dans une forêt d'oliviers, près du village de Turki. L'engagement, qui avait commencé à 2 heures, cesse à 6 heures du soir, à l'arrivée de la colonne à Grombalia.

Les Zlass et les Fathnassa avaient été les plus éprouvés dans ces différents combats (70 morts); les Souassi, les Oulad-Saïd, les Riah et les Trabelsia s'étaient prudemment tenus à l'écart.

La bande de Kalaa-Kebira avait bravement donné; son chef, Sassi Souïlem, était tombé courageusement sur le champ de bataille.

Le 30 août, la colonne Corréard arriva à Hammam-Lif sans être inquiétée.

Les Zlass et les Fathnassa se replient sur Djebibina, où ils se concentrent, sous les ordres d'El Hadj Hassein ben Messaï, pour observer la colonne Sabattier.

Les Souassi et les Oulad-Saïd regagnent leurs campements.

Les Riah et les Trabelsia prennent le chemin du Djoukar et du Zaghouan.

---

dirent par une fusillade des plus nourries et forcèrent la cavalerie à se replier. Puis elles se mirent à tirer sans interruption sur les contingents à pied.

» Les balles nous passaient sur la tête comme une averse de grêlons; mais nous étions abrités et elles ne nous faisaient aucun mal. A un moment donné, notre chef, voyant que nous perdions de notre assurance, nous donna l'ordre de nous porter en avant sur un terrain découvert, non loin de la colonne, en nous laissant combattre couchés. C'est dans cette position que j'ai été atteint par une balle qui m'a traversé la poitrine après m'avoir cassé le menton.

» Nous ne pûmes tenir longtemps dans la position que nous occupions; à chaque instant le nombre des tués et des blessés augmentait. Tout à coup Sassi Souïlem tomba la face contre terre pour ne plus se relever; il venait d'être frappé d'une balle à la tête. »

Le jour commençait alors à poindre. N'ayant plus ni chef, ni munitions, épuisée d'ailleurs par les pertes qu'elle venait de subir, la bande de Kalaa-Kebira retourna chez elle, emportant ses morts et ses blessés. Elle ne prit aucune part au combat livré dans la journée du 29 août.

N° XLVI *bis*.

Résumé du rapport dressé en choual 1298 (septembre 1881) par le kaïmakam Taïeb ben el Hadj Ahsen Mesmouri, en réponse aux faits que lui avait reprochés le général Logerot.

La colonne tunisienne campée à El-Arbaïn depuis quelques jours vit passer près de son camp, le 25 août, la colonne du lieutenant-colonel Corréard qui, partie d'Hammam-Lif, avait couché le 24 à Grombalia. Les soldats tunisiens lui rendirent les honneurs habituels; les troupes françaises allèrent camper à Bir-Hafidh[1], distant du camp tunisien d'environ deux milles, pour y passer la nuit.

Les Arabes ayant appris son arrivée accoururent en foule à Bir-Bouita, se massèrent dans la Khanga et résolurent d'attaquer le camp français à la fin de la nuit.

Deux espions m'ayant fait part de cette résolution à 10 h. 1/2 du soir, je m'empressai d'envoyer un oda-bachi et 3 mkhaznias prévenir le colonel français afin qu'il prît ses dispositions en conséquence; mais les grand'gardes du camp leur barrèrent le passage et ils retournèrent sans avoir pu le prévenir. Je renvoyai une autre fois ces émissaires en leur recommandant d'attendre que l'on sonnât la diane : ils s'approchaient pour la deuxième fois du camp français (le 26 au matin) quand ils entendirent une fusillade échangée entre le camp et les Arabes. Ils revinrent en toute hâte me prévenir. Je m'attendais à être instruit par le colonel français de ce qui se passait; il ne me fit rien dire.

Les Arabes augmentant toujours de nombre, le camp français battit peu à peu en retraite en faisant feu de ses pièces (les boulets atteignirent jusqu'à mes avant-postes devant Bach-Chadir et les balles tuèrent deux de mes zouaves). Le camp français reculait toujours et il atteignit enfin, à un demi-mille de mon camp, une élévation où il se retrancha. Nous étions en face l'un de l'autre, mais les Arabes ne l'attaquaient pas de mon côté, mais du côté de la Khanga. En battant en retraite, le camp français fit tout son possible pour se rendre maître des puits qui se trouvent là, mais il ne le put pas. J'envoyai un détachement pour s'en emparer. Le colonel m'envoya demander de l'eau, attendu que ses soldats

---

1. Bir-el-Hafaïed.

souffraient beaucoup de la soif : je fournis d'eau le camp français jusqu'à satiété, puis je me rendis de ma personne auprès du colonel pour m'informer de son état et de celui de ses troupes. Je lui dis que la veille, 25, je lui avais expédié des émissaires pour le prévenir de l'attaque projetée contre lui : il me répondit qu'il l'avait su, mais que ses soldats n'avaient pas compris l'arabe. Il me remercia pour l'eau que je venais de lui envoyer et me dit même : « Vous nous avez rendus à la vie avec cette eau. » Comme je lui parlais ensuite du tir de ses pièces qui avaient atteint jusqu'à Bab-Chadir et lui disais que deux soldats zouaouas avaient été frappés par des balles de ses soldats, il s'excusa. Il me demanda de lui organiser un service d'eau tant qu'il occuperait la même position; j'y consentis; sur sa demande, je fis aussi escorter, par quelques-uns de mes soldats, ses chevaux qui allaient boire au puits. Je revins ensuite à mon camp et chacun de nous garda sa position.

Le lendemain, 27 août, le colonel m'ayant fait demander, je me rendis à son appel. Il demanda de lui procurer trente bœufs, de l'orge et de la paille : j'y consentis. Il vint ensuite me voir à mon camp; là, il me fit observer que les deux camps se trouvant rapprochés l'un de l'autre, il convenait que les deux côtés du camp les plus rapprochés l'un de l'autre ne tirassent pas de coups de fusil, si les Arabes les attaquaient pendant la nuit, pour ne pas nous blesser mutuellement; quant aux autres côtés, ils devaient tirer si les Arabes les attaquaient.

Le lendemain 28 août, une reconnaissance française s'empara d'un troupeau de bœufs paissant près des oliviers de Turki et appartenant à des Trabelsia de l'endroit; elle essuya quelques coups de feu pendant qu'elle ramenait ces animaux au camp; celui-ci tira quelques coups de canon.

Peu après, deux espions venaient à mon camp et m'apprenaient que les Arabes s'étaient réunis de tous côtés dans la Khanga, que c'étaient des Zlass, Hammema, Beni-Zid, Metellit, Ouarghamma, Riah et Oulad-Saïd et quelques soldats du Sahel.

Ils s'étaient promis, disaient les espions, d'attaquer le camp français. J'envoyai du monde afin de vérifier la véracité de cette nouvelle et, après en avoir reconnu le fondement, j'allai en personne trouver le colonel afin de lui en faire part. Il me remercia et chacun de nous revint garder son camp.

Vers la fin de la nuit (matin du 29) les Arabes assaillirent les Français. Ils arrivaient du côté de la Khanga, sur les derrières du camp, et l'engagement se poursuivit jusqu'au jour. Moi et mes officiers étions près de nos soldats, leur recommandant de ne pas tirer du côté du camp français, pour observer l'accord intervenu entre nous, et pour éviter toute erreur fatale.

Pendant que les deux côtés se trouvaient aux prises, une bande d'Arabes se rua de mon côté, en poussant ses cris d'usage. Je leur envoyai quelques boulets et ils se sauvèrent sur la montagne, poursuivis également par le feu français. A ce moment, le colonel me fit appeler et me demanda s'il pouvait se rendre à Hammamet. Je lui dis qu'il ne le pouvait pas, car la Khanga était pleine d'Arabes et que leur nombre ne ferait que s'accroître. Il apprécia ce bon conseil et il me dit : « Si je quitte cet endroit, lèverez-vous le camp vous aussi? » Je lui dis : « Je n'ai pas d'ordres pour me déplacer » et je revins à mon camp. Peu après, des espions vinrent m'annoncer que les Arabes ne faisaient que s'amasser. J'allai en informer le colonel français : il se décida à se retirer sur Grombalia ; je lui donnai, sur sa demande, trois Mekhaznias pour lui servir de guides. Le colonel opérait sa retraite quand, arrivé à Oued-Eddefeli, il se rencontra avec les Arabes. Et nous, nous restâmes à garder notre camp. Je ne sais pas ce qui est arrivé ensuite.

Le lieutenant-colonel Corréard, non satisfait de ce rapport, persista à accuser Si Taïeb de connivence avec les insurgés. Le lieutenant-colonel français reprochait au kaïmakam tunisien de n'avoir pas attaqué les insurgés quand ils passaient près de son camp, disait que les zouaouas tunisiens suivis de deux cents cavaliers avaient déserté le camp de Si Taïeb pour aller renforcer les insurgés ; et il était convaincu que l'attaque de son aile gauche avait été exécutée par ces transfuges, qui avaient d'ailleurs à leur tête un drapeau ressemblant au drapeau des zouaouas tunisiens, et accusait le colonel tunisien d'avoir refusé de marcher en avant, avec lui, si cela devenait nécessaire, sous prétexte qu'il n'avait pas confiance dans son armée.

Si Taïeb el Mesmouri, interrogé par le ministre de la guerre tunisien, répondit point par point aux accusations du lieutenant-colonel Corréard ; que les Arabes n'étaient pas passés près de son camp mais dans le lointain, qu'il avait néanmoins tiré des coups de canon sur eux et qu'ils s'étaient enfuis vers la montagne ; que ses hommes n'ont pas abandonné son camp et qu'aucun zouaoua n'a attaqué l'aile gauche française, ni avec un drapeau ni sans drapeau, et qu'il avait répondu au colonel français, quand celui-ci lui avait demandé s'il avait confiance dans son armée, que les zouaouas n'étaient pas disciplinés comme des soldats réguliers et qu'il était possible qu'ils se débandassent si un engagement venait à se produire.

N° XLVII

Situation générale des tribus du Sud-Ouest à la fin de septembre.

Nous savons qu'à la suite des combats de Bir-el-Hafaïed, El-Arbaïn et Turki, les Zlass et les Fathnassa s'étaient repliés sur Djebibina où ils se concentraient, sous les ordres d'El Hadj Hassein ben Messaï, pour observer la colonne Sabattier, et que les Riah et les Trabelsia avaient pris le chemin du Djoukar et du Zaghouan. *Les Zlass devant Zaghouan.*

Le 1er septembre on apprend que les Zlass se dirigent vers le pont du Fahs, où doivent les rejoindre les contingents des Riah et des Trabelsia.

Le 9, une forte reconnaissance chargée de vérifier les ressources du village de Lala-bent-Saïdan et l'état de la route de Tunis à Kairouan dans la traversée du défilé de Foum-el-Karrouba, est vivement attaquée à son retour et harcelée jusqu'au camp de Zaghouan.

Le 11, les insurgés (1.000 cavaliers, 1.200 fantassins, Zlass, Riah et Trabelsia) attaquent mollement le camp et se retirent. (Ils ont appris le débarquement de nos troupes à Sousse.)

La majeure partie des Zlass reprend le chemin de Kairouan où ils ont laissé un certain nombre des leurs pour s'assurer de la possession de la ville.

Vers le 11, au soir, 150 Hammema conduits par Youcef ben Ahmed ben Youcef, fils aîné du caïd des Oulad-Redhouan, viennent se joindre aux Riah, aux Trabelsia et aux quelques Oulad-Iddir qui continuent à observer le camp de Zaghouan.

Ces Hammema viennent de faire une campagne malheureuse [1]; après avoir razzié les douars du Sers, ils ont été repoussés d'abord par les Oulad-Aoun qui les ont forcés à se rabattre sur la Kessera, puis attaqués, dès qu'ils eurent franchi l'oued-Ouzafa, par des Oulad-Ayar qui leur enlevèrent les troupeaux qu'ils poussaient devant eux. Youcef ben Ahmed s'inquiète peu de ces échecs. Dès son arrivée, il propose de couper le canal de Zaghouan pendant la nuit. Sa motion est accueillie : entre minuit et une heure quelques insurgés font diversion en attaquant le camp pendant que d'autres coupent l'aqueduc en trois endroits.

Le lendemain 12, les troupes françaises réparent les dégâts.

Le 13, les insurgés font une nouvelle saignée dans la conduite d'eau, non loin des sources; elle est réparée le 14, après une lutte assez sérieuse dans laquelle Youcef ben Ahmed est blessé.

Un bataillon d'infanterie (25e) installe son camp à quelques centaines de mètres de la prise d'eau.

La facilité avec laquelle les insurgés avaient pu accomplir leur œuvre à deux reprises différentes permettait de supposer que les habitants de Zaghouan et le khalifa Khemis ben Aroussi étaient de connivence avec eux.

Le 14, le général Sabattier fit arrêter, comme otages, 15 notables de Zaghouan et imposa à cette ville une contribution de 200 cafis d'orge, 100 bœufs et 200 moutons. Il exigea du khalifa l'engagement formel de prévenir le commandant de la colonne de tous les mouvements des dissidents et lui fit connaître que les otages seraient fusillés si le camp de la prise d'eau ou celui de l'embranchement du canal du Djoukar étaient attaqués sans que l'autorité militaire en fût prévenue [2].

Alors les insurgés se dispersent; les Riah et Trabelsia retournent chez eux; les Oulad-Saïd vont rejoindre les Souassi à Bir-Cedef, près du lac de Sidi-el-Hani, et les Zlass retournent

---

1. Voir plus loin, 2, page 217.
2. Voir tome I, page 70, et tome II, annexe XLIX, la suite des opérations du général Sabattier.

à Kairouan avec les quelques Fathnassa, Koobs et Gouazine qui se sont attachés à leur fortune.

Quant aux Hammema de Youcef ben Ahmed, ils repartent vers le sud en quête de nouvelles aventures.

Kairouan entre alors dans une nouvelle période de désordres quand les Zlass y sont retournés en foule. Bientôt la désunion éclate même dans leur camp. Le cheikh chortia Naceur ben Ali ben Aïssa, des Oulad-Iddir, tue d'un coup de fusil en plein jour, dans une rue des plus fréquentées de Kairouan, le nommé Ahmed ben Lahmar, des Oulad-Khalifa, à la suite d'une discussion au sujet de la possession d'un cheval de razzia.

Les Zlass à Kairouan. Ils se divisent.

A la suite de cet événement, les dissidents se séparent en deux groupes :

Les Oulad-Sendacen, les Oulad-Khalifa, les Fathnassa et quelques Oulad-Iddir vont, sous la conduite d'El Hadj Hassein ben Messaï, se mettre en observation sur la route de Zaghouan à Kairouan.

Le gros des Oulad-Iddir, les Oulad-Saïd, les Souassi et les contingents Neffet qui viennent d'arriver, vont s'établir, sous les ordres d'Ali ben Amara, dans le pays situé entre Sousse et Kairouan, à Aïn-el-Khazazia, où se trouvent des sources abondantes. Cette position est très bien choisie; elle permet de surveiller tout le terrain compris entre le lac Kelbia et celui de Sidi-el-Hani et elle ne peut être tournée.

Quelques douars se réunissent aussi à l'oued-Laya.

C'est de ces deux points que partiront en septembre et octobre 1881 les incursions des dissidents vers le Sahel.

(Malgré toutes ces dispositions, la lutte touchait à sa fin.) Les troupes du camp de Zaghouan et celles qui venaient de débarquer à Sousse devaient incessamment marcher sur la ville sainte[1], pendant que trois colonnes, alors en formation à Tebessa, à Négrine et à El-Oued, pénétreraient dans la Régence par la frontière algérienne.

---

1. Voir tome I, page 75.

214   L'EXPÉDITION MILITAIRE

Les bandes du Sahel.

Au moment où le général Sabattier commençait ses opérations autour de Zaghouan, c'est-à-dire vers la fin du mois d'août, le désordre régnait dans les districts de Sousse, Monastir et Mahédia. Les soldats réfractaires, après avoir fait cause commune avec les dissidents, et principalement avec leurs voisins, les Mettellit, tenaient le pays.

La ligne télégraphique de Sousse à Mahédia avait été entièrement détruite par les insurgés; les israélites des localités de la côte s'étaient réfugiés, par voie de mer, à Sousse et à Monastir restées fidèles toutes deux au parti de l'ordre.

Le 2 septembre, la bande de Sassi Souïlem[1], revenant du combat d'El-Arbaïn, était rentrée à Kalaa-Kebira, y rapportant ses morts et ses blessés. Le khalifa essaya de ramener ses administrés, mais ses efforts restèrent sans succès comme le mois précédent[2]. Loin de paraître découragés par leurs pertes dans l'engagement avec la colonne Corréard, les insurgés brûlaient du désir de venger leurs morts; ils remplacèrent Sassi Souïlem par le nommé Ali ben Mabrouk et recommencèrent à porter la terreur jusqu'aux portes de Sousse.

Les Européens habitant les trois grandes villes du Sahel commençaient à perdre confiance; la peur gagnait surtout la population juive. L'arrivée de nos troupes vint heureusement ramener le calme dans les esprits.

Débarquement à Sousse du lieutenant-colonel Moulin. Opérations contre les bandes du Sahel.

Dans les premiers jours de septembre, les bataillons des 48e, 66e et 116e, sous les ordres du lieutenant-colonel Moulin, débarquèrent à Sousse[3].

Le lieutenant-colonel fit prévenir les insurgés, par le gouverneur du Sahel, Mohamed el Baccouch, qu'il ne leur serait fait aucun mal s'ils rentraient dans l'obéissance. Ces avis ne produisirent aucun effet.

---

1. Voir plus haut annexe n° XLVI, fin de la note de la page 207.
2. Voir tome I, note 2, page 61.
3. Le débarquement des troupes à Sousse devait avoir lieu plus tôt. La retraite de la colonne Corréard retarda cette opération. Les troupes destinées à l'exécuter furent employées, par le général Logerot, à couvrir Tunis. (Voir tome I, note 4, page 63.)

Le 14 septembre, les navires de l'escadre embossés dans le port de Sousse envoient dans le village de Kalaa-Kebira une quinzaine de projectiles; les habitants s'enfuient dans les jardins.

Le lendemain, nos troupes marchent sur le village. Après un combat d'une demi-heure, la bande d'Ali ben Mabrouk est dispersée; l'artillerie ouvre son feu sur les principales maisons du village; un drapeau blanc est hissé sur le minaret de la grande mosquée.

La colonne se reforme, traverse Kalaa-Kebira, détruit deux magasins et rentre à Sousse le soir même.

A ce moment les contingents d'Ali ben Amara, les Metellit et les déserteurs de Saâd el Guem et de El Hadj Ali ben Khedidja[1], qui avaient été prévenus tardivement du mouvement que les troupes françaises allaient opérer sur Kalaa-Kebira, arrivaient dans ce village. Ils y passèrent la nuit et retournèrent chez eux dès le lendemain.

Le 19 septembre, les insurgés, apprenant que le lieutenant-colonel Moulin doit faire une sortie sur Djemmal, vont se poster dans les bois d'oliviers situés au sud-est de Sahaline.

Ils sont au nombre de trois mille et appartiennent :

aux Zlass;

aux Souàssi (commandés par Salah ben el Hafsi);

aux Metellit (commandés par les cheikhs Ferdjani et El Hadj Srir);

aux Oulad-Saïd (commandés par Ali bou Zian);

aux bandes de Djemmal et de Saâd el Guem, auxquelles se sont joints quelques indigènes des villages du Sahel amenés, par intimidation, à prendre part à la lutte.

Le 20, au matin, la colonne française débouche du côté de Sousse. Après une fusillade de quelques instants, les contingents à pied des villages de la région s'enfuient; les cavaliers essaient, en vain, de prolonger le combat; ils sont bientôt dispersés.

---

1. Voir tome I, note 2, page 61.

Les Souassi et les Metellit avaient, à eux seuls, supporté presque tous les efforts de nos troupes.

Après l'engagement la colonne française effectua son retour sur Sahaline et, le lendemain, elle rentra à Sousse.

Le 25, la ligne télégraphique de Sousse à Monastir est réparée sans incidents.

L'occupation de Sousse, les combats de Kalaa-Kebira et de Sahaline, la connaissance de l'insuccès des différentes attaques tentées contre le camp de Zaghouan et de la marche du général Sabattier vers le sud[1] font tomber l'enthousiasme des insurgés dans le Sahel.

Du 25 au 27 septembre, 1.500 déserteurs viennent se constituer prisonniers à Sousse; ils sont dirigés sur Tunis. Seuls, les compagnons du sergent Ould el Bahar[2], de Ksour-es-Sef, refusaient de faire leur soumission. Le 28, ils allaient à Moknine et à Djemmal et réussissaient à entraîner à leur suite quelques insoumis de ces deux villages; puis ils rejoignirent El Hadj Srir, le chef des Metellit insurgés de cette région, au lieu dit Hanichad, sur le territoire des Oulad-Naçeur (Metellit) et à environ 20 kilomètres de Mahédia[3].

Les Oulad-Aoun. Nous avons vu, jusqu'ici, les Oulad-Aoun persister à se tenir en dehors du mouvement insurrectionnel[4].

Nous savons comment ils répondirent aux invitations des Zlass en leur disant qu'ils étaient intimement liés par leurs engagements aux Oulad-Ayar; ils avaient également essayé d'échapper aux démarches d'Ali ben Ammar en lui faisant remarquer qu'ils se trouvaient naturellement en relations avec les Zlass et qu'ils ne pouvaient agir que de concert avec ces derniers.

Ali ben Ammar ne s'était pas contenté de ces explications et

---

1. Voir plus loin, annexe n° XLIX, page 237.
2. Voir tome I, note 2, page 61.
3. Voir la suite des opérations autour de Sousse, annexe n° LIV.
4. Voir note 1, annexe XLIII, page 193.

il s'était avancé à la tête de 5 ou 600 cavaliers jusqu'à Aïn-el-Guenah ; il n'intimida pas les Oulad-Aoun[1].

Vers la fin d'août, un parti de Zlass et de Hammema, qui venait de piller les environs du Kef et du Sers, pénétra sur le territoire des Oulad-Aoun. Repoussés par les contingents de la tribu, les pillards avaient voulu se rejeter sur la Kessera ; mais, traqués par les montagnards de la région, ils avaient dû fuir, abandonnant les troupeaux qu'ils poussaient devant eux.

Peu de temps après on les retrouvait, en compagnie de Youcef ben Ahmed, tiraillant sur le camp de la 5e brigade, à Zaghouan[2].

Cette agression éveilla cependant les craintes des Oulad-Aoun ; ils se dirent que la neutralité absolue dans laquelle ils s'enfermaient devait donner aux dissidents un excellent prétexte de razzias et de pillages.

Les fauteurs de désordres mirent à profit ce sentiment. Mohamed bou Kris, chez les Oulad-Yahia, Mohamed el Bouiri et le cheikh Bou Abena, chez les Oulad-Aoun, recommencèrent avec ardeur leur propagande. Bientôt ils purent réunir des contingents assez nombreux qui choisirent pour caïd insurrectionnel Bou Abena, lequel prit Mohamed bou Kris pour khalifa.

L'exemple des Oulad-Aoun et des Oulad-Yahia encouragea les gens de la Kessera. A leur tour, obéissant aux instigations du nommé El Hadj Mohamed ben Ramdan, ils manifestèrent hautement leur intention de se joindre au parti de la résistance et dénoncèrent à Bou Abena leur khalifa Mohamed el Borni qui refusait d'embrasser avec eux la cause de l'insurrection.

Le caïd chortia envoya aussitôt une trentaine de cavaliers à la Kessera pour arrêter le khalifa récalcitrant, qui obtint cependant, en raison de son état de santé, qu'on lui permît de vivre tranquille.

---

1. Voir plus loin, 2, page 225.
2. Voir plus haut, 1, page 212.

Dans les premiers jours de septembre, Bou Abena, ayant pu grouper autour de lui huit cents cavaliers ou piétons des Oulad-Aoun et de la Kessera, s'installa à Aïn-Mezeta, chez les Oulad-Yahia qui lui fournirent des renforts que vinrent grossir, peu après, les gens du Bargou.

D'Aïn-Mezeta, il se mit en marche vers Zaghouan, pour faire sa jonction avec El Hadj Hassein ben Messaï; mais le caïd des Oulad-Iddir s'était replié brusquement sur Kairouan à l'annonce du débarquement des troupes françaises à Sousse et il ne devait reparaître, devant la 7ᵉ brigade, que trois semaines plus tard.

Nous verrons plus loin[1] que Bou Abena, culbuté en deux rencontres, se replia en toute hâte. Ses contingents, rentrés dans leur pays, se dispersèrent, bien décidés à ne plus tenter pareille aventure, si les circonstances ne les y obligeaient pas d'une façon absolue.

Les Hammema depuis la réunion de Sbeitla.

Les Hammema, aussitôt après la réunion de Sbeitla, s'étaient mis en campagne pour aller inquiéter et surtout razzier les populations soumises.

Ils se dirigèrent d'abord sur Sbiba et de là se répandirent vers le Sers, où vinrent les rejoindre les contingents des Oulad-Ayar et quelques Beni-Rezg.

Bientôt le pays fut sillonné par leurs coureurs.

Leurs opérations furent aussitôt fructueuses, car, dès le 25 août, ils se réunirent au Sers pour procéder au partage du butin rapporté par les pillards. Les Hammema se firent la part du lion; ils s'adjugèrent les chevaux et les chameaux, laissant aux Oulad-Ayar les bœufs et les mulets, et le menu bétail aux groupes des différentes tribus qui étaient venus leur prêter leur concours.

Le partage donna lieu naturellement à une rixe; l'entente ne fut pas longtemps troublée, car, dès le 27, les coureurs reparurent dans la plaine du Kef; mais ils trouvèrent le pays

---

1. Voir annexe XLIX, page 239.

à peu près évacué et, après avoir opéré quelques razzias peu importantes, ils reprirent le chemin du Sers.

On était alors dans les premiers jours de septembre. Les Hammema venaient d'apprendre la marche de la 5ᵉ brigade sur Zaghouan; la majorité manifestait l'intention de se porter à la rencontre des troupes françaises; mais il était, avant tout, indispensable de mettre le butin en sûreté.

Dès le 3 septembre, les Hammema commencèrent leur mouvement de retraite vers le sud, poussant devant eux les troupeaux volés pendant le mois précédent. Un groupe de cent cinquante cavaliers, commandé par Youcef ben Ahmed[1], s'était seul dirigé vers le territoire des Oulad-Aoun pour tenter encore quelques coups de main. Nous avons vu[2] comment il fut accueilli et comment, rejeté sur la Kessera, il fut razzié à son tour par une bande de gens des Oulad-Ayar.

Youcef ben Ahmed put néanmoins gagner avec les siens le pays des Zlass et de là se porter sur Zaghouan, où il contribua pour une large part aux attaques du camp français les 12 et 13 septembre[3].

Les Fraichich après la réunion de Sbeitla.

El Hadj Harrat, de son côté, était entré dans la période d'action. Après avoir pénétré sur le territoire des Zeghalma non insurgés, il avait poussé une pointe chez les Khememsa, tandis que ses coureurs arrivaient jusque dans la vallée de l'oued-Mellègue. El Hadj Harrat ne devait pas donner plus d'extension au mouvement qu'il avait prononcé vers le nord. Les besoins de sa cause lui interdisaient de prolonger son absence; il lui importait d'empêcher Ali Sghir de ressaisir l'influence qu'il avait perdue depuis les derniers événements.

En partant de Sbeitla, Ali Sghir s'était retiré près de la source de l'oued-Derb, entre Kasserine et Feriana. Il avait essayé de grouper en ce point tous les Oulad-Ouzzez; mais,

---

1. C'est le fils aîné de Ahmed ben Youcef, caïd des Oulad-Redhouan et chef du mouvement insurrectionnel chez les Hammema.
2. Voir 2, page 217.
3. Voir 2, page 217, et 1, page 212.

sous la pression d'El Hadj Harrat, la débandade avait déjà commencé parmi ces derniers.

Les Oulad-Asker, proches voisins des Hammema et, comme eux, toujours en l'air, avaient donné le signal de la débâcle et leur exemple avait été suivi par les Zaaba et les Forda, qui n'hésitèrent pas, quelques jours plus tard, le 10 septembre, à razzier, à 4 kilomètres de notre camp de Tenoucla[1], le douar Zeghalma appartenant à la tribu des Oulad-Sidi-Abid algériens.

Leur but était de compromettre le caïd Ali Sghir et d'activer la défection des autres cheikhs des Oulad-Ouzzez.

Leurs espérances ne furent pas complètement déçues; plusieurs fractions, sans entrer ouvertement dans la lutte, prirent aussitôt des campements séparés et refusèrent de se soumettre aux ordres de leur caïd.

Vers le 20 septembre, Ali Sghir, dont le commandement officiel comprenait, outre les Oulad-Azzez, les Oulad-Nadji, les Cheketma et les Fouad des Madjeur récemment placés sous ses ordres (ce qui constituait un ensemble d'environ 10.000 tentes), n'en avait plus auprès de lui que 500 appartenant aux Baaça, aux Forda, aux Oulad-Moussa, aux Afiaf et aux Haneidra, des Oulad-Ouzzez.

Les Cheketma et les Fouad, sur lesquels il n'avait pu étendre son autorité, ne s'étaient pas prononcés cependant pour l'insurrection; ils étaient campés, les uns au djebel-Maïza, près de la Rouhia, et les autres au djebel-Hanech[2], attendant anxieusement la fin des désordres qui les environnaient.

Les Oulad-Nadji étaient restés étroitement attachés à leur caïd El Hadj Harrat.

A cette époque (vers le 20 septembre), on pouvait considérer comme acquis à l'insurrection, dans cette région :

1° tous les Ourtan;
2° la moitié des Zeghalma;

---

1. Aïn-Tenoucla, à 10 kilom. sud-est de Tébessa.
2. Djebel-Bou-el-Hanêche (1.231 mètres), à 15 kilom. au nord de Thala.

3° tous les Oulad-Nadji ;

4° les Oulad-Asker, les Ksarnia, les Haneidra et les Zaaba des Oulad-Ouzzez ;

5° les Zemala des Oulad-Ali ;

6° les Oulad-Mehenna des Madjeur ;

7° les Oulad-Tlil.

Les forces insurgées du sud-ouest de la Régence étaient alors réparties de la façon suivante :

1° au djebel Semmama[1], les Oulad-Nadji et les Oulad-Amran des Mehenna ;

2° entre Sbeitla et Kasserine, les Zemala des Oulad-Ali ;

3° à Sbeitla, les Oulad-Asker, les Ksarnia, les Haneidra des Oulad-Ouzzez, les Oulad-Tlil, une partie des Oulad-Maamar, les Harakra, et les Oulad-Bou-Nouma des Madjeur.

4° à Sbiba, quelques tentes des Mehenna ;

5° à El-Abaïd[2], les Oulad-Khalifa et les Nemahlra des Mehenna ;

6° dans le Guemonda[3], les Oulad-Aziz et les Oulad-Redhouan ;

7° à l'oued-Oum-el-Ksob, les Zaaba des Oulad-Ouzzez et une partie des Oulad-Slama.

Les Ourtan et la moitié des Zeghalma, qui s'étaient prononcés pour l'insurrection, étaient restés sur leurs territoires.

Il en était de même des Oulad-Slama résidant dans le Faouar, au sud de Gafsa, des Oulad-bou-Yahia (Oulad-Maamar) et des Oulad-Yahia (Oulad-Aziz), qui campent les uns et les autres aux abords des oasis du Djerid, d'El-Guettar, de Gafsa, de Tamerza et près de Gourbata.

Sauf la fraction des Zemala, les Oulad-Ali s'étaient tenus en dehors de l'agitation générale.

Les Oulad-Ali (Haouafed, Oulad-Rhida, Guemata, Aiachera)

---

1. Djebel-Semmama (1.313 mètres), à 20 kilom. au nord de Kasserine.
2. El-Abaïd, au nord du djebel-Halouk-el-Mekhila.
3. Rive droite de l'oued-Fekka, à 40 kilom. au sud-est de Sbeitla.

s'étaient retirés au djebel-Chaar[1], montagne boisée située à l'est de Heydra ; leur attitude était bonne, mais il était évident qu'ils succomberaient sous peu aux instances pressantes d'El Hadj Harrat[2].

(El Hadj Harrat, ayant avec lui les contingents des Oulad-Asker et des Haouafed, occupe El-Breck, localité voisine du territoire des Madjeur).

Le 22 septembre, Ali Sghir, voyant que la situation s'aggravait de plus en plus, écrivait au commandant supérieur du cercle de Tébessa, pour mettre à sa disposition les cavaliers qui lui étaient restés fidèles, et les moyens de transport que pouvaient fournir les 500 tentes des Oulad-Ouzzez qu'il avait pu maintenir dans le devoir.

Il demandait, en même temps, l'autorisation de se réfugier sur le territoire algérien dans le cas où il serait attaqué par les dissidents, chose qui lui paraissait imminente.

Cette dernière faveur fut accordée à Ali Sghir, et elle acheva de l'attacher à notre cause.

Ahmed ben bou Rougâa (nommé plus tard caïd des Oulad-Sidi-Abid, en récompense des services rendus à la tête des goums de la colonne de Tebessa et de la 6ᵉ brigade) avait été chargé par Ali Sghir de porter son message ; il donna au commandant supérieur de Tébessa de nombreux renseignements qui nous furent d'un grand secours dans la suite.

Cependant les Oulad-Ali commençaient à se laisser influencer par El Hadj Harrat ; un événement inattendu vint tout à coup hâter leur évolution.

Ahmed el Hafnaoui Ould si Mustapha ben Azouz, de Nefta, revenant de Tunis où il avait perdu un procès devant le représentant de l'autorité française, contre Si el Haouçin Ould Si

---

1. Djebel-Char. Kef-Chguega (1.319 mètres) à 4 kilom. au sud de Thala.
2. Ali Sghir avait essayé, à plusieurs reprises, de s'entendre avec El Hadj Gaïd pour le maintien de l'ordre ; ses démarches étaient restées sans résultat, le caïd des Oulad-Ali regardant avec une méfiance égale les partis en présence ; il désirait la paix et prétendait ne se mêler en rien aux questions qui divisaient les Oulad-Ouzzez et les Oulad-Nadji (voir annexe n° XLIII, note 1, page 195).

Ali ben Amor, de Tolga (Sidi-Okba), s'arrêta à Tala, chez les Fraichich, et y prêcha la révolte.

Les Oulad-Ali l'écoutèrent et quelques jours après rapprochèrent leurs campements d'El Hadj Harrat.

Vers le 10 octobre, Ali Sghir fit encore une vaine tentative pour les dégager des mains de l'ex-caïd des Oulad-Nadji; le 16, menacé de toutes parts, il quitta Ras-Oued-ed-Derb et se réfugia sur le territoire algérien[1].

Les Oulad-Ayar depuis la réunion de Sbeitla. Ali ben Ammar réunit les combattants.

Nous savons qu'Ali ben Ammar, le 15 août, à la réunion de Sbeitla, s'était rallié avec enthousiame à toutes les propositions d'Ahmed ben Youcef.

Dès le lendemain, Ali ben Ammar reprit le chemin de son territoire.

Son voyage se fit sans incident; mais en arrivant chez lui il trouva un ouda-bachi et 6 hambas, venus de Tunis avec mission du gouvernement du Bardo de l'arrêter ainsi que les perturbateurs des Oulad-Ayar. Les agents du bey furent bien accueillis; ils reçurent une large hospitalité et, finalement, furent invités à retourner à Tunis. L'ouda-bachi, généreusement payé, dit-on, mais certainement peu rassuré par ce qu'il avait vu, obéit sans hésitation à l'injonction d'Ali ben Ammar.

Peu après, Ahmed Abou était remplacé dans son commandement des Oulad-Ayar par Mohamed Salah ben Ali Debbich. Il est difficile de dire sous quelle influence se fit cette nomination; peut-être Mohamed es Saddok espérait-il séparer les deux anciens internés qui s'étaient étroitement liés l'un à l'autre dans l'adversité et amener ainsi la division chez les Oulad-Ayar.

Mais Mohamed Salah comprit son infériorité vis-à-vis d'Ali ben Ammar et l'accepta avec d'autant plus de facilité qu'il ne

---

1. Nous avons étudié l'évolution et les progrès du mouvement insurrectionnel chez les Fraichich jusqu'au moment où ils se divisent nettement en deux camps:
La plus grande partie, insurgée, avec El Hadj Harrat;
Un petit nombre de fidèles se réfugiant, avec Ali Sghir, sur notre territoire.
2. Voir annexe n° XLIV, page 203.

désirait pas entrer en lutte avec son ancien compagnon d'infortune.

Pendant ce temps, les contingents des Hammema[1] étaient revenus dans la région du Kef, toujours avec l'intention avouée d'attaquer la place, de l'isoler de Tunis et de couper la voie ferrée.

En passant au khanguet-Effras, vers le 29 août, ils avaient été rejoints par de forts partis d'Oulad-Ayar et de Beni-Rezg, et par des groupes isolés appartenant à différentes tribus de l'Ounifa.

A la même époque on signalait une incursion des Fraichich chez les Zeghalma[2].

Comme nous l'avons vu précédemment, les razzias se succédèrent à peu près sans interruption jusqu'aux premiers jours de septembre, époque à laquelle les Hammema, satisfaits du butin qu'ils avaient récolté[3], rentrèrent sur leur territoire, oubliant d'accomplir la tâche qu'ils s'étaient imposée[4].

Ali ben Ammar avait été vivement contrarié par le mouvement de retraite des Hammema, non seulement parce qu'il avait espéré mettre leur concours à profit, mais encore parce qu'il les voyait échapper complètement à sa surveillance et à son action. Il se demandait avec inquiétude si ces dangereux voisins, dont il connaissait la mobilité de caractère et d'hu-

---

1. Voir page 218.
2. Voir page 219.
3. Voir page 219.
4. Le 24 août, Si Mohamed Djellouli (voir note 2, annexe n° XLIII, page 199) avait quitté Le Kef pour se rendre à Tunis où l'appelaient, disait-il, de graves intérêts.

Malgré les brigandages commis par les dissidents et les indices qui dénotaient de toutes parts un état de choses des plus alarmants, Si Djellouli n'avait cessé de montrer, jusqu'à son départ, un optimisme que rien ne pouvait ébranler. Il accueillait même fort mal les personnes qui ne partageaient pas son opinion à cet égard. C'est ainsi que les cheikhs et les notables des tribus voisines du Kef et de la ville même lui ayant exposé leurs alarmes, au moment où ils venaient lui faire leurs adieux, il leur imposa brusquement silence en leur disant avec une grossièreté qui contrastait avec son urbanité habituelle : « Vous mentez. »

La veille de son départ, appelé une dernière fois à formuler son appréciation sur la situation du pays, il avait déclaré que tout était en bonne voie et que l'agitation ne tarderait pas à se calmer.

meur, ne profiteraient pas du moment où ses forces seraient engagées avec les troupes françaises pour faire incursion sur leurs derrières et mettre les biens des Oulad-Ayar au pillage.

Mais il n'était plus temps d'hésiter. Le gouvernement beylical venait d'envoyer vers Testour la colonne d'Ali Bey, récemment formée.

Ali Bey[1], qui avait disparu un moment de la scène politique, après une campagne malheureuse, reparaissait alors, bien amoindri, soigneusement surveillé et contraint d'agir conformément à notre volonté et à celle de son frère, Mohamed es Saddok.

Ali ben Ammar apprit l'arrivée de la colonne tunisienne pendant qu'il était au Sers, où il faisait tous ses efforts pour augmenter le nombre de ses partisans que le départ des Hammema avait fortement réduits. Le 6 septembre, il se rendit chez les Oulad-Aoun avec lesquels il eut une entrevue à Aïn-Medheja; il leur demanda instamment de se joindre à lui; les Oulad-Aoun lui firent beaucoup de promesses et restèrent chez eux[2].

Le 8 septembre, Ali ben Ammar écrivit aux Madjeur, aux Fraichich, aux Ourtan, aux Zeghalma et aux tribus voisines du Kef, pour les inviter à se porter avec lui contre le bey du camp. Il put réunir, vers le 10 septembre, à Ellez, environ douze cents combattants[3].

Dans la deuxième quinzaine du mois, des Khememsa, des Doufan, des Oulad-Yacoub, des Touaba et des Gouazine vinrent encore grossir les forces des dissidents.

A cette même époque, un ancien cheikh nommé Sliman el Azar convoquait les Drid. La lettre de convocation ne contenait aucune indication sur le but de cette prise d'armes[4].

---

1. Voir, note 2, annexe XXIV, page 150.
2. Voir plus haut, 1, page 217.
3. Ali ben Ammar n'a avec lui ni femmes ni enfants; il n'a que des combattants.
4. Il est possible, écrivait le colonel de la Roque, le 14 septembre, à ce sujet, que la convocation soit faite en vertu des ordres du gouvernement tunisien; si

Les Drid réunissent cependant leurs cavaliers et leurs fantassins.

Quant à Ali ben Ammar, il attendait impatiemment la venue des renforts promis par les Fraichich et les Madjeur.

Ces derniers, qui s'étaient rassemblés à Sidi-Megherine, près de la Rouhia, ne se mirent en marche que dans la deuxième quinzaine de septembre; ils rallièrent le 18, à Ellez, le caïd insurrectionnel des Oulad-Ayar.

Le 20, les forces réunies sous le commandement d'Ali ben Ammar pouvaient être évaluées à plusieurs milliers d'hommes.

A ce moment, toutes les tribus voisines du Kef, moins les Charen et les Ouargha, peuvent être considérées comme étant en plein état d'insurrection. Les communications de la ville avec Tunis ne se font plus que par la route de l'oued-Meliz, la seule restée sûre [1].

N° XLVIII

Opérations d'Ali ben Ammar vers le nord. [a]

Le 21 septembre, Ali ben Ammar reçut, à la Ghorfa [2], la visite de deux personnages que lui envoyait Ali Bey. Après un long entretien, qui n'a pas été divulgué, les deux délégués du bey du camp repartirent pour rejoindre leur maître.

Selon toute probabilité, Ali Bey avait tenté d'ébranler les résolutions d'Ali ben Ammar en lui reprochant son attitude

---

la colonne du bey reprend sa marche, les Drid se joindront à elle; mais si cette colonne, comme on le prétend, se désagrège par la désertion, il est probable qu'ils iront grossir, avec leurs contingents, le groupe commandé par Ali ben Ammar, qui, peut-être, attend cette éventualité.

1. Voir, annexe n° XLVIII, les opérations d'Ali ben Ammar.

a. Voir le croquis n° V.

2. Ali ben Ammar est à El-Ghorfa. Il envoie fréquemment de fortes reconnaissances vers le khanguet El-Gueddin, à l'entrée orientale duquel il a un poste de garde. Des groupes de 150 à 200 chevaux vont souvent à El-Bahara et jusqu'à la route de Nebeur. Des vigies sont postées sur des pitons du Dyr, de façon à voir

vis-à-vis du souverain de la Régence et en lui dépeignant toute l'horreur de la lutte fratricide qu'il allait entreprendre.

C'est du moins ce que tendraient à prouver les paroles que le chef insurgé répéta à plusieurs reprises les jours suivants, en proclamant qu'il ne faisait pas la guerre au bey, mais qu'il se révoltait contre les Français[1].

Le 24 septembre, il quitta la Ghorfa[2] pour aller camper à Aïn-Hedja, près de Teboursouk, laissant dans le djebel-Bahara un contingent nombreux, sous les ordres de Salah ben Hamouda.

Le 29, il arrivait à Aïn-Tunga, à 9 kilomètres de Testour, où se trouvait le camp d'Ali Bey.

On était à la veille du massacre de l'oued-Zergua.

Massacre de l'oued-Zergua (30 septembre).

Dans l'après-midi, les principaux chefs de la bande qui devait exécuter cette lâche agression se présentaient à Ali ben Ammar et lui exposaient leur projet de détruire la voie ferrée et de porter la dévastation, l'incendie et la mort de Béja à Medjez-el-Bab, si les circonstances le permettaient.

Ali ben Ammar promit d'appuyer cette opération de son concours.

Le lendemain, 30 septembre, un groupe d'environ 600 hommes quittait Aïn-Tunga et se dirigeait, par la Silianah, sur la

---

cette route; elles ont l'ordre d'allumer des feux au cas où une petite troupe s'engagerait dans cette direction.

Son but est évidemment de chercher, dans la surprise d'un convoi, un de ces succès faciles qui n'en ont pas moins un grand prestige aux yeux des indigènes.

1. Voir, tome I, page 65.
2. En se mettant en route, Ali ben Ammar avait annoncé qu'il se portait vers la voie ferrée, pour la détruire.

Le colonel de la Roque a eu immédiatement connaissance de ce mouvement et de son but.

Le plan du colonel de la Roque est d'attendre qu'Ali ben Ammar se soit éloigné d'une ou deux journées encore, afin de ne pas attirer vers Le Kef le gros de ses contingents dont l'arrivée serait le signal de la débâcle générale.

En même temps, le colonel voudrait que les tribus de l'Ounifa, après avoir replié leurs troupeaux, occupent chacune un bon point de défense. Cet ensemble formerait autour du Kef, vers le sud, un demi-cercle sur lequel il pourrait soutenir le point menacé (par les Fraichich et les Madjeur).

gare de l'oued-Zergua, de façon à n'y arriver qu'après le départ des deux trains qui s'y croisent dans la matinée[1].

Au confluent de la Silianah et de la Medjerdah, la bande se divisa en deux fractions : l'une, sous les ordres du frère d'Ali ben Ammar, Ahmed, continua à marcher sur l'oued-Zergua ; l'autre, qui devait se grossir en route d'une grande partie des Mezougha et des gens de la région qui avaient été les promoteurs du massacre, prit la route de Testour à Béja.

Le crime devait se consommer sur trois points : le kilomètre 98, le kilomètre 97 et la gare de l'oued-Zergua.

Il y avait au kilomètre 98 deux maisons : l'une habitée par M. Morisseau, piqueur, l'autre par son chaouch et le nommé Touati, son domestique.

A 10 h. 30, M. Morisseau, qui venait de descendre du train, se dirigeait vers sa demeure quand les cris de ses gens lui signalèrent le danger. Les Arabes, en effet, à peine le train disparu dans les gorges de Mezougha, s'élançaient à l'assaut des deux habitations.

Le piqueur put heureusement gagner la maison de garde n° 30, où se trouvaient deux conducteurs de travaux, et à l'aide de vagonnets, tous se replièrent sur Béja où ils arrivèrent à midi, ayant recueilli sur leur trajet une trentaine d'ouvriers de divers chantiers.

Quatre Européens se trouvaient encore dans les deux habitations du kilomètre 98 : le domestique du piqueur, son frère Salvator, un Maltais nommé Faruggia et un Français nommé Guibramente.

Le premier, gravement blessé, échappa comme par miracle à la mort ; le deuxième fut tué raide ; quant aux deux autres, couverts de blessures, ils furent achevés dans un brasier qu'allumèrent les forcenés.

---

[1]. A partir du 27 septembre, par ordre du général Logerot, un détachement de 25 hommes, commandé par un officier, monte chaque jour dans le train partant à 5 heures du matin de Ghardimaou, va jusqu'à Souk-el-Arba et rentre à Ghardimaou à 12 h. 24 ; il assure la sécurité de la voie. Un service analogue est organisé entre Souk-el-Arba et la Manouba.

Leur œuvre terminée, les assassins craignant sans doute l'arrivée d'un train qui pouvait amener des troupes de Béja, se replièrent vers la gare où se trouvait Ahmed ben Ammar.

En même temps, cinq ouvriers qui travaillaient sur la voie, au kilomètre 97, avaient été surpris et écharpés.

A l'oued-Zergua, les assaillants avaient attaqué d'abord la maison de garde n° 26, où se trouvait un Français, M. Grand, qui, prévenu à temps par un employé indigène de la voie, Mohamed Chaouch, avait pu se jeter dans une citerne voisine et s'y blottir. Il demeura dans cette retraite toute la journée sans que personne songeât à le chercher dans ce refuge. Mohamed Chaouch fut insulté, frappé, dépouillé de ses vêtements, puis conduit au camp d'Ali ben Ammar. Il eut la vie sauve et devait devenir plus tard un témoin à charge bien gênant pour beaucoup d'indigènes qui niaient toute participation au massacre.

Ahmed ben Ammar avait dirigé lui-même l'attaque de la station de l'oued-Zergua. Après l'assassinat du chef de gare, M. Raimbaut, il fit déposer le cadavre sur un bûcher auquel les meurtriers mirent le feu en même temps qu'aux bâtiments et aux vagons rangés devant la gare; ils employèrent pour cela le pétrole qu'ils avaient trouvé dans les magasins de la compagnie.

La nouvelle de l'incendie et du massacre avait été connue à Tunis dans l'après-midi. A onze heures du soir, le lieutenant-colonel Debord partait de la Manouba avec 2 compagnies du 73e pour opérer une reconnaissance du côté de l'oued-Zergua[1].

---

1. Le lieutenant-colonel et les deux compagnies descendirent du train, le 1er octobre au matin, à l'oued-Zergua, — remontèrent la voie jusqu'à Beja, la réparant; ils ramenaient avec eux les cadavres des employés qui déraillèrent une première fois.

Dans l'après-mdi, ils reprirent à Beja un train qui devait les ramener à la Manouba; à 5 h. 30 du soir, ce train (qui portait le détachement, une quinzaine de malades, les cadavres transportés d'abord à Béja et des chevaux de remonte) dérailla; aussitôt, accoururent de toutes parts des indigènes armés qui, profitant du désordre, tiraillèrent vivement sur le convoi en détresse. Il y eut un moment

Le train qui les ramenait le 1ᵉʳ octobre de Béja à la Manouba dérailla vers 5 heures et demie du soir ; le détachement, aussitôt en butte à une vive fusillade, dut se replier par une longue marche de nuit sur Medjez-el-Bab.

Ahmed ben Ammar était retourné dès la veille auprès de son frère ; les deux compagnies du 73ᵉ n'avaient été inquiétées que par les contingents des Mezougha et des différentes fractions établies aux environs de l'oued-Zergua.

Combat de Téstour (2 octobre). — Le 2 octobre, Ali ben Ammar, jugeant ses forces suffisantes et comptant sur l'impression produite par les derniers événements qu'il avait représentés comme une éclatante victoire, se dirigea sur Testour, où se trouvait la colonne du bey du camp.

Ali Bey avait été prévenu de sa marche et l'attendait.

La lutte ne tarda pas à s'engager entre les deux partis en présence, au milieu d'un tumulte indescriptible, des cris des combattants, des insultes qu'ils se prodiguaient ; toutefois ils se faisaient peu de mal.

L'action durait depuis une heure environ, sans que le dénouement se fût encore dessiné, lorsque tout à coup les Drid de l'amelat de Téboursouk, faisant défection, attaquèrent en queue les contingents insurgés et les mirent en complète déroute.

---

de panique chez les hommes du 73ᵉ (arrivés depuis huit jours en Tunisie). Le lieutenant-colonel Debord put cependant ramener son monde à pied à Medjez-el-Bab, où il arriva le 2 octobre, à 9 heures du matin, après avoir fait une marche de 32 kilomètres sans nouvel incident.

Le 2 octobre, à la tombée de la nuit, le lieutenant-colonel Vinciguerra (du 121ᵉ d'infanterie), commandant supérieur de Béja, monta en train spécial avec 8 hommes, alla chercher les 19 wagons du train déraillé le 1ᵉʳ octobre, ramena les cadavres et les inhuma à la gare de Béja ᵃ.

(Les documents consultés, concernant les événements survenus sur la voie ferrée les 1ᵉʳ et 2 octobre, bien qu'ils aient été établis par le lieutenant-colonel Vinciguerra, commandant supérieur de Béja, le commandant Abria, commandant à Fernana, et le chef de gare de Souk-el-Arba, sont confus et contradictoires.)

La voie est coupée à de nombreux endroits, entre les kilomètres 99 et 69. Les ouvrages d'art sont partiellement détruits. L'exploitation devient impossible et, pour ne pas exposer inutilement la vie des employés depuis Béja, ils sont repliés sur Ghardimaou.

a. La station de Béja-gare est maintenant dénommée « Pont de Trajan ».

L'attitude des Drid, en cette circonstance, a donné lieu à bien des suppositions qui n'ont jamais pu être suffisamment justifiées. Leur évolution fut-elle spontanée, ou, comme on le prétend généralement, fut-elle le résultat des intrigues d'Ali Bey?

Cette dernière hypothèse paraît la plus vraisemblable.

Le frère de Mohamed es Saddock eût vivement désiré ne pas combattre Ali ben Ammar. Les démarches qu'il avait faites auprès du caïd insurrectionnel des Oulad-Ayar quelques jours avant l'engagement de Testour, et sa conduite antérieure, ne laissent aucun doute à ce sujet.

Mais il avait auprès de lui, comme soutien, deux bataillons d'infanterie française placés sous les ordres du colonel Menessier de la Lance[1]; il s'était donc vu dans la nécessité absolue de faire bonne contenance, quels que fussent ses sentiments et ses sympathies.

Ne pouvant refuser le combat, il ne lui restait qu'à s'assurer du succès en subissant le moins de pertes possible. Il avait eu recours alors à une manœuvre de guerre toute orientale, qui consiste à faire battre ses adversaires par leurs propres partisans.

C'est ainsi qu'il avait sollicité la défection des Drid en leur promettant, selon toute probabilité, de leur accorder l'aman sans leur imposer de conditions. L'insistance qu'il mit plus tard à recevoir les demandes de soumission des Drid malgré les observations que lui adressaient à ce sujet les autorités militaires, son empressement à recommander au général d'Aubigny quelques personnalités manifestement reconnues comme ayant participé aux faits insurrectionnels les plus graves, prouvent qu'il avait pris, envers ceux qui trahirent Ali ben Ammar, des engagements qu'il avait à cœur de tenir pour éviter des indiscrétions qui eussent considérablement nui à sa popularité[2].

---

1. Colonel du 11e régiment de hussards.
2. Voir plus loin : Annexe LVI, page 252, et annexe LVIII, page 285, note 2.

Opérations de Salah ben Hamouda.

Salah ben Hamouda, qui avait été laissé dans le djebel-Bahara pour masquer le mouvement des dissidents vers la Medjerdah, n'avait pas été plus heureux.

Dans la matinée du 28 septembre, il s'était avancé avec 400 cavaliers et 1.200 piétons environ sur les pentes du Dyr, dans l'intention, sans doute, de tourner la ville du Kef par le nord-est et de surprendre le camp français.

Le colonel de la Roque, prévenu à temps de la marche des insurgés, se porta à leur rencontre et les repoussa sans peine (les rebelles perdirent 28 hommes dans cet engagement).

Surprise de Nebeur (2 octobre).

Le colonel de la Roque avait demandé des renforts pour la garnison du Kef.

Pour lui donner satisfaction, un bataillon du 80e fut dirigé sur le Kef.

Ce bataillon (commandant Dudon) arriva à Souk-el-Arba par voie ferrée, le 30 septembre, à 9 heures du soir.

La montée de Souk-el-Arba au Kef pouvait être dangereuse pour ce petit bataillon, par suite de la présence de grosses bandes d'insurgés qui tenaient la campagne. Pour protéger le bataillon du 80e dans sa marche, le général Cailliot prit les dispositions suivantes : le bataillon du 29e bataillon de chasseurs à pied (d'Aïn-Draham), une compagnie du 96e (de Ghardimaou), une compagnie du 88e et un peloton du 13e chasseurs à cheval (de Fernana) reçurent l'ordre de se réunir à Souk-el-Arba au bataillon du 80e qu'ils devaient escorter.

Les ordres donnés par le général Cailliot étaient simples et bien nets : toute la colonne (dix compagnies et le peloton de cavalerie) devait quitter Souk-el-Arba le 1er octobre dans l'après-midi, coucher à l'oued-Mellègue, et partir le 2 au matin pour Nebeur. Le colonel de la Roque devait envoyer sa colonne mobile au devant de la colonne montant de Nebeur, le 2 octobre. Quand ces deux colonnes se rencontreraient, le bataillon du 80e passerait de la colonne de Souk-el-Arba à la colonne mobile du Kef et continuerait avec celle-ci, qui ferait demi-tour, sa route vers sa nouvelle garnison; les six compagnies et le peloton de cavalerie d'escorte du bataillon du 80ᵉ devaient faire demi-tour après avoir remis ce bataillon à la colonne venue du Kef et rétrograder le même jour, 2, vers Souk-el-Arba.

Le colonel de la Roque, prévenu le 28 septembre du mouvement combiné, avait rendu compte le 30 septembre au général Cailliot qu'il se porterait, avec sa colonne mobile et deux pièces de montagne, au devant de la colonne venant de Souk-el-Arba.

L'opération se déroula d'abord comme il avait été ordonné; le 29ᵉ bataillon de chasseurs à pied, parti d'Aïn-Draham le 28 septembre, coucha le même soir à Fernana; il en repartit le 29, emmenant avec lui le peloton du 13ᵉ chasseurs à cheval et arriva le même jour à Souk-el-Arba; ils y firent séjour le 30.

Le 30 septembre, arrivent à Souk-el-Arba : à midi 30 la 1ʳᵉ compagnie du 3ᵉ bataillon du 88ᵉ partie de Fernana à 5 h. 30 du matin; à 9 h. 30 du soir, par voie ferrée, le bataillon du 80ᵉ destiné à renforcer la garnison du Kef.

Le 1ᵉʳ octobre au matin, arrive, par voie ferrée, une compagnie du 96ᵉ venant de Ghardimaou.

Ce même jour, les divers éléments de la colonne étant réunis, le commandant Gerboin en prenait le commandement et la mettait en marche à 2 heures de l'après-midi. Elle était précédée d'un goum de quarante cavaliers des Djendouba; la plupart de ces cavaliers sont fort hésitants[1].

La colonne arrive sans incident à 6 h. 30 à l'oued-Mellègue; elle y passe tranquillement la nuit du 1 au 2.

Le 2, à 6 heures du matin, elle quitte son bivouac; le commandant Gerboin, au débouché dans la plaine de Bahirt-el-

---

1. Voir, tome 1, note 1, page 70.

Morr, laisse la compagnie du 96e[1] dans une forte position avec ordre de la conserver jusqu'au retour du 29e bataillon de chasseurs.

Le 80e, la compagnie du 88e et le 29e bataillon de chasseurs continuent vers Nebeur, où ils arrivent sans encombre à 10 heures du matin. A Nebeur, grand'halte en formation de halte gardée au lieu dit : sources de Nebeur.

L'officier de renseignements qui marchait avec la colonne (sous-lieutenant Delval) avait été envoyé en avant pour chercher à découvrir la position occupée par les troupes du Kef; il avait emmené avec lui une dizaine de cavaliers du goum ; ceux qu'il avait laissés à Nebeur ont disparu.

A 11 heures, au moment où la colonne va se remettre en marche, les vedettes, qui occupent le défilé de Nebeur, sont attaquées.

La colonne prend les armes et le commandant Gerboin ordonne les dispositions pour forcer le défilé de Nebeur au Kef. Aussitôt que les mouvements prescrits s'exécutent, les insurgés, qui n'avaient attaqué la colonne que sur ses deux flancs et en tête, la menacent aussi en queue.

N'apercevant pas les troupes du Kef au sommet de la pente qui aboutit à l'extrémité nord du Dyr, le commandant Gerboin se décide à pousser, coûte que coûte, aussi loin qu'il le faudra (sauf à aller jusqu'au Kef et à ne pouvoir rétrograder dans la journée jusqu'à l'oued-Mellègue, ainsi qu'il lui avait été prescrit), pour éviter l'effet désastreux qu'un arrêt ou un mouvement de recul produiraient dans l'esprit de la population indigène.

Il songe bien à prévenir la compagnie du 96e laissée en position à Bahirt-el-Morr de se replier sur Souk-el-Arba, pour éviter une attaque à la tombée de la nuit, mais cela lui est

---

1. Le bataillon du 96e est un bataillon ancien de la brigade Vincendon ; il avait été laissé à Ghardimaou après le 1er rapatriement.
Le bataillon du 88e est un bataillon ancien de la brigade de Brem ; il avait été laissé à Fernana.

impossible; il est entouré et n'a, du reste, aucun cavalier indigène sous la main.

C'est dans ces conditions que la colonne s'engage sur les pentes aboutissant au plateau du Kef. Elle est toujours attaquée en queue et sur les deux flancs; mais l'attaque de droite cesse peu après et brusquement. Elle gravit les pentes du plateau en répondant par des feux de salve à la fusillade des insurgés et arrive à 3 heures du soir près du Dyr, où elle rencontre les troupes du Kef venues à sa rencontre.

Au premier coup de canon tiré par l'artillerie venue du Kef, la poursuite cesse et la colonne arrive au Kef, après s'être reposée, à 6 h. 30 du soir; elle a eu 3 blessés (1 chasseur du 29e bataillon et 2 soldats du 96e).

Le colonel de la Roque avait été prévenu au Kef, le 2 octobre à 10 heures du matin, par le sous-lieutenant Delval, que le commandant Gerboin arrivait, à la même heure, à Nebeur.

La portion mobile de la garnison du Kef prit rapidement les armes (un cavalier indigène envoyé immédiatement au commandant Gerboin ne put passer et revint rendre compte, presque aussitôt, que la colonne venant de Souk-el-Arba était aux prises avec les insurgés au col de Nebeur).

A 11 h. 30 la portion mobile (3 compagnies du 122e, un détachement de 40 hommes du 83e, l'escadron du 13e chasseurs, 2 pièces de 80^{mm} de montagne) se met en route[1]; à 12 kilomètres du Kef elle se déploie (vers 3 heures). A ce moment, la colonne Gerboin, alors engagée dans la vallée qui aboutit au Dyr et

---

1. Dispositif de marche de la fraction mobile :
Un peloton de cavalerie, une compagnie du 122e formant l'avant-garde;
A 300 mètres en arrière, une compagnie du 122e, le détachement du 83e, les 2 pièces de 80^{mm} de montagne ayant pour soutien deux pelotons de cavalerie qui encadrent les flancs pendant la marche;
Un peloton de cavalerie forme l'arrière-garde;
Sur la crête du Dyr, protégeant le flanc gauche, marche une compagnie du 122e;
La colonne est éclairée à distance par une trentaine de cavaliers indigènes et une vingtaine de piétons armés.

essuyant les coups de feu tirés de la crête boisée à 600 mètres de son flanc gauche, arrivait en vue de la crête.

Les deux pièces ouvrent alors leur feu à 1.200 mètres et allongent leur tir jusqu'à 2.500 mètres (15 projectiles).

Les contingents qui harcelaient la colonne Gerboin étaient les mêmes comme force (400 cavaliers, 1.200 piétons environ) et composition que dans l'engagement du 28 septembre. La cavalerie ennemie ne fut pas engagée; elle se contenta de garder les débouchés qui, du plateau de Bahara, mènent au khanguet, en prévision d'un mouvement tournant.

Au moment où les deux colonnes françaises allaient opérer leur jonction, l'ennemi accusa un retour offensif sur l'arrière-garde de la colonne Gerboin; les deux pièces se portèrent alors au nord de leur première position et tirèrent 12 projectiles à 1.400 mètres.

Pendant ce temps la colonne Gerboin put croiser et dépasser les troupes du Kef qui formèrent dès lors l'arrière-garde.

Ces derniers coups de canon amenèrent la retraite de l'ennemi (les rebelles perdirent 30 hommes dans la journée).

La colonne Gerboin s'étant un peu reposée, les deux colonnes se remirent en marche et arrivèrent au Kef à 6 h. 30 du soir; la colonne Gerboin avait 3 blessés : un chasseur du 29e bataillon et 2 soldats du 96e [1].

Le 3 octobre, le 29e bataillon de chasseurs et la compagnie du

---

1. Le colonel de la Roque jugea très sévèrement l'opération dirigée par le commandant Gerboin : « Il a fait doubler l'étape sous le feu de l'ennemi; ses troupes » sont harassées; il a laissé à Bahiret-el-Mohr une compagnie dont la situation est » très critique (a). »

Il est certain que la situation de la colonne Gerboin, fut à un moment, très critique; mais le commandant du Kef en était la cause tout au moins principale; il s'était trompé d'un jour.

Le commandant Gerboin (il ne lui est pas donné de savoir que le colonel de

(a) A 3 heures et quelques minutes, aussitôt la jonction des colonnes opérée, le colonel de la Roque avait expédié, par un cavalier indigène, l'ordre à la compagnie du 96e de se replier immédiatement sur Souk-el-Arba.

Cet ordre ne parvint à la compagnie que le 3, à 6 h 30 du matin.

Elle avait d'ailleurs passé la nuit du 2 au 3, à Bahiret-el-Mohr, fort tranquillement, et rentra sans aucun incident à Souk-el-Arba dans la matinée du 3.

88e séjournent au Kef. (Ce même jour, le 3e escadron du 13e chasseurs à cheval s'était porté de Ghardimaou au marché de l'oued-Meliz où régnait une certaine agitation. Quand l'escadron arriva, à 1 heure de l'après-midi, les indigènes avaient commencé la destruction de la voie ferrée; ils se dispersèrent aussitôt.)

Le 4, le 29e bataillon de chasseurs et la compagnie du 88e partent du Kef pour regagner Souk-el-Arba par Aïn-Touireuf et l'oued-Meliz.

La petite colonne¹ couche le 4 à l'oued-Meliz et part pour Souk-el-Arba, le 5 au matin, par Sidi-Meskine; un peu au delà de ce point, elle est rejointe par un train envoyé pour elle de Ghardimaou, y monte et arrive à midi à Souk-el-Arba.

Le 29e bataillon de chasseurs reste à Souk-el-Arba² avec une compagnie du 96e et occupe la gare; la compagnie du 88e retourne à Fernana. L'autre compagnie du 96e qui se trouve à Souk-el-Arba, rétrograde en chemin de fer vers Ghardimaou et va occuper la gare de l'oued-Meliz et celle de Sidi-Meskine³.

No XLIX

Opérations du général Sabattier au sud et au sud-ouest de Zaghouan [a].

Nous avons laissé à Zaghouan le général Sabattier avec sa 5e

---

la Roque croit que l'opération combinée est pour le lendemain, 3), n'avait rien de mieux à faire que continuer sa marche.

Il ne pouvait reculer; le bataillon du 80e avait un peu manqué de sang-froid au début de la surprise; dans ces conditions la marche en retraite aurait pu amener un désastre; en tout cas, il ne voulait pas rétrograder pour ne pas exalter le moral des insurgés.

Attaqué dans la cuvette de Nebeur, il y aurait probablement subi un échec s'il y était resté sur la défensive au lieu de se porter en avant.

Une fois en mouvement vers le Kef, il ne pouvait que continuer, car il devait supposer que d'un moment à l'autre il serait secouru. S'arrêter entre Nebeur et le Kef? Il fallait que les insurgés le permissent et qu'il trouvât de l'eau.

1. Les effectifs ne sont pas forts, à en juger par la situation de la compagnie du 88e qui, au départ de Fernana, le 30 septembre, n'avait que 2 officiers et 59 hommes.
2. Voir tome I, page 70, note 1.
3. Voir la suite des opérations dans les environs du Kef, annexe no LVIII, page 273, et spécialement, pages 309 et suivantes, les opérations chez les Djendouba.

a. Voir croquis no III.

brigade¹ au moment où se dispersent, vers le 15 septembre, les bandes d'insurgés qui le harcelaient depuis la fin du mois d'août².

Le 21 septembre, reconnaissance envoyée par le général Sabattier sur Foum-el-Karrouba; elle rentre le 23.

Le 27, le général se dirige lui-même, avec 3 bataillons, 6 pelotons de cavalerie et une batterie d'artillerie, vers le Fahs; au marabout de Sidi bou Hamida, le 28ᵉ bataillon de chasseurs à pied culbute les Riah, appuyés par les Oulad-Aoun, les Oulad-Yahia et les gens du Bargou qui cherchaient à nous disputer le passage.

C'est le premier acte d'hostilité des Oulad-Aoun, des Oulad-Yahia et des gens de la Kessera, qui venaient de céder aux instances d'El Hadj Hassein ben Messaï et d'Ali ben Khalifa³.

Le 27 au soir, la reconnaissance installe son camp sur la rive droite de l'oued-el-Kebir, à environ 3 kilomètres du pont du Fahs. Youcef ben Mosbah, khalifa des Riah de la région, y vient faire sa soumission.

Le 28, le général Sabattier s'avance vers le sud pour châtier les vaincus de la veille qui se sont établis à 9 kilomètres du camp. Ceux-ci se replient dans le massif du djebel-Souk-el-Arba et nos troupes arrivent au camp de l'oued-el-Kebir en razziant les douars et les troupeaux des Trabelsia.

Le lendemain, la reconnaissance rentre au camp de Zaghouan; elle est suivie de près par les khalifas des Riah Guebollat et des Trabelsia qui viennent se soumettre.

---

1. 5ᵉ *brigade, général Sabattier :*
28ᵉ bataillon de chasseurs à pied;
Un bataillon de chacun des régiments nᵒˢ 6, 25, 55, 65, 125, 135;
2 batteries de montagne;
1 batterie montée;
3 escadrons du 7ᵉ chasseurs à cheval;
Le goum est commandé par le colonel Allegro (qui a marché avec la brigade Cailliot dans la première partie de la campagne).
2. Voir annexe XLVII, page 211.
3. Voir annexe XLVII, page 218.

Le 3 octobre, la 5ᵉ brigade se transporte sans encombre sur la rive gauche de l'oued-el-Kebir, à hauteur du Fahs.

Les Riah et les Trabelsia rentrent pacifiquement dans leurs douars et commencent les labours; ils venaient de quitter les Oulad-Yahia, les gens du Bargou et les Oulad-Aoun qui étaient retournés dans leur campements, décidés à ne plus intervenir que lorsque les circonstances les y obligeraient[1].

Afin de couvrir plus efficacement Lalla-bent-Saïdan, sans cesse menacée par les incursions des bandes pillardes qui s'appuient sur Kairouan, le général Sabattier se porte, le 11 octobre, avec 3 bataillons, 2 escadrons et une section d'artillerie, à El-Oukanda, laissant au Fahs un bataillon pour garder le biscuit-ville établi en cet endroit.

El Hadj Hassein ben Messaï veut arrêter ce mouvement; il est repoussé avec pertes et se replie sur Djebibina. De là il dirige quelques attaques contre nos travailleurs occupés à rendre praticable le défilé de Karrouba.

Nº L

La 7ᵉ brigade (général Etienne) à Sousse du 1ᵉʳ au 14 octobre.

Nous avons vu[2] les opérations du lieutenant-colonel Moulin depuis son débarquement à Sousse, le 11 septembre, avec les bataillons des 48ᵉ, 66ᵉ et 116ᵉ.

Le 1ᵉʳ octobre, le général Etienne débarqua à Sousse avec les dernières troupes de sa brigade (7ᵉ brigade)[3].

---

1. Voir annexe nº XLVII, page 218.
2. Voir annexe nº XLVII, page 214.
3. 7ᵉ *brigade, général Etienne :*
23ᵉ bataillon de chasseurs à pied ;
Un bataillon de chacun des régiments d'infanterie nᵒˢ 19, 48, 62, 66, 116, 138.
Une batterie de 95...
— de 90... } montées.
— de 80...
Une batterie de 80 de montagne.
Trois escadrons du 6ᵉ régiment de hussards.

Il laisse six jours de repos aux troupes. Le 7, il se porte avec toute sa brigade sur Msaken. La colonne n'éprouve aucune résistance; mais le soir, une reconnaissance envoyée sur la route par laquelle doit s'effectuer le retour à Sousse se heurte, près de Moureddin, à un fort parti de Souassi, de Zlass et de Metellit, commandés par Salah ben el Hafsi et le cheikh Ferdjani des Oulad-Zid (Metellit).

Néanmoins le camp de Msaken n'est pas attaqué et le lendemain la brigade revient à Sousse.

A peine en marche, le lieutenant-colonel Moulin, commandant l'arrière-garde, est assailli de toutes parts, mais sans éprouver aucun mal, par les contingents rencontrés la veille.

Les insurgés, considérant la marche rétrograde de la 7ᵉ brigade comme un mouvement de retraite, reprennent aussitôt confiance. Ils se groupent en forces à l'oued-Laya et à Aïn-Khazezia. El Hadj Mustapha Serradj, un des chefs de l'insurrection de Djemal, cherche à ramener les habitants du Sahel; ceux-ci, se souvenant de l'affaire de Sahaline et de nature peu guerrière, ne bougent pas.

Les nomades seuls tiennent alors la campagne et viennent, jusque sous les murs de Sousse, braver nos avant-postes et nos patrouilles.

Pendant ce temps, les insurgés de Ksour-es-Sef, qui étaient allés rejoindre El Hadj Srir à Hanichet, jetaient le désordre dans les environs de Mahédia, de concert avec les Metellit. Ils avaient attaqué le village de Réjish; mais Mohamed Khodja, khalifa de Mahédia, ayant réuni les gens des environs, se porta à leur rencontre et les dispersa, aidé par la canonnière l'*Aspic,* qui lança quelques obus[1].

---

1. Voir suite des opérations du général Etienne, annexe n° LIV.

N° LI

CORPS D'ARMÉE de TUNISIE

ORDRE N° 1

Organisation du corps expéditionnaire de Tunisie.

Commandant en chef..................	Général SAUSSIER.
Chef d'état-major......................	Colonel BOUSSENARD.
Chef du bureau des renseignements.....	Capitaine SANDHER.
Commandant de l'artillerie.............	Général POIZAT.
Chef du service du génie...............	Lieutenant-colonel DRESSEL.
Chef des services administratifs........	S⁸-intendant milit. TAQUAIN.
Troupes du quartier général...	{ 1 bataillon du 1ᵉʳ zouaves. { 3 pelotons du 1ᵉʳ chasseurs d'Afrique.
Commandant supérieur de Tunis, de la région nord de la Régence et de la Medjerdah........................	Général de division JAPY.
Chef d'état-major......................	Commandant ROBERT.
Troupes des généraux de brigade........	MAURAND, CAILLIOT, D'AUBIGNY.
Commandant de la région sud de la Régence.............................	Général de division LOGEROT.
Chef d'état-major	Lieutenant-colonel HAREL.
Troupes des généraux de brigade........	SABATTIER, PHILEBERT, ETIENNE et du colonel JAMAIS.

Régiments de cavalerie du général DE SAINT-JEAN : 7ᵉ chasseurs, 1ᵉʳ et 11ᵉ hussards.

Commandant de la colonne de Tebessa : général de division FORGEMOL DE BOSTQUÉNARD.

La présente répartition des différents commandements aura son effet à compter du 16 octobre.

Au quartier général, à La Goulette, ce 14 octobre 1881.

Le Général commandant en chef,
SAUSSIER.

N° LII

COMMANDEMENT
SUPÉRIEUR
de Tunis
et de la région nord
de Tunis.

Ordre n° 1 du général Japy, en date du 15 octobre, et ordre n° 3 du général Japy, en date du 26 octobre, modifiant l'ordre n° 1 [1].

Le général de division JAPY, commandant supérieur de Tunis et de la région nord, a son quartier général à Tunis.

Le commandement supérieur de la région nord est partagé en quatre commandements territoriaux de brigade qui comprennent également les troupes stationnées sur leur territoire.

Commandement du général LAMBERT [2] à Tunis.
- Place de Tunis .. { Troupes stationnées dans la ville de Tunis, aux forts Sidi-bel-Hassein et Filfil, et à la Kasbah;
- Camp du Belvédère;
- La Goulette.

Commandement du général MAURAND, à la Manouba.
- La Manouba;
- Bizerte;
- Mateur,
- et le chemin de fer jusqu'à Medjez-el-Bab exclusivement.

Commandement du général d'AUBIGNY, à Testour.
- Testour;
- Medjez-el-Bab;
- Le Kef;
- Teboursouk,
- et la portion de chemin de fer entre Medjez-el-Bab et le 100ᵉ kilomètre.

---

1. Extraits.
2. Le général Lambert, commandant le département de la Seine et la place de Paris, fut mis, le 16 octobre, à la disposition du général commandant le 19ᵉ corps et commandant en chef du corps expéditionnaire de Tunisie.
Il prit, le 26 octobre, le commandement de la place de Tunis et des troupes stationnées dans Tunis, les forts de Sidi-ben-Hassein, de la Kasbah, de Filfil et au camp du Belvédère.
Le général Maurand, dont le quartier général fut transporté à la Manouba, prit le commandement des autres troupes de la subdivision de Tunis.

Commandement du général CAILLIOT, à Aïn-Draham.	Tabarka ; Aïn-Draham ; Fernana ; Ghardimaou ; Béja ; Souk-el-Arba, et la ligne de chemin de fer du 100ᵉ kilomètre à Ghardimaou.

La place du Kef, qui jusqu'ici avait dépendu d'Aïn-Draham, est rattachée à la subdivision de Testour; celle de Béja est rattachée à la subdivision d'Aïn-Draham.

N° LIII

Répartition des troupes du corps expéditionnaire[1].

Emplacements à la fin d'octobre 1881.

Troupes des généraux Japy et Logerot.

GÉNÉRAL COMMANDANT EN CHEF : GÉNÉRAL SAUSSIER

Région nord : général JAPY.

Commandement du général LAMBERT, à Tunis.

La Goulette	Infanterie..	114ᵉ.
	Artillerie...	Parc n° 3.
Tunis	Infanterie..	1ᵉʳ, 101ᵉ, 118ᵉ ; (le 118ᵉ est au Belvedère). Compagnie franche[2].

---

1. Ce tableau ne donne que les emplacements de l'infanterie et de la cavalerie (avec les numéros des corps) et de l'artillerie (par unité). N'y sont pas compris le génie, le train, les services, etc.
   Pour l'infanterie, le numéro désigne *un bataillon* du régiment de ce numéro.
   Au début, des bataillons avaient été groupés en régiment de marche (ex. le régiment de marche n° 1, du lieutenant-colonel Dubuche, à Sfax); plus tard, ils prirent tout simplement la dénomination de « Groupe du lieutenant-colonel X ... ».
   Les bataillons furent le plus souvent groupés par trois pour former un groupe sous les ordres d'un lieutenant-colonel. C'est ainsi que les brigades de renfort nᵒˢ 5, 6 et 7 devaient comprendre chacune, en infanterie, un bataillon de chasseurs et deux groupes de trois bataillons de ligne chacun.
   Dans les subdivisions territoriales, les groupes eurent une composition variable. Il a semblé peu intéressant et même inutile de donner les noms des groupes ; certains bataillons, surtout dans les subdivisions du nord, changèrent fréquemment de groupe; dans les brigades de renfort, des groupes furent souvent diminués ou renforcés ; ou bien même un groupe destiné à une brigade (6ᵉ, Philebert) ne la rejoignit pas et fut ultérieurement remplacé par un autre.
   Dans ces conditions la désignation par groupe n'aurait pu apporter que confusion et même erreur.
2. Créée le 23 octobre 1881.

Tunis.............	Cavalerie...	11ᵉ hussards : 1 peloton.
	Artillerie...	1 batterie (au Belvédère) et 1 section d'artillerie à pied.

Subdivision de Tunis : général MAURAND, à la Manouba.

La Manouba........	Infanterie..	87ᵉ, 92ᵉ, 115ᵉ, 117ᵉ, 119ᵉ.
	Cavalerie...	11ᵉ hussards : 1 escadron.
	Artillerie...	2 batteries.
Bizerte.............	Infanterie..	38ᵉ.
	Artillerie...	1 section d'artillerie à pied.
Mateur.............	Infanterie..	30ᵉ bataillon de chasseurs à pied.

Subdivision de Testour : général D'AUBIGNY.

Testour...........	Infanterie..	8ᵉ, 20ᵉ, 73ᵉ, 84ᵉ.
	Cavalerie...	11ᵉ hussards : 2 escadrons.
	Artillerie...	une batterie de montagne.
Medjez-el-Bab.......	Infanterie..	127ᵉ.
Le Kef	Infanterie..	2ᵉ, 80ᵉ, 83ᵉ, 122ᵉ, 128ᵉ, 3ᵉ tirailleurs algériens (2 compagnies).
	Cavalerie...	13ᵉ chasseurs : 1 escadron ; 4ᵉ hussards : 1 peloton.
	Artillerie...	une batterie de 90 de campagne et une section de montagne.

Subdivision d'Aïn-Draham : général CAILLIOT.

Tabarka...........	Infanterie..	143ᵉ.
	Artillerie...	une section d'artillerie à pied.
Aïn-Draham........	Infanterie..	29ᵉ bataillon de chasseurs à pied, 18ᵉ, 22ᵉ, 93ᵉ.
	Cavalerie...	13ᵉ chasseurs (détachement); 3ᵉ spahis (un peloton).
	Artillerie...	une batterie de montagne.
Fernana............	Infanterie..	88ᵉ.
	Cavalerie...	13ᵉ chasseurs : 1 escadron.
	Artillerie...	une section d'artillerie.
Ghardimaou........	Infanterie..	96ᵉ.
	Cavalerie...	13ᵉ chasseurs : 1 escadron.
Béja..............	Infanterie..	57ᵉ, 142ᵉ.
	Artillerie...	une section de montagne.
Souk-el-Arba.......	Infanterie .	1ʳᵉ compagnie de fusiliers de discipline.

Région sud : général LOGEROT.

5ᵉ brigade.	Infanterie..	28ᵉ bataillon de chasseurs à pied, 6ᵉ, 25ᵉ, 55ᵉ, 65ᵉ, 125ᵉ, 135ᵉ.
—	Cavalerie...	7ᵉ chasseurs à cheval : 3 escadrons.
Général SABATTIER.	Artillerie...	2 batteries de montagne, 1 batterie montée.

		Infanterie..	27ᵉ bataillon de chasseurs à pied, 33ᵉ, 43ᵉ, 46ᵉ, 61ᵉ, 110ᵉ, 111ᵉ.
6ᵉ brigade. — Général PHILEBERT.		Cavalerie...	1ᵉʳ régiment de hussards : 3 escadrons.
		Artillerie...	une batterie de montagne, une batterie montée.
7ᵉ brigade. — Général ETIENNE.		Infanterie..	23ᵉ bataillon de chasseurs à pied, 19ᵉ, 48ᵉ, 62ᵉ, 66ᵉ, 116ᵉ, 138ᵉ.
		Cavalerie...	6ᵉ régiment de hussards : 3 escadrons.
		Artillerie...	quatre batteries de 95, 90, 80 montées, 80 de montagne.
Corps du colonel JAMAIS.	Sfax ..	Infanterie..	77ᵉ, 136ᵉ.
		Artillerie...	une batterie de montagne.
	Gabès.	Infanterie..	14ᵉ, 107ᵉ, 137ᵉ.
		Artillerie...	deux sections de montagne.
	Djerba	Infanterie..	71ᵉ, 78ᵉ.
		Artillerie...	deux sections de montagne.

Colonne du général Forgemol de Bostquénard.

TROUPES D'ALGÉRIE

Deux bataillons du 1ᵉʳ régiment de zouaves.
Deux — du 3ᵉ — —
Trois — du 4ᵉ — —
Un — du 100ᵉ régiment d'infanterie de ligne.
Un escadron du 1ᵉʳ régiment de chasseurs d'Afrique.
Quatre — du 3ᵉ — — —
Trois — du 4ᵉ — — —
Une section du 16ᵉ régiment d'artillerie.
Une batterie du 38ᵉ — —
Une — mixte.
Une section de munitions.

N° LIV

Opérations du général Etienne[1].

Opérations pour préparer un débouché de Sousse vers l'ouest.

Le 16 octobre, le général Saussier[2], commandant en chef du corps expéditionnaire, prescrit au général commandant la 7ᵉ brigade d'établir son camp à une journée de marche de la ville, dans une position lui permettant à la fois de surveiller l'ennemi et de protéger la construction du chemin de fer Decauville entre Sousse et Kairouan.

Le lieutenant-colonel Lanes reçoit alors l'ordre de se porter avec 10 compagnies sur Kalaa-Sghira qu'il doit occuper pendant que la 7ᵉ brigade s'apprête à quitter le camp de Sousse.

Du 19 au 22, le lieutenant-colonel Lanes supporte journellement les attaques de tous les dissidents qui s'étaient concentrés précédemment à Aïn-Khazezia et à l'oued-Laya[3].

Il a devant lui environ 1.800 cavaliers et 2.000 fantassins appartenant aux Zlass (Ali ben Amara), aux Oulad-Saïd (cheikh Ben Bouzian), aux Souassi (Salah ben el Hafsi), aux Métellit (cheikh Ferdjani des Oulad-Bou-Zid et El Adj Srir des Oulad-Naçeur), aux Hammema, Fathnassa, Sobra et Oulad-Moussa, et aux Neffet.

Tous ces contingents obéissent à Ali ben Amara, des Oulad-Iddir, et combattent en désespérés, voulant à tout prix arrêter notre marche sur Kairouan.

Le 22 octobre, leurs efforts redoublent; mais Ali ben Amara tombe frappé à la tête et à la poitrine et expire entre les bras de ses serviteurs (quelques instants auparavant Ahmed ben Rehouma, personnage influent des Souassi, avait été tué).

---

1. Voir, plus loin, Rapport sur les opérations de la 7ᵉ brigade, annexe n° LV.
2. Débarqué le 14 octobre à La Goulette.
3. Voir annexe n° XLVII, page 213.

La mort d'Ali ben Amara démoralise les insurgés, qui, apercevant tout à coup de nouvelles troupes françaises — la colonne principale qui vient de quitter Sousse — sur la route de l'oued-Laya, prennent la fuite dans toutes les directions.

Vers 2 heures de l'après-midi, la 7ᵉ brigade forme son camp sur la rive droite de la rivière[1].

Le vide se fait devant nos colonnes[2]. Les dissidents démoralisés se replient sur Kairouan, qu'ils veulent mettre au pillage avant l'arrivée des troupes françaises.

Les dissidents se replient sur Kairouan (22 octobre);

El Hadj Hassein ben Messaï paraît le premier sous les murs de la ville; mais il trouve les portes fermées; pendant qu'il parlemente avec le gouverneur, surviennent les contingents mis en déroute par la 7ᵉ brigade. Mohamed el Mrabot ne se laisse pas effrayer par le nombre et il déclare qu'il est prêt à faire usage de ses armes. Les dissidents se contentent alors d'occuper les faubourgs; ils volent les animaux, pillent, puis montent sur les terrasses voisines pour tirer sur la ville.

mais le farik Mohamed el Mrabot ne les laisse plus entrer.

Les troupes françaises approchent : les Zlass proposent de se rabattre vers l'ouest. El Hadj Hassein ben Messaï leur objecte que la colonne Forgemol, qui a culbuté les Fraichich, les Madjeur et les Hammema[3], n'est plus qu'à quelques journées de marche sur Kairouan.

Ils sont obligés de battre en retraite vers le Sud.

Il ne reste plus qu'une ligne de retraite, celle du sud; la masse des dissidents se jette en désordre dans cette direction et se porte vers Sidi-Amor-bou-Hadjéba où elle peut attendre les événements[4].

---

1. Le même jour, le général Saussier était arrivé au centre du défilé de Foum-el-Karrouba, en repoussant devant lui quelques partisans appartenant aux bandes d'El Hadj Hassein ben Messaï.
Il avait laissé au camp d'El-Oukanda la 6ᵉ brigade moins deux bataillons, un escadron et une section d'artillerie.
Le général Philebert devait, quelques jours plus tard, parcourir le pays des Oulad-Aoun et donner la main aux colonnes d'Aubigny et de la Roque, qui opéraient alors dans la vallée de la Tessaâ et dans celle de la Silianah contre les contingents d'Ali ben Ammar.
2. Devant la colonne Logerot et devant la colonne Etienne.
3. Voir annexe nº LVII, pages 269 et suivantes.
4. Voir annexe nº LIX, note A, page 314.

Cependant, la 7ᵉ brigade poursuit sa marche. Le 25, elle arrive à Sidi-El-Hani. Le 26, vers midi, les éclaireurs de cavalerie s'arrêtent ; ils sont à quatre kilomètres de Kairouan et ils viennent d'arrêter un Arabe, sorti de la ville le matin même, qui leur dit que les derniers Zlass ont quitté la place le 25 et que les habitants sont prêts à se soumettre.

<small>Entrée de la brigade Etienne à Kairouan (26 octobre).</small>

Le lieutenant-colonel Moulin, commandant l'avant-garde, fait investir la ville par des cavaliers qui en font le tour au galop. Kairouan ne donne pas signe de vie ; personne sur les terrasses des maisons ; la plaine environnante est déserte. Le drapeau blanc est hissé sur la grande mosquée de Sidi-Okba et le farik Mohamed el Mrabot sort, par Bab-el-Djeladine, à la rencontre des troupes françaises. Il est présenté au général Etienne. L'entrée des troupes est immédiatement décidée, et à 2 heures de l'après-midi le bataillon du 48ᵉ va prendre possession de la kasbah.

Le surlendemain, 28, la colonne Logerot arrivait également sous les murs de Kairouan après avoir reçu, dans les environs de Djebibina, la soumission des Oulad-Hahia.

Le général Logerot prend le commandement de la division Sud et le général Etienne celui de la région Sousse-Kairouan.

Nº LV

CORPS EXPÉDITIONNAIRE
de Tunisie.
—
7ᵉ brigade de marche.

Kairouan, le 2 novembre 1881.

Rapport d'ensemble sur les opérations de la 7ᵉ brigade dans sa marche de Sousse sur Kairouan.

Le général en chef a prescrit, le 16 octobre, à la 7ᵉ brigade de s'établir dans une position solide et bien choisie, à la distance d'une petite étape de Sousse, avec mission de protéger la construction du chemin de fer Decauville, de surveiller, de harceler et d'inquiéter l'ennemi et de se porter en avant, le 25 octobre, pour marcher sur Kairouan.

En exécution de ces ordres, le général commandant la brigade a pris les dispositions suivantes :

Une reconnaissance composée de 3 bataillons, 2 escadrons et 2 sections de 80 de montagne, sous les ordres du lieutenant-colonel Moulin, a été dirigée sur Kalaa-Sghira, le 19, pour choisir et protéger, à 7 kilomètres de Sousse, l'installation d'un camp à occuper par une colonne avant-garde commandée par le lieutenant-colonel Lanes et composée de 10 compagnies, 1 escadron, 1 batterie de 90, 1 section de 80 de montagne, 1 détachement d'ambulance et 1 convoi de 400 chameaux.

La colonne Lanes y fut installée le 19 au soir. Ce détachement a favorisé l'établissement du chemin de fer, éloigné les maraudeurs et permis à la colonne principale de s'organiser sans préoccupations.

Du 19 au 22, jour du départ de Sousse du gros de la brigade pour l'oued-Laya, le camp Lanes a eu à supporter les attaques journalières des dissidents Zlass, conduits par Ali ben Amara, leur caïd le plus influent. Les reconnaissances et les corvées d'eau ont eu à lutter constamment. Cette colonne a eu 6 blessés dont le capitaine du génie Travers, mort le 26 de sa blessure reçue le 21.

L'engagement du 22 a pris fin, à 8 h. 30 du matin, au moment où Ali ben Amara, mortellement blessé à la tête et à la poitrine, tombait entre les bras de ses serviteurs qui ont emporté son cadavre à Kairouan où il a été enterré le 24 en un point dit la Manoubia.

L'influence morale de la marche concentrique des colonnes françaises et cette mort inespérée ont mis fin aux attaques des insurgés.

La colonne principale (4 bataillons, 3 batteries, 2 escadrons, l'ambulance, le convoi administratif et le convoi de 1.000 chameaux) a quitté Sousse le 22 et a campé le jour même à l'oued-Laya.

La journée du 23 a été utilisée pour accumuler des vivres au camp.

Le 24, la colonne Lanes a rallié le gros de la brigade, et, le soir du 24 octobre, la première partie des instructions du général en chef avait été observée.

La 7e brigade, laissant 2 bataillons et la batterie de 80 montée à l'oued-Laya, partit le 25 pour Kairouan avec 11 jours de vivres et un approvisionnement de 375.000 cartouches; elle a campé à Sidi-el-Hani, le 25 au soir, sans avoir rencontré la moindre résistance.

La marche du 26, de Sidi-el-Hani à Kairouan, s'est exécutée dans des conditions aussi favorables; le passage de l'oued-Bagla a, seul, occasionné des travaux pour faciliter le mouvement de la grosse artillerie.

Le 26, à midi, les éclaireurs de cavalerie prenaient position à 4 kilomètres de la ville. Les renseignements fournis par un Arabe, sorti le matin même de Kairouan et interrogé par le général, faisaient connaître que les habitants étaient disposés à se rendre à merci et que les derniers Zlass insurgés avaient quitté la place, dans la journée du 25, pour rejoindre dans la montagne leurs femmes et leurs troupeaux.

Le lieutenant-colonel Moulin, accompagné du capitaine Canton de l'état-major de la brigade et d'un interprète, se sont approchés sous les murs de la ville dont la cavalerie venait de faire le tour au galop sans avoir essuyé un seul coup de feu. Toutes les portes étaient fermées, pas un seul habitant sur les terrasses; la vie semblait interrompue dans la ville sainte; le drapeau blanc flottait sur la grande mosquée de Sidi-Okba et sur Bab-el-Sahed. L'interprète, suivi d'un goumier, frappa à l'une des portes, qui lui fut ouverte, et, quelques minutes après, le général Mohamed el Mrabot, en grande tenue de général tunisien, suivi d'une nombreuse escorte et des notables de la ville, sortit par Bab-el-Djiladin et se porta à la rencontre du lieutenant-colonel Moulin.

Interrogé sur ce qu'il comptait faire à l'arrivée des troupes françaises, il manifesta le désir de se présenter au général Etienne qui l'attendait à 2 kilomètres de la ville et, au nom de la ville de Kairouan, se rendit à merci.

Il fut procédé immédiatement à la reconnaissance des lieux

et des magasins par un officier d'état-major, un du génie et un d'artillerie, accompagnés d'otages.

A 2 heures, le bataillon du 48ᵉ occupait la kasbah et les portes de la ville qui fut successivement traversée par les autres bataillons de la colonne. Le pavillon du général Etienne fut arboré sur la tour de la kasbah......

..... Du 26 au 31 octobre, presque toutes les troupes de la 7ᵉ brigade ont été employées à l'escorte des convois pour le ravitaillement de la place. L'occupation de la ville et sa mise en état de défense se poursuivent activement. Le général Etienne, nommé gouverneur militaire de Kairouan, de Sousse et du territoire compris entre ces deux villes, a établi son quartier général à Dar-el-Bey......

..... Le 2 novembre, pour tenir la ligne d'eau et assurer les communications, les troupes de la 7ᵉ brigade sont ainsi échelonnées :

Répartition des troupes de la 7ᵉ brigade le 2 novembre 1881.

Sousse...... { Deux compagnies du 19ᵉ ;
Les indisponibles ;
Le parc d'artillerie n° 2.

Oued-Laya[1]. { Bataillon du 138ᵉ ;
Demi-escadron du 6ᵉ hussards ;
Dépôt de vivres.

Sidi-el-Hani. { Bataillon du 62ᵉ ;
Demi-escadron du 6ᵉ hussards.

Kairouan... { Etat-major et divers services de la brigade ;
23ᵉ bataillon de chasseurs à pied ;
Groupe de bataillons des 48ᵉ, 66ᵉ et 116ᵉ d'infanterie ;
Deux escadrons du 6ᵉ hussards ;
Une compagnie du génie ;
Demi-batterie de 95 ;
Une batterie de 90 ;
— de 80 montée ;
— de 80 de montagne ;
Ambulance et convoi de 1.000 chameaux.

Le Général commandant la 7ᵉ brigade,
ETIENNE.

---

1. Le chemin de fer Decauville arrivera à l'oued-Laya le 7 ou 8 novembre.
Le ravitaillement de ce poste se fait au moyen de chameaux, de mulets et d'arabas envoyés de Sousse.

N° LVI

Garde des communications de la colonne Logerot en marche sur Kairouan [1].

Intrigues d'Ali Bey à Testour après le combat du 2 octobre.

Le général d'Aubigny, commandant de la subdivision de Testour, nouvellement créée, avait résolu, après avoir fait sa jonction avec le colonel de la Roque, à Bordj-Messaoudi [2], de liquider la situation des Drid et des petites tribus du territoire de Teboursouk qui avaient pris part, soit au massacre de l'oued-Zergua, soit au combat de Testour, soit encore à celui de la Tessaa [3], et qui venaient de se séparer d'Ali ben Ammar pour rentrer chez elles.

La soumission des Drid devait rencontrer des difficultés inattendues. Déjà, le caïd Ahmed ben Mustapha ben Goltan, agissant à l'instigation d'Ali Bey [4], qui n'avait pas oublié ses anciens alliés de Testour, avait fait tout son possible pour entraver les efforts tentés par l'autorité militaire pour attirer les Drid auprès d'elle. Malgré les déclarations de l'autorité militaire française, qui avait fait connaître au Bardo sa volonté de traiter seule de la soumission des insurgés, le bey du camp voulait absolument intervenir dans cette circonstance. Il fit d'abord répandre le bruit que tous ceux qui se présenteraient à lui obtiendraient l'aman, à des conditions infiniment plus douces que celles imposées par les Français. Ce moyen ne donnant que fort peu de résultats, il envoya le caïd Ahmed ben Mustapha auprès du comman-

---

1. Nous donnerons ici, d'un seul coup, le résumé des dispositions prises pour la protection de la ligne d'étapes de la colonne française descendue vers le sud.
2. Voir plus loin, annexe n° LVIII, page 281 (opérations contre Ali ben Ammar).
3. Voir plus loin, annexe n° LVIII, page 277 (opérations contre Ali ben Ammar).
4. Voir plus haut, annexe XLVIII, page 231.

dant militaire de Testour, sous prétexte de lui servir d'intermédiaire, mais en réalité pour faire le vide autour de lui.

Le commandant des troupes françaises renvoya cet importun[a]; en même temps il demandait qu'Ali Bey s'éloignât sans tarder de la région.

La réponse ne se fit pas attendre [1]; le frère de Mohamed Es Saddok reçut l'ordre de se rendre à Zaghouan [2] pour couvrir les lignes de ravitaillement des troupes opérant dans la direction de Kairouan.

Il leva donc son camp de Testour le 18 octobre, « affectant de se désintéresser des événements politiques et semblant abandonner sans regret les négociations d'aman avec les Drid ». Il aurait dû arriver le même jour à Medjez-el-Bab; mais il s'arrêta et coucha à Slouguia, sous prétexte d'attendre des animaux de réquisition pour ses nombreux malades [3].

Ali Bey se rend de Testour à Zaghouan.

Le 19, il vint camper à Medjez-el-Bab.

Dans la soirée, vers 8 heures, eut lieu au camp d'Ali Bey une manifestation tumultueuse de 3 à 400 soldats. Cette mutinerie débuta par un rassemblement des compagnies, en bon ordre, mais sans leurs officiers, et criant le mot de réclamation arabe « El Hamed L'Alla ! » (gloire à Dieu !) Ces hommes demandaient la grâce des prisonniers faits le 2 octobre et qui devaient être dirigés le lendemain sur Tunis. Puis, en quelques minutes, le tumulte augmenta autour de la tente d'Ali Bey; les soldats protestaient contre l'ordre de marcher sur Zaghouan et ajoutaient qu'ils ne se battraient pas contre les musulmans.

Mutinerie au camp d'Ali Bey, à Medjez-el-Bab, le 19 octobre.

Les chaouch du bey du camp dispersèrent la manifestation, mais Ali Bey déclara au colonel Noellat [4] qu'en présence de cette révolte, il ne pouvait plus songer à marcher sur Zaghouan.

---

a. Voir annexe n° LVIII, page 285, note 2, la suite des importunes recommandations d'Ali Bey, alors qu'il fut à Zaghouan.
1. Voir tome 1, page 79, note 3.
2. Il y avait déjà à Zaghouan un petit camp tunisien.
3. Il promit, malgré ce retard, d'être à Zaghouan le 23, avant midi.
4. Colonel Noellat, du 18e d'infanterie, en mission au camp tunisien.

Le colonel français représenta au prince tunisien que sa soumission aux caprices des mutins lui ferait perdre tout prestige dans son armée, qui le tiendrait dès lors à sa discrétion, et qu'elle causerait un effet déplorable dans les tribus voisines ; enfin que les mouvements de la colonne française sur Kairouan allaient commencer et que le général en chef comptait sur lui pour couvrir les derrières des corps en marche; Si Ali Bey fut inébranlable ; il dit qu'il ne pouvait réprimer militairement cette mutinerie et ajouta que s'il se portait sur Zaghouan, il y arriverait seul, sans un soldat.

Le colonel Noellat obtint d'interroger, devant le bey, tous les officiers, puis un soldat par compagnie, tribu ou groupe.

Les officiers eurent une contenance plus que douteuse ; ils assurèrent le bey de leur dévouement, mais déclinèrent toute possibilité de répondre de leurs soldats ; ceux-ci se montrèrent plus dévoués, ils protestèrent contre la mutinerie et se déclarèrent prêts à marcher sur Zaghouan [1].

Le colonel mit alors Ali Bey en demeure d'exécuter les ordres qu'il avait reçus; celui-ci finit par y consentir.

La colonne de Si Ali Bey quitta donc Medjez-el-Bab le 20 au matin [2].

---

1. La mutinerie eut lieu le soir même de l'arrivée au camp tunisien du colonel français; les officiers ont laissé leurs soldats se réunir, crier et entourer la tente d'Ali Bey sans intervenir en quoi que ce fût; celui-ci ne s'est rendu qu'à la dernière extrémité à l'ordre d'aller à Zaghouan, ce qui donne de singuliers doutes sur les auteurs réels de la manifestation.

Il est évident, dès à présent, qu'on ne saurait donner à une pareille troupe une mission tant soit peu importante et qu'il faudra immobiliser des troupes françaises pour couvrir les derrières de la colonne qui va se diriger sur Kairouan. Le colonel Noellat estime que le mieux serait de dissoudre cette armée tunisienne en la fractionnant d'abord et en la mettant en petits détachements à côté des troupes françaises. Si on laisse subsister de gros groupes, il faut mettre à côté d'eux des bataillons français.

2. Le départ des troupes du bey, de Medjez-el-Bab, fut terminé à 9 heures du matin. Elles couchèrent à Gab-el-Hat, après une marche de 30 kilomètres.

« Pendant cette étape les figures sont mornes et peu sympathiques quand le colonel français passe dans les rangs; les officiers détournent la tête, les soldats se taisent complètement à une distance considérable; il est visible que le passage de l'officier supérieur français est signalé de groupe à groupe.

» Si Ali Bey proteste d'ailleurs de son dévouement et reste irréprochable comme accueil. »

Elle campa le 20 à Gab-el-Hat, le 21 à Bou-Hamida [1] ; elle arriva le 22 à Mograne [2], à 6 kilomètres de Zaghouan. Elle comprenait à ce moment environ 1.500 fantassins, 200 artilleurs et 1.500 cavaliers.

Le 22, le ministre de la guerre tunisien, Si Sélim, vint au camp d'Ali Bey. Malgré les prescriptions du général Saussier désignant Bir-Bouita comme point extrême à faire occuper vers l'est par les troupes d'Ali Bey, il ordonna l'occupation d'Hammam-Lif [3].

Le 26 octobre Ali Bey transporte son camp de Mograne à Zaghouan ; il s'installe à 1 kilom. 500 de Zaghouan, au nord, à cheval sur la route de Tunis.

Le camp d'Ali-Bey à Zaghouan (26 octobre-22 novembre)

Le camp tunisien et la colonne du général Philebert se concertent pour assurer la sécurité dans la région du djebel-Zaghouan [4].

Les désertions ne s'accentuent pas. Ce qui reste au bey est en majorité composé de vieux soldats ; ils feront ce que l'on voudra, mais c'est une troupe fatiguée qui, sur 1.500 fantassins, n'a guère que 6 ou 700 disponibles ; avec les 300 artilleurs

---

1. Cette marche, forte de 30 kilomètres, eut lieu sans autre incident qu'un peu d'émotion à l'avant-garde à la vue, au loin, dans la plaine de Cedrata, de quelques cavaliers que l'on supposa être des Oulad-Ayar. La colonne arriva à Bou-Hamida à 2 heures de l'après-midi. (Le camp du 46e de la 6e brigade s'y trouvait encore installé, gardant 360 malades à évacuer.)
2. Marche sans incidents. — Aussitôt la colonne arrivée à Mograne, des postes furent placés le long de la conduite d'eau.
Le 23, 150 arabas de la colonne beylicale furent envoyés de Mograne à Bou-Hamida, pour l'évacuation des 360 malades gardés par le 46e.
3. Le 25 au matin, en exécution de l'ordre de Si Sélim, 1.200 Coulouglis, Zaouaoua et Mokrasni partirent du camp de Mograne pour Hammam-Lif (qu'ils abandonnèrent d'ailleurs bientôt pour rentrer à Tunis). En l'état présent des choses, le colonel Noellat aurait préféré voir tout le corps tunisien réuni à Zaghouan, éclairant au loin vers le Fahs et Bir-Bouita, au moyen de sa nombreuse cavalerie, toujours prête à se porter sur les points qui seraient menacés.
Ali Bey, tout en reconnaissant qu'Hamman-Lif était bien excentrique, a exécuté strictement l'ordre donné par le ministre Si Sélim, et Bir-Bouita, point par lequel on aurait tenu solidement la route de Tunis à Hammamet et couvert le flanc gauche de la colonne française, ne fut pas occupé par un détachement tunisien.
4. Il fut convenu que, pour le moment, on se bornerait à des reconnaissances envoyées par les détachements français et tunisiens et pouvant se rencontrer.

c'est tout le camp du bey. Ce camp est bien tranquille. « Les questions politiques et religieuses paraissent préoccuper assez peu les soldats tunisiens ; ils ont appris avec beaucoup de calme les épisodes de la marche du général en chef sur Kairouan. Un peu de solde et de bien-être affermiraient ces bonnes dispositions. »

Le colonel Noellat demande d'urgence des vivres ; Si Ali Bey n'en a plus que jusqu'au 28 et les patrouilles [1], ne pouvant plus que difficilement être pourvues de 2 jours de vivres, sont dans l'impossibilité de s'écarter ; il demande, d'une façon encore plus urgente, de l'argent. Les charretiers qui font nos convois et ceux d'Ali Bey n'ont rien reçu depuis un mois ; aussi bon nombre de voitures disparaissent-elles chaque jour ; quant aux officiers et soldats, ils n'ont rien touché depuis le mois de septembre.

Si Ali Bey essaie d'obtenir de Zaghouan des céréales et de la viande que la population s'efforce de son côté de ne pas fournir.

Le service de l'intendance envoie 40 voitures de petits vivres à Zaghouan ; Ali Bey fait les plus grandes difficultés pour les accepter : il fait avec ces vivres des distributions *extraordinaires* et insiste pour qu'on ne lui en envoie plus d'autres.

Le gouvernement français, consulté, ayant autorisé le général commandant la région nord à requérir le payeur de Tunis de fournir une avance de fonds au gouvernement tunisien pour la colonne de Zaghouan, vingt mille francs sont aussitôt envoyés à Zaghouan.

Bien qu'il ait été convenu entre le colonel français [2] et le

---

1. Ces patrouilles sont, d'ailleurs, faites généralement par l'infanterie, la presque totalité de la cavalerie étant partie à Hammam-Lif.
2. Le colonel Noellat était presque obligé d'approuver cette réserve du bey du camp :

« Pour parler franchement, écrivait-il à ce sujet au général Japy, les besoins de cette troupe seraient formidables, et dès qu'elle saurait qu'il y a quelque argent ici, ces besoins deviendraient par trop exigeants, sinon menaçants.

» On a fait marcher hommes et bêtes, réguliers et irréguliers en ne donnant vivres et argent que contraint. La plupart du temps les tribus et villages ont

bey du camp que si l'argent prêté au gouvernement tunisien arrivait à Zaghouan, on donnerait 3 fr. aux soldats, 25 fr. aux capitaines et 33 fr. aux commandants, pour régler le mois d'octobre, et qu'on donnerait ensuite au soldat 0 fr. 50 tous les 5 jours, le colonel Noellat éprouve de vraies difficultés de la part de Si Ali Bey à lui faire accepter cette avance.

Cependant, le 30 octobre, quand l'argent est au camp, apporté par le lieutenant de Sailly du 11e hussards, ils tombent d'accord sur ceci : le 31 octobre ou le 1er novembre sera payée à chaque soldat la somme de 3 fr., représentant la solde échue pour tout le mois d'octobre : on pourra ensuite donner 0 fr. 50 tous les 5 jours; en outre Ali Bey consent à faire donner à ses troupes un jour de viande [1] en plus chaque semaine, soit en tout 3 jours sur 7.

Enfin, le 1er novembre, le colonel put remettre entre les mains du prince tunisien la solde des officiers (aussi pauvres que leurs hommes) et celle des soldats, pour le mois d'octobre, 10.000 fr. environ. Ali Bey avait choisi ce jour afin qu'il pût lui-même faire distribuer cette solde le lendemain, en raison de la coutume toujours observée de payer officiers et troupe le jour de la fête musulmane de l'Aïd-el-Kebir, qui tombait cette année le 2 novembre.

---

fourni alfa et diffa, c'est-à-dire orge, paille, viande et couscouss, sans compter leurs bêtes de somme. Les goums et mokrasni nourrissent eux et leurs bêtes par des procédés qui me sont inconnus, mais où le gouvernement tunisien n'entre certainement que pour fermer les yeux.

» Les soldats ont reçu 5 réaux (a) (3 fr.) pour le mois de septembre ; rien encore pour ce mois-ci. Ils mangent soir et matin une grande cuillerée de soupe faite avec l'huile et le blé-moulu ; c'est là toute leur nourriture.

» Malgré cela, grâce aux diffas des villages, aux commerces multiples que font les soldats (les uns vendent du tabac ; les autres des légumes, des fruits ; d'autres des cotonnades, etc...), on arrive à vivre. Les chevaux sont même en bon état. Mais parler d'argent serait toucher à une corde si sensible que je ne crois pas que le moment en soit venu, à moins que ce ne soit le beylik tunisien qui paye. Alors il donnera 3 fr. aux soldats, 33 fr. aux commandants, 25 aux capitaines, et le mois d'octobre sera censé payé.

» Lorsqu'on voudra réorganiser, le gouvernement français pourra fructueusement parler de la solde qu'il veut assurer. Avec 2 réaux par jour (1 fr. 20) dégagés de toute autre allocation, on aurait autant de soldats qu'on en voudrait. »

(a) Le réal ou piastre tunisienne valait environ 0 fr. 60.

1. Voir note 1 de la page 258.

Le 2 novembre il paya la solde des détachements du djebel-Ressas, de Mohammédia et d'Hammam-Lif.

Mais il ne put faire accepter au bey le principe de l'allocation journalière de 0 fr. 50 pour chaque soldat [1].

Comme l'objet de la mission du colonel français consistait surtout à assurer le service et le bon ordre pendant la durée des opérations du général en chef, il lui parut que le mieux était d'innover le moins possible, et de déférer aux désirs de Si Ali Bey et aussi du Bardo en laissant subsister toutes les allocations comme par le passé, mais en payant ce qui était dû.

Les dépenses restèrent donc bien au-dessous des autorisations ministérielles. Le colonel Noellat employa le surplus des fonds envoyés à d'autres besoins urgents, ceux des officiers, ceux des charretiers, estimant, avec raison, que le sens des instructions ministérielles devait être surtout visé et que si, le ministre allouant 0 fr. 50 comme aide aux troupes du bey, celles-ci se trouvaient satisfaites avec un peu moins, il pouvait utiliser le reste pour le bien de l'armée tunisienne.

Quand Ali Bey réunit, le 1ᵉʳ novembre, tout ce qu'il avait de présent à son camp de Zaghouan, pour que le colonel français pût en faire le dénombrement, afin de dresser ses états pour la

---

[1]. Le gouvernement français voulait faire allouer à chaque soldat une indemnité journalière de 0 fr. 50 en remplacement de viande.

Le colonel Noellat ne put faire admettre cette disposition à Si Ali Bey, qui répondit que le soldat tunisien n'avait jamais de viande plus d'une fois, deux au plus, chaque semaine, et que lui donner plus, ce serait lui donner des besoins que sous peu le gouvernement tunisien serait impuissant à satisfaire.

Et lorsque, le 1ᵉʳ novembre, il lui remit la somme nécessaire au payement de la solde, il se heurta de nouveau à une résistance insurmontable quand il essaya de lui faire accepter l'allocation ministérielle de 0 fr. 50 par jour et par soldat ; et cela à la suite de lettres venues le 31 octobre du Bardo.

La plus sérieuse objection qui lui ait été faite fut que le trésor tunisien se trouverait dans l'impossibilité de continuer une pareille solde dès que le trésor français cesserait ses allocations et qu'alors les désertions se produiraient en masse. Cette raison paraissait vraie.

Les généraux et officiers supérieurs ajoutaient que toute la solde mise dans la main du soldat irait à la famille de celui-ci et n'améliorerait en rien l'état des troupes.

En somme, tous demandaient la continuation des errements du passé et se déclaraient satisfaits si la faible allocation de cinq réaux par mois au soldat et la solde encore plus faible des officiers étaient régulièrement payées.

solde à payer, les effectifs étaient, avec les recrues faites dans les derniers temps :

Infanterie	1.700 hommes.	Mais il y avait, au moins, 5 ou 600 indisponibles.
Artillerie	350 —	
Goums	130 —	

En réalité le camp tunisien rendait peu de services : l'autorité militaire songea bientôt à le faire relever par des troupes françaises et à rappeler les soldats beylicaux sur Tunis [1].

Avant de renvoyer l'armée d'Ali Bey sur Tunis, le colonel Noellat fit prélever dans le camp tunisien 2 officiers, 100 fantassins et 10 cavaliers pour l'organisation d'une deuxième compagnie franche [2].

Ces 110 soldats étaient prêts, le 21 novembre, à commencer leur service. Le colonel Noellat n'avait aucun fonds pour pourvoir à la solde de ces hommes dès qu'ils ne seraient plus nourris au camp tunisien ; il les garda cependant quelques jours et, n'ayant aucun moyen pour les payer, il les nourrit comme il put en attendant des ordres.

(L'ordre fut envoyé postérieurement de se débarrasser de ces soldats en les renvoyant à Tunis.)

Un bataillon français du 92e étant venu de la Manouba et arrivé à Zaghouan le 21, le camp tunisien fut levé le 22 novembre et se dirigea sur Tunis.

Constitution de la colonne française de Zaghouan. 22 novembre.

Le farick Si ben Turki reçut du colonel Noellat, de la part du

---

[1]. Non seulement la colonne tunisienne rendait peu de services, mais ses goums se livraient à de graves exactions qui donnèrent lieu à de vives et nombreuses plaintes dans la région de Zaghouan.

Aussi le colonel Noellat avait demandé la rentrée à Tunis ou aux environs des troupes tunisiennes, dont la majeure partie serait licenciée.

Si Ali Bey avait quitté Zaghouan de sa personne dès le 15 novembre ; le général Japy, commandant la région nord, ordonna la formation d'une petite colonne de deux bataillons à Zaghouan, et en donna le commandement au colonel Noellat, en même temps qu'il l'investissait de l'administration de la région, entre l'oued-Miliane et la mer.

[2]. En exécution des ordres du général Saussier, une compagnie franche avait été formée le 23 octobre à la Manouba. (132 fantassins français provenant des brigades Maurand et d'Aubigny, 60 fantassins réguliers de l'armée beylicale, 5 spahis du bey, 20 mulets de bât.)

(Voir annexe n° LXIX.)

général Japy, « un carta » attestant les bons services de sa troupe.

Un bataillon du 87e fut encore envoyé de la Manouba; la compagnie franche, qui avait été créée le 23 octobre à la Manouba, et qui se trouvait à ce moment à Tunis, fut dirigée sur Bir-Bouita.

La colonne de Zaghouan, mise sous les ordres du colonel Noellat, se compose donc de deux bataillons (du 87e et du 92e), de la compagnie franche, d'une section d'artillerie et d'un peloton de hussards.

Aussitôt le colonel choisit l'emplacement de Mograne (près de la maison du beylik, dite l'embranchement des aqueducs) pour établir les baraquements destinés à sa colonne.

De ce point la surveillance des aqueducs du Zaghouan et du Djoukar est plus facile; l'emplacement est vaste, sain et bien pourvu en eau et en bois, à cheval sur les routes du Fahs, d'El-Oukanda et de Tunis.

Le camp de Zaghouan doit être conservé provisoirement pendant l'érection des baraques de Mograne.

Mais, comme il semble impossible de recevoir les baraques assez à temps pour qu'elles puissent être montées et utilisées cet hiver, les troupes restent comme elles sont. « Elles ne sont pas bien; mais leur santé se maintient jusqu'ici. Elles ont aménagé de leur mieux le camp contre les pluies diluviennes de ces huit derniers jours (compte rendu du 9 décembre). Le moral est bon, — les hommes sont gais; l'emplacement est sain et le colonel croit que cela pourra aller ainsi assez longtemps. »

Après la reconnaissance des environs, qui présèntent fort peu de ressources en cantonnements [1], la colonne de Zaghouan est ainsi répartie, par ordre du général Japy :

---

1. La ville de Zaghouan est une ruine empestée; Bir-Bouita, brûlé et détruit, vient d'être à peu près réparé par le gouvernement tunisien et pourrait loger 80 hommes; à Hammamet, la kasbah n'a jamais été achevée et ne peut contenir qu'une section de 50 hommes.

Un bataillon d'infanterie, la section d'artillerie, le peloton de hussards, le magasin, l'infirmerie, les ouvriers indigènes restent sous la tente dans le camp occupé depuis le 23 novembre.[1]

Le second bataillon fournit le camp du djebel-Zaghouan ou du télégraphe[2] par une compagnie, a une deuxième compagnie et l'état-major cantonnés à Mograne[3]; les deux autres compagnies occupent le pont du Fahs.[4]

(Le bataillon du camp de Zaghouan alternera tous les mois avec le bataillon du Fahs, Mograne, Télégraphe. Dans ce dernier bataillon, le chef de bataillon fera alterner ces compagnies entre elles, par quinzaine.)

Le 13 décembre, le colonel Noellat remet le commandement de la colonne de Zaghouan au chef de bataillon du 92e, puis il part sur Tunis après avoir réglé toutes les affaires indigènes.

Le 14 décembre, dans la nuit, de 9 à 11 heures, un orage épouvantable s'abat sur Zaghouan. « Par une pluie diluvienne et un développement d'électricité remarquable, toutes les tentes ont été saisies par le tourbillon et jetées bas en moins de cinq minutes. Les hommes ont beaucoup souffert du froid. Dès le jour on travaille avec ardeur à remonter les tentes, à refaire les gourbis des bêtes, les abris des feux de bivouac et de sentinelles. Mais les *outils manquent complètement.* »

Le moral des troupes, qui se savent condamnées à un ser-

---

1. L'emplacement du camp est bon, bien abrité, avec forte pente permettant l'écoulement des eaux. L'eau à proximité est excellente. Les travaux d'installation sont déjà très avancés vers le 10 décembre; avec le secours des outils *promis*, ils donneraient vite une bonne somme de bien-être relatif.
2. Cette compagnie achève la construction du télégraphe optique et doit protéger ensuite ce poste; elle serait baraquée sur son emplacement actuel qui est excellent comme salubrité, proximité de l'eau et du poste télégraphique et comme position militaire.
3. Le caravansérail de Mograne peut recevoir une forte compagnie avec de gros approvisionnements. Il est facile à organiser défensivement; il a sur toutes ses faces un champ de tir de deux kilomètres; sans canon, il est imprenable. Les deux aqueducs du Djoukar et du Zaghouan se réunissent à son angle nord-ouest.
4. Baraquées quand ce sera possible.

vice d'étapes quand leurs camarades font colonne, semble atteint par ce dernier coup, surtout dans le bataillon du 92e [1].

« Nous serions bien heureux aussi de savoir, écrit au général de brigade le chef de bataillon du 92e à la fin de son rapport sur l'orage, combien de temps doit durer notre détachement, non pas que le moral soit affecté, mais une indication à ce sujet serait la bienvenue. »

Le nouveau commandant supérieur voudrait bien partir avec son bataillon. Le général commandant la division nord les fixa l'un et l'autre, en leur faisant répondre que le chef de bataillon s'acquittait trop bien de ses fonctions de commandant supérieur de Zaghouan pour pouvoir être remplacé, et que le bataillon du 92e, bien qu'il fût depuis longtemps en Tunisie [1], était en trop bonne santé pour qu'il y eût lieu de le relever de Zaghouan.

---

1. Le bataillon du 92e (P. P. Lyon, D. Aurillac) avait débarqué à Bizerte le 3 mai 1881 avec le général Bréart; il était resté à la Manouba après le premier rapatriement, et avait été embarqué sur l'*Alma*; seul bataillon ancien du corps expéditionnaire du colonel Jamais, il avait pris la plus grande part à l'assaut de Sfax (débarqué le premier, après les fusiliers marins, il avait enlevé la redoute de l'Alfa : il eut, dans ses engagements du 16 juillet, 28 blessés : 2 officiers, MM. Marchand, lieutenant, et d'Hailly, sous-lieutenant, 1 adjudant et 25 caporaux ou soldats). Rembarqué à Sfax le 11 août, à bord de la *Sarthe*, il était venu à La Goulette, d'où il avait été immédiatement dirigé sur Hammamet (il y avait beaucoup souffert de son installation sur un terrain sablonneux, mais soulevé continuellement par le vent, à tel point que tous les officiers du bataillon préféraient passer l'hiver tout entier sous la tente à Zaghouan plutôt que de retourner à Hammamet). D'Hammamet, il était retourné, à la fin de septembre à la Manouba, d'où il fut dirigé sur Zaghouan pour y relever les troupes d'Ali Bey. Il y arriva le 21 novembre et y resta jusqu'au 10 octobre 1882, date à laquelle il fut envoyé à Béja.

Avec le retour du beau temps et après l'infusion d'un sang nouveau [229 hommes de renfort étaient venus de France renforcer les 408 hommes de troupe qui lui restaient (a)] son moral s'était complètement relevé et nous le voyons, pendant l'hiver de 1882-83, organiser un théâtre au camp de Béja.

(a) Une circulaire ministérielle du 22 mars 1882 (voir annexe n° LXV, A, page 359) prescrivit de porter à 650 hommes, absents compris, ceux des bataillons qui devaient rester en Tunisie après la deuxième expédition. Le 92e avait été désigné pour rester.
Son effectif (présents et absents compris) était :
Au 1er mai 1882..... 408 hommes de troupe ;
Au 12 mai 1882..... 637 — après l'arrivée de 229 hommes de renfort.
Son effectif, qui est déjà de 13 hommes inférieur à la fixation ministérielle, n'est plus que de 589 hommes (absents compris) le 9 septembre 1882, c'est-à-dire en déficit de 61 hommes.

Les deux bataillons qui constituaient la colonne de Zaghouan continuèrent donc leur service d'étapes et restèrent dans la région (le 92e jusqu'au 10 octobre 1882, le 87e jusqu'au mois de février 1883).

Le général Saussier, en se mettant en marche d'El-Oukanda vers le sud, avait emmené avec lui, dans la colonne Logerot, deux bataillons (33e et 43e), un escadron de hussards et une section d'artillerie de montagne prélevés sur la 6e brigade[2].

Le général Philebert, laissé à El-Oukanda, a pour mission de couvrir les derrières de la colonne qui marche sur Kairouan et de rayonner avec des colonnes légères autour d'El-Oukanda.

Restent avec lui le 27e bataillon de chasseurs, les bataillons des 46e, 61e, 110e et 111e, deux escadrons du 1er hussards et dix pièces (4 de montagne et 6 d'artillerie montée).

Le général Philebert ne reste pas inactif.

Laissant le 46e[3] à la garde du biscuit-ville du Fahs, et le 110e à la garde du camp d'El-Oukanda, il dirige vers l'oued-el-Kébir, dès le 24 octobre[4], une colonne de trois bataillons (27e chasseurs à pied, 61e et 111e de ligne), deux escadrons et quatre pièces de montagne. Cette colonne arriva le 24 à Sidi-Henni; le 25 elle remonta l'oued-el-Kébir et campa au-dessus de Sidi-Henni; le 26, elle traversa le massif montagneux et campa à Sidi-bou-Beker, à 3 kilomètres au-dessus de Sidi-Naoui; le soir, elle traversa de nouveau la montagne en sens inverse par le chemin des crêtes et vint camper à la koubba de Sidi-Abd-el-Kerim : le 27 elle rentra à El-Oukanda.

Le général Philebert à El-Oukanda[1]

---

2. Voir l'ouvrage du général Philebert *La 6e brigade en Tunisie*.
2. Voir tome I, page 82, notes 3 et 5.
3. Le bataillon du 46e, laissé à Bou-Hamida, pour la garde des 360 malades de la brigade Philebert, rejoignit dès que les malades purent être enlevés par les arabas de la colonne beylicale et dirigés sur Tunis. (Voir note 2, page 255.)
4. Aussitôt qu'il a été débarrassé de ses malades et rallié par le bataillon du 46e et que la colonne tunisienne d'Ali Bey se fut rapprochée (le 22 à Mograne, le 26 à Zaghouan).

Le général Philebert reçut l'ordre d'exécuter une opération dans la direction de la zaouïa de Sidi-Abd-el-Melek (Oulad-Aoun).

Le 31 octobre, trois bataillons (27ᵉ chasseurs à pied, 61ᵉ et 110ᵉ), un escadron de hussards et quatre pièces de montagne quittent El-Oukanda où restent le 111ᵉ et la batterie montée.

La colonne passe à Mlouta, traverse le défilé de Foum-el-Karrouba et campe sur l'oued-Sadi (étape de 24 kilomètres)[1] ; le 1ᵉʳ novembre, la colonne campe sur l'oued-Nebhan (étape de 12 kilomètres); le 2 novembre, traversée du défilé de Foum-el-Guefel et camp sur les pentes du djebel-Bargou[2] (étape de 31 kilomètres). Le 3 novembre, la colonne traverse la rebah silianah des Oulad-Aoun et campe sur la rive gauche de l'oued-Hakmès (affluent de l'oued-Silianah), près de la zaouïa de Sidi-Abd-el-Melek[3] ; le 4, la colonne marche parallèlement et au nord du djebel-Bargou et campe à Aïn-

---

1. Le général Philebert tomba vers Saïdan sur un millier de tentes des Oulad-Menna (Drid), des Trabelsia (Oulad-Taleb) et des Zlass (Oulad-Khalifa); ces derniers appartenaient aux deux fractions qui n'avaient pas suivi la tribu dans son émigration vers le sud.

Il reçut leur soumission.

2. Le général accorde l'aman aux gens du Bargou.

3. Abd-el-Melek (Zaouïa) est sur la rive droite de la Silianah, sur le territoire des Oulad-Aoun.

Les Oulad-Aoun, qui avaient lutté contre la 5ᵉ brigade (voir annexe n° XLVII, page 216), avaient vu avec inquiétude approcher les troupes françaises; leur premier mouvement avait été de fuir, mais les émissaires du général Philebert étant venus les rassurer, les cheikhs et les notables de la tribu se présentèrent au général, au camp de Sidi-Abd-el-Melek.

Le général accorda l'aman à tout le groupe, mais en réservant au général d'Aubigny, qui allait incessamment remonter le cours de la Silianah (voir annexe LVIII, page 284), le droit de leur imposer telles conditions qu'il voudrait.

Pour lui, il exigea des moyens de transport et le concours de goums.

Les Oulad-Aoun étaient trop heureux d'en être quittes à si bon compte. (Voir l'évolution de l'insurrection chez les Oulad-Aoun, annexe n° XLIII, page 193, et annexe XLVII, page 216.)

Depuis une quinzaine de jours, Ali ben Ammar les pressait plus vivement de se joindre à lui pour résister aux colonnes d'Aubigny et de la Roque, qui opéraient autour de Bordj-Messaoudi.

Un fort parti d'Oulad-Ayar s'avançait même vers le campement des Oulad-Aoun pour les punir de leur interminable hésitation; chemin faisant ils avaient eu connaissance de la marche de la 6ᵉ brigade et s'étaient empressés de rétrograder.

Fourna[1] ; le 5 novembre, elle descend la vallée de l'oued-el-Kébir et campe, le 5, près de la koubba de Sidi-Amora, le 6, près de Sidi-Henni.

Le 7 novembre, la colonne rentre à El-Oukanda, au grand étonnement des gens du pays qui s'attendaient à la voir marcher immédiatement vers la région occupée par les Oulad-Ayar.

N° LVII

Marche de la colonne Forgemol sur Kairouan [a].

Depuis leur retour du Sers (commencement de septembre)[2], les Hammema montraient une modération inaccoutumée. Ils avaient paru décidés, à un certain moment, sur les instances d'El Hadj Hassein ben Messaï, à se porter à la rencontre de la 5ᵉ brigade; mais le bruit qu'une armée, nombreuse et abondamment pourvue de canons, allait faire irruption dans la régence, du côté de Tebessa, leur était parvenu ; ils avaient jugé prudent de ne pas s'éloigner de leur pays. Ils apprenaient de plus que les affaires des insurgés dans l'Aarad n'étaient pas en bonne voie. Ahmed ben Youcef comprit qu'il ne pouvait espérer le succès qu'avec le concours d'une puissance étrangère à la régence.

Ce secours lui était annoncé à grand bruit, depuis deux mois, par Ali ben Khalifa et par El Hadj Hassein ben Messaï; mais on attendait toujours les six colonnes turques qui étaient parties de Tripoli pour venir à Gabès ! Ahmed ben Youcef conservait cependant à cet égard une lueur d'espoir (cette intervention des Tripolitains lui semblait toute naturelle).

---

1. Aïn-Fourna (*R. R. Oppidum Furnitanum*), à 4 kilomètres au nord de l'oued-el-Kebir, est sur le territoire des Oulad-Yahia.
a. Voir croquis n° VI.
2. Voir annexe n° XLVII (page 219).

C'est dans ces dispositions qu'il envoya en Tripolitaine son deuxième fils, El Hachemi, pour sonder les intentions du Pacha et pour voir si le gouvernement de la Porte était bien disposé à intervenir dans la Régence.

El Hachemi fit son voyage très rapidement (on ne sait s'il put se rendre à Tripoli et obtenir une audience du Pacha; mais en revenant, dans les premiers jours d'octobre, à la smalah de son père, il raconta que le Pacha avait promis, non seulement son concours, mais encore celui de la Porte, et qu'il avait déclaré, après lui avoir fait visiter l'arsenal de la ville, que les Turcs expulseraient les Français de la Tunisie et même de l'Algérie).

Les Hammema écoutèrent et crurent ce qu'on leur rapportait et reprirent confiance, mais sans enthousiasme; ils savaient que la colonne de Tebessa allait se mettre en marche, que des officiers étaient venus reconnaître les routes jusqu'à la frontière tunisienne et que les tribus algériennes avaient envoyé de nombreux moyens de transport au camp français.

Quant à Ahmed ben Youcef, son attitude personnelle dans la suite et son peu d'acharnement à nous combattre permettent de supposer que les nouvelles rapportées par son fils n'étaient pas des plus satisfaisantes.

Ahmed ben Youcef, renseigné sur tous ces préparatifs, assura ses lignes de retraite dans la direction de Gafsa. En même temps il rappela en toute hâte les Madjeur, les Fraichich et les Ourtan, qui avaient suivi Salah ben Hamouda dans le djebel-Bahara, pour lutter contre les troupes du Kef[1].

Positions des Fraichich le 15 octobre. De son côté El Hadj Harrat veillait[2].

Il avait établi un poste de 150 hommes de garde au khanguet-es-Slouguia, passage par où il supposait que nos troupes pénétreraient en Tunisie, et il s'était transporté avec les contingents des Oulad-Ali et des Oulad-Nadji à Koheul, pour être prêt à se porter à notre rencontre.

---

1. Voir annexe n° LVIII, page 273.
2. Voir annexe n° XLVII, page 219, et tome I, page 81.

Le 16 octobre 1881, la colonne française, placée sous les ordres du général Forgemol, était définitivement constituée à El-Aïoun[1]; elle était renforcée d'un goum de 743 auxiliaires indigènes (Oulad-Sidi-Yahia, Brarcha, Alhouna et Haractar).

La colonne Forgemol se met en mouvement (17 octobre).

Le 17, la brigade de cavalerie, accompagnée des goums, pousse une reconnaissance vers Haydra. Arrivée au koudiat-Remila, elle rencontre les insurgés et les disperse.

Combat du koudiat-Remila (engagement de cavalerie), 17 octobre.

(En apprenant le départ de la brigade de cavalerie d'El-Aïoun, El Hadj Harrat s'était porté à sa rencontre; il avait résolument attaqué les troupes françaises vers 2 heures de l'après-midi et ne s'était retiré du champ de bataille que vers 6 heures du soir, ayant subi des pertes sensibles.)

Aussitôt après le combat, les Madjeur rentrent chez eux, pour diriger leurs tentes et leurs troupeaux vers le sud, par les routes de Sbeitla, du Foum-el-Guelta et le khanguet-Segalas. Les Oulad-Ali se rabattent sur Tala, qu'ils mettent au pillage. Le 18 au soir, les Oulad-Nadji, commandés par Mohamed ben el Hadj Harrat, viennent rejoindre les Oulad-Ali et achèvent de dévaliser les boutiques de Tala. Leur opération terminée, ils retournent au djebel-Semmama[2] pour mettre leur butin en sûreté.

Aussi la colonne de Tebessa put-elle, le 18 octobre, se porter à Haydra[3] sans être inquiétée.

Le 19, les goums vont jusqu'à Hanout-el-Hadjem et visitent le village de Tala et la mosquée d'El-Hadj-Chafaï; ils ne rencontrent pas âme qui vive; le pays est complètement désert.

Le 20, la colonne se rend à Hanout-el-Hadjem[4] sans rencontrer l'ennemi.

---

1. Voir annexe n° LI et annexe n° LIII, page 245.
2. Djebel-Semmama (1.313 mètres), à 20 kilomètres au nord de Kasserine.
3. Elle resta à Haydra le 19 octobre, manquant absolument d'approvisionnement de vin que le général dut aller faire chercher en arrière.
4. A Hanout-el-Hadjem (20 octobre) (Henchir-Souitir?), les Oulad-bou-Ghanem vinrent installer aussitôt, au camp français, un marché où ils firent des ventes de moutons et de céréales. L'intendance leur acheta 120 quintaux d'orge, et les Oulad-bou-Ghanem s'engagèrent à en apporter encore sur les divers points où

Mais, le lendemain 21, tandis qu'elle arrive à Aouinet-el-Ghenem, la cavalerie indigène qui a poursuivi sa marche vers l'est signale dans le lointain de nombreux groupes armés qui se dirigent vers l'henchir-Rouhia ; ils surprennent même un parti composé de gens des Ourtan qu'ils culbutent et mettent en fuite.

Le 22, la colonne française se porte à l'henchir-Rouhia ; la fin de la marche fut rendue très pénible par la chaleur et les difficultés du terrain.

Les Cheketma viennent faire leur soumission ; mais le khalifa Mohamed ben el Hadj Ahmed ben Rezgui avait séparé sa cause de celle des siens pour se joindre aux insurgés ; quelques jours après, il partait pour la Tripolitaine [1].

L'ennemi n'attaque pas encore ; mais on sait qu'il observe la colonne française, attendant une occasion favorable pour l'assaillir de toutes parts.

---

devait stationner la colonne. Des délégués des Zeghalma se présentèrent le même jour pour connaître les conditions de soumission qui leur seraient imposées (on leur imposa deux moutons par tente).

Le 21, à Ras-Aouinet-el-Ghenem, les Zeghalma acceptèrent ces conditions d'aman, et s'engagèrent à faire le service de la correspondance et à fournir le lendemain un ravitaillement gratuit de 400 moutons pour la colonne.

(La correspondance de la colonne Forgemol avec le général Saussier se fait par télégrammes portés à Tebessa et envoyés de là à La Goulette.

Les communications entre le général Forgemol et Tébessa devinrent bientôt très difficiles ; un indigène faisant le courrier de la colonne Forgemol, parti le 23 du camp du général, n'arrivait que le 25, après avoir été attaqué par un groupe de dissidents.)

1. Plusieurs chefs indigènes se présentèrent aussi au général Forgemol, dès son arrivée à l'henchir-Rouhia, affirmant que la majeure partie de leurs tribus n'avaient pas bougé. Le fils du caïd Mohamed Salah ben Ali Debbich, qui s'était présenté aussi, dit que son père était au camp de Si Ali Bey et que les contingents fidèles étaient avec lui.

Le général Forgemol, avant de statuer à l'égard de ces fractions, télégraphia à Tunis afin d'être renseigné sur la véracité des déclarations de leurs chefs ou représentants ; il ne lui était pas possible, en passant rapidement, comme il le faisait, dans les tribus, d'examiner les questions à fond.

Au sujet de Mohamed Salah ben Ali Debbich, le général Japy répondit aussitôt de Tunis par télégramme : « Le caïd Ben Debbich était en effet au camp de Si Ali Bey ; mais tous les Oulad-Ayar et Cheketma étaient révoltés et ont composé les contingents d'Ali ben Ammar, auteur assassinat Oued-Zergua. Mon avis est : méritent conditions très dures et surtout nombreux otages. »

Le 23, en se dirigeant vers l'oued-Sbiba, la colonne se heurte aux contingents insurgés, près du marabout de Sidi-Megherni. Les dissidents occupent une ligne qui s'étend de l'oued-Rouhia jusque sur les crêtes du djebel-Sidi-Ali-ben-Oum-Ezzin et du djebel-Sidi-Amor-Essemati, barrant ainsi toute la vallée de la Rouhia.

Il y a là 3.000 combattants appartenant d'une façon générale aux Oulad-Mehenna, aux Fouad, aux Fraichich, aux Ourtan, aux Zeghalma et aux Hammema. Il y a aussi parmi eux quelques Zlass et quelques Oulad-Ayar, sous la conduite du frère d'Ali ben Ammar [1].

Aussitôt qu'il avait appris le départ de la colonne française de Tebessa, Ahmed ben Youcef avait appelé les Hammema aux armes, en leur fixant comme lieu de rassemblement Kasserine, sur le territoire des Fraichich.

Quatre jours après, ses contingents étaient réunis au point indiqué et il avait pu transporter ses campements dans le djebel-Sidi-Amor-Essemati. Le lendemain, il descendait dans la plaine de la Rouhia et il faisait sa jonction avec les combattants d'Haydra que El Hadj Harrat avait amenés avec lui, et avec les Ourtan, les Zeghalma et les différents groupes qui avaient répondu à la convocation lancée par l'ex-caïd des Oulad-Nadji, quelques jours auparavant.

Les Hammema rejoignent les Fraichich (23 octobre)

L'artillerie de la colonne, qui s'était mise en batterie, dès la pointe du jour, sur le koudiat-el-Hameïma, lança quelques projectiles contre le marabout de Sidi-Megherni et sur les crêtes du djebel-Sidi-Amor-Essemati et du djebel-Sidi-Ali-ben-Oum-Ezzin où apparaissaient les dissidents.

Combat de la Rouhia (23 octobre).

Ceux-ci, après avoir tenté quelques mouvements en avant, se replièrent sur le koudiat-el-Halfa, laissant une vingtaine de morts sur le terrain,

Le même jour, la colonne arrivait à Sbiba, sans autre incident.

---

1. Voir 2, annexe n° LVIII, page 274.

270 L'EXPÉDITION MILITAIRE

Trois cents cavaliers des Oulad-Ayar, amenés par Ali ben Ammar, arrivent au koudiat-el-Halfa

Tandis que les dissidents se repliaient sur le koudiat-el-Halfa, ils avaient été rejoints par Ali ben Ammar. Le chef de l'insurrection chez les Oulad-Ayar venait d'être battu successivement à Testour par l'armée d'Ali Bey [1] et sur la Tessâa par le colonel de la Roque [2]; il arrivait sur la Rouhia avec 300 cavaliers, les seuls qui lui restaient des 1.500 qu'il avait pu grouper autour de lui au début de ses opérations.

Selon toute apparence, Ali ben Ammar n'avait d'autre but que de chercher les Oulad-Ayar qui s'étaient joints aux Hammema et aux Fraichich et de les ramener avec lui pour recommencer la lutte contre les troupes du Kef. Il s'annonçait néanmoins comme un auxiliaire tout disposé à disputer pied à pied le terrain à la colonne de Tébessa et à suivre la retraite des dissidents.

Le 24, la colonne française reste au camp de l'henchir-Sbiba.

Combat du koudiat-el-Halfa (25 octobre). Emploi de la cavalerie.

Le 25, les troupes françaises, suffisamment reposées, partent pour l'oued-el-Hateuf, à côté du koudiat-el-Halfa.

Vers 8 heures du matin, le goum aperçoit de nombreux contingents qui prennent d'abord une direction parallèle à notre colonne, mais qui viennent ensuite converger vers nous pour arrêter notre marche. Le combat s'engage (vers 9 heures) et dure jusqu'à midi et demi environ.

L'ennemi est mis en pleine déroute [3]; il perd environ 150 hommes, et emporte avec lui de nombreux blessés.

---

1. Voir annexe n° XLVIII, page 230.
2. Voir annexe n° LVIII, pages 279 et 280.
3. Télégramme :

« *Général Forgemol à Ministre guerre Paris; gouverneur général Alger; commandant en chef La Goulette, Alger, Constantine.*
» Du camp de Koudiat-el-Halfa, 25 octobre.

» La division a fait aujourd'hui, sans être inquiétée, et par des chemins faciles, les deux tiers de sa route. Arrivée dans des terrains très difficiles, sa cavalerie, qui formait l'avant-garde, s'est trouvée en présence de rassemblements assez considérables de fantassins et de cavaliers des Madjeur et des Zlass, à hauteur du piton qui domine la série de collines désignées sous le nom du koudiat-el-Halfa. Malgré les obstacles du terrain, les escadrons de tête ont résolument abordé l'ennemi et l'ont poursuivi pendant plusieurs kilomètres; un escadron combattit à pied et a protégé leur ralliement, pendant que l'infanterie et l'artillerie se por-

C'est une dure leçon aux insurgés; aussi, à l'issue de la journée, presque tous les combattants se dispersent : *Les dissidents se dispersent.*

Ahmed ben Youcef et la grande majorité des Hammema rentrent chez eux pour se disposer à émigrer vers le sud. Il ne reste guère, de cette tribu, qu'une cinquantaine de cavaliers dont Amor el Khadri, troisième fils d'Ahmed ben Youcef, El Azouzi, fils du caïd Ech Chihi, Ali ben Dhô et ses frères. Ces cavaliers devaient aller ainsi jusqu'à Kairouan avec mission d'observer la colonne française et de l'inquiéter par de brusques apparitions sur ces derrières et sur ses flancs ;

El Hadj Harrat, abandonné par les Fraichich et les Madjeur, se met à la remorque des Hammema avec la fraction des Oulad-Asker des Oulad-Ouzzez[1];

Les Fraichich regagnent en toute hâte leur territoire[2]; un certain nombre de Madjeur les imite. Les autres prennent la fuite par le khanguet-Segalas pour aller rejoindre leurs tentes (environ 250) sur le territoire des Oulad-Messaoud-el-Horchan;

Les Ourtan rentrent furtivement chez eux, tandis que les Zeghalma dissidents, terrifiés, s'enfuient à Kasserine;

---

taient vivement à leur soutien. Assailli alors par le feu de l'infanterie et les obus qui battaient avec une grande justesse tous les ravins où il se dissimulait, l'ennemi a cessé sa résistance contre notre tête de colonne. Il l'a continuée quelque temps encore sur sa droite et sur sa gauche, où les feux du 100ᵉ de ligne et du 3ᵉ zouaves, celui du 3ᵉ zouaves notamment, paraissent leur avoir fait éprouver des pertes sensibles. Un assez grand nombre de cadavres a été trouvé sur le terrain. De notre côté nous avons eu un chasseur tué et six blessés parmi nos cavaliers et les goums. Le combat, commencé vers 9 heures, a cessé vers midi et demi Toutes les troupes et le convoi étaient au camp à 4 heures, sans que l'arrière-garde ait été inquiétée autrement que par le feu de quelques cavaliers.

» La division ira camper demain à l'oued-el-Foul.

» Depuis le 18, je n'ai reçu aucune dépêche soit du Ministre, soit du commandant le corps expéditionnaire (a). Le moral des troupes est toujours parfait. Le nombre des hommes à l'ambulance est de 75, y compris les blessés. »

1. Il s'enfuit en Tripolitaine. Voir annexe LX, 1, page 330.
2. Voir annexe nº LX, pages 329 et suivantes, la suite de l'insurrection des Fraichich et leur soumission.

(a) Si on en juge par ce télégramme qui, expédié par courrier du camp du koudiat-el-Halfa, le 25 octobre, à 4 heures du soir, ne fut déposé à Tébessa que le 4 novembre, à 4 h. 03 du soir (c'est-à-dire *dix jours* après), on est fixé sur la rapidité des communications entre le général Forgemol et le Ministre, et surtout le général Saussier, car, pour ce dernier, la dépêche une fois arrivée à Tunis (dans ce cas, la présente dépêche arriva à Tunis le 4 novembre à 8 heures soir) devait lui être expédiée sur la route de Kairouan.

Enfin Ali ben Ammar, suffisamment édifié sur la situation des dissidents du sud-ouest de la régence, remonte vers la hamada¹ avec les différents contingents des Oulad-Ayar qu'il a pu entraîner à sa suite. Il remarque avec satisfaction que le général Forgemol se dirige sur Kairouan, laissant complètement libre le pays qu'il vient de traverser.

Le 26, la colonne française arrive sans encombre à l'oued-Foul.

On lui signale quelques vedettes ennemies qui se sont retirées à son approche. Ces vedettes appartiennent aux Oulad-Sendacen (Zlass) sur le territoire desquels on a pénétré.

Les Oulad-Sendacen attaquent la colonne le 27 oct›bre.
Le 27, au matin, après une fusillade de toute la nuit, les troupes sont attaquées, au départ, sur leurs flancs et sur leurs derrières, par les contingents des Oulad-Sendacen qui, après la prise de Kairouan, n'ont pas suivi la retraite d'El Hadj Hassein ben Messaï.

Le combat ne se prolonge pas et la marche se poursuit, sans difficultés, jusqu'à El-Haouareb.

Le 29 octobre, la colonne Forgemol fait sa jonction à Kairouan, avec les troupes du général Saussier.
Le 28, la colonne campe à Bir-Zlass et, le 29, elle arrive à Kairouan où elle opère sa jonction avec les troupes placées sous le commandement du général Saussier.

La mission d'Amor el Khadri ben Ahmed était terminée; il rebroussa chemin aussitôt avec ses partisans et retourna sur le territoire des Oulad-Redhouan qui commençaient leur mouvement d'émigration dans la direction de Gafsa.

Les Oulad-Sendacen, au contraire, complètement découragés, se disposaient à faire leur soumission².

---

1. Voir annexe n° LVIII, page 282.
2. Voir suite annexe n° LX, page 320.

N° LVIII

Opérations contre Ali ben Ammar [a].

Salah ben Hamouda[1], le lieutenant qu'Ali ben Ammar, avant de commencer ses opérations vers le nord, avait détaché pour le couvrir sur son flanc gauche et masquer la place du Kef, avait essuyé deux échecs successifs[2]. *Ali ben Ammar reconstitue son armée.*

Découragé, il s'était replié jusqu'au khanguet-el-Gueddim, où il espérait trouver des renforts des Madjeur et des Fraichich, conduits par El Hadj Harrat.

Mais, arrivé dans le khanguet, il avait appris, à son grand désappointement, qu'une forte colonne se formait à Tebessa pour marcher dans une direction inconnue et que les tribus du sud ne pouvaient se porter à son secours.

A cette nouvelle, les Madjeur, les Fraichich et les Ourtan, qui se trouvaient avec Salah ben Hamouda, regagnèrent en toute hâte leur pays[3]. En même temps arrivait une lettre d'Ali ben Ammar à son lieutenant, faisant connaître qu'il venait d'être battu[4] et qu'il avait subi de grandes pertes. Il demandait instamment que les Fraichich et les Madjeur se hâtassent de venir le rejoindre (nous savons qu'ils se retiraient au contraire vers le sud[5]).

Cette lettre augmenta les défections, et bientôt il ne resta plus que quatre cents hommes environ au khanguet-el-Gueddim.

Les Khememsa, les Oulad-Yacoub et les Zeghalma, qui étaient restés sur leur territoire, mirent fin à leur hésitation et se déclarèrent pour nous; comme ils redoutaient encore les incursions des Fraichich, des Madjeur et des Hammema,

---

a. Voir croquis n° V.
1. Voir annexe n° XLVIII, p. 232.
2. Mouvement offensif sur le Kef, par les pentes du Dyr, le 28 septembre, et attaque de la colonne Gerboin, le 2 octobre. (Voir annexe n° XLVIII, p. 232.)
3. Voir annnexe n° LVII, p. 266.
4. Le 2 octobre, à Testour. (Voir annexe n° XLVIII, p. 230.)
5. Voir plus haut, et annexe n° LVII, p. 266.

ils demandèrent de la poudre et des munitions et firent appel aux Charen pour réclamer leur assistance.

Tout ce qu'il y avait de pillards dans les environs du Kef disparut comme par enchantement, et l'autorité française commença à recevoir enfin des demandes d'aman.

Le 10 octobre, Salah ben Hamouda, accablé et jugeant la partie perdue, rentrait sans bruit chez lui pendant que les insurgés qu'il commandait évacuaient le khanguet-el-Gueddim [1] pour aller rejoindre Ali ben Ammar à la Ghorfa.

Le vaincu de Testour ne s'était pas laissé abattre par le malheur : après avoir passé plusieurs jours à reconstituer ses forces au moyen des bandes qui erraient dans les environs de Bordj-Messaoudi, dans le Ghorfa et dans le Sers, il revint occuper le khanguet-el-Gueddim, où il arriva avec 2.700 hommes vers le 18 octobre [1].

Il envoyait en même temps son frère vers la Rouhia avec une cinquantaine de cavaliers pour se faire renseigner exactement sur la marche de la colonne française qui devait partir de Tebessa et dont on ignorait encore l'objectif ; Ahmed ben Ammar, pour ne pas se rendre suspect à Ahmed ben Youcef, allait se présenter à lui comme un auxiliaire [2].

La colonne mobile du Kef prend l'offensive.
14 octobre.

A cette époque, la garnison du Kef, considérablement renforcée par des troupes venues d'Algérie [3], avait déjà commencé ses opérations [4].

---

1. Le khanguet-el-Gueddim fut donc complètement libre du 10 au 18 octobre, c'est-à-dire depuis le départ des insurgés de Salah-ben-Hamouda vers l'est, pour rallier Ali ben Ammar à la Ghorfa, jusqu'au retour de celui-ci vers l'ouest avec sa nouvelle armée.
2. Voir 1, annexe n° LVII, p. 269.
3. Un bataillon du 2ᵉ régiment d'infanterie de ligne, deux compagnies du 3ᵉ régiment de tirailleurs algériens et 150 goumiers de Souk-Ahras arrivèrent au Kef, le 13 octobre, venant de Sidi-Youcef.
Le colonel de la Roque alla avec 3 compagnies et deux pièces de 80 du Kef au-devant de cette colonne de renfort, qui amenait avec elle un convoi de 35.000 rations ; la jonction des deux colonnes eut lieu sur l'oued-Mellègue supérieur et l'ensemble des troupes arriva au Kef le 13.
(Ces troupes de renfort, arrivées le 13 octobre au Kef, rentrèrent en Algérie quand le colonel de la Roque fut revenu au Kef, ses opérations contre les Ouartan terminées, le 11 décembre.)
4. Le général Saussier avait ordonné au colonel de la Roque (par le même télé-

Le 14 octobre, à 4 heures du matin, le colonel de la Roque se porte vers le khanguet-el-Gueddim[1] avec une colonne légère de 14 compagnies (4 restant au Kef), deux pièces de 80 attelées, un fort escadron et le goum de Souk-Ahras; les troupes ne portent que deux jours de vivres et n'ont pas de convoi.

L'entrée occidentale du défilé n'est pas défendue; la colonne campe et les cavaliers explorent le khanguet-el-Gueddim jusqu'à l'oued Tessaâ; le défilé est complètement libre[2].

Sur la rive droite de l'oued Tessaâ, ils voient de forts contingents dissidents[3]; un camp indigène est signalé sur le Bahara, à 12 kilomètres au nord[4].

Le 15 au matin, le camp du Gueddim est levé. Tandis que la colonne se dirige directement sur Nebeur par la vallée du Mrassen, le colonel de la Roque monte avec quatre compagnies, un escadron et deux pièces sur le plateau de Bahara, qu'il trouve entièrement évacué[5] par les contingents de Salah ben Hamouda qui l'avaient occupé pendant un mois, reliant

---

gramme, en date du 5 octobre, qui lui annonçait l'envoi de troupes et de rations) de constituer, dès qu'il aurait reçu les renforts, une colonne qui aurait pour mission de ne laisser aucun rassemblement d'insurgés entre le Kef, Teboursouk et la ligne du chemin de fer, et lui avait recommandé la plus grande rigueur dans la répression.

1. Le colonel de la Roque aurait donc dû marcher immédiatement sur Teboursouk, ainsi que le prescrivaient les directives données par le général en chef du 19ᵉ corps et des ordres précis et fréquemment répétés du général Logerot, commandant la division d'occupation de Tunisie.
Mais il *voulait* auparavant : 1° faire évacuer le khanguet-el-Gueddim (il était évacué); 2° balayer le plateau de Bahara (il le trouvera vide d'insurgés); 3° châtier Nebeur (il tenait sous les verrous, au Kef, depuis le 11 octobre, le cheikh et le chef des soldats) et faire rentrer cette bourgade dans le devoir.
Et il fit *son* opération.
2. Voir plus haut note 1, p. 274.
3. Ce sont des contingents d'Ali ben Ammar; ils se montrent sur des pitons inaccessibles.
4. Dans cette première journée, le goum de Souk-Ahras a très bien marché; aussi, profitant de ce goum qu'il a retenu un jour tout exprès pour cette première opération, le colonel de la Roque « travaille consciencieusement; il brûle tout sur son passage et fait une petite prise de 70 bœufs qui sont donnés, sous le burnous, au goum de Souk-Ahras pour l'encourager ».
5. Les dissidents n'ont pu emporter leurs biens. Aussi le commandant de la petite colonne fait-il, en passant sur le Bahara, piller ou détruire par les Charen soumis, maisons, récoltes et biens.

Nebeur au Gueddim et coupant complètement la route de Souk-el-Arba au Kef ; il le traverse dans toute sa longueur, parallèlement à la colonne, et arrive à Nebeur sans avoir éprouvé de résistance[1].

Il y établit son camp, fait fusiller les cheikhs et le chef des soldats[2] qui avaient appelé les dissidents, préparé la surprise du 2 octobre contre la colonne Gerboin et coupé pendant un mois les communications entre Le Kef et Souk-el-Arba, désarme la population et prend des otages.

Les communications entre Le Kef et Souk-el-Arba ainsi rétablies, le colonel de la Roque organise un relais de poste à Nebeur, puis le 16 octobre, à midi, il quitte ce village, emmenant avec lui tous les moyens de transport qu'il y a trouvés, et rentre au Kef[3].

Le 19 octobre (2 jours après le combat du koudiat-Remila chez les Fraichich), le colonel de la Roque quitte Le Kef à la tête d'une colonne de 14 compagnies, 100 chevaux du 13⁰ chas-

---

1. L'artillerie de la colonne du plateau tire, dans la matinée du 15 octobre, vers 8 heures, deux obus à 3.000 mètres, sur une queue d'émigration qui cherchait refuge vers l'est dans des gorges inaccessibles.
2. Le cheikh actuel, l'ancien cheikh et le chef des soldats. (Le cheikh et le chef des soldats étaient venus au Kef le 11 octobre ; ils avaient aussitôt été arrêtés : ils furent donc reconduits à Nebeur pour y être fusillés le 15 ?)
3. Dès qu'il est de retour au Kef, *son expédition faite*, le colonel de la Roque en explique le *plan* et le but, démontrant l'impossibilité où il se trouvait de marcher directement sur Teboursouk en laissant sur son flanc gauche le Bahara et Nebeur aux mains de l'insurrection, et la nécessité de rentrer au Kef, ses deux jours de vivres épuisés.
Or, nous avons vu que le Bahara était évacué et que Nebeur était prêt à rentrer dans le devoir (le cheikh et le chef des soldats étaient venus au Kef dès le 11 octobre, envoyés par la population, et le commandant de la place les avait fait immédiatement arrêter).
Dans ces conditions et trouvant le khanguet-el-Gueddim évacué (la sortie orientale du défilé était même inoccupée, les premiers postes d'Ali ben Ammar étaient sur la rive droite de la Tessaà), le colonel de la Roque aurait pu brusquer le mouvement vers l'est qui lui était ordonné et qui débutait si facilement.
Il semble que le colonel de la Roque ait trouvé précisément cette opération trop facile et qu'il ait voulu laisser le temps à Ali ben Ammar de réunir des combattants et de les amener dans le khanguet-el-Gueddim, afin d'avoir une affaire, quelques jours plus tard, à l'attaque de ce point de passage.
Bien que la deuxième colonne, partie le 19 du Kef, s'avançât *doucement*, nous verrons qu'elle ne put avoir d'engagement sensationnel à l'attaque du défilé.

seurs et 3 pièces de 80 attelées; cette fois il se dirige, mais *doucement*, sur Teboursouk, et emmène avec lui un goum de 125 hommes (des Charen, des Oulad-bou-Ghanem et des douars des environs du Kef et de Nebeur), sur lesquels il ne compte en aucune façon.

Il est suivi d'un convoi porté surtout sur chameaux.

Il atteignit, vers le soir même, sans être attaqué, l'entrée occidentale du khanguet-el-Gueddim et campa.

Le lendemain 20, la colonne se met en mouvement à 7 h. 30, laissant le convoi parqué au camp; elle franchit le défilé, inquiétée seulement par quelques Oulad-sidi-Younès et Oulad-bou-Beker que l'artillerie délogea facilement; elle attend à la sortie Est que son convoi l'ait rejointe et le soir elle campe sur les bords de la Tessaâ, à cheval sur la route de Tunis; Ali ben Ammar s'était replié avec ses contingents vers Bordj-Messaoudi.

Le 21, la colonne de la Roque se porte sur le djebel-Ghazouan, au nord de Bordj-Messaoudi. Quand, son convoi encadré, elle débouche dans la plaine, elle est attaquée, à deux reprises, sur son flanc droit, par une cavalerie nombreuse et entreprenante qu'elle disperse par le feu de ses 3 pièces de 80 ^{mm}, qui lui fait subir des pertes sensibles [A]. Le soir, elle installe son bivouac à Henchir-Béji, au nord du bordj.

A. Le même jour, 21 octobre, à 5 h. 45 du matin, une reconnaissance partait de Souk-el-Arba dans la direction de Bordj-Messaoudi.

Elle était commandée par le lieutenant Vincent, du service des renseignements, et se composait d'un goum de cent cavaliers des Djendouba et de trente fusiliers de la 1re compagnie de discipline (sous-lieutenant Delater commandant la section) montés sur des chevaux et mulets de réquisition.

Vers 10 h. 15, la reconnaissance arrivait sur la rive gauche de l'oued Tessaâ (ayant parcouru 30 kilomètres environ dans un terrain accidenté en quatre heures et demie); le lieutenant, voulant reposer un peu hommes et animaux, ordonna une halte gardée et fit faire le café. Vers midi 30, il allait faire remonter à cheval pour parcourir les quatre heures et demie de chemin qui lui restaient à faire pour atteindre Bordj-Messaoudi, quand il entendit des coups de feu près d'un gros douar situé en plaine sur la rive droite de l'oued Tessaâ, à 3 kilomètres de la halte; c'était des goumiers battant les environs pendant la halte gardée qui étaient attaqués.

Le lieutenant Vincent se porta aussitôt dans cette direction à la tête de 40 goumiers; il reconnut la position : c'était un douar de 15 à 18 gros gourbis, entourés de fortes haies de cactus, adossés à une colline très raide. Il envoya l'ordre au

Reconnaissance de fusiliers montés.

Les insurgés, après cet engagement du 21 octobre, où ils eurent 200 morts, dont un grand nombre d'abandonnés, se retirèrent vers la Ghorfa et le Sers [1].

Le 22 octobre, la colonne de la Roque se mit à la poursuite des dissidents en fuite, les atteignit près du djebel-bou-Kohil, au sud de la route de Tunis et de Bordj-Messaoudi, les attaqua vigoureusement et les mit en déroute; puis elle revint à Bordj-Messaoudi [2].

Ali ben Ammar n'avait pas assisté à ces deux derniers engagements; il était allé à la Ghorfa afin de surveiller la marche du général d'Aubigny [3] qui venait d'arriver à Teboursouk pour rallier les troupes du colonel Ménessier de la Lance, et qui devait ensuite se diriger vers la colonne de la Roque [a].

---

sous-lieutenant Delater de venir le soutenir avec sa section de fusiliers en se gardant sur ses flancs avec les 60 goumiers qu'il lui avait laissés.

Cet officier arriva au galop avec ses trente fusiliers, leur fit mettre pied à terre et commença aussitôt un feu bien ajusté qui abattit 3 rebelles (les défenseurs étaient environ 80). Le lieutenant Vincent pénétra dans le douar avec ses 40 cavaliers et les insurgés prirent la fuite et disparurent dans les rochers, poursuivis par le feu des fusiliers qui abattirent encore quelques-uns des fuyards. (La section tira en tout 45 cartouches.)

L'action avait duré une heure. Il était près de 2 heures quand la razzia et l'incendie des gourbis furent terminés. Comme le lieutenant avait reçu l'ordre de rentrer à Souk-el-Arba et qu'il n'aurait pu atteindre Bordj-Messaoudi qu'après la nuit close, dans un terrain inconnu et montagneux, il fit reprendre le chemin de la gare de Souk-el-Arba où la reconnaissance arriva à 7 heures du soir, après avoir parcouru environ 66 kilomètres.

1. Le soir de l'engagement du 21, le colonel de la Roque demandait encore instamment à ne pas marcher sur Teboursouk, estimant que ce mouvement n'était pas indispensable, mais à être autorisé à aller vers le Sers poursuivre l'ennemi.

Cette demande était bien rationnelle; il fallait poursuivre l'ennemi pour le détruire complètement, ou tout au moins le suivre d'assez près pour le retarder et le tenir en échec dans la Gada, afin de donner le temps à d'autres colonnes de converger vers cet objectif tactique et de l'envelopper.

Mais l'ordre qu'avait donné le général Logerot était formel : se diriger sur Teboursouk.

2. Le 22, la plus grande partie des contingents d'infanterie dissidents avaient été rejetés au nord de la route de Tunis, cherchant à abriter leurs douars et leurs troupeaux en des points inaccessibles, et les campements d'Ali ben Ammar avaient quitté le Ghorfa. Dans ces conditions, le colonel de la Roque demandait, cette fois, à rester quelques jours à Bordj-Messaoudi et avouait ne pouvoir avoir la prétention de poursuivre Ali ben Ammar avec des troupes fatiguées par trois jours d'opérations et de combats.

3. Voir plus loin, p. 280.

a. De même, le général d'Aubigny recevait du général Japy des ordres incessants et impératifs de se porter vers la colonne de la Roque.

On apprit à la fois dans la région du Kef la défaite des contingents d'Ali ben Ammar et le succès remporté par la colonne Forgemol au koudiat-Remila.

Le parti de l'opposition se désagrège. Toutes les tribus de l'Ounifa se mettent aussitôt en devoir de réunir des goums pour les envoyer au colonel de la Roque. Elles avaient hâte de se venger de la crainte que leur avaient causée les dissidents et de faire oublier par leur ardeur à nous servir maintenant le peu de sympathie qu'elles avaient montrée jusqu'alors pour notre cause; elles devinaient surtout que l'heure du pillage était arrivée.

Les Gouazine, les Touaba et les quelques Ouartan qui avaient fait le coup de feu contre nous à Bordj-Messaoudi rentrent chez eux; les Beni-Rezg accompagnèrent encore Ali ben Ammar jusqu'au Sers; mais, arrivés chez eux, ils l'abandonnèrent en apprenant que la colonne Forgemol s'avançait vers la Rouhia.

Le 23 octobre [1], il ne restait plus au caïd chortia des Oulad-

---

Le but du général Logerot (alors qu'il commandait la division d'occupation de la Tunisie) puis du général Japy (après sa prise de possession du commandement de la région nord de la régence) fut constamment et uniquement de couvrir le chemin de fer.
C'était vraisemblablement pour satisfaire l'opinion publique. (Il est à remarquer que, dans la plupart des expéditions coloniales, il arrive un moment où, pour donner satisfaction à l'opinion, le commandement est obligé de poursuivre instamment un but que les intérêts militaires, s'ils étaient seuls considérés, feraient négliger ou tout au moins reléguer au second plan. Mais qui, du gros public, connaissait Ali ben Ammar et son activité? Tout le monde en France, au contraire, pouvait avoir entendu parler de la ligne de chemin de fer de la frontière algérienne à Tunis. La dégager et la rendre à la circulation était donc de bonne politique.)
Pour atteindre ce but, on ordonna la réunion à Bordj-Messaoudi des colonnes de la Roque et d'Aubigny, au lieu de s'attacher à Ali ben Ammar, et on perdit le contact.

1. Le 23 octobre, pendant qu'Ali ben Ammar, suivi des quelques cavaliers fidèles qui lui restaient, se dirigeait franchement vers le sud, le colonel de la Roque était persuadé qu'il s'était dirigé dans la direction sud-est vers la Silianah pour tenter, en descendant cette rivière, ce qu'il avait essayé par la vallée de l'oued Tessaâ, l'invasion de la vallée de la Medjerdah; il espérait même que le chef indigène viendrait se mettre entre sa colonne et celle du général d'Aubigny, alors à Aïn-Hedja, et se promettait de profiter de l'occasion pour le prendre entre deux feux!
Il était également persuadé que la journée du 22 avait été décisive et que l'en-

Ayar que 300 cavaliers avec lesquels il alla rejoindre les Hammema qui cherchaient à contrarier la marche de la colonne de Tébessa.

On sait[1] qu'il trouva les Hammema en retraite sur le koudiat-el-Halfa, après l'échec de Sbiba, et qu'il reprit le chemin de la Kessera, après avoir assisté à un nouveau succès remporté par la colonne de Tébessa.

La colonne de Testour.

Le général d'Aubigny, nommé au commandement de la subdivision territoriale de Testour[2] (Medjez-el-Bab, Testour, Teboursouk, Le Kef et le chemin de fer entre Medjez-el-Bab et le centième kilomètre), était arrivé le 18 octobre à Testour, où le colonel Ménessier de la Lance[3] lui avait remis le commandement du camp de Testour[4].

Le 22 octobre, une colonne légère[5] formée sur l'ordre du

---

nemi, « coupé en deux par la route de Tunis », était à sa merci!! Il lui suffirait avec sa colonne de prendre par le sud le plateau du Sers, la Ghorfa et le revers des montagnes qui bordent la route pour rejeter les dissidents sur le général d'Aubigny, qui les achèverait : du même coup il reconnaîtrait les abords et les positions « formidables » du plateau central des Oulad-Ayar.

Nous verrons plus loin (note 4, p. 298) que l'attaque de ces positions formidables coûta un homme aux trois colonnes : un goumier qui, voulant violenter une femme, fut tué dans une maison de Dar-el-Caïd.

1. Voir annexe n° LVII, p. 270.
2. Nommé le 14 octobre. (Voir annexes n°s LI, LII et LIII.)
3. Du 11ᵉ régiment de hussards.
4. Le camp de Testour était situé à 800 mètres à l'ouest de Testour, entre la Medjerdah à 1 kilomètre au nord, la ceinture des hauteurs de la Silianah à 2 kilomètres à l'ouest, des hauteurs à 1.200 mètres au sud et le village de Testour à l'est.

Se trouvaient au camp de Testour, le 18 octobre :

Infanterie
- un bataillon du 8ᵉ de ligne.
- — 20ᵉ —
- — 73ᵉ —
- une compagnie du 80ᵉ —

Cavalerie........ sept pelotons du 11ᵉ de hussards.

Artillerie........ une batterie de montagne ; une section de campagne.

5. Colonne légère, général d'Aubigny ; capitaine Oudard, chef d'état-major :
Bataillon du 8ᵉ d'infanterie ;
Bataillon du 20ᵉ d'infanterie ;
Une compagnie du 80ᵉ ;
6 pelotons du 11ᵉ hussards ;
1 section d'artillerie de campagne ;
2 sections d'artillerie de montagne.

général Japy se porte vers Bordj-Messaoudi pour appuyer le colonel de la Roque¹.

Elle campe le 22 à Teboursouk (étape de 26 kilom.); le 23 elle campe à Sidi-Rharsallah² à 3 kilomètres au nord-est d'Abder-Rebbou, après avoir fait une grand'halte au bordj d'Aïn-Hedja. L'étape de ce jour fut de 20 kilomètres³.

Le 24 octobre, la colonne d'Aubigny opère sa jonction avec la colonne de la Roque⁴.

La route de Tunis était rouverte.

Les douars réfugiés au nord de cette route, dans le djebel-Ghazouan, sont affolés; leur décomposition est complète; ils ne feront plus de résistance nulle part. Les gens fuient, abandonnant tentes et troupeaux; aussi les goums vont-ils se lancer sur eux.

Quant à Ali ben Ammar, comme il n'a pas attaqué la colonne

Jonction des colonnes du Kef et de Testour (24 octobre) et opérations autour de Bordj-Messaoudi

---

1. Nous avons vu plus haut que le général Japy (après le général Logerot) ne cherchait d'autre but à ces opérations combinées que la protection de la voie ferrée.
Les communications par chemin de fer venaient d'être rétablies entièrement et chaque matin un train partait de Tunis et de Ghardimaou pour arriver le soir à l'extrémité de la ligne. Le télégraphe avait été rétabli le 21 vers l'oued Zergua et fonctionnait le 22 octobre. Le général Japy voulait fermer aux dissidents la zone entre le Kef et Testour pour les empêcher de chercher à couper encore une fois le chemin de fer. (Voir plus loin, p. 311.)
2. Ce bivouac prit le nom de bivouac d'Abder-Rebbou.
3. Cette marche du 23 fut fort pénible; la colonne marcha dix heures et demie sans trouver d'eau; les sources avaient été bouchées.
Le général d'Aubigny, d'après les renseignements envoyés par le colonel de la Roque, croyait être attaqué, pendant cette marche, sur son flanc gauche et ses derrières; Ali ben Ammar, au contraire, s'éloignait vers le sud.
(Les dépêches envoyées par le colonel de la Roque au général d'Aubigny étaient écrites sur de petits bouts de papier enroulés sur des fétus de paille et portés par des cavaliers arabes.)
4. Comme le colonel de la Roque a à peine de l'eau pour sa colonne à Bordj-Messaoudi, la colonne d'Aubigny s'arrête à Aïn-Guersa et s'y installe le 24 au matin, ayant fait une étape rendue fort pénible par suite d'une pluie torrentielle.
Les camps sont donc établis le 24 octobre de la façon suivante :
Le camp de la colonne d'Aubigny sur la hauteur d'Henchir-el-Alamia (Aïn-Guersa);
Le camp de la colonne de la Roque à Henchir-Béji (3 kilom. au sud-ouest);
Les deux compagnies de tirailleurs algériens du colonel de la Roque sont installées sur la montagne au nord, le djebel-Ghazouan, surveillant de cet observatoire toute la plaine.

d'Aubigny, on commence à supposer qu'il s'est replié dans le sud.[1]

Aussi le général d'Aubigny s'occupe-t-il d'abord des tribus au nord. Les camps des colonnes principales restant dressés à Aïn-Guersa et à l'henchir Béji, des colonnes légères combinées opèrent tous les jours dans les environs de Bordj-Messaoudi, faisant dans les premières journées des razzias assez considérables[2].

Les razzias des goums enlevant les troupeaux, vidant les silos et saccageant les douars, même dans les tribus restées fidèles, provoquèrent immédiatement les demandes d'aman de toutes les tribus au nord de la route de Tunis[3].

Mais au sud de la route de Tunis, les tribus ne faisaient aucune offre de soumission.

Ali ben Ammar[4] était revenu dans la hamada des Oulad-Ayar le 27 octobre[5]; il avait aussitôt convoqué ses anciens

---

1. Ali ben Ammar est au koudiat-el-Halfa. (Voir annexe LVII, p. 270.)

Comme le lieutenant-colonel de Puymorin est arrivé au camp de Testour, le 23, avec les bataillons du 84ᵉ et du 128ᵉ, le général d'Aubigny donne l'ordre au bataillon du 73ᵉ, qu'il avait d'abord laissé à la garde du camp de Testour, de venir le rejoindre à Aïn-Guersa.

Le même jour 24, la compagnie du 80ᵉ et la section d'artillerie de campagne venues avec le général d'Aubigny passent au camp de la colonne de la Roque dont elles font normalement partie.

2. Pendant ces opérations les goumiers de la colonne de la Roque razzient les goumiers du général d'Aubigny ; ils vont aussi razzier les Djendouba restés fidèles.

Ces faits s'expliquent naturellement : une partie des goumiers étaient des bandits et des pillards qui avaient fait d'abord partie des bandes dissidentes et qui, voyant plus tard la fortune se tourner de notre côté, étaient venus s'enrôler dans nos colonnes.

C'est ainsi qu'un certain nombre de goumiers attachés à la colonne d'Aubigny étaient notoirement connus comme ayant pris part au massacre de l'oued Zergua; ils étaient cependant. quoique surveillés, conservés dans ce goum.

3. Pendant ce temps le général Philebert, prenant El-Oukanda comme base, faisait une petite opération de trois jours (du 24 au 27 octobre. Voir annexe nᵒ LVI, p. 263).

4. Après le combat du 25 octobre au koudiat-el-Halfa. (Voir annexe nᵒ LVII, p. 272.)

5. Le 28, la colonne du Kef opéra dans la partie occidental du djebel-bou-Kohil ; elle ne trouva personne ni dans ce massif, ni dans la plaine du Ghorfa : elle brûla les habitations et les récoltes de quelques fractions insurgées des Drid qui avaient appelé Ali ben Ammar.

Elle apprit que ce dernier venait d'arriver à El-Guelia, près de la hamada,

partisans à une halga, espérant encore rallumer leur enthousiasme.

La réunion eut lieu le 29 octobre ; Ali ben Ammar s'y présenta, dit-on, couvert d'un sac, et, dans un discours fanatique, supplia ses compatriotes de ne pas le laisser continuer seul la guerre sainte.

Il put encore réunir quelques combattants.

Le 27 octobre, le général Japy avait prescrit, par télégramme, au colonel de la Roque de marcher vers le sud, mais sans dépasser le Sers et sans s'engager dans la hamada des Oulad-Ayar, et au général d'Aubigny de remonter lentement vers Testour avec sa colonne[1].

La colonne du général d'Aubigny retourne à Testour.

Pendant que le colonel de la Roque fait continuer ses razzias au sud de Bordj-Messaoudi[2], le général d'Aubigny prépare son mouvement de retour[3].

Dès le 1er novembre, au matin, il a envoyé une première avant-garde de deux compagnies du 20e, la section du génie et un peloton de hussards pour améliorer les sources et les passages difficiles sur la route de Testour.

Le 2 novembre, à midi, il fait partir un deuxième détache-

---

ayant avec lui environ 300 fusils, et que son frère avait, dans la journée du 27, fait appel aux armes sur le marché des Oulad-Ayar et le 28, sur le marché d'El-Ksour.

1. Le 1er novembre, le général de division fit connaître de nouveau qu'il fallait attendre, pour commencer l'expédition sur la hamada des Oulad-Ayar, que la colonne Forgemol fût en état d'y prendre part. Le général d'Aubigny devait, pour le moment, se borner à prendre ses dispositions pour cette opération combinée et à étudier les itinéraires en vue de ce mouvement.

2. A la suite de ces razzias, des fractions de Drid viennent successivement se présenter pour faire leur soumission ; le général d'Aubigny leur donne rendez-vous, pour le 6 novembre, à Aïn-Hedja.

3. Le 28 octobre, le bataillon du 73e (parti de Testour le 26) avait rejoint le général d'Aubigny, apportant deux jours de vivres.

Le 29 octobre était arrivé à Bordj-Messaoudi le lieutenant-colonel de Puymorin avec le bataillon du 128e (partis de Testour le 27 octobre escortant un convoi de vivres de cinq jours destiné au colonel de la Roque).

Le lieutenant-colonel et le bataillon du 128e avaient été immédiatement camper près de la colonne de la Roque, à laquelle ils étaient attachés.

Le bataillon du 84e est resté à Testour où va être établi un dépôt d'approvisionnement en vivres (fours roulants), ambulance et munitions pour deux mois pour un effectif de 4.000 hommes.

ment commandé par le lieutenant-colonel Debord et comprenant les deux autres compagnies du 20e, un peloton de hussards et une section d'artillerie; ce détachement rejoindra la première avant-garde à Abder-Rebbou, puis le groupe réuni sous les ordres du lieutenant-colonel Debord se rendra le 3 à Aïn-Hedja où il attendra la colonne principale qui doit y arriver le 4.

Le 3 novembre, à 7 heures du matin, le général d'Aubigny, avec les bataillons du 8e et du 73e, un escadron de hussards, une section d'artillerie, le train et le convoi, quitte Aïn-Guersa, et le 4 novembre il campe à Aïn-Hedja[1].

Dès que le camp français est installé à Aïn-Hedja[2], les tribus qui doivent faire leur soumission commencent à arriver; elles dressent leurs tentes au nord-est et en dehors des grand'gardes.

Le 5 novembre, à 2 heures du soir, arrive au camp d'Aïn-Hedja le capitaine O'Connor de l'état-major de la division[3]. Cet officier est porteur des instructions du général de division pour une marche prochaine dans le sud vers la hamada des Oulad-Ayar[4].

L'attaque de la hamada des Oulad-Ayar est décidée.

Le projet est de faire concourir trois colonnes à l'attaque de la hamada : une colonne (général Forgemol) partant de Kai-

---

1. Le 3 novembre, le général d'Aubigny vint camper avec sa colonne à Abder-Rebbou (ou plus exactement à Aïn-Kharsallah, qui avait été aménagée la veille par la section du génie).
Pendant ce temps, le détachement du lieutenant-colonel Debord, qui précédait la colonne d'une marche, arrangeait le gué de l'oued Remel et les sources d'Aïn-Hedja.
2. Quatre sources abondantes aménagées par le génie.
Le général d'Aubigny reste à Aïn-Hedja du 4 novembre au 10 novembre au matin.
Le 5 novembre, l'état sanitaire de la colonne devient subitement mauvais. La colonne qui a environ 1.600 hommes à l'effectif, compte, le 5 novembre, 132 malades; on établit une ambulance dans le Bordj. (Testour envoie un peu de quinine; mais il est impossible d'avoir du thé; il faut en demander à la Manouba.)
3. Le capitaine O'Connor arrive de la Manouba avec un peloton du 11e hussards qui l'escorte depuis Testour.
4. Le 4 novembre, le général d'Aubigny avait reçu une lettre du 3 novembre du général Philebert.
Le général Philebert lui annonçait qu'il avait quitté El-Oukanda le 31 octobre pour se porter sur Sidi-Abd-el-Melek où il était arrivé le 3 novembre, recevant sur son passage la soumission d'une partie des Trabelsi, des Oulad-Riah, des Ou-

rouan l'aborderait par le sud pendant que les colonnes de la brigade d'Aubigny l'aborderaient par le Sers et la Silianah[1].

(Aussitôt des itinéraires du cours de la Silianah sont dressés par renseignements demandés aux otages.)

Le 6 novembre, les tribus qui étaient arrivées à Aïn-Hedja, pour demander l'aman, l'avant-veille et la veille, avec tentes, femmes, enfants et troupeaux, envoyèrent leurs chefs au camp français. Ils représentaient 320 tentes, la plus grande partie des Oulad-Djouin. Le général d'Aubigny[2] leur imposa les conditions suivantes de soumission prescrites par le général de division :

Soumission des Drid.

1° Contribution de guerre de 120 fr. par tente (payement en argent ou en nature, bœufs, moutons, etc. immédiat ou le 15 novembre à Testour);

2° Livraison des hommes qui avaient pris part au massacre de l'oued Zergua et des anciens spahis algériens déserteurs;

---

lad-Aoun, et les offres de soumission des Oulad-Ayar qu'il renvoyait à Teboursouk. (Voir annexe n° LVI, p. 264, note 3.)

Il ajoutait qu'il reprendrait, le 4 novembre, le chemin d'El-Oukanda par Sidi-Naoui et Sidi-Abd-el-Krim.

1. Remarquons dès maintenant que le général d'Aubigny (commandant des troupes et du territoire de Testour dont dépend la place du Kef et par suite la colonne du colonel de la Roque) est sous les ordres du général de division Japy, commandant la région nord;

Que le général Philebert, commandant la 6ᵉ brigade, reçoit ses ordres du général de division Logerot, commandant la région sud,

Et que le général Forgemol dépend directement du général en chef Saussier.

2. Ali Bey continuait encore, depuis son camp de Zaghouan, l'envoi de recommandations importunes concernant des indigènes; ces nombreuses recommandations étaient transmises directement au général d'Aubigny par le colonel Noellat en mission auprès du bey du camp. (Voir annexe n° LVI, p. 253.)

L'audace d'Ali Bey allait jusqu'à recommander des indigènes dont l'autorité militaire française avait acquis la preuve de la participation à l'insurrection et au massacre de l'oued-Zergua. Le porteur d'une de ces missives recommandant quatorze chefs de tentes des Drid, Hassan ben el Hadj Mohamed, était même notoirement connu comme un caïd chortia investi par Ali ben Ammar au début de l'insurrection.

Le général d'Aubigny le fit retenir et dut écrire au colonel Noellat (29 octobre, Aïn-Guersa) pour l'inviter à lui faire parvenir dorénavant de semblables recommandations signées d'Ali Bey lui-même et en les faisant passer par le général de division.

3° Livraison des armes rayées, d'otages, de mulets, de chameaux et de moyens de transport;

4° Formation d'un goum.

5° Obligation de rentrer immédiatement dans leurs campements, le Gaâfour, et d'envoyer les troupeaux dans la plaine d'Aïn-Hedja.

Comme garantie, les Drid durent fournir quatre otages et donner un goum de 50 cavaliers (dont 20 le 7 novembre et 30 le 10 novembre) commandés par cinq jeunes gens de grande tente.

Les 7 et 8 novembre, le général d'Aubigny envoie des reconnaissances dans les environs du camp d'Aïn-Hedja[1]

Le lendemain 9, le bataillon du 8ᵉ et un peloton de cavalerie escortant les malades et le convoi, quittent Aïn-Hedja pour rentrer à Testour.

Ce même jour, 9 novembre, le général d'Aubigny reçut à 9 h. 30 du matin un télégramme du général Japy lui faisant connaître que le général Philebert avait reçu l'ordre de se trouver le 16 à Bordj-Sidi-Abd-el-Melek; mais il ne recevait aucun ordre pour lui-même et le commandement ne parlait plus de l'attaque par le sud, par la colonne Forgemol.

A 3 heures du soir, il reçut une lettre du général Philebert datée du 8, El-Oukanda, l'informant aussi de son arrivée à Bordj-Sidi-Abd-el-Melek le 16[2].

Aussitôt le général d'Aubigny télégraphia au général Japy pour lui rendre compte de la réception de ces avis, lui faire connaître qu'il rentrerait le 10 à Testour, en repartirait le 12 et pourrait être le 15 à Sidi-Djaber, et lui demander ses ordres pour coopérer au mouvement d'ensemble contre les Oulad-Ayar.

---

1. Le 8 au soir le général d'Aubigny adresse au général Japy l'itinéraire établi par renseignements (1 tableau et 1 croquis) qui lui avait été demandé.
L'état sanitaire des hommes de la colonne est, nous le savons, peu satisfaisant; les chevaux commencent à être dépourvus de fers et il n'y a pas de forge de campagne à la colonne.

2. Le général Philebert avait trouvé, à sa rentrée, le 7 novembre, à El-Oukanda, des lettres du général de division Logerot lui prescrivant de porter le plus vite possible la 6ᵉ brigade tout entière vers le djebel-Belota.

Puis il écrivait au général Philebert pour lui demander de lui faire part de ses projets et au colonel de la Roque pour lui dire d'attendre pour prononcer son mouvement afin que les trois colonnes pussent arriver ensemble[1].

Le 10 novembre, les troupes du général d'Aubigny quittent le camp d'Aïn-Hedja en deux colonnes :

La première colonne [deux bataillons (20e et 73e), un peloton de cavalerie, l'artillerie, tous les bagages sans exception], sous les ordres du lieutenant-colonel Debord, quitte le camp à 7 heures, prend la route directe de Tunis (sud-est de Teboursouk) et arrive à Testour à 4 heures du soir.

La deuxième colonne (le général et son état-major, le colonel et le premier escadron du 11e hussards) quitte Aïn-Hedja à 7 h. 15, pique droit vers le sud-est pour reconnaître la route de la Silianah vers Testour; elle arrive à Testour à 6 h. 30 du soir.

Aussitôt rentré à Testour[2], le général d'Aubigny télégra-

---

1. Le colonel de la Roque cherche à gagner à la main.
Il a reçu cependant l'ordre du général d'Aubigny de rester entre le Ghorfa et le Sers où il se trouvait le 8 novembre; mais à ce moment déjà le colonel de la Roque a obtenu du général de division Japy toute liberté d'action et ce ne sera que le 11 au soir que le général d'Aubigny sera avisé de cette liberté de manœuvres donnée à son subordonné. (Voir plus loin, note 1, p. 288.)

Ainsi, le 9 novembre, le général d'Aubigny apprend que le général Philebert a reçu l'ordre de coopérer au mouvement combiné, mais il attend des ordres de son général de division pour l'exécution de ce mouvement et il est obligé d'écrire à son camarade pour lui demander connaissance de ses projets; il est en relations avec son lieutenant, le colonel de la Roque, mais, quand même celui-ci n'aurait pas reçu directement du général de division sa liberté de manœuvres il ne pourrait s'entendre avec lui sur les positions à occuper, les noms que lui cite son subordonné ne se trouvant sur aucune carte.

Au moment donc où se prépare une marche concentrique de trois colonnes il n'y a pas de plan d'ensemble établi : un des généraux de brigade reçoit des ordres de son général de division qui est à Kairouan; l'autre brigadier attend des ordres de son divisionnaire qui est à Tunis (il ne les recevra pas d'ailleurs et il partira sans les avoir reçus).

Quant au chef de la troisième colonne qui dépend du général de brigade commandant la deuxième, il reçoit directement du général de division et au moment même du commencement des opérations, sa liberté d'action sans que son chef direct en soit prévenu.

Nous verrons par la suite les résultats d'une opération débutant de cette façon.

2. Le général d'Aubigny, en descendant la Silianah avait pu reconnaître que la ligne de marche que suivrait sa colonne serait très difficile.
(Nous ne donnerons pas tous les noms de détail : il serait fort difficile d'ailleurs

phia au général Japy pour lui demander des ordres; il lui écrivit le lendemain, 11 novembre, pour lui rendre compte de sa reconnaissance, et fit partir de Testour, à 9 heures du matin, sa section du génie et une compagnie d'infanterie pour préparer le passage de la colonne qu'il devait mettre en route le 12 (principalement rocs à faire sauter au col du djebel Lassioud et gués à aménager; travaux dont il avait reconnu la nécessité). Puis, dans la soirée, tout étant prêt pour le départ, et n'ayant reçu encore aucun ordre, il rendit compte par télégramme qu'il partirait néanmoins vers le sud le lendemain 12[1].

Opérations du colonel de la Roque autour de Bordj-Messaoudi, après le départ de la colonne de Testour.

Pendant que le général d'Aubigny rentrait à Testour, le colonel de la Roque avait poursuivi ses opérations en s'appuyant sur Bordj-Messaoudi.

Le 2 novembre, au matin, il avait quitté son camp avec six compagnies d'infanterie et son goum pour se porter sur l'oued-Tessaâ, à 10 kilomètres au nord, à El-Biadha, où il avait donné rendez-vous à trois petites tribus faisant partie du sandjak du Kef et qui s'étaient réfugiées là.

Il était revenu le 4 novembre à Bordj-Messaoudi, ayant été jusqu'à Guécla, sans rien trouver; les gens qui lui avaient donné rendez-vous avaient été rejoindre Ali ben Ammar à Ellez.

---

de les retrouver sur la carte actuelle au 1/200.000°. Le plus grand nombre, empruntés à la carte d'itinéraire du lieutenant-colonel Périer et à la carte au 1/400.000° de Falbe, n'ont pas été reproduits sur la carte nouvelle.)

1. Le général d'Aubigny télégraphia les 9, 10 et 11 et écrivit le 11 au général Japy pour lui dire qu'il attendait ses ordres. Il ne reçut que ce télégramme le 11 au soir : « Le colonel de la Roque se trouve en face de forces sérieuses. *Je lui ai laissé sa liberté d'action.* Tenez-vous en communication avec lui et agissez suivant la situation. »

Le général d'Aubigny, auquel on laissait le soin de se débrouiller tout seul, télégraphia aussitôt à 10 heures du soir, du camp de Testour, au colonel de la Roque : « ..... *Je crois* qu'une action commune de nos deux colonnes avec celle du général Philebert, même sans le concours de celle du Sud dont nous n'avons pas de nouvelles, pourra amener des résultats meilleurs que si vous êtes obligé d'attaquer seul. Par conséquent, s'il n'y a pas nécessité absolue, attendez-nous encore quelques jours..... »

Quand le général Japy eut connaissance de la marche du général Philebert sur la Silianah, il prescrivit au général d'Aubigny de rester à Testour ; mais la lettre parvint trop tard au général d'Aubigny et celui-ci continua sa marche.

Il organisa Bordj-Messaoudi défensivement pour en faire un dépôt de vivres, y laissa le bataillon du 128e avec le lieutenant-colonel de Puymorin[1] et se porta le 5 à El-Ghorfa ; le 6, il vint à Henchir-Mosbah, au col qui sépare la Ghorfa du Sers ; il avait reçu l'ordre de ne pas dépasser ce point[2].

Il assure ses derrières en faisant la soumission de la Ghorfa.

Tous les jours il voit les dissidents paraître sur le djebel Massouge par groupes d'environ 25 cavaliers.

Il est au contact.

Ali ben Ammar, avec 70 tentes de guerre, est sur les hautes pentes d'Ellez (koubba de Sidi-Abdallah-Cheikh.)

Le colonel de la Roque se porte dans la journée du 12 sur la rive droite de la Tessaâ, sur le versant nord du djebel-Tricha[3], près du douar au nord des Oulad-Sahel, pour se rapprocher du Sers et être en mesure de protéger plus vite et plus efficacement les tribus qui veulent se soumettre et qui peuvent être inquiétées par Ali ben Ammar.

Il voudrait tomber dans le flanc d'Ali ben Ammar, qui fait une reconnaissance avec 200 chevaux sur la Silianah, ou lui couper sa ligne de retraite.

Le général Philebert avait reçu l'ordre de porter toute sa brigade vers le djebel-Belota afin de concourir avec les colonnes d'Aubigny et de la Roque à la répression des Oulad-Ayar ; mais en même temps il avait été invité à envoyer au général Logerot cent chameaux de charge dont celui-ci avait besoin pour sa marche sur Gabès.

La 6e brigade, ainsi désorganisée au point de vue des

La 6e brigade.

---

1. Bordj-Messaoudi était lui-même approvisionné par Souk-el-Arba. (Le général Japy avait envoyé le 23 octobre, au début des premières opérations du général d'Aubigny, un bataillon d'infanterie avec le lieutenant-colonel Robillard pour assurer par cette place les ravitaillements de la colonne de la Roque.)
Le 5 novembre, le lieutenant-colonel de Puymorin, chargé de former à Bordj-Messaoudi un dépôt de quinze jours de vivres, se plaignait déjà que Souk-el-Arba lui envoyait des denrées sans garder de proportions entre elles : c'est ainsi qu'il manquait de riz, tandis qu'il avait déjà un approvisionnement considérable de sel.
2. Le colonel de la Roque rend compte que les cartes sont mal faites.
3. Le djebel-Tricha (carte au 1/400.000e de Falbe) serait la partie sud-ouest du massif djebel Massouge.

moyens de transport, ne pouvait plus marcher réunie ; elle se mit donc en route par fractions successives. Le mouvement commença le 8 novembre. La présence d'arabas et de voitures régimentaires força à passer par la plaine du Fahs-el-Riah, au lieu de marcher directement par la montagne.

Le 12 novembre, le général Philebert est à Medjez-Sfa.

Ali ben Ammar dans la Hamada.

A la suite de la halga du 29 octobre[1], Ali ben Ammar avait encore réuni une petite armée.

Le 4 novembre il était revenu à Ellez et s'y préparait à défendre la région des Hamada. Mais le 5, ses partisans avaient appris que le général Philebert était campé à la zaouïa de Sidi-Abd-el-Melek[2]. Cette apparition inattendue des troupes françaises qui, selon toutes probabilités, se dirigeaient sur Maktar, sema l'épouvante dans les rangs des derniers insurgés : ils déclarèrent à Ali ben Ammar qu'ils ne voulaient plus se battre.

Ali ben Ammar ne conserva plus auprès de lui que des Oulad-Ayar et quelques Oulad-Aoun dissidents trop compromis pour oser espérer le pardon.

Cependant, quoique ne pouvant plus avoir aucune illusion sur l'issue fatale de la lutte, Ali ben Ammar n'avait cessé de déployer une activité extraordinaire pour organiser la résistance et faire croire à sa force.

Le 9, il était allé faire une ghazzia chez les Oulad-Aoun pour les punir de s'être soumis au général Philebert ; le 10, il avait poussé une pointe dans la vallée de la Silianah.

Le 12 novembre, il se portait enfin avec toutes ses forces, un millier d'hommes, vers le Massouge dont il projetait la défense. (Le nombre de ses partisans s'était légèrement accru depuis quelques jours par suite de la retraite, inexpliquée pour les indigènes, du général Philebert qui avait quitté brusquement la zaouïa de Sidi-Abd-el-Melek[3], et de la lenteur des marches des colonnes de la Roque et d'Aubigny.)

---

1. Voir plus haut, p. 282.
2. Le général Philebert était arrivé le 3 novembre à Sidi-Abd-el-Melek avec sa deuxième reconnaissance. (Voir annexe LVI, p. 264.)
3. Voir annexe LVI, p. 265.

Dans la soirée du 11, les quarante mille cartouches demandées à Medjez-el-Bab pour la colonne de Testour étaient arrivées à destination.

La colonne de Testour se dirige vers le sud.

Aussi le lendemain 12, à 7 heures du matin, le général d'Aubigny avec une colonne mobile de trois bataillons (8e, 20e et 73e), sept pelotons du 11e hussards, deux sections du 33e d'artillerie, une section du génie, un détachement du train et un convoi de 10 jours de vivres, quitte-t-il Testour.

Il n'a pas d'ordres.

Le 84e reste à Testour pour garder le camp.

Le soir, le général d'Aubigny campe sur la rive gauche et près de la Silianah, non loin d'El-Guénouat[1], à 3 kilomètres au sud du confluent de la Silianah et de l'oued-Remil.

Ainsi, le soir du 12 novembre, Ali ben Ammar est avec un millier de partisans dans le Massouge; le colonel de la Roque est en position sur la rive droite de la Tessaà, sur le versant nord du djebel-Tricha[2]; le général Philebert est à Medjez-Sfa; le général d'Aubigny à El-Guénouat.

Positions le 12 novembre au soir.

Le 13 novembre, la colonne d'Aubigny continue à remonter la vallée de la Silianah et vient camper à Harara-Kramet[3].

Le général d'Aubigny y reçut, à 2 heures du soir, une lettre

---

1. Le camp est non loin de Guénouat, à peu près sur *El* de Kef el-Arrak, sur la carte au 1/400.000e de Falbe.
(Les noms cités par le général d'Aubigny figurent sur la carte au 1/400.000e de Falbe : cette carte était inexacte en bien des endroits; exemple : Ellez ; le cours de la Tessaà dont la large boucle vers l'est n'était pas représentée, etc...)
2. Le djebel-Tricha (carte au 1/400.000e de Falbe) serait la partie sud-ouest du massif du djebel Massouge.
3. Harara-Kramet est sur la rive gauche de la Silianah. (Le camp fut établi un peu au-dessous du *D* d'Oulad-Riah de la carte au 1/400.000e entre un marabout, les douars, un cimetière arabe et des ruines romaines.)
La marche de la colonne d'Aubigny dans la journée du 12 avait été d'abord assez facile (le col du djebel-Lassioud et le premier gué de la Silianah avaient été aménagés la veille par le génie); mais, vers 9 heures du matin, la pluie ayant commencé à tomber, la marche était devenue pénible. La tête du convoi n'était arrivée au camp qu'à 6 h. 30 et il avait fallu déjà consommer une demi-journée de vivres de réserve.
Pendant toute la nuit tomba une pluie violente ; la route fut cependant assez bonne pour la marche du lendemain ; mais il fallut envoyer des chevaux du convoi pour faire passer à la compagnie d'arrière-garde, en face du camp, le gué de la Silianah devenu infranchissable par suite d'une crue subite de la rivière.

écrite par le général Philebert le 12 à 2 heures du soir. Le général Philebert, en annonçant qu'il serait le 18 au djebel-Belota, proposait à son camarade de commencer seulement à cette date les opérations d'ensemble [1].

Le général d'Aubigny lui répondit aussitôt qu'il acceptait de grand cœur cette date du 18, au lieu de celle du 16 qui avait été primitivement convenue (il regrettait de ne pouvoir entrer immédiatement en relations avec lui de façon à pouvoir, de vive voix, mieux combiner leurs opérations ultérieures [2]), et il écrivit au colonel de la Roque pour lui indiquer la nouvelle date du 18 et l'inviter à ne pas précipiter les choses et à attendre que les deux autres colonnes fussent en ligne; il craignait l'impatience de la colonne de la Roque, installée depuis plusieurs jours à 6 kilomètres de l'ennemi.

Le 14 novembre, la colonne d'Aubigny quitte son bivouac d'Harara-Kramet à 7 h. 30 du matin et arrive à Aïn-Nagueur [3] à 1 heure de l'après-midi.

Le général d'Aubigny reçoit du général Philebert une lettre lui annonçant qu'il sera le 15, à Ksar-el-Hadid et lui donnant rendez-vous le 15, à 2 heures du soir, au confluent de l'oued-Massouge et de la Silianah, sur la rive gauche de cette dernière rivière; il ne pourra arriver que le 20 au djebel-Belota [4].

---

1. Le général Philebert avait reçu de *son* général (le général Logerot) des instructions lui prescrivant d'opérer au sud et à l'est, sur le Sers, de se concerter avec les chefs des colonnes du Kef et de Testour opérant par l'ouest et par le nord sur le même plateau, et de se tenir en communication avec la colonne Etienne de Kairouan, afin de pouvoir lui donner un secours immédiat si cela était nécessaire.

2. Quant au général d'Aubigny, il n'avait reçu aucun ordre de *son* général (le général Japy) Aussi ne pouvait-il qu'écrire, dans sa lettre du 13 au général Philebert: « Les seules instructions que j'ai reçues du général Japy sont les suivantes : *Le colonel de la Roque se trouve en face de forces sérieuses; je lui ai laissé sa liberté d'action; tenez-vous en communication avec lui et agissez suivant la situation.* »

3. Aïn-Nagueur, à 10 kilomètres Est de la Silianah, dans le Gaâfour (vers Aïn-Berla, territoire de Batem-Reallah, à égale distance environ de l'*H* d'Oued-Riah et du *D* de Djebel-Tella-es-Silianah sur la carte au 1/400.000° de Falbe).

La Silianah avait baissé pendant la nuit: le passage en fut facile le 14 et la route était belle sur les plateaux du Gaâfour.

4. Il faut entendre que le général Philebert ne pourra avoir son monde concentré que le 20.

La colonne, forte en infanterie de 5 bataillons seulement (nous savons que la 6e

Le 15, la colonne d'Aubigny quitte Aïn-Nagueur à 7 heures du matin et, traversant les plateaux, va s'installer à Sidi-Djaber[1] où elle arrive à midi.

Le général fait commencer aussitôt l'installation d'un biscuit ville qui sera gardé par trois compagnies[2].

Le général Philebert escorté par sa cavalerie vient de Ksar-el-Hadid à Sidi-Djaber conférer avec le général d'Aubigny. Les deux généraux arrêtent là les conditions dans lesquelles aura lieu l'opération contre les Oulad-Ayar. Il est convenu que le 21 le colonel de la Roque attaquera au nord-ouest, le général d'Aubigny au nord, et que la 6ᵉ brigade, qui d'ici là se sera portée à Maktar, attaquera au sud et à l'est[3].

Entrevue des généraux Philebert et d'Aubigny à Sidi-Djaber, le 15 novembre.

Le 16 novembre, la colonne d'Aubigny stationne à Sidi-Djaber; elle pousse une reconnaissance dans la vallée de l'oued-Massouge.

Le même jour, le colonel de la Roque se porte d'Henchir-Mosbah à Henchir-Farik et la tête de colonne du général Philebert arrive à la zaouïa de Sidi-Abd-el-Melek.

Pendant que le colonel de la Roque venait s'établir à Henchir-Farik, quatre cents de ses goumiers attaquaient les

---

brigade a détaché 2 bataillons à la colonne de Kairouan), occupe une profondeur de marche de trois journées, embarrassée qu'elle est de son convoi sur voitures.

La date d'arrivée sur un point du général Philebert est donc la date d'arrivée de sa tête de colonne.

1. Le camp est installé sur une croupe au sud du marabout de Sidi-Djaber, rive droite de la Silianah; eau de source bonne et abondante.

2. Le biscuit ville de Sidi-Djaber, gardé par trois compagnies du 8ᵉ (commandant de Cantillon), doit être retranché; on demande des bâches, à la division, pour couvrir les approvisionnements. La garnison du biscuit ville fournira les escortes entre Sidi-Djaber et la colonne; le 84ᵉ, à Testour, devant fournir les escortes entre Testour et Sidi-Djaber.

3. Le général d'Aubigny, frappé des difficultés et des lenteurs de marche du convoi sur roues de la 6ᵉ brigade, écrivait après cette entrevue : « Le général Philebert a un convoi très complet, mais par cela même très difficile à mouvoir et qui retarde considérablement sa marche : quatre cents arabas escortées par 3 bataillons qui le suivent à une ou deux journées de marche en arrière. Le général n'a avec lui que deux bataillons; il en attend deux de Kairouan; il ne sera que le 22 ou le 23 en mesure de commencer sa marche sur la Hamada. Je crains que ce retard forcé nous fasse tomber dans la saison des pluies et peut-être même de la neige. Dans le cas de neiges, le colonel de la Roque sera obligé de gagner la plaine, vers les Ouartana, pour ne pas perdre son convoi de chameaux. »

dissidents dans le haut du Massouge ; ils purent s'avancer jusqu'à Touat-Zouamel et s'assurer que la vallée de la Silianah était absolument libre.

Quant au général Philebert, aussitôt arrivé à la zaouïa de Sidi-Abd-el-Melek, il s'empresse d'y laisser ses charrettes et ses impédimenta. Il a pu ramasser assez d'animaux pour porter son convoi et il constitue un goum de cent cavaliers des Oulad-Aoun, qui venaient d'obtenir l'aman définitif du général d'Aubigny [1].

Le 17 novembre, pendant que la tête de colonne de la 6e brigade se porte de Sidi-Abd-el-Melek à Mebrouka-el-Tueggia, dans le djebel Belota, la colonne d'Aubigny, réduite de trois compagnies laissées à Sidi-Djaber, pénètre dans la vallée de l'oued Massouge et va camper à M'zen-el-Nour [2].

Des reconnaissances de cavalerie sont envoyées dans l'après-midi de M'Zen-el-Nour vers Touat-Zouamel (route du lendemain) et le djebel Massouge ; elles ne signalent rien.

Dès le 17 novembre le général d'Aubigny est déjà fort inquiet au sujet de ses ravitaillements. Il n'a plus que 3 jours de vivres de convoi et 2 de sac. Il a demandé 6 jours de vivres à Testour le 13 novembre ; mais le commandant de cette place lui a fait connaître, le 16, qu'il ne pouvait lui envoyer qu'un jour de vivres au lieu des six demandés ; les

---

1. On sentait que la lutte touchait à sa fin. Les goums qui s'attachaient à nos colonnes s'augmentaient au fur et à mesure que nos succès s'affermissaient ; ils s'attendaient à trouver des richesses considérables dans le pays des Oulad-Ayar et ils s'étaient munis, pour emporter le butin qu'ils comptaient faire, de tous les moyens de transport dont ils pouvaient disposer.

Quant au caïd Mohamed Salah ben Ali Debbich, il ne cessait de courir d'une colonne à l'autre, manifestant le plus grand empressement à nous seconder et s'occupant à négocier la soumission des Oulad-Ayar et même celle des Madjeur, quoique son autorité sur les uns comme sur les autres fût nulle en réalité.

2. Le camp est installé sur un éperon à 2 kilomètres au sud de Sidi-Embarck (carte au 1/400.000e) et en bordure de l'oued Massouge.

L'étape du 17, de la colonne d'Aubigny, longue de 10 à 12 kilomètres seulement, se fit à travers un pays facile et beau où tous les douars étaient intacts ; les insurgés avaient cependant quitté le pays depuis peu, mais ils s'étaient bien gardés de détruire des douars amis, y compris ceux de Sidi-Zerrouk, ministre de la marine du bey, qui se trouvait au camp de Si Ali Bey à Zaghouan.

Drid ne lui ont pas encore amené leurs chameaux de réquisition et les moyens de transport lui font défaut.

Le général ne peut, lui non plus, trouver d'animaux dans le pays, car le général Philebert prend tous les animaux disponibles, son convoi ne pouvant plus avancer avec ses arabas.

Le général d'Aubigny est obligé d'envoyer des animaux de sa colonne vers Testour pour former les convois de ravitaillement; « il est fort inquiet; un rien peut le mettre dans un grand embarras ».

D'un autre côté, le colonel de la Roque, qui est à Henchir-Farik, s'impatiente; il craint que le retard apporté dans la marche du général Philebert ne fasse manquer les opérations et qu'Ali ben Ammar s'échappe.

Le général d'Aubigny lui écrit, à ce sujet, le 17, à 7 heures du soir : « Il est possible que les dissidents s'éloignent; mais comme la porte sud-est leur sera entièrement ouverte, c'est par là qu'ils fileront si nous n'attendons pas le général Philebert. »

Le 18 novembre, le général d'Aubigny se porte de M'Zen-el-Nour à Touat-Zouamel[1].

Une reconnaissance de cavalerie partie du camp de Touat-Zouamel, à midi, rencontre une forte reconnaissance conduite par le colonel de la Roque, qui vient camper à 3 kilomètres sud-ouest de Touat-Zouamel (le reste de la colonne de la Roque restant campé à Henchir-Farik).

Les dissidents qui restaient encore dans le Sers et le Massouge avaient été ainsi refoulés dans les hamada[2].

Le général d'Aubigny et le colonel de la Roque confèrent ensemble. Pendant qu'ils sont réunis arrive une lettre du

---

1. Le 18 au matin, le général d'Aubigny est encore obligé de faire rétrograder vers Sidi-Djaber ce qu'il a d'animaux disponibles pour lui rapporter des vivres. L'état sanitaire à Testour est très mauvais.
2. Les renseignements parvenus le 18 au matin assurent de la présence d'Ali ben Ammar à Magueraoua et de son intention de s'y défendre vigoureusement.

général Philebert[1], campé à Mebrouka-el-Tueggia, renfermant les projets pour l'attaque de la hamada.

Conventions d'attaque pour le 21.

Les propositions du général Philebert sont adoptées[1]. Le général d'Aubigny le fait connaître au général Philebert par lettre du 18 novembre, 9 heures soir.

Le 19 novembre, la colonne d'Aubigny vient camper à Henchir-Sebba-Biar[2], à 6 kilomètres sud-ouest de Touat-Zouamel. Elle se trouve ainsi à environ 12 kilomètres de Magueraoua.

Le contact est pris avec les cavaliers insurgés.

Le général Philebert est campé aux ruines d'Usupa[3]; il propose de faire les ghazzias avec le plus grand ordre, d'en mettre le produit en commun et de partager ensuite par parts égales entre les trois colonnes[4].

Le colonel de la Roque est à 12 kilomètres environ au nord d'Ellez; il se portera le lendemain au col d'Ellez afin d'être prêt à entrer tout de suite en action le 21. Des renseignements paraissant dignes de foi lui confirment qu'Ali ben Ammar s'échappera de son côté, vers les Ouartan qui sont d'ailleurs eux-mêmes insurgés.

La base de ravitaillement de la colonne d'Aubigny est mo-

---

1. Le général Philebert fait connaître qu'il se dispose à abandonner le djebel Belota pour porter son biscuit vide à El-Aâla. Il sera, le 21, en mesure d'attaquer Maktar et Dar-el-Caïd avec 4 bataillons, un escadron et demi et 6 pièces d'artillerie.
Le mouvement combiné des 3 colonnes sera le suivant :
A l'est, la colonne Philebert attaquera, le 21 au matin, Dar-el-Caïd et Maktar;
Au nord, — d'Aubigny — — Magueraoua, de front;
A l'ouest, — de la Roque — — les hauteurs ouest de Magueraoua (en partant d'Ellez).
La mise en marche des colonnes doit avoir lieu à 7 heures s'il n'y a pas de brouillard et s'il ne fait pas très mauvais temps. S'il y a du brouillard on attendra qu'il soit levé, c'est-à-dire 9 ou 10 heures. Si le brouillard se lève à midi seulement ou s'il fait très mauvais temps, l'opération sera remise au 22.
2. Sebba-Biar, henchir appartenant au frère d'Ali ben Ammar, se trouve à la pointe ouest du mamelon qui suit les mots Bahirt-es-Sers, carte de Falbe.
3. Ruines d'Usupa; El-Kessour de la carte au 1/200.000°.
4. Il est entendu que pour l'attaque du 21 et pour éviter des confusions, les goumiers porteront au turban un morceau d'étoffe, bleue pour les colonnes d'Aubigny et de la Roque, rouge pour la colonne Philebert (les goumiers de la colonne d'Aubigny portent déjà, sur le burnous, sur la poitrine, deux morceaux d'étoffe bleue et rouge).

difiée; la ligne de ravitaillement par la Silianah devenant chaque jour plus difficile et les pluies pouvant la couper tout à fait, Sidi-Djaber sera évacué et Bordj-Messaoudi sera base de ravitaillement commune aux colonnes d'Aubigny et de la Roque.

Dès le 19, les deux généraux s'occupent de savoir qui recevra la soumission des Oulad-Ayar[1].

C'était vendre un peu tôt la peau de l'ours!

Mais les goums des trois colonnes correspondaient entre eux et les commandants des troupes françaises croyaient avoir cerné Ali ben Ammar.

Le cercle qui s'était formé autour de l'énergique chef des insurgés s'était en effet resserré petit à petit. Il ne restait plus aux dissidents qu'un seul passage, celui du sud-ouest. Mais cette direction les conduisait sur le territoire des Madjeur et des Ouartan; ceux-ci, quoique en état d'insurrection, étaient capables de les ghazzier et de s'en faire un mérite pour obtenir, pour eux-mêmes, l'aman à de meilleures conditions. Ali ben Ammar n'avait plus autour de lui qu'une foule affolée, composée uniquement d'Oulad-Ayar; il s'y trouvait au plus un millier d'hommes armés traînant à leur suite femmes, enfants et troupeaux, ne songeant plus à se défendre, mais ne pensant qu'aux moyens d'échapper au péril.

Ali ben Ammar lui-même se préparait à fuir; il avait fait main basse sur tous les moyens de transport qu'il avait pu trouver pour emporter avec lui ses biens et ceux des fidèles qui devaient le suivre dans l'exil. Cette conduite avait soulevé un vif mécontentement dans son entourage, qui avait agité la question de le livrer ou de le tuer comme gage d'une soumission pour laquelle les généraux d'Aubigny et Philebert avaient entamé des pourparlers quelques jours auparavant.

La Hamada est entourée de 3 côtés : ouest, nord et est, 19 novembre.

---

1. Chacun écrit ou télégraphie à *son* général de division pour savoir qui des deux doit recevoir la soumission des Oulad-Ayar et de quelle région, nord ou sud, dépendront le Sers et les Hamada.
Voir plus loin, note 2, page 303, la décision prise à ce sujet.

Le général d'Aubigny, ayant appris la fuite d'Ali ben Ammar dans la nuit du 19, attaque seul le 20.

L'intention du général d'Aubigny était de ne pas bouger de son camp de Sebba-Biar pendant la journée du 20 et de s'occuper de placer son convoi dans un endroit favorable pour être complètement libre et sans inquiétude pendant l'opération du 21.

Mais, dès le matin du 20, il reçut des renseignements lui assurant qu'Ali ben Ammar était parti la veille au soir avec 25 cavaliers fidèles, sa femme, ses enfants et ses tentes, et qu'il aurait pris le chemin du sud-est passant devant Maktar.

Sur ces renseignements[1], le général d'Aubigny donne l'ordre de lever le camp à 11 h. 30 pour se porter à Mageraoua[2].

La plaine qui sépare Henchir-Sebba-Biar de Mageraoua est traversée sans difficulté. La colonne s'engage ensuite dans la montagne, en suivant la rive droite de l'oued-Zitoun. L'avant-garde arrive sans incident, à Mageraoua, à 2 heures.

Pendant l'installation au camp, le goum, soutenu par quelques pelotons de hussards et quelques compagnies d'infanterie, razzie tout ce qu'il trouve. (Un goumier, reconnu plus tard pour être de la colonne de la Roque et venu probablement d'Ellez se mêler au goum de la colonne d'Aubigny, est tué à bout portant dans une maison de Dar-El-Caïd[3] par un Arabe qui se tue ensuite[4].)

---

1. Le général d'Aubigny fit connaître la fuite d'Ali ben Ammar :
au colonel de la Roque, le 20 novembre, par lettre d'Henchir-Sebba-Biar, 10 heures matin ;
au général Japy, le même jour, par dépêche de Mageraoua, 5 heures soir ;
au général Philebert, le 20 novembre également, par lettre de Mageraoua, 8 heures soir.
2. A 10 h. 30' étaient arrivés au camp de Sebba-Biar une compagnie du 3ᵉ tirailleurs et un goum des Charen envoyés par le colonel de la Roque.
3. Dar-el-Caïd, Souk-el-Djemaâ actuel.
4. »..... Un homme du goum, qui a dû se détacher seul d'Ellez, a été tué à bout portant, dans le village Dar-el-Caïd, au moment où les troupes du général d'Aubigny y entraient sans éprouver de résistance, puisque son cadi, venu au camp, marchait avec la pointe de tirailleurs.
» L'Arabe qui l'a tué dans sa maison s'est tué immédiatement après. Histoire de femme, probablement. »

Pendant cette opération de la colonne d'Aubigny, la colonne Philebert est devant Maktar[1], à l'est de ce point; la colonne de la Roque au col d'Ellez, dans la vallée de l'oued Zaarour.

Dans la soirée du 20, la hamada des Oulad-Ayar apparaît tout en feu.

<small>Attaques du 21 novembre.

La colonne d'Aubigny.</small>

Le 21 novembre, à 7 h. 30 du matin, trois colonnes légères quittent le camp du général d'Aubigny à Mageraoua pour parcourir les crêtes et gorges à l'ouest et au sud-ouest[2].

A mesure que les colonnes s'avancent elles reçoivent quelques coups de feu tirés par des Arabes isolés ou en petits groupes qui se sont attardés; il ne reste que peu d'hommes; ceux qui sont pris les armes à la main sont fusillés[3]. Les douars, gourbis et villages sont incendiés, les troupeaux (environ 4.000 têtes de bétail) ramenés au camp.

Les petites colonnes rentrèrent au camp vers 5 heures, ramenant une trentaine de prisonniers[3].

<small>La colonne Philebert.</small>

Le même jour, dès le matin, et suivant les conventions

---

1. Le 20 novembre au soir, le général Philebert a, concentrés à Maktar : le 27⁰ bataillon de chasseurs à pied, les bataillons des 61⁰, 110⁰ et 111⁰ de ligne, deux escadrons du 1ᵉʳ hussards, 4 pièces de montagne, une batterie montée et le goum des Oulad-Aoun.

[Le détachement du lieutenant-colonel Frayermuth (33⁰ et 43⁰, un escadron du 1ᵉʳ hussards et 2 pièces de montagne) parti de Kairouan est en route pour rallier la 6⁰ brigade.

Le bataillon du 46⁰ a été envoyé le matin même à Bled-Aâla, où va être construit, pour la 6⁰ brigade, un biscuit ville intermédiaire entre Maktar et Kairouan.

(Un bataillon avait été envoyé le 19 travailler à la route qui passe au-dessous de la Kessera pour la rendre praticable aux voitures.)

Le bataillon du 46⁰ doit construire une redoute, y mettre en sûreté les impedimenta et attendre la brigade qui viendra l'y rejoindre quand les opérations contre les Oulad-Ayar seront terminées.]

2. « La Hamada est un massif montagneux, tourmenté à l'infini : succession de hauts pitons, séparés par de profonds ravins à pentes raides, crevasses à parois verticales. Les vallées qui séparent les montagnes sont d'une richesse extrême, couvertes d'oliviers, de mûriers et arrosées par de petits cours d'eau très limpide et très claire. Le pays est riche et doit être, en temps ordinaire, très bien cultivé; les villages respirent une aisance inaccoutumée.

» Les montagnes sont couvertes de bois de différentes sortes, genévriers, chênes verts etc..., mais le faîte des montagnes est aride et inculte et présente l'aspect d'immenses tables de pierre. »

3. Sept Arabes pris les armes à la main, tirant sur la colonne d'Aubigny, sont

faites avec le général d'Aubigny, la 6ᵉ brigade séparée en 2 fractions se porte sur les Oulad-Ayar : à gauche le commandant Malaper, avec le 27ᵉ bataillon de chasseurs, 2 pelotons de cavalerie et une fraction du goum, doit marcher à la rencontre du colonel de la Roque ; à droite, le général Philebert, avec le reste de la brigade, se porte à la rencontre du général d'Aubigny.

Les Oulad-Ayar se sont échappés dans la nuit du 20-21.

En arrivant sur le plateau le général Philebert s'aperçoit que le pays est complètement vide (les Oulad-Ayar ont allumé l'incendie dans la soirée du 20 pour cacher leur mouvement de retraite).

Le général Philebert envoie sur la droite le lieutenant-colonel Travailleur avec un bataillon, un peloton de hussards et 2 pièces ; puis, avec le reste de la brigade, il se rabat à gauche, à la recherche des fuyards.

A 10 heures du matin, ayant reconnu que les Oulad-Ayar se sont dirigés vers le sud, il fait prévenir le lieutenant-colonel Travailleur et le commandant Malaper qu'il va s'enfoncer dans le sud et les invite à le suivre aussitôt que possible.

Après avoir marché toute la journée, la colonne conduite par le général Philebert se trouve, un peu avant la nuit, en face d'un rassemblement considérable de tentes et de troupeaux groupés près du bordj du caïd Debbich[1], dans la forêt et sur les pentes du djebel-Skarna.

Le gal Philebert s'empare d'une partie des troupeaux.

Sans attendre l'arrivée du lieutenant-colonel Travailleur et du commandant Malaper, il attaque immédiatement. Après un engagement insignifiant, les Oulad-Ayar viennent faire leur soumission.

Le bivouac est installé ; les détachements Travailleur et Malaper y arrivent pendant la nuit (les troupes ont fait dans la journée de 35 à 42 kilomètres)[2].

---

fusillés sur place ; six autres le sont au retour au camp ; puis un certain nombre d'Oulad-Ayar étant venus se rendre à ses grand'gardes, le général d'Aubigny fit, le 22 novembre, fusiller 19 des plus importants.

1. Le Fondouk-Debbich de la carte actuelle au 1/200.000ᵉ.
2. Voir *La 6ᵉ brigade*, du général Philebert, pages 65 et suivantes.

Ali ben Ammar s'était échappé.

Le 19 au soir il était encore à Mageraoua et, s'il n'était pas encore parti, c'est que la foule qui l'entourait, le considérant comme le gage de sa soumission, le surveillait activement ; les Oulad-Ayar, fortement irrités contre lui, voulaient le livrer ou le tuer ; ses parents et sa fraction, les seuls à prendre sa défense, faisaient bonne garde autour de lui.

Ali ben Ammar s'était enfui dans la nuit du 19-20.

Dans la soirée du 19, les goums du général d'Aubigny avaient fait 4 prisonniers ;[1] l'un d'eux était porteur d'une lettre adressée par le cadhi des Oulad-Ayar au caïd Mohamed Salah ben Ali Debbich, au nom d'un groupe de notables qui désiraient se soumettre.

Le général d'Aubigny fit appeler le caïd et lui communiqua ce document en lui signifiant, devant les prisonniers, qu'avant d'entreprendre tout pourparler avec les insurgés, il voulait qu'Ali ben Ammar lui fût livré mort ou vif. Le caïd avait transmis au groupe qui s'était adressé à lui la réponse du général d'Aubigny.

Quelques heures après, Ali ben Ammar partait de Mageraoua, avec quelques cavaliers, par la route du sud, se dirigeant sur le djebel-Berberou.

Le lendemain matin[1], 20, Mohamed Salah ben Ali Debbich venait annoncer à grand bruit le départ du chef insurgé, ajoutant qu'il avait mis son frère, Salem ben Ali, à la poursuite du fuyard.

Salem ben Ali rentra le soir sans ramener Ali ben Ammar[2].

Mohamed Salah ben Ali Debbich avait certainement trompé le général d'Aubigny et favorisé l'évasion d'Ali ben Ammar.

---

1. Si le général d'Aubigny ne fut avisé que le 20 au matin d'une façon certaine et, si nous pouvons dire, presque officielle, que Ali ben Ammar s'était échappé, il est vraisemblable qu'il avait dû être prévenu, le 19 au soir, par les 4 prisonniers qu'il avait faits, des tentatives de fuite du chef insurgé.
2. Les résultats des mouvements des trois colonnes sont assez faibles. Si les troupes de la 6e brigade ont pu arrêter une émigration, Ali ben Ammar a réussi à s'échapper et les troupes françaises n'ont trouvé aucune occasion de s'engager.
Il n'en pouvait être autrement d'une telle expédition où personne en réalité ne

Il semble de même avoir préparé et facilité, deux jours après, la retraite des Oulad-Ayar dont l'émigration fut surprise près de son bordj dans un endroit par lequel elle ne pouvait passer à son insu.

Ce rôle s'imposait du reste à Mohamed Salah. Il appartenait au même sof qu'Ali ben Ammar et, depuis des années, ces deux personnages intriguaient de concert, passant ensemble des honneurs et des profits du commandement aux restitutions et à la prison. Les événements les mettaient en face l'un de l'autre, mais ne pouvaient effacer ce souvenir d'anciennes relations et d'une communauté d'intérêts qui avait existé pendant une longue période d'années.

Razzias.

La fuite des Oulad-Ayar, qui n'ont pas attendu la colonne de Testour, et l'évasion d'Ali ben Ammar semblent avoir désorienté le général d'Aubigny.

Le 21 novembre, à 8 heures du soir, de retour à son camp de Mageraoua, il écrivait au colonel de la Roque pour lui demander des conseils; il ne savait plus que faire le lendemain,

---

commandait, les commandants de colonne ayant été seulement invités, par leurs généraux respectifs, à se concerter. (Voir plus haut, notes 1 et 2, page 292.)

De plus la ligne de retraite la plus probable des dissidents n'avait pas été occupée.

Dès le 6 novembre, le général Japy, commandant la région nord, prévoyait cet insuccès et, à cette date, il écrivait au général Saussier qu'une attaque de la hamada par le sud s'imposait et que les tribus cernées seraient forcées de mettre bas les armes; que si, au contraire, le sud leur restait ouvert, elles pourraient s'échapper.

Le 8 novembre, quand il eut appris que le général Philebert avait reçu l'ordre du général Logerot de se rendre avec toutes ses forces au djebel Belota, le général Japy écrivit de nouveau au général Saussier. Il savait qu'Ali ben Ammar avait déjà pris des dispositions pour se retirer dans le sud avec ses principaux adhérents et il estimait que la marche d'une colonne française au sud des hamada devenait de jour en jour plus urgente, si l'occasion favorable n'était même pas déjà passée : il insistait de nouveau pour qu'une colonne fût dirigée dans la région sud des hamada et faisait remarquer que la colonne Philebert prenait, pour se rendre au djebel-Belota, un chemin trop long et trop au nord (nous savons pourquoi; obligé, après avoir donné ses chameaux au général Logerot, de traîner son convoi sur roues, le général Philebert avait dû renoncer à l'idée de marcher directement à travers la montagne et faire le tour par la plaine). Il ajoutait que la colonne Philebert allait parcourir un pays où la colonne d'Aubigny faisait sentir son action et où par conséquent sa présence ferait double emploi et demandait que la 6ᵉ brigade fût dirigée plus au sud.

maintenant que les dissidents lui avaient échappé, et ne trouvait autre chose à proposer à son Lieutenant qu'un rendez-vous près d'un arc de triomphe où ils viendraient, en colonne légère, déjeuner et convenir de leurs projets ultérieurs ; si cependant le colonel de la Roque avait d'autres intentions, il ferait ce qu'il pourrait pour coopérer à ses opérations !

Le 22 novembre, en effet, les deux commandants de colonne se rencontrent à la Kalaa-Kebira (à Hamman-Zouguera, sur l'oued-Hammam, à côté des ruines romaines indiquées).

Pendant qu'ils déjeunent, une colonne légère, sous les ordres du commandant de Cantillon, va razzier entre Mageraoua et Maktar et ramène environ 1.500 têtes de bétail[1]. Les silos sont vidés, tous les villages et douars sont razziés et incendiés et des détachements armés vont brûler les oliviers qu'on n'a pas pu couper.

Le général d'Aubigny reçoit du général Japy une dépêche l'informant qu'il est chargé de recevoir la soumission des Oulad-Ayar[2], et l'invitant à en prévenir le général Philebert dont le bon esprit militaire saura lui faciliter sa tâche[3].

---

1. Le total des prises des deux colonnes d'Aubigny et de la Roque est, le 22 novembre, de 9.000 têtes de bétail environ (250 chameaux, 1.000 bœufs, 60 chevaux, le reste en moutons et chèvres).
La vente de ce bétail produisit 30.600 francs (1/3 aux goumiers, 1/3 à l'État, 1/3 aux troupes présentes).
2. En réponse aux lettres et télégrammes que le général d'Aubigny lui avait adressés, dès le 19 novembre, au sujet de la soumission des Oulad-Ayar (voir 1, page 297), le général commandant la division nord répondait que la soumission des Oulad-Ayar devait être faite au général d'Aubigny parce qu'il était depuis plus longtemps dans la région et qu'il commandait (?) la colonne du Kef qui avait été plusieurs fois aux prises avec Ali ben Ammar et lui avait infligé plusieurs échecs successifs.
Il décidait en même temps et de sa propre autorité que la tribu des Oulad-Ayar relevait naturellement de la région nord ; mais comme il ne savait pas si les instructions données par le général Logerot au général Philebert concorderaient avec les siennes, il demandait, après coup, au général Saussier de décider que l'arête du prolongement de l'Aurès entre Tébessa et le cap Bon (par le Zaghouan et Bir-Bouita) formât la séparation entre la division du nord et celle du sud.
Les conditions de soumission prescrites par le général Japy étaient : 250 francs par tente, désarmement, livraison d'otages, des hommes ayant pris part à l'affaire de l'oued-Zergua, des armes et la rentrée dans les campements.
3. Le général Philebert (24 juillet 1880) est en effet plus ancien, dans le grade de général de brigade, que le général d'Aubigny (30 mars 1881.)

Les projets ultérieurs du général d'Aubigny, à la suite de son déjeuner-conférence avec le colonel de la Roque, sont les suivants :

Renvoyer sa colonne, placée sous les ordres du colonel Menessier de la Lance, à petites journées vers Testour par Aïn-Hedja et Bordj-Messaoudi, en parcourant la zone comprise entre l'oued-Massouge, la Tessaâ et le Khalled où aucune colonne française n'est encore passée; se porter de sa personne avec la colonne de la Roque chez les Ouartan[1], pendant une huitaine de jours, puis revenir sur Ellez (où le colonel de la Roque recevra la soumission des Oulad-Ayar vers le 5 décembre) et laisser ensuite une garnison à Ellez (entre le Kef et Kairouan) quand la colonne de la Roque s'en retournera au Kef.

Le 22, le caïd des Oulad-Ayar, Salah ben Debbich, est toujours au camp du général d'Aubigny; la colonne de la Roque campe à Ellez; le général Philebert est au Kef-el-Raï[2].

Le 23 novembre, on continue à saccager, couper et brûler les oliviers dans la hamada.

Le 24, le général Philebert rentre avec ses troupes à Maktar où le rejoignent, le 25, les troupes qui, sous le commandement du lieutenant-colonel Frayermuth, reviennent de Kairouan[3].

Le 25 novembre, le général d'Aubigny, accompagné du colonel de la Roque, se rendit au camp du général Philebert à Maktar.

---

1. Voir plus loin page 305. (Le général d'Aubigny n'alla pas de sa personne chez les Ourtan; voir page 307.)

2. Le général Philebert ne pouvait ni garder les nombreux troupeaux qu'il avait pris à la tombée de la nuit, ni les emmener en lieu sûr. Pour s'en débarrasser et pour éviter de les revendre à vil prix aux mercantis, il traita immédiatement de leur rachat avec les Oulad-Ayar eux-mêmes.
Après avoir réservé les troupeaux ramassés la veille par la cavalerie et par la colonne du commandant Malaper pour être distribués en partie aux hommes, en partie vendus aux bouchers, le général Philebert se débarrassa, le 22, de son bétail en le rendant aux indigènes sous condition qu'ils verseraient à son camp une somme de 150.000 francs avant le 27 novembre; il prit des otages pour assurer l'exécution de cet engagement.

3. Voir annexe LXI, note 3, page 334.

Dans cette entrevue il fut convenu :

1° que, les Oulad-Aoun et Oulad-Ayar relevant de la division nord, conformément aux prescriptions du général Japy, le général d'Aubigny resterait chargé de traiter avec eux les questions de soumission ;

2° en présence même des Oulad-Ayar, que la somme de 150.000 fr. imposée le 22 par le général Philebert et payable le 27, serait considérée comme une simple razzia et n'entrerait aucunement en déduction des sommes que le général d'Aubigny fixerait pour l'aman ;

3° que le général Philebert quitterait la région le 28 novembre pour se rendre à El-Aâla ;

4° que ce même jour il remettrait au général d'Aubigny tous les Oulad-Ayar et tous les Oulad-Aoun[1] qu'il détenait alors à son camp de Maktar ;

5° que si, à cette époque, il n'avait pas recouvré la totalité des 150.000 fr., le général d'Aubigny en poursuivrait la rentrée, mais seulement après avoir assuré celle des sommes qu'il aurait imposées comme condition d'aman.

La période insurrectionnelle peut alors être considérée comme terminée dans la région ; les Oulad-Ayar écrasés et ruinés vont faire leur soumission.

Les Ouartan seuls conservaient une attitude incertaine ; peu braves, ils tenaient surtout à leurs biens. Ils s'étaient, il est vrai, dès le début, montrés nos ennemis déclarés, envoyant des notabilités à presque toutes les halgas, nommant un caïd insurrectionnel, Mohamed el Aouani ben Menasseur, et faisant de la propagande ; mais ils étaient restés chez eux, pour la

Convention entre les commandants de colonne pour la soumission des Oulad-Ayar. 25 novembre.

Les Ouartan.

---

1. En raison du concours que les Oulad-Aoun lui avaient fourni (chameaux et bêtes de somme quand, à son arrivée sur la Silianah, son convoi ne pouvait plus le suivre), le général Philebert demanda l'indulgence pour les Oulad-Aoun : ils furent taxés à 120 francs par tente au minimum.

Après le départ de la colonne Philebert les otages devaient être remis au bataillon d'Ellez ; le général d'Aubigny supposait que les Oulad-Ayar et les Oulad-Aoun seraient rentrés, vers le 8 ou 10 décembre, sur leur territoire, et qu'il pourrait alors leur dicter les conditions d'aman.

plupart, se contentant de fournir des subsides en argent et en nature aux combattants. Néanmoins une centaine d'Ouartan prirent part aux opérations de Salah ben Hamouda dans le djebel-Bahara.

Mohamed el Aouani put également entraîner quelques groupes sur le territoire des Madjeur pour combattre la colonne Forgemol.

Dans les premiers jours de septembre, les Ouartan avaient encore tourné en dérision une lettre du bey qui leur offrait l'aman, et ils avaient repoussé de même les ouvertures que leur faisait le général Forgemol, au moment de pénétrer chez les Fraichich.

Mais, après le combat de Sbiba et surtout pendant les derniers jours de la lutte chez les Oulad-Ayar, leur attitude se modifia radicalement; ils firent tous leurs efforts pour démontrer qu'ils n'avaient pris part que par nécessité au mouvement insurrectionnel, espérant ainsi adoucir les conditions qui allaient leur être imposées.

Les trois colonnes restent autour de la hamada. Les trois colonnes conservèrent leurs camps autour des hamada jusqu'à la fin de novembre, pour achever la réorganisation des Oulad-Ayar sous le commandement de Mohamed Salah ben Ali Debbich.

Le 27 novembre, le commandant d'Amboix, avec le bataillon du 20ᵉ, un peloton de hussards, une section d'artillerie de montagne et la section du génie, quitte le camp de Mageraoua pour aller s'installer au col d'Ellez[1], au sud-est du camp du colonel de la Roque.

Le 28, le général d'Aubigny se rend au camp de la colonne de la Roque avec laquelle il va commencer les opérations contre les Ouartan.

Le 29, la colonne mobile de Testour, placée sous les ordres du

---

1. Cette garnison doit assurer les communications de la colonne de la Roque qui va se porter au sud, sur les Sra-Ouartan et les Zeghalma.

Le camp du 20ᵉ est organisé défensivement; une redoute est construite sur la hauteur qui domine Ellez et le camp; un chemin d'accès muletier du camp à la redoute est entrepris.

colonel Menessier de la Lance, quitte Mageraoua à 10 heures du matin et vient camper à 12 h. 20 dans la plaine d'Ellez, près de Menzel[1].

Le 30 novembre, le général d'Aubigny, avisé par dépêche de l'envoi de baraques à Medjez-el-Bab, qui sera le siège de sa subdivision[2], revient au camp de Menzel-Ellez, décidé à laisser le colonel de la Roque diriger seul l'expédition contre les Ouartan.

Le même jour, il rend compte au général de division que les chefs des Oulad-Ayar et des Oulad-Aoun étant restés au camp Philebert, les négociations se trouvent suspendues[3].

Le 1er décembre, les 3 colonnes se séparent, laissant une garnison à Ellez[4].

Le 1er décembre, les colonnes se séparent.

Le général d'Aubigny avec son état-major et un peloton de hussards se rend directement à Medjèz-el-Bab[5].

---

1. Le camp de la colonne Menessier de la Lance est installé sur une croupe à demi-distance entre Ellez et Menzel (source à l'est de Menzel).
2. Le 29 novembre, le général d'Aubigny avait demandé au général Japy l'envoi de baraques à Medjez-el-Bab; il avait aussi demandé que le siège de sa subdivision fût fixé à Medjez-el-Bab au lieu de Testour, qui était fort malsain et encore infecté par suite du séjour prolongé du camp d'Ali-Bey; le bataillon de Testour viendrait à Aïn-Tunga où se trouve de bonne eau.
3. Il se plaint amèrement au général Japy de la présence à côté de lui du général Philebert, qui, restant aux confins des Oulad-Ayar et des Oulad-Aoun pour y poursuivre la rentrée des 150.000 francs de sa razzia, garde à son camp les cheikhs et les otages.
Le général d'Aubigny ne peut ainsi traiter aucune question de soumission; il craint que les Oulad-Ayar ne puissent plus que difficilement ensuite solder l'amende qu'il leur imposera pour la soumission; il affirme que tous les Oulad-Ayar habitant à côté de la hamada ont été et sont traités fort doucement par le général Philebert, tandis que ceux de son côté l'ont été fort durement, ce qui explique que ces tribus cherchent à rester le plus longtemps possible à l'abri de la 6e brigade, espérant améliorer les conditions qui leur seront imposées.
Il avait été convenu que cette situation cesserait le 27 et que le général Philebert partirait le 28. Si les cheikhs ne viennent pas le 1er décembre à Ellez faire acte de soumission, il donnera l'ordre à la colonne de Testour de se porter immédiatement chez les Oulad-Aoun et les Oulad-Ayar pour les razzier.
Le même jour, 30, il écrit également au général Philebert, pour lui faire connaître qu'il ne peut accepter plus longtemps une telle situation et lui signifier qu'il reprendra immédiatement ses opérations contre les Oulad-Ayar si les cheikhs qui sont au camp de Maktar ne viennent pas à son camp d'Ellez.
4. Voir plus haut. 1, page 306.
5. Il arrive à Medjez-el-Bab le 2 décembre; il choisit immédiatement l'emplacement du camp près de la gare (on évite ainsi les transports à 4 kilomètres; on

La colonne mobile de Testour, placée sous le commandement du colonel Menessier de la Lance, reste à Menzel-Ellez pour régler la soumission des Oulad-Ayar.

La 6ᵉ brigade se dirige vers le sud[1].

Le colonel de la Roque se rend au Ksour pour en finir avec les Ouartan.

<small>Le colonel de la Roque chez les Ouartan, du 2 au 9 décembre.</small>

Le 2 décembre, la colonne de la Roque arriva à destination ; les Ouartan firent immédiatement leur soumission, acceptant des conditions très dures (450 francs par tente), en rapport du reste avec leur conduite antérieure. Le 9, le calme paraissant suffisamment rétabli, la colonne reprit le chemin d'Ellez, laissant à Si Khadder ben el Hadj Ali, nommé caïd, le soin de faire remplir à ses nouveaux administrés les engagements qu'ils avaient pris.

Elle arriva le 10 à Ellez[2], y laissa le bataillon du 2ᵉ[3] pour y remplacer le bataillon du 20ᵉ[4] et rentra au Kef le 11.

---

reçoit l'eau par chemin de fer et on assure plus facilement la surveillance de la voie ferrée). Puis il fait adopter, à Tunis, l'établissement de postes à Aïn-Tunga, Testour, Medjez et la fabrique de Tebourba pour l'hiver (2 bataillons et un escadron).

Le 6, on commence à Medjez-el-Bab la construction de baraques pour le 127ᵉ. (Ces baraques furent enlevées, dans la nuit du 14 au 15, par une très violente tempête qui sévit sur la vallée de la Medjerdah et emporta les tentes et les baraques de l'ambulance de Testour. Cette tourmente renversa, au poste du kilomètre 98, un mur lequel était une tente conique renfermant 15 hommes du 127ᵉ ; 5 furent tués sur le coup et 7 blessés dont 4 grièvement.)

1. Elle se transporte par échelons successifs dans le Bled-Aâla..

Le 7 décembre, la 6ᵉ brigade tout entière est réunie sur l'oued-Marg-el-Lil, à Sidi-Mohamed-ben-Ali, sur les pentes boisées du djebel-Ousselet. (Monument de la 6ᵉ brigade. Voir *La 6ᵉ brigade*, page 77.)

2. Il n'y restait que la garnison ; la colonne mobile de Testour était partie de Menzel-Ellez le 8.

Le colonel Menessier de la Lance avait reçu, le 6, les dernières soumissions des Oulad-Ayar ; il aurait donc pu rentrer à Medjez-el-Bab, mais il fut retenu à Ellez par des pluies torrentielles jusqu'au 8 ; à cette date, la colonne mobile se mit en route vers le nord ; elle revint par Bordj-Messaoudi, Aïn-Hedja et Aïn-Tunga.

Le bataillon du 73ᵉ un peloton de hussards et une section d'artillerie furent laissés le 13 à Aïn-Tunga ; le reste de la colonne continua jusqu'à Testour puis Tebourba.

(Le 16, le poste d'Aïn-Tunga fut coupé de ses communications avec Testour

3-4. Voir les notes à la page suivante.

La période insurrectionnelle dans la région du Kef était terminée.

La lutte d'Ali ben Ammar n'avait eu que fort peu de retentissement chez les populations du nord de la Medjerdah.

Vers la fin de septembre, les Djendouba[1] avaient reçu une lettre de Salah ben Hamouda leur enjoignant, sous peine d'être razziés, de faire défection et de venir le rejoindre à El-M'horfa, à 5 kilomètres de Souk-el-Arba.

Mais, bien que leur caïd (ainsi que celui de la Rekba) fût à Tunis, ils étaient restés dans le devoir[2].

<small>Les Djendouba.
La colonne Cailliot.
(10 au 16 octobre).</small>

---

par suite d'une crue considérable de la Silianah ; une traille fut confectionnée avec des poteaux télégraphiques, des poulies de noria et des cordes en poil de chameau pour lui passer ses vivres.)

Le 16, l'état-major de la subdivision vint s'installer provisoirement à Tebourba avec la plus forte garnison (le siège de la subdivision venait d'être fixé au Kef).

Le 18, la colonne mobile revenue avec le colonel Menessier de la Lance arrive à Tébourba ; le bataillon du 8ᵉ s'installe dans l'usine. Le 11ᵉ hussards, laissant un peloton à Tébourba, se rend le 19 à la Manouba où se trouve son petit dépôt.

3. Ce bataillon du 2ᵉ, ayant reçu l'ordre de rentrer en Algérie, fut lui-même relevé cinq jours après (le 15 novembre) par le bataillon du 80ᵉ. (Le bataillon du 2ᵉ était arrivé au Kef le 13 octobre. Voir note 3, page 274.)

4. Le 11 novembre, le détachement d'Amboix (bataillon du 20ᵉ et peloton de hussards) quitte Ellez remontant vers le nord-est ; la section d'artillerie de montagne qui était à Ellez y resta avec le bataillon du 2ᵉ, le colonel de la Roque n'ayant pas de pièces de montagne disponibles.

Le 16, le détachement d'Amboix qui venait d'Aïn-Tunga fut arrêté par la crue de la Silianah : il fut obligé de camper sur la rive gauche et traversa, le 17, sur des radeaux faits avec des poteaux télégraphiques.

Le bataillon du 20ᵉ s'installa, le 21, à la fabrique de Tebourba.

1. Voir tome I, note 1, page 70.
2. Le colonel de la Roque avait soutenu que d'assez bons contingents Djendouba marchaient avec Salah ben Hamouda à l'attaque du Dyr-Kef le 28 septembre, que c'étaient eux qui lui fournissaient sa musique et qu'il *avait vu* les tambours djendouba avec le drapeau de Salah ben Hamouda.

Il avait taxé de manque de surveillance le lieutenant chef du service des renseignements de la place de Fernana, lequel n'admettait pas que les Djendouba eussent participé à l'attaque du 28 (ce jour-là, le marché de Souk-el-Arba, au centre des Djendouba, était très animé ; un grand nombre de chefs indigènes y étaient et aucun bruit n'avait circulé).

Quelques jours plus tard (12 octobre), quand il fut descendu dans la plaine, le général Cailliot donna au colonel de la Roque l'explication de l'histoire des Djendouba avec leur fameuse musique : il y avait le 28, avec Salah ben Hamouda, une trentaine de *Drid*, installés depuis 20 ans chez les Djendouba, *dont 2 tambours et 2 clarinettes*.

Les Djendouba sont de nouveau sommés par Salah ben Hamouda et par les Ouartan et les Madjeur (alors campés au khanguet-el-Frass) de venir se joindre aux insurgés à El-Mrassen, entre Nebeur et Le Kef; les Madjeur et les Ouartan vont venir camper dans le Bahara. Les Djendouba sont prévenus que s'ils ne viennent pas rallier les dissidents à El-Mrassen, ils seront prochainement attaqués par Salah ben Hamouda.

Cette fois, grand émoi chez les Djendouba, sollicités par Ali ben Ammar et Salah ben Hamouda.

L'abandon des gares par les employés est loin de les rassurer[1].

Leur caïd est toujours à Tunis et y reste sous prétexte que la ligne de fer coupée ne lui permet pas de revenir chez lui.

Le commandant Gerboin[2] se décide à se retrancher à Souk-el-Arba[3], craignant l'attaque annoncée par Salah ben Hamouda (le commandant a saisi trois lettres adressées aux Djendouba), et demande des renforts pour pouvoir protéger les tribus au sud du chemin de fer.

Le général Cailliot prescrivit à trois pelotons de l'escadron du 13e chasseurs à cheval de Ghardimaou de se rendre à Souk-el-Arba.

Puis, le général descend lui-même d'Aïn-Draham avec le bataillon du 18e et deux sections d'artillerie de montagne.

Il quitte Aïn-Draham le 10 octobre à midi, est à Fernana le 10 et arrive à Souk-el-Arba le 11 octobre.

Le 12 octobre, le général Cailliot fait une marche dans la

---

1. A la suite des destructions de la voie ferrée du 30 septembre, il avait fallu supprimer les trains; le personnel des gares depuis Beja avait reçu l'ordre de se replier sur Ghardimaou.

« Les Arabes d'ici sont mécontents de voir qu'on évacue les gares et croient à un mouvement de recul des Français. » (Extrait d'une lettre, en date du 3 octobre, du chef de gare de Souk-el-Arba au lieutenant chef du bureau des renseignements à Fernana.)

2. Le commandant Gerboin, rentré le 5 octobre à Souk-el-Arba, en occupait la gare avec le 29e bataillon de chasseurs et une compagnie du 93e. (Voir annexe n° XLVIII, page 237.)

3. Le comptable de Ghardimaou, qui gérait administrativement Souk-el-Arba, protesta parce que le commandant d'armes de Souk-el-Arba avait pris, sans en donner des reçus, des caisses, des sacs et des tonnelets pour barricader la gare.

direction de l'oued-Mellègue; il emmène avec lui toute sa cavalerie, le 29ᵉ bataillon de chasseurs à pied, deux compagnies du 18ᵉ et quatre pièces de montagne.

Le reste des troupes, sous le commandement du chef de bataillon du 18ᵉ, reste à la garde du camp et de la gare de Souk-el-Arba.

La présence à proximité du djebel-Bahara de la petite colonne du général Cailliot, les 14 et 15 octobre, facilite au colonel de La Roque ses opérations [1] vers le khanguet-el-Gueddim.

Le 16 octobre, le général Cailliot reprend le chemin d'Aïn-Draham.

Les mouvements de cette petite colonne suffirent à ramener le calme dans le pays des Djendouba [2].

Dans le courant d'octobre, quelques émissaires des Oulad Ayar se présentèrent dans la Rekba et provoquèrent certain désordre sur les marchés des Ghazouan et des Chiahia; l'arrestation des principaux meneurs mit fin à l'effervescence qui troublait les esprits.

Quant aux tribus de l'amelet de Béja, elles s'étaient abstenues de toute manifestation, même pendant les journées des 30 septembre, 1ᵉʳ et 2 octobre.

Nous savons [3] que, dès le 27 septembre, le général Logerot, non content de faire occuper les gares les plus importantes, avait fait escorter les trains de chemin de fer, et nous avons vu [4] que ces mesures avaient été insuffisantes pour protéger la voie et le personnel.

Le 15 octobre, le général de division Japy avait reçu le commandement supérieur de Tunis, de la région nord et de la Medjerdah en remplacement du général Logerot qui prenait le commandement de la région sud.

Le chemin de fer de la Medjerdah (septembre et octobre).

---

1. Voir pages 274 et suivantes.
2. Nous avons vu l'attitude du goum de cent cavaliers des Djendouba appuyé d'une section montée de la 1ʳᵉ compagnie de fusiliers de discipline dans la reconnaissance exécutée, le 21 octobre, dans la direction de Bordj-Messaoudi, par le lieutenant Vincent, du service des renseignements. (Annexe nº LVIII, A, p. 277.)
3. Voir annexe nº XLVIII, note 1, page 228.
4. Voir, annexe nº XLVIII, massacre de l'oued-Zergua.

La principale préoccupation du nouveau commandant supérieur fut, comme avait été celle de l'ancien commandant de la division d'occupation, la protection de la voie ferrée.

Non seulement il subordonna les mouvements des colonnes de la Roque et d'Aubigny à la protection de la vallée de la Medjerdah et du chemin de fer contre les opérations que les bandes actives de dissidents auraient pu tenter, principalement par la vallée de la Silianah, mais, dès sa prise de commandement, en même temps qu'il faisait réparer la voie entre Béja et l'oued-Zergua par les compagnies 12/2 et 16/3 du génie, il fit occuper militairement *toutes* les gares et stations[1] et fit escorter *tous* les trains par un détachement commandé par un officier.

Pour arriver à réprimer immédiatement et d'une façon exemplaire tout attentat, le général de division déléguait ses pouvoirs à tous les commandants militaires des gardes (postes des gares et stations) et des escortes des trains.

« Tout individu, quelle que soit sa nationalité, pris en flagrant délit de tentative contre la sécurité du chemin de fer, sera exécuté sur place et séance tenante. Son cadavre sera placé en dehors de la voie et à côté des objets qui auront servi à accomplir le crime. »

Ces prescriptions pratiques produisirent leur effet.

---

1. Les gares et stations devaient être mises en état de défense *sans dégradation!*

N° LIX

Une colonne, sous les ordres du général Logerot, va de Kairouan à Gabès, pacifie l'Aarad, reçoit la soumission des Beni-Zid et revient à Sousse. — Retraite d'Ali ben Khalifa ᴬ.

Le 12 novembre, le lendemain du départ de la colonne Forgemol pour Gafsa[1], le général Logerot, précédé par les goumiers de Youcef Allegro, quitte Kairouan ; Sa colonne arriva le 29 à Ras-el-Oued de Gabès sans qu'elle ait eu à tirer un seul coup de fusil.

La colonne Logerot part de Kairouan le 12 novembre, arrive le 29 à Ras-el-Oued[2].

Le pays était désert. Ali ben Khalifa avait entraîné avec lui, vers la Tripolitaine, toute la population.

Retraite d'Ali ben Khalifa

A. Consulter le croquis n° II pour les annexes n° LIX à n° LXIV.
1. Voir plus loin, annexe n° LX.
2. Itinéraire détaillé de la colonne Logerot :

12 et 13 novembre............		Redir-el-Ouiba. (Un orage qui a sévi le 12 a rendu les chemins si mauvais que la colonne doit séjourner le 13 à El-Ouiba.)
14 —	....	Si-Amor-bou-Hadjeba.
15 —	....	Oglet-ben-Zallouch.
16 —	....	Oglet-bou-Hadjeba.
17 —	....	Ali-ben-Aabda.
18 —	....	Oglet-Metnen.
19 —	....	Oglet-Si-Ali-ben-el-Taieb.
20 au 23 —	....	El-Founi ᵃ.
24 —	....	Si-Naceur-en-Nogueuss.
25 —	....	Sidi-Meheddeb.
26 —	....	Oued-el-Akarit.
27 —	....	Metouïa.
29 —	....	Ras-el-Oued.

a) La marche de Kairouan à El-Founi fut assez pénible ; les dissidents avaient fait le vide devant la colonne qui ne trouvait aucune ressource. L'état sanitaire resta cependant assez bon. Le 20, à El-Founi, le général Logerot est en relations avec Gabès. Le goum d'Allegro razzie 6.000 moutons appartenant aux Hammema. Le général de Saint-Jean est envoyé dans la nuit du 20 au 21, sur le djebel-Douara, avec une colonne légère de quatre escadrons de cavalerie, deux bataillons d'infanterie et une section d'artillerie de montagne. Il tomba à l'improviste, le matin du 21, sur 7 fractions des Oulad-Khalifa (Zlass), qui remontaient vers le nord : elles ne cherchèrent pas à se défendre et déposèrent leurs armes. Le général de Saint-Jean prit 500 tentes, 500 chameaux, 1.380 bœufs, 2.000 moutons, 145 chevaux et une grande quantité de grains ; le tout fut ramené à El-Founi.

A partir du 25, à la suite de pluies, l'état sanitaire devint plus mauvais : les malades furent évacués de l'oued-Akarit sur Gabès.

Après la prise de Sfax, le caïd des Neffet s'était établi à Marouga, dans la vallée de l'oued-Chaffar. Un mois plus tard, redoutant une attaque de la part des troupes de Sfax, il avait reporté ses campements à Oglet-el-Founi; dans la deuxième quinzaine de septembre, cette position lui paraissant trop voisine de la mer, situation qui pouvait nous permettre de tomber inopinément sur sa smalah, il remonta vers le nord et alla s'établir à Hassian-Chaâl, dans le Bled-Chaâl, arrosé par un affluent de droite de l'oued-Chaffar.

Après y avoir passé une dizaine de jours, il poursuivit sa marche dans la direction de Kairouan et ne s'arrêta que près de la koubba de El-Hadj-Kaçem. Il passa quelques jours en cet endroit; mais, vers la fin d'octobre, enhardi par notre inaction, il osa pousser jusqu'à 70 kilomètres de Kairouan et s'installa à la retba de Sidi-Ali-ben-Abid [A].

Dans les premiers jours de novembre (après le pillage d'El-Djem), ayant appris la destination de la colonne du général Logerot, il se décida à s'enfoncer immédiatement dans le sud. Il gagna à grandes journées Telman, situé à l'extrémité du chott Fedjej, en passant par Aarig-es-Sebth, Oglet-Nouhail et Oglet-Ouhali.

Toute sa tribu, à l'exception des Neffet établis dans le nord de la régence, le suivait.

En quittant la retba de Sidi-Ali-ben-Abid, il avait donné le signal du départ aux tribus rebelles. Il fut bientôt rejoint à

Les Zlass après l'occupation de Kairouan.

A. Les Zlass qui avaient évacué Kairouan les 24 et 25 octobre (voir 2, annexe LIV, page 247) avaient pris différentes directions :

Les Oulad-Iddir (accompagnés par la majeure partie des Fathnassa) s'étaient repliés sur l'oued-Leben où ils devaient trouver les Oulad-Aziz; les Oulad-Khalifa (moins 2 fractions) avaient pris également le chemin du sud pour rejoindre Ali ben Khalifa;

Mais les Oulad-Sendacen avaient préféré ne pas abandonner leur pays et étaient allés tirailler les 25, 26 et 27 octobre contre la colonne Forgemol venant de Tebessa.

Dans la journée du 30, Souassi, Metellit, Neffet et Zlass allèrent piller le village d'El-Djem (ils se battirent ensuite entre eux pour le partage du butin). De là ils se précipitèrent sur les douars des Souassi qui manifestaient l'intention de faire leur soumission; puis, rencontrant les Oulad-Saïd en marche vers l'oued-Leben, ils prirent la même direction qu'eux.

Telman par les Oulad-Iddir de Hassein ben Messaï, trente tentes des Oulad-Saïd, quarante-cinq tentes des Metellit et quelques groupes des Oulad-Aziz[1] campant à proximité des Neffet.

Vers le 12 novembre, les Mehedba, les Aguerba, les Souassi et le reste des Metellit et des Oulad-Saïd vinrent s'établir aux environs d'El-Hamma.

Pendant ce temps les Hammema prononçaient aussi leur mouvement de retraite[2].

Les Oulad-Redhouan, les Oulad-Aziz et les Oulad-Maamar, quoique marchant avec une indépendance absolue, se dirigeaient vers Bir-Sultan, Bir-Zoumit et Biar-Abdallah.

Le 16 novembre, à la nouvelle du départ du général Logerot, les Kebar se réunirent à El-Hamma et convinrent d'un commun accord qu'il était urgent de fuir en Tripolitaine.

Il fut décidé qu'Ali ben Khalifa suivrait la route passant par Ksar-Médenine, tandis que les autres dissidents se concentreraient vers Bir-Zoumit et marcheraient ensuite en forces vers la frontière[3].

Ali ben Khalifa quitta Telman vers le 22 novembre, quand la colonne Logerot fut arrivée à Oglet-el-Founi; il marcha d'abord rapidement, sans séjourner sur aucun point, et arriva le 25 sur l'oued-Oum-es-Zessar où il séjourna une quinzaine de jours.

Là, il fut rejoint par son frère El Hadj Salah qui lui apprit que les tribus qui devaient suivre la route de la montagne n'avaient pas encore quitté les environs d'El-Hamma[4], mais que quelques douars commençaient à se mettre en route pour Bir-Zoumit.

---

1. Voir annexe n° LX, 3, page 323.
2. Voir annexe n° LX, page 322.
3. Il importait en effet que les dissidents fussent en forces pour passer sur la terre étrangère, afin de pouvoir faire face aux attaques des tribus pillardes de Tripolitaine qui, sans aucun doute, guettaient avec impatience l'arrivée des immigrants tunisiens.
4. Voir plus loin, 1, page 317.

Ali ben Khalifa voulut profiter du moment de répit que lui laissait la lenteur de la marche de la colonne française pour entraîner en Tripolitaine les Hazem et les Hamerna, dont il venait de traverser le territoire; il ne put y réussir. Ces deux tribus sont attachées à leur sol; trop faibles pour résister par les armes au chef de l'insurrection elles firent de vagues promesses, commencèrent même à se rassembler pour ne pas laisser deviner leurs intentions et, finalement, n'émigrèrent pas.

Le général Logerot étant arrivé le 29 novembre à Ras-el-Oued, Ali ben Khalifa se remit en route par petites journées, prenant un repos de deux ou trois jours après chaque étape. Il campa successivement sur l'oued-Saâdan, à Aïn-Maider, à Oglet-el-Ouhamia, à Oglet-Saïdan, et atteignit le Mokta à El-Djedlaouin, vers le 10 décembre.

Là, il attendit l'arrivée des tribus qui se concentraient alors près de Bir-Zoumit et qui devaient pénétrer avec lui sur le territoire tripolitain[1].

Dès le surlendemain de son arrivée à Ras-el-Oued, le général Logerot dirige une reconnaissance sur le village de Chenini et fait incendier la maison d'Ali ben Khalifa.

Le g^{al} Logerot à El-Hamma. 3 décembre.

Le 1er décembre, il quitte avec sa colonne[2] les campements qu'il occupe depuis le 29 novembre et marche sur El-Hamma où il arrive le 3.

Les dissidents ont évacué ce point.

Les habitants de Debdaba rentrent dans leur village; l'aman leur est accordé ainsi qu'aux gens du ksar qui s'étaient déjà présentés au général Logerot à Metouïa.

La colonne se dirige ensuite vers les Oglet-Meretba, au sud

---

1. Voir annexe LXII, 1, page 338.
2. Composition de la colonne Logerot (depuis Ras-el-Oued jusqu'à El-Hamma):
    23e bataillon de chasseurs à pied (tiré de la 7e brigade, Etienne);
    Bataillons des 65e, 125e, 135e (tirés de la 5e brigade, Sabattier);
    Bataillons du 107e et du 137e (provenant de Gabès);
    Deux escadrons du 6e hussards;
    Une batterie d'artillerie;
    Le goum d'Allegro.

d'El-Hamma. Cette marche la conduit non loin de Sidi-Guenaou, où campent les Metellit, les Souassi, les Oulad-Saïd et les Aguerba qui n'ont pas encore pu s'enfuir en Tripolitaine, à cause du mauvais temps[1]. Les dissidents, surpris le 5 décembre par le goum d'Allegro et par notre cavalerie, se rendent à discrétion. Après avoir été désarmés, ils sont dirigés vers leurs territoires d'origine.

Le 5 décembre, au soir, arrivait aux Oglet-Meretba le fils aîné de Mohamed ben Cherfeddine, Amar, envoyé par son père pour entrer en pourparlers au sujet de la soumission des Beni-Zid. Le général Logerot exigea la venue de Cherfeddine. Celui-ci, qui suivait son fils de près, rejoignit la colonne, le lendemain 6, à Dahar-el-Guendoul. Le concours des Beni-Zid pouvant nous être d'une grande utilité, le général Logerot leur accorda l'aman absolu, à la seule condition que dans un délai de quatre jours ils seraient rentrés sur leur territoire et les habitants d'El-Hamma dans leur oasis.

Soumission de Mohamed ben Cherfeddine. 6 décembre.

Mohamed ben Cherfeddine parvint, non sans peine, au bout de huit jours, à les amener à composition[2]. Quelques tentes seulement allèrent rejoindre les émigrants des autres tribus à Bir-Zoumit.

Le 7 décembre, le général Logerot reçut la soumission des gens des Matmata, des Hazem et de la majeure partie des habitants des ksour de Gabès qui, dans les derniers jours de novembre, s'étaient enfuis pour aller rejoindre leurs familles qu'ils avaient mises en sûreté dès le début des hostilités[3].

La colonne rentra le 8 décembre à Ras-el-Oued[4].

---

1. Voir plus haut, 4, page 315.
2. Voir plus loin, 1, page 319.
3. Voir annexe n° XXXIX, page 179.
4. Le 11 décembre le général Logerot installa à Gabès Youcef Allegro comme gouverneur de l'Aarad. (Il avait rendu de grands services, conduisant d'abord le goum du général Cailliot en Khoumirie, puis celui du général Logerot dans sa marche sur Kairouan et sur Gabès.)

Le général Logerot ordonna de la façon suivante l'occupation de Gabès : à Gabès-port, deux compagnies du 77e ; au camp d'observation de Ras-el-Oued, établi sur des collines élevées ayant vue par dessus l'oasis, deux compagnies du 77e,

La région paraissant pacifiée, le général Logerot fit ses préparatifs pour ramener sa colonne à Sousse, en passant par Sfax.

L'arrivée de la colonne Logerot dans le sud avait produit le meilleur effet; sa marche sur El-Hammam avait impressionné les tribus. L'annonce de son départ détruisit presque complètement l'effet de l'arrivée; les indécis ne vinrent pas; quelques-uns, qui avaient demandé l'aman, firent leurs réserves et manifestèrent des prétentions nouvelles à leur présentation au général le 10 décembre.

Ali ben Khalifa n'ignorait rien ; il avait fait prévenir les tribus que la colonne française allait se retirer pour ne plus revenir, parce que la Turquie en avait intimé l'ordre, et qu'aussitôt après son départ les troupes turques entreraient en Tunisie[1].

---

les bataillons des 14e, 107e, 137e, une batterie d'artillerie, deux escadrons et une demi-compagnie du génie.

(L'arrivée de la colonne Logerot à Ras-el-Oued, sur les derrières des insurgés qui tenaient l'oasis de Gabès, et entre cette oasis et El-Hamma des Beni-Zid, avait eu pour résultat immédiat de faire évacuer la région et de dégager les troupes françaises de Gabès qui étaient comme bloquées depuis quatre mois.

On s'imagina que Ras-el-Oued était « une position » et on l'occupa d'une façon définitive.

C'était une erreur qui fut rectifiée plus tard.)

Le commandant de Marquessac, parti de Gabès le 11 au soir avec la *Reine-Blanche*, seul vaisseau alors disponible dans les eaux du sud, embarqua le 12 à Sfax le bataillon du 77e destiné à renforcer la garnison de Gabès (portée à 4 bataillons au lieu de 3), et le débarqua le 13 au matin à Gabès. Il fallait prendre encore à Sfax une batterie d'artillerie avec ses chevaux pour Gabès; il n'y avait plus de moyens de transport.

1. « Les mensonges d'Ali ben Khalifa étaient malheureusement basés sur le départ des troupes que les indigènes allaient voir : comment aurait-on voulu qu'ils ne crussent pas le reste?

Ils commencèrent à hésiter.

Il y avait dans ce pays, contre nous, un sentiment bien net d'opposition.

Les populations du sud sont habituées à une grande indépendance et préféreront toujours les exactions du bey à la régularité de notre administration; quels que soient les avantages que nous leur promettions, elles préféreront toujours suivre la loi de leurs pères et ne prendre de notre civilisation que ce qui convient à leur caractère.

Quant aux villes, elles ont des libertés municipales fort étendues et n'aspirent à aucune amélioration.

Avec de pareils éléments il est difficile de réussir à accomplir une mission civilisatrice. »

Etant données l'indécision de certaines tribus et même les hostilités marquées sur certains points, il eût été imprudent de ramener vers le nord la colonne qui se préparait à y retourner.

Aussi, le 12 décembre, le général Logerot quitte-t-il le camp de Ras-el-Oued, mais conduisant sa colonne vers le sud au lieu de la mettre en marche vers le nord.

La colonne Logerot chez les Beni-Zid et dans les Matmata.

Il visite successivement les villages des Beni-Zid, Zeraoua, Tamezert, Bou-Dafer.

(Le 14, avant d'arriver au village de Zeraoua, et pendant que sa colonne est engagée dans un défilé difficile, il est attaqué, mais mollement, par les dissidents dont il a facilement raison; il leur met 70 hommes hors de combat, dont 21 tués laissés sur le terrain, mais ne peut les poursuivre en raison du mauvais temps et de la difficulté du terrain. — Le 15, à Tamezert, il reçoit tous les cheikhs des Beni-Zid[1].)

Il contourne les Matmata en passant par Djouali et Oglet-Saad où il reçoit la soumission de tous les Matmata, et rentre à Gabès en passant par Mareth et Kétenah et faisant remonter vers le nord environ 7.000 tentes des Souassi, des Metellit, des Oulad-Saïd et des Gouassem.

Le calme revint dans le pays à la suite de cette colonne et, le 26 décembre, le général Logerot put avec ses troupes prendre le chemin de Sousse.

La colonne suivit la côte[2], trouvant partout un excellent accueil, et arriva à Sousse le 17 janvier 1882.

Elle revient à Sousse.

---

1. Voir plus haut, 2, page 317.
2. Itinéraire de retour de la colonne Logerot partant de Ras-el-Oued le 26 décembre 1881 :
Métouia, oued-Akarit, Bou-Saïd, Oglet-el-Kelba, El-Melah, Maharess, Guergour, El-Aguerba, Sfax, Maçera-el-Bey, El-Djem, Si-Messaoud, Sousse (17 janvier 1882).

N° LX

La colonne Forgemol va de Kairouan à Gafsa. — Colonnes de Negrine et d'El-Oued. — Le colonel Jacob à Gafsa. — La colonne Forgemol rentre en Algérie.

Marche du général Logerot vers le sud. 11 novembre.

Le général Forgemol ne resta que quelques jours sous les murs de Kairouan [1].

Dès le 11 novembre il se mit en marche vers le sud pour atteindre les Hammema [2].

Le 14, il arrivait à Djilma; il avait reçu, chemin faisant, la soumission des Oulad-Sendacen [2]. Il ne restait plus alors que deux fractions de cette tribu en dissidence, les Oulad-Aziz et les Megagta, qui, quelques semaines plus tard, devaient revenir à Kairouan pour demander l'aman sans avoir passé la frontière tripolitaine.

Le 15, la cavalerie de la colonne razziait dans le Guemonda environ 20.000 moutons, des chameaux et des bœufs appartenant aux douars des Drid, des Oulad-Sidi-Abid [3] et des Oulad-Ayar qui avaient abandonné Ali ben Ammar vers le 11 novembre et qui avaient pu s'échapper par la Rouhia, avant l'arrivée du général Philebert au Kef-Erraï.

Le 16, les mêmes troupes enlevaient le reste des troupeaux, environ 4.000 moutons qu'elles trouvaient abandonnés près d'Oglet-oum-El-Adham.

Il entre à Gafsa. 20 novembre.

La marche de la colonne se poursuivit alors sans incident. Le 19, elle arriva à Oglet-Meretba, et le 20 elle entrait à Gafsa, ayant traversé, pendant les derniers jours, un pays complètement désert, mais où de nombreuses traces révélaient le passage récent des insurgés.

---

1. Il y était arrivé le 29 octobre.
2. Voir annexe n° LVII, page 272.
3. Oulad-Sidi-Abid indépendants de la région du Kef.

En approchant de Gafsa, le général Forgemol vit venir à lui El Hadj Hassein Longo[1], commandant des forces militaires de la ville, qui, dès la veille, l'avait informé par courrier que les Hammema s'étaient repliés vers le sud et qu'il n'éprouverait aucune résistance.

Il s'agissait maintenant d'atteindre les Hammema qui avaient quitté les environs de Gafsa depuis plusieurs jours et qui s'étaient retirés dans la direction d'El-Guettar et d'Oum-Ali.

Le 22 novembre, le général de la Soujeolle se portait avec une colonne mobile à El-Guettar; il en repartait le 23 pour Bir-Mrabot et Oum-Ali où il arrivait le 24 dans la soirée. Il avait été impossible de tirer du khalifa d'El-Guettar le moindre renseignement sur la direction prise par les dissidents. A Oum-Ali, le général de la Soujeolle ayant appris que la majeure partie des insurgés avait traversé le chott et que d'autres groupes en avaient longé la rive nord et se trouvaient à 50 kilomètres d'Oum-Ali, jugea inutile de suivre plus longtemps les traces des fuyards et revint à Gafsa.

Le 27, les généraux Bonie et de Gislain, commandant, l'un la brigade de cavalerie, l'autre une colonne légère, quittèrent Gafsa pour s'assurer des dispositions des villages d'El-Aïacha, de Bou-Saad et de Sened, situés à l'est de Gafsa, au

---

1. El Hadj Hassein Longo attendait impatiemment notre arrivée.
Au mois de mai, il avait essayé de ramener le calme dans les esprits. Voyant l'apathie du khalifa Ahmed ben Abid, il s'était substitué à lui et avait pris en main la direction des affaires. Ses tentatives échouèrent; il fut contraint de se réfugier, avec quelques amis dévoués, dans la kasbah, pour échapper aux menaces de la population et des 300 artilleurs du bey, formant la garnison de la ville, qui s'étaient mutinés à l'instigation de leurs officiers et de leurs sous-officiers.
Pendant 6 mois, El Hadj Hassein Longo résista sans défaillance aux prières et aux menaces du soff Hammema; (il fut admirablement secondé par son fils aîné, Ahmed, jeune homme de vingt ans, qui, la nuit, s'aventurait bravement hors de la kasbah, avec un serviteur, pour chercher ce qui était nécessaire au groupe resté fidèle). Il put ainsi conserver intact le bordj et les approvisionnements d'armes et de munitions qui avaient été confiés à sa garde.
Dès son arrivée, le général Forgemol prit possession de la ville et de la kasbah; il révoqua le khalifa Ahmed ben Abid, qui s'était du reste complètement effacé, et confia son commandement à El Hadj Hassein Longo, en récompense de sa belle conduite.

sud du Makenassi et en plein territoire du parcours des Oulad-Aziz.

Le 27 au soir, les deux généraux étaient à El-Guettar.

Le 28, ils se séparent à hauteur de Bou-Amran qui fait sa soumission; le général Bonie se dirige sur Bou-Saâd et Sened, le général de Gislain vers El-Aïacha où il arrive le soir même; il occupe immédiatement le village[1].

De son côté, le général Bonie avait été de Bou-Amran à Bou-Saad et, après quelques coups de fusil, avait razzié des troupeaux aux Oulad-Aziz.

Le 29 novembre, les deux colonnes se remettaient en marche pour Gafsa, ramenant avec elles les notables d'El-Aïacha et de Sened qui venaient se présenter au général Forgemol. Peu de temps après, les gens de Mech envoyaient une députation pour demander qu'il ne leur fût fait aucun mal.

Ces différentes reconnaissances permirent de constater que les dissidents avaient quitté le pays.

Préparatifs de retraite des dissidents.
Ils avaient, en effet, fui à marches forcées vers le sud.

Dès la fin d'octobre, les Oulad-Redhouan avaient commencé à se grouper au nord de Gafsa et dans le Hamra, avec la majeure partie des Oulad-Slama et des Oulad-Maamar, tandis que les Oulad-Aziz se réunissaient dans le Makenassi et dans le Bled-Talah.

Nous savons[2] que ce fut Ali ben Khalifa qui donna, le premier, le signal de la retraite. Ayant appris, dans les premiers jours de novembre, qu'une colonne se dirigeait de Kairouan sur Gabès et les Beni-Zid, il avait pris précipitamment le chemin du sud, indiquant comme point de ralliement, aux diffé-

---

1. A l'arrivée de nos troupes devant El-Aïacha, les gens du village se portèrent à notre rencontre pour affirmer leurs bonnes intentions. Ils s'avancèrent avec leurs armes; on crut à une manifestation hostile; notre artillerie envoya quelques projectiles dans les premières maisons du village. On reconnut presque aussitôt la méprise; les dégâts n'étaient que matériels et tout à fait insignifiants.

2. Voir plus haut, annexe LIX, page 315.

rents chefs insurgés, Hammema et autres, le Mokta, sur la frontière tripolitaine[1].

Ahmed ben Youcef fit immédiatement ses préparatifs de départ; mais, avant de quitter Gafsa, il écrivit au khalifa de Kebilli, Chaouch Ahmed ben Belkassem, pour le prier de se joindre à lui avec ses gens et de le suivre dans sa marche vers le sud.

Ahmed ben Belkassem pouvait fort bien contrarier le passage d'Ahmed ben Youcef à travers le chott; il le laissa passer[2].

Aussitôt après le passage des dissidents, Ahmed ben Belkassem écrivit au général Forgemol pour lui affirmer ses bonnes intentions et le prévenir que l'ordre n'avait pas été troublé dans son commandement.

Ahmed ben Youcef, après avoir rassemblé autour de lui les fractions qui devaient le suivre, partit de Gafsa vers le 11 ou 12 novembre. Il gagna aussitôt Oum-Ali, traversa le chott et se dirigea à marches forcées ver Bir-Sultan[3] où il devait être rejoint plus tard par les Oulad-Aziz, les Souassi, les Mehedba, les Aguerba, les Gouassem, les Metellit et les Oulad-Saïd.

Ahmed ben Youcef, avec les Hammema, quitte Gafsa le 11 ou 12 novembre pour se diriger sur le Mokta.

Quant aux Oulad-Aziz, ils avaient pour la plupart suivi la rive nord du chott et étaient allés se joindre aux dissidents fuyant devant la colonne Logerot, qui s'étaient rassemblés à Telman, à l'extrémité orientale du chott Fedjej[4].

---

1. Voir annexe n° LIX, note 3, page 315.
2. Il eût été difficile, impossible même, à Chaouch Ahmed ben Belkassem de prendre une autre attitude; se trouvant, comme les Beni-Zid, sur un point où devaient fatalement passer les dissidents de la région sud-ouest, il était dans la nécessité d'agir à leur égard avec les plus grands ménagements.
Sans se prononcer nettement, Ahmed ben Belkassem avait cependant maintenu l'ordre chez ses administrés, d'humeur fort peu guerrière d'ailleurs, tandis que le khalifa de Telmine, Ali bou Allègue, avec lequel il était depuis plusieurs années en rivalité d'intérêts et d'influence, s'était lancé à corps perdu dans le parti de la protestation. Sans aucun doute, les motifs qui faisaient agir le khalifa de Kebilli étaient tous intéressés; il espérait surtout profiter de l'occasion pour supplanter son rival, asseoir son autorité et augmenter sa fortune personnelle. (Voir suite, 1, page 333, et annexe LXIV, 5, page 349.)
3. Voir annexe n° LXII, 3, page 338.
4. Voir 1, annexe LIX, page 315.

Les pillards du Djerid, de Tameghza, de Midès et de Chebika.

Lorsque les troupes françaises entrèrent dans Gafsa, le pays était à peu près évacué par la population nomade. Il restait cependant encore, aux environs du Djerid, un assez grand nombre d'Oulad-Yahia (Oulad-Aziz); au sud de Gafsa, dans le djebel-Asker, une trentaine de tentes des Oulad-Slama; entre Stah et Tameghza, les Oulad-bou-Yahia, des Oulad-Maamar; enfin une dizaine de douars des Oulad-Abd-el-Krim (des Oulad-Aziz), fixés à Mech et à Sened.

Ces différents groupes n'avaient pas pris part aux opérations des dissidents contre la colonne Forgemol (c'est pourquoi ils ne suivaient pas le mouvement de retraite vers la Tripolitaine).

Tandis que les autres insurgés se faisaient écraser sur la Rouhia et au koudiat-el-Halfa, ils rançonnaient les populations pacifiques de la région (habitants des ksour et Oulad-Sidi-Abid). Entre temps, ils pénétraient sur le territoire algérien en compagnie des Oulad-Yagoub d'Ali-bou-Allègue et de la bande des Gour (Algériens réfugiés) de Midès, razziant les troupeaux des Troud, tuant les bergers et attaquant les caravanes qui suivaient les routes de la frontière.

Les pillards avaient deux points d'appui d'où ils tiraient leurs ressources et où ils emmagasinaient leur butin : les Oulad-Yahia et les Oulad-Slama avaient les oasis du Djerid comme base; les Oulad-bou-Yahia et les Gour, les villages de Tameghza, de Midès et de Chebika.

Formation des colonnes de Négrine et d'El-Oued.

Les autorités algériennes s'étaient vivement émues de cet état de choses. Des troupes avaient été d'abord réparties le long de la frontière; mais, dans la suite, la situation ne se modifiant pas, il avait été décidé que deux colonnes partiraient l'une de Négrine et l'autre d'El-Oued, vers le Djerid[1].

Ces deux colonnes, tout en purgeant le pays des marau-

---

1. Il avait été question, pendant le mois d'octobre, de pousser les tribus algériennes, et notamment les Troud, à tomber sur les campements des dissidents qui s'étaient réfugiés dans le sud de la régence; ce projet était resté sans suite.

deurs qui l'infestaient, devaient en même temps contribuer à rendre plus efficace le mouvement vers le sud prononcé par le général Forgemol.

La colonne de Négrine fut placée sous les ordres du colonel Jacob, du 3ᵉ régiment de tirailleurs algériens; la colonne d'El-Oued sous le commandement du lieutenant-colonel Le Noble, des spahis [1].

Marche de la colonne de Négrine.

Le 14 novembre, le colonel Jacob, ayant reçu l'ordre de se mettre en marche le 19, entra en relations avec les Oulad-Sidi-Abid [2] qui habitent la zone frontière de la régence entre le parallèle de Tameghza et celui de Fériana.

Les kebar de la tribu se rendirent à l'invitation du colonel Jacob et vinrent se présenter le 15 novembre, à Zarif-el-Ouar, à l'officier des affaires indigènes délégué à cet effet. Ils déclarèrent qu'ils désiraient la paix et qu'ils se tenaient à la disposition de l'autorité française.

Il leur fut alors demandé, comme gage de leurs bonnes intentions, de fournir un convoi de huit cents chameaux payés de la même façon que ceux des tribus algériennes, de camper sur des points déterminés et d'assurer le service des courriers.

Les kebar devaient se présenter au camp de Négrine le 17

---

1. Colonne de Négrine, colonel JACOB :
   Deux bataillons d'infanterie,
   Un escadron de hussards,
   Les spahis de Négrine et de Zribet-el-Oued,
   Une section de munitions,
   Le goum de Biskra.

   Colonne d'El-Oued, lieutenant-colonel LE NOBLE :
   Un bataillon mixte (3ᵉ tirailleurs et 3ᵉ bataillon d'Afrique),
   Les spahis d'El-Oued,
   Le contingent à pied et à cheval des Trouds,
   Quelques cavaliers du goum de Biskra.

2. Les Oulad-Sidi-Abid n'avaient pas pris part au mouvement insurrectionnel. Depuis plusieurs mois ils allaient du nord au sud de leurs terrains de parcours, fuyant les attaques des Hammema et cherchant à échapper à l'action d'Ahmed ben Youcef et d'El Hadj Harrat qui les pressaient vivement de venir les rejoindre. Dans les derniers jours d'octobre, ils avaient même manifesté l'intention de se réfugier sur le territoire algérien; la retraite des dissidents vers le sud ne les força pas de recourir à cette dernière extrémité.

pour rendre compte de l'exécution des conditions imposées; mais, dans la soirée, on apprit que la tribu avait reporté ses campements plus au sud et s'était dirigée vers Bir-el-Haouch.

Le 19, le colonel Jacob se mit en marche. En arrivant au koudiat-el-Maïza, il trouva le khalifa de Tameghza et le cheikh de Midès, qui venaient demander l'aide et la protection des Français[1].

Elle arrive le 20 novembre à Tameghza.

Le colonel Jacob arriva le 20 novembre à Tameghza. Il reçut aussitôt la visite d'El Haffnaoui ben Abd el Afid, qui vint lui demander de vouloir bien recevoir les délégués des Oulad-Sidi-Abid, qui désiraient faire leur soumission. Le colonel refusa d'abord de recevoir ces indigènes qui avaient une première fois manqué à leur parole; ce ne fut que le lendemain, sur les instances du marabout de Tameghza, qu'il consentit à les recevoir au camp de Djouama-er-Rechig.

Il leur imposa avant tout les conditions suivantes :

1° envoi au camp de Ras-el-Aïoum de 400 chameaux;

2° envoi de 400 moutons;

3° fourniture de 200 guerbas pour le transport de l'eau;

4° remise de 3 otages et organisation du service de correspondance.

Ces différentes conditions furent intégralement remplies.

---

1. Midès avait bien donné asile à certains réfugiés algériens, voleurs, assassins, qui avaient commis, dans les derniers temps, nombre de méfaits sur notre territoire. Mais les deux chefs indigènes avaient été réellement impuissants à éloigner de leur territoire ces dangereux malfaiteurs et on ne pouvait user de rigueur à leur égard. C'était, du reste, de petites personnalités, ayant fort peu d'action et d'influence sur leurs administrés, et ils ne pouvaient être rendus responsables des faits et gestes de ces derniers.

Toute l'influence était entre les mains d'El Haffnaoui ben Abd el Afid, cheikh des Rahmania, qui jouissait dans toute la région d'une autorité incontestée et de toute la considération des adeptes de son ordre, très répandus dans le sud-ouest de la régence; il avait été cependant obligé lui-même, malgré la puissance de sa parole et de ses conseils, de céder et de temporiser devant les violences des gens en maraude et des malfaiteurs qui étaient passés à Tameghza.

El Haffnaoui était en relations avec les autorités militaires de Tebessa, avant les incidents qui motivèrent notre intervention en Tunisie. Dès la concentration des troupes à Négrine, il s'était empressé de fournir au commandant du poste des renseignements qui nous furent très utiles (les Hammema l'avaient, pour ce fait, menacé et surveillé).

La colonne d'El-Oued s'était également mise en marche le 19 novembre.

On ignorait les intentions des habitants du Djerid.

Au début des hostilités, tant qu'ils se sentaient à l'abri de nos atteintes; ils s'étaient déclarés hautement partisans de l'insurrection [1].

Mais la période d'excitation dura peu.

Les habitants du Djerid sont gens fort intéressés; ils s'aperçurent bientôt que toutes ces démonstrations n'étaient d'aucune utilité et pouvaient fort bien les compromettre à nos yeux. Ils ressentaient du reste vivement les exigences et les déprédations des Hammema, qui étaient campés autour de leurs oasis et qui commençaient à piller les jardins où les dattes et les autres fruits d'automne arrivaient à maturité. Enfin ils n'ignoraient pas que des troupes se concentraient à El-Oued.

Il se produisit alors un revirement dans les esprits [2].

Le lieutenant-colonel Le Noble, qui s'était mis en marche le 19, précédé à un jour de distance par les contingents indigènes commandés par un officier du service des affaires indigènes, arriva le soir même à Debila.

Le 20, il passa à Bir-Bou-Ksessia, le 21 à Liberess, le 22 à Bir-Bou-Khiala, le 23 à Bir-el-Asseli.

En arrivant à Bir-el-Asseli, le lieutenant-colonel trouva au camp des contingents indigènes qui l'avaient attendu en ce point, tous les notables de Nefta, qui venaient assurer que la ville nous recevrait avec satisfaction.

---

[1]. Ce fut à Nefta que l'opinion publique, dirigée par Mohamed ben Brahim, nous fut le plus franchement hostile.
Mohamed ben Brahim, cheikh de la zaoula des Kadria, ne cessait de propager les nouvelles les plus invraisemblables et les plus propres à jeter le trouble dans le pays. (Dans les premiers jours de septembre, il était allé faire un voyage dans l'Aarad et, à son retour, il n'avait pas manqué d'annoncer que les Turcs marchaient sur la Tunisie, que la ville de Sfax avait été reprise et que les Français n'étaient jamais entrés à Kairouan.)
[2]. Vers le 10 novembre, d'ailleurs, les maraudeurs Hammema commençaient à marquer une certaine hésitation; leurs incursions devenaient de plus en plus rares. Le bruit courait aussi qu'un nombre assez considérable d'Oulad-Sidi-Yahia avaient franchi le chott pour aller rejoindre Ahmed ben Youcef.

Le lieutenant-colonel les invita à apporter le lendemain, comme preuve d'obéissance, une diffa pour toute la colonne, et leur déclara que la ville de Nefta aurait à verser une amende de guerre.

<small>Elle entre à Nefta le 24 novembre.</small>

Le lendemain, la colonne atteignit Nefta, après une marche de 28 kilomètres. L'installation du camp se fit sans incident. Les indigènes s'approchèrent sans crainte de nos soldats, cherchant à vendre leurs produits et demandant avec insistance s'il y avait des canons dans la colonne, notre artillerie leur causant une grande terreur.

Le 25 novembre, le lieutenant-colonel Le Noble imposa aux habitants de Nefta les conditions suivantes :

livraison immédiate de 1.000 fusils ;

paiement, dans la journée du lendemain, d'une contribution de guerre équivalant à 50.000 fr ;

livraison de 16 otages.

Puis il reçut les djemmaâ de Touzeur et d'El-Oudiane, qui s'étaient déjà présentées la veille, 24, se portant garantes de la soumission de leurs compatriotes.

<small>A Touzeur le 27 novembre.</small>

Le 27 novembre, nos troupes entrèrent à Touzeur ; elles y furent bien accueillies.

Le 28, au matin, le lieutenant-colonel Le Noble réunit les khalifas de Touzeur, d'El-Oudiane et d'El-Hamma ; il demanda à chacun des deux premiers le versement de 2.000 fusils et de 150.000 fr., et au troisième les quelques armes qu'il avait dans son village et une contribution de 10.000 fr.

Ils ne firent aucune objection et se mirent en devoir de remplir les conditions qui leur étaient imposées.

Vers le soir, sept indigènes appartenant aux Oulad-Bou-Yahia (Oulad-Maamar) vinrent faire connaître que leur fraction, réfugiée dans le djebel-Cherb et le Tarfaoui, désirait faire sa soumission. Ils annonçaient que les Oulad-Yahia avaient passé le chott et se trouvaient, selon toute probabilité, au sud du Nefzaoua.

Le 1er décembre, la paix paraissant suffisamment rétablie dans le Djérid et les conditions imposées ayant été remplies, la colonne française reprit le chemin de Debila, emmenant avec elle un certain nombre d'otages.

Le 5 décembre, le général Forgemol quitta Gafsa pour retourner à Tebessa[1]; la colonne arriva à Tebessa le 12 décembre, sans aucun incident, après avoir passé successivement par Sidi-Aïch, Fériana, Kasserine, Foussana et le khanguet-es-Slouguia.

Le 5 décembre, la colonne Forgemol quitte Gafsa et rentre à Tebessa le 12 décembre.

La colonne Forgemol fut dissoute aussitôt rentrée en Algérie, et une colonne d'observation fut formée à Tebessa.

Le 4, la veille de son départ de Gafsa avec la colonne Forgemol, avec laquelle il était venu de Kairouan, le général Saussier[2] avait constitué une colonne mobile sous les ordres du colonel Jacob[3], qui prenait le commandement supérieur de la région et le soin de recevoir les demandes d'aman.

La colonne de Gafsa (colonel Jacob).

La colonne Forgemol, dans sa marche de retour en Algérie, avait traversé le territoire des Fraichich.

Les Fraichich depuis les combats d'octobre[4].

Ils étaient alors complètement rentrés dans le devoir. Après les combats malheureux qu'ils avaient soutenus au mois d'octobre ils étaient revenus sur leur territoire et Ali Sghir leur avait aussitôt conseillé de se soumettre sans retard.

En même temps, Mustapha ben Gaddoum, ancien caïd des Oulad-Ali et des Zlass, s'était présenté au général Forgemol à Kairouan, lui proposant d'aller chez les Oulad-Ali pour les

---

1. Voir tome I, note 1, page 94.
2. Le général Saussier rentra ensuite à Alger par Aïn-Beida et Constantine.
3. *Colonne mobile de Gafsa*, colonel JACOB :
   Un bataillon du 34e d'infanterie,
   Un bataillon du 3e zouaves,
   Deux bataillons du 3e tirailleurs,
   Un escadron du 4e hussards,
   Un escadron du 3e spahis,
   Deux sections de la 2e batterie du 1er d'artillerie,
   Un capitaine et 20 sapeurs du génie,
   Services.
   Cette colonne, constituée sous le nom de colonne de Gafsa, le 4 décembre, relevait de Constantine : elle devait rester à Gafsa jusqu'au moment où elle pourrait être relevée par les troupes de la division Logerot.
4. Voir annexe LVII, 1, page 271.

rallier au parti de l'ordre, et demandant à être nommé au commandement de sa fraction, dans le cas où il réussirait.

Le général accepta ; Mustapha ben Gaddoum partit aussitôt pour le djebel-Semmama où se trouvait encore El Hadj Gaïd.

<small>Soumission des Fraichich (fin novembre).</small>

Ali Sghir et Mustapha ben Gaddoum n'eurent pas de peine à persuader aux Fraichich dissidents de se soumettre. Dès le 19 novembre, les délégués des Oulad-Ali, des Oulad-Nadji et des Oulad-Ouzzez, auxquels s'étaient joints ceux des Mehenna et des Fouad (Madjeur), vinrent se présenter à Méritba au général Forgemol, se rendant de Kairouan à Gafsa, pour solliciter l'aman.

Il leur fut accordé à condition qu'ils livreraient 40 otages et qu'ils paieraient une amende de 50 francs par tente.

Les Oulad-Ali et les Oulad-Nadji furent désarmés, ainsi que deux cents tentes des Oulad-Ouzzez qui avaient pris fait et cause contre nous ; les autres tentes de la même fraction, cinq cents environ, qui s'étaient ralliées à nous avec Ali Sghir, ne furent l'objet d'aucune mesure de rigueur.

Le délai de dix jours, accordé pour le paiement de la contribution, ayant été dépassé, une nouvelle amende de 50 francs par tente fut imposée.

<small>El Hadj Harrat se réfugie en Tripolitaine.</small>

Le promoteur de l'insurrection chez les Fraichich, El Hadj Harrat [1], avait fui en Tripolitaine aussitôt après le combat du koudiat-el-Halfa, avec son fils aîné, 6 serviteurs et environ 70 tentes des Oulad-Asker et des Beassa (Oulad-Ouzzez [2]), et 250 tentes des Madjeur.

Aussitôt l'aman accordé aux Fraichich, le général Forgemol avait révoqué El Hadj Gaïd et confié le commandement des Oulad-Nadji à Mustapha ben Gaddoum.

Quant à Ali Sghir, il conserva encore pendant quelque temps le commandement des Oulad-Ouzzez, des Oulad-Ali et des Madjeur. Ce ne fut que quelques mois plus tard qu'il obtint,

---

1. Abandonné des Fraichich (voir annexe LVII, 1, page 271), il a fui à la suite d'Ahmed ben Youcef.
2. L'émigration des Fraichich avait donc été insignifiante.

sur la demande du général Philebert, le commandement de tous les Fraichich, cédant à Mustapha ben Gaddoum ses droits sur les Madjeur, en compensation du caïdat des Oulad-Nadji.

Lors de son passage à Fériana, le général Forgemol réunit sous le commandement de Belkassem Sassi, caïd des Oulad-Sidi-Tlill, les Ferainya qui dépendaient alors des Beni-Rzeg. *Le général Forgemol à Fériana (7 décembre.)*

Toute la petite tribu de Fériana réside dans l'oasis; trop faible pour prendre une attitude agressive, elle était restée confinée dans ses murs, résistant aux sollicitations des Hammema qui voulaient l'entraîner vers la Rouhia.

Belkassem ben Sassi avait fait tous ses efforts pour maintenir les Oulad-Tlill dans le devoir; mais il ne put empêcher leur départ pour la Tripolitaine. Dispersés sur tous les points de la régence par petits groupes, les Oulad-Tlill devaient nécessairement suivre la fortune des tribus près desquelles ils vivaient, et c'est ainsi qu'ils avaient pris le chemin de l'exil. *Les Oulad-Sidi-Tlill.*

Le départ de la colonne de Tebessa ne produisit aucun effet fâcheux dans la région de Gafsa. Les habitants des ksour continuèrent à exécuter ponctuellement les ordres donnés et à se soumettre sans murmurer aux corvées qu'on leur imposait. *Le colonel Jacob à Gafsa.*

Dans une zone plus écartée, au Nefzaoua et au Djerid, notre influence progressait également.

Le kahia du Nefzaoua, délivré des craintes que lui inspiraient les dissidents, était entré en relations suivies avec le colonel Jacob, lui fournissant de précieux renseignements sur la situation des insurgés et promettant de faire tous ses efforts pour les pousser à se soumettre[1].

Le 8 décembre, les khalifas d'El-Hamma, de Nefta et d'El-Oudiane et les principales personnalités religieuses du Djerid vinrent se présenter à Gafsa, faisant des protestations de fidélité et demandant en même temps l'autorisation de tenter

---

1. Voir plus loin, 2, page 333, et annexe LXII, 4, page 338.

auprès des dissidents des démarches analogues à celles que s'était proposé de faire le kahia du Nefzaoua.

Mais, si notre action progressait dans les centres habités, elle n'avait pas encore pu s'étendre aux régions désertes et difficiles qui s'étendent autour de Gafsa.

Des bandes de pillards parcouraient le pays, compromettant la sécurité des routes de Fériana, de Négrine et du Djérid, pillant les caravanes et arrêtant les indigènes chargés du transport des dépêches.

Le colonel Jacob fit placer dix tentes des Oulad-Ouzzez à Sidi-Aïch et au Nador, occuper Gourbata par cent fantassins d'El-Aïacha et de Bou-Saad et charger les Oulad-Sidi-Abid et les gens de Tameghza de surveiller les passages de leurs montagnes donnant sur le Sahara.

Ces mesures donnèrent un certain résultat, mais elles ne purent cependant assurer entièrement la sécurité du pays [1].

Le mouvement de retour des dissidents, un moment interrompu, reprit son cours peu de jours après le départ de la colonne de Tébessa.

---

1. Le 19 décembre, dix à douze maraudeurs vinrent jeter le trouble parmi les tentes des Arabes qui labouraient aux environs de Kairouan; ils tuèrent deux Arabes et en blessèrent deux autres.

Ces cavaliers appartenaient aux tribus des Zlass, des Hammema et des Neffet, d'après le témoignage d'un officier tunisien qui labourait son champ dans la plaine de Kairouan, à 3 kilomètres de la ville, et qui fut complètement mis à nu par eux.

Aussitôt qu'il eût été informé, vers 2 heures, de cette pointe de maraudeurs, qui avait pris en quelques instants dans l'esprit de la population de Kairouan des proportions on ne peut plus exagérées (on parlait d'abord de 700 cavaliers, puis de 400, enfin de 100), le général Etienne, commandant la 7e brigade, fit monter à cheval quelques cavaliers du goum et un escadron de hussards appuyés par de l'infanterie.

Les maraudeurs, qui se trouvaient à 2 ou 3 kilomètres de la ville, apercevant nos troupes, se sauvèrent en se divisant et en abandonnant les quelques chameaux qu'ils avaient volés. Serrés de près, d'un côté par un peloton de hussards, de l'autre par quelques goumiers, ils se débarrassèrent, pour alléger leurs montures, des vêtements dérobés aux gens qu'ils avaient mis à nu. Sur ces entrefaites la nuit étant venue, les maraudeurs purent se sauver grâce à l'obscurité.

Le général Etienne prescrivit aux caïds des fractions soumises des Sendacen, des Oulad-Khalifa et des Oulad-Djaouda d'établir leurs contingents sur les passages qui, du sud, permettaient de se porter sur Kairouan.

Le 11 décembre, 30 tentes des Oulad-Slama obtiennent l'aman moyennant le versement de 1.500 francs et de 15 fusils.

Le 13 décembre, 60 tentes des Oulad-bou-Yahia et, le 17 décembre, 30 tentes des Oulad-Maamar (Khmaïlia),obtiennent l'aman moyennant le versement de 100 francs par tente et des deux tiers de leurs fusils.

Le khalifa de Kebilli [1], entièrement rassuré sur les dispositions des dissidents qui avaient prononcé nettement leur mouvement de retraite vers le sud, put se rendre à Gafsa le 24 décembre. Après avoir donné au colonel un aperçu de la situation malheureuse des insurgés, après lui avoir décrit les luttes intestines qui divisaient le camp dissident, il annonça que 150 douars des Oulad-Slama et des Oulad-Redhouan, fatigués de mener une vie aussi misérable et aussi tourmentée, s'étaient détachés du groupe d'Ahmed ben Youcef et étaient venus camper entre Seftimi et Oum-Semaà, avec l'intention de se soumettre [2].

Ahmed ben Belkassem demandait que leurs kebar fussent autorisés à venir à Gafsa pour y traiter de leur soumission; cette autorisation accordée, le khalifa de Kebilli repartit pour le Nefzaoua [3].

Les douars annoncés ne purent pas immédiatement traverser le chott. Des pluies torrentielles, survenues tout à coup, les immobilisèrent près de Kebilli jusqu'au 15 janvier. A cette date, ils se portèrent en grand nombre sur la rive nord, par le passage de Redir-Mouila, et se dirigèrent sur Gafsa où ils firent leur soumission. C'étaient des Oulad-Redhouan, des Oulad-Sellama, des Megagta, des Oulad-Saïd (Oulad-Sendacen), des Oulad-Tlill, des Oulad-Maamar, des Fathnassa.

Ces différents douars regagnèrent ensuite leur territoire. Quelques-uns furent disposés entre les deux chotts pour couvrir la route du Djérid, d'autres pour garder celle de Tebessa.

---

1. Voir plus haut, note 2, page 323.
2. Voir plus haut, 1, page 331, et annexe LXII, 4, page 338.
3. Voir suite annexe LXIV, 5, page 349.

Malgré tout, on signalait à chaque instant de nouvelles bandes de maraudeurs qui, revenant du sud, razziaient dans les environs de Gafsa et allaient mettre en sûreté le produit de leurs rapines dans les centres qu'ils s'étaient créés au sud du Nefzaoua.

Il appartenait au général Philebert, qui opérait alors dans le djebel Sidi-Ali-ben-Aoun, et qui devait incessamment poursuivre sa marche vers le sud, de mettre fin, au moins momentanément, à cette situation dangereuse, qui menaçait encore de s'aggraver.

N° LXI

La 6ᵉ brigade à Sidi-Mohamed-ben-Ali, à Djilma et à Gafsa.

La 6ᵉ brigade à Sidi-Mohamed-ben-Ali[1]. 7 décembre 1881.

En quittant Maktar, le 1ᵉʳ décembre[2], la 6ᵉ brigade[3] se dirigea par échelons successifs vers la plaine d'Aâla.

Le 6 décembre, le général Philebert arrivait à Sidi-Mohamed-ben-Ali après avoir passé à Saâd ou Saïd[4] et franchi l'oued-Zabbès; la région était calme et la marche n'avait présenté aucun incident.

Le 7 décembre, la brigade tout entière est réunie à Sidi-Mohamed-ben-Ali (rive gauche de l'oued Marg-el-Lil), à 280 mètres d'altitude, sur les pentes boisées du djebel-Ousselet.

Le général Philebert organise son camp et constitue son petit dépôt à Sousse.

Il laisse le camp à la garde du lieutenant-colonel Frayermuth (les bataillons du 43ᵉ et du 111ᵉ, la batterie montée, l'ambulance et les services); envoie, le 17 décembre, le lieutenant-

---

1. Voir *La 6ᵉ brigade en Tunisie*, chap. V, pages 77 et suivantes.
2. Voir plus haut, annexe n° LVIII, note 1, p. 308.
3. Le détachement du lieutenant-colonel Frayermuth (2 bataillons, 1 escadron, 2 pièces), qui avait marché avec la colonne Logerot, d'El-Oukanda à Kairouan, avait rejoint sa brigade, à Maktar, le 25 novembre. (Voir annexe n° LVIII, note 3, p. 304.)
4. Sidi-Saadou-Seïd, de la carte au 1/200.000ᵉ.

colonel Travailleur avec un détachement approvisionné à douze jours de vivres (bataillons des 46e et 61e, un escadron de hussards et 2 pièces de montagne) se mettre en relations avec le lieutenant-colonel Moulin opérant alors dans la région sud-ouest de Kairouan, vers la Trozza ; le 18 décembre, il part lui-même à la tête de trois bataillons (27e bataillon de chasseurs à pied, 33e et 110e de ligne), un escadron de hussards, 4 pièces de montagne.

Cette colonne, qui a dix-huit jours de vivres, gagne directement Redir-el-Hallouf[1]. Elle passa, au Redir-el-Hallouf, deux jours pendant lesquels elle fut rejointe par le lieutenant-colonel Travailleur[2].

Le 28 décembre, les deux colonnes réunies allèrent camper à Sidi-Ali-ben-Aoun (oued Cebela), et le jour même de l'installation un convoi de ravitaillement, conduit par M. l'interprète Vallet (bataillon du 110e et un escadron), partit pour Gafsa y chercher huit jours de vivres.

Le général Philebert reçut du général Saussier l'ordre de transporter son camp d'El-Aâla à Djilma et d'y attendre l'ordre du départ pour Gafsa ; il prescrivit aussitôt au lieutenant-colonel Frayermuth de se transporter en deux échelons sur Djilma et, le 6 janvier 1882, le lendemain du retour de Gafsa de son convoi de ravitaillement, il remonta lui-même, avec ses cinq bataillons, dans la direction de Djilma.

Le 12 janvier, toute la brigade est concentrée à Djilma[4]. *La 6e brigade à Djilma[3]. 12 janvier 1882.*

Le 28 janvier, le général Philebert reçut l'ordre de se porter sur Gafsa avec quatre bataillons, deux escadrons et la batterie

---

1. Itinéraire de la colonne Philebert : Oued-Zabbès, 18 ; Oued-Tseledja, 19 et 20 ; Hadjeb-el-Aïoun, 22 ; Redir-Zoubès, entre l'oued-Djilma et l'oued-Fekka, 25 ; Redir-Rakmate, Oued-Fekka au pied du djebel-Rakmate, 26 ; Oued-Hallouf.
2. Le 27 décembre, à Redir-el-Hallouf, le lieutenant-colonel Travailleur rejoignit le général Philebert ; il avait contourné le Trozza, n'ayant eu qu'un engagement sans importance avec un djich d'une centaine de cavaliers qui était venu se heurter contre ses troupes, par mégarde.
3. Voir *La 6e brigade en Tunisie*, chap. VI, pages 94 et suivantes.
4. Le général Philebert resta à l'oued-Djilma pendant près de trois semaines maintenant ses troupes en haleine en leur faisant exécuter des reconnaissances dans les environs et en les occupant aux travaux d'installation du camp.

de montagne, pour y remplacer les troupes de la division de Constantine.

Marche sur Gafsa[1].

Le lieutenant-colonel Frayermuth fut laissé à Djilma avec trois bataillons (33e, 43e et 111e); le 5 février 1882, le lieutenant-colonel Travailleur partit de l'oued-Djilma avec un bataillon (46e), toutes les voitures et les impedimenta, et, le 8 février, le général Philebert partit de Djilma avec trois bataillons (27e chasseurs à pied, 61e et 110e de ligne), la cavalerie et les canons.

Il suivit la ligne d'eau jalonnée par les points de Redir-el-Hallouf, Majen-Smaoui[2], Oglet-Mretba.

Le général Philebert à Gafsa[3]. 14 février.

Le 14 février, le général Philebert entra à Gafsa au milieu des acclamations de la population.

Elle avait en effet beaucoup à se faire pardonner et espérait que sa réception enthousiaste pèserait sur les déterminations du général.

L'illusion fut de courte durée.

A peine arrivé à la maison d'Ahmed-ben-Youcef, laquelle servait de siège au commandement, le général Philebert fit venir les principales personnalités de la ville. Il leur exposa, avec une netteté et une précision qui les remplit à la fois de terreur et d'étonnement, les nombreux griefs qu'il avait à leur reprocher: tout en paraissant se soumettre au nouvel ordre de choses, ils n'avaient cessé, depuis bientôt trois mois, de nous faire une sourde opposition, cherchant à créer le vide autour de nous, entretenant des relations avec les dissidents et favorisant leurs entreprises dans les environs de l'oasis.

Quelques-uns des indigènes présents s'étant récriés, le général désigna nominativement, et à leur grande stupéfaction, les personnages dont la conduite méritait les plus grands reproches.

---

1. Voir *La 6e brigade en Tunisie*, chap. VII, pages 109 et suivantes.
2. La citerne Smaoui (Majen-Smaoui) fut reconnue au passage; sur l'ordre du général Philebert, deux compagnies vinrent de Djilma pour la remettre en état.
3. Voir *La 6e brigade en Tunisie*, chapitres VII et VIII.

Il prévint ensuite les notables assemblés qu'il les rendait responsables de l'opposition qu'il rencontrerait dans les ksour de Gafsa, des désordres qui pourraient se produire et de la sécurité du pays dans la zone avoisinant l'oasis.

Puis, sans écouter leurs promesses et leurs prières, il les fit conduire à la kasbah, sous bonne escorte.

Cette mesure de vigueur produisit son effet; les incursions des maraudeurs se firent plus rares, et les marchés se réapprovisionnèrent.

La colonne Jacob, qui avait attendu à Gafsa l'arrivée de la 6e brigade, partit le 16 février pour rentrer en Algérie.

La colonne Jacob retourne en Algérie

Le mois de février s'acheva sans nouveaux incidents; mais, dans les premiers jours de mars, le général Philebert, ayant appris que les villages de Sened et de Mech donnaient asile aux dissidents, Oulad-Aziz et autres, qui venaient razzier les tribus soumises autour de Kairouan, organisa une opération sur Majoura-Sened[1].

Le général Philebert préparait une opération sur Mech quand il reçut l'ordre de réunir sa brigade et de se préparer à marcher sur le Nefzaoua[2].

---

1. Le 27e bataillon de chasseurs à pied se rend d'abord à Feriana, au devant d'un convoi de ravitaillement venant de Tebessa.
Puis trois colonnes marchent concentriquement sur Majoura :
Colonne 1, partant de Djilma le 15 mars (commandant Forget avec 3 compagnies du 33e et 2 pelotons de hussards), arrive à Majoura le 18 mars;
Colonne 2, partant de Gafsa le 16 mars (commandant Malaper avec 3 compagnies du 27e bataillon de chasseurs à pied et un peloton de hussards), arrive à Sened le 18 mars;
Colonne 3, partant de Gafsa le 17 mars (1 compagnie du 27e bataillon de chasseurs et un peloton de hussards), arrive à Sened le 18 mars.
Les colonnes 2 et 3 firent leur jonction à Sened, le 18 mars, et se mirent en relations avec la colonne 1. Il y eut à Sened un petit engagement et la colonne réunie du commandant Malaper revint à Gafsa, ramenant quelques troupeaux et des otages.
2. Voir annexe n° LXIV, pages 349 et suivantes.

N° LXII

Les dissidents sur le Mokta. — Les Ouarghamma; ils entrent dans la lutte.

Ali ben Khalifa.

Vers le 10 décembre 1881, les dissidents étaient répartis dans toute la zone s'étendant du Mokta au Nefzaoua. Ali ben Khalifa venait d'arriver aux oglet-Djedlaouin[1] avec les Neffet, les Zlass et quelques tentes des Oulad-Saïd et des Metellit.

Le reste des Oulad-Saïd et des Metellit, les douars Mahadba, Souassi, Aguerba et tous ceux qui, ayant quitté El-Hamma le 27 novembre, avant le mauvais temps, avaient échappé à la colonne Logerot[2], étaient en marche vers le Mokta et traversaient le pays des Aouaya et des Ghoumerassen.

Ahmed ben Youcef et les Hammema.

Ahmed ben Youcef était toujours à Bir-Sultan[3], cherchant à grouper autour de lui toutes les tribus Hammema qui avaient suivi son mouvement de retraite et qui se trouvaient alors dispersées et campées autour des points d'eau qui jalonnent la route du Nefzaoua à Bir-Zoumit.

Les Oulad-Maamar étaient encore à proximité du Nefzaoua; ils étaient entrés en relations avec le kahia Ahmed ben Belkassem, et manifestaient l'intention de se soumettre[4].

Les Oulad-Aziz montraient également une certaine tendance à séparer leur cause de celle des Oulad-Redhouan; les deux groupes n'avaient sympathisé que devant le danger commun; aussitôt après la traversée du chott, les anciennes haines et les rivalités de races avaient reparu, suivies de rixes sanglantes[5].

---

1. Voir annexe LIX, 1, p. 316.
2. Voir annexe LIX, 1, p. 317.
3. Voir annexe LX, 3, p. 323.
4. Voir annexe LX, 1, p. 331, et 2, p. 333.
5. Voir annexe LX, 3 et 4, p. 323.

Ahmed ben Ali el Hammami et Ahmed ben Amar reprochaient ouvertement à Ahmed ben Youcef de les avoir trompés en leur promettant le secours des troupes turques : au lieu d'une armée prête à les recueillir ils n'avaient trouvé que la faim, les maladies et la mort.

Ahmed ben Youcef sentait son influence décliner; déjà plusieurs douars de son propre commandement (des Oulad-Redhouan et des Oulad-Slama) l'avaient abandonné et avaient rétrogradé sur Gafsa. Il lutta encore de toutes ses forces pour combattre ce découragement. Il assura de nouveau que les colonnes turques, qui avaient été retardées par les pluies, s'approchaient à grandes journées de la frontière; il donna jusqu'aux noms des commandants des colonnes, montra les lettres qu'ils lui adressaient!

Cette propagande réussit encore. Ahmed ben Amar se rapprocha de Bir Sultan, et Ahmed ben Ali el Hammami resta hésitant sur ce qu'il devait faire, ébranlé dans ses premières convictions.

Sur ces entrefaites, le caïd des Oulad-Redhouan reçut d'Ali ben Khalifa l'invitation pressante de le rejoindre sur les bords du Mokta et en même temps l'avis des mouvements des troupes de Gabès[1] qui semblaient, à son avis, devoir se continuer jusqu'à la frontière de la Tripolitaine.

Ahmed ben Youcef, craignant de voir sa ligne de retraite coupée, fit aussitôt ses préparatifs de départ. Il transmit aux Oulad-Aziz et aux Oulad-Maamar l'avertissement adressé par Ali ben Khalifa et leur insinua que l'autorité française ne consentirait plus à recevoir leur soumission trop tardive.

Les Oulad-Aziz et les Oulad-Maamar se décidèrent alors à prendre le chemin de l'exil. Ils suivirent à deux ou trois journées de distance les Oulad-Redhouan, les Oulad-Slama et les douars d'origine diverse qui marchaient avec Ahmed ben Youcef, passant successivement à Bir-Zoumit, à Bir-Sultan, à

---

1. Voir annexe LIX, p. 319.

l'oued-el-Hallouf, à Negueb, chez les Ghoumerassen, à Aïn-Recheb, dans la vallée de l'oued-Fessi et à la roudha de Sidi-Touï. Ils gagnèrent ensuite, en compagnie des autres Hammema, Aïn-Steil, sur les bords du Mokta.

Les émigrants, croyant toujours à une action immédiate des troupes françaises, s'enfoncèrent en assez grand nombre sur le territoire tripolitain, pour mettre à l'abri leurs troupeaux et leurs familles; d'autres, complètement désorganisés par la marche rapide qu'ils venaient de faire, par un temps exceptionnellement mauvais, restèrent entre l'oued-Fessi et le Mokta, presque tout le mois de janvier, occupés à se reconstituer.

Les tribus soumises, les Hazem, les Hamerna, les Beni-Zid, les Matmata, ne furent donc pas inquiétées par les incursions des maraudeurs Hammema, Neffet ou Zlass; elles eurent néanmoins à supporter quelques agressions des tribus de l'extrême sud de la régence.

Les Ouarghamma.

Ces tribus (sauf les habitants de Toudjane qui appartiennent aux Matmata) faisaient toutes partie de la confédération des Ouarghamma[1], embrassant les grandes agglomérations des Ouderna, des Touazine et des Khezour.

d'abord indifférents;

Les Ouarghamma, qu'ils fussent sédentaires ou nomades, avaient appris sans aucun mécontentement les événements du nord de la régence.

Vivant en opposition continuelle avec les autorités beylicales[2], le nouvel état de choses ne faisait au contraire que les satisfaire. Depuis l'entrée des troupes françaises en Tunisie, en effet, ils avaient pu vivre dans la plus complète indépendance, choisissant leurs chefs, s'affranchissant des redevances exigées par le gouvernement tunisien et faisant la loi sans contrôle dans toute la région avoisinant la frontière tripolitaine; ils n'en demandaient pas davantage[3].

---

1. Voir, annexe n° XXXVIII, l'organisation des Ouarghamma.
2. Voir annexe n° XIII, 1, p. 132.
3. Ce qu'ils venaient d'acquérir, par le fait de notre intervention, avait été

Le débarquement des troupes françaises à Gabès ne les fit pas sortir de leur inaction; ils espéraient que leur éloignement et leur pauvreté les mettraient à l'abri de nos entreprises.

Mais, lorsqu'au mois de décembre ils apprirent que le général Logerot avait passé au Matmata[1], que des colonnes françaises parcouraient le territoire des Hammema, des Hazem, des Beni-Zid et s'avançaient de plus en plus vers le sud, leur attitude changea.

La vue des longues colonnes d'émigrants[2] qui se dirigeaient vers la frontière tripolitaine, défilant pendant plusieurs jours, leur avait inspiré confiance. Ne se rendant compte qu'imparfaitement de notre force et de nos moyens d'action, ils pensaient qu'avec le concours des contingents qui suivaient Ali ben Khalifa et ceux que le vieux caïd des Neffet promettait d'amener incessamment sur l'oued-Fessi, ils pourraient encore opposer une résistance sérieuse et nous arrêter aux limites que les colonnes tunisiennes, depuis bien longtemps, n'avaient plus osé franchir[3].

C'est dans ces dispositions qu'ils entrèrent dans la lutte[4].

ils entrent dans la lutte (janvier 1882).

A la fin de janvier, ils hasardèrent quelques razzias peu importantes sur les territoires soumis; mais au mois de février, lorsque les autres dissidents se remirent en campagne[5], ils tentèrent des coups de main plus hardis, sans cependant s'aventurer bien loin. Ils commençaient alors à douter des bonnes intentions des Hammema, des Zlass et des Neffet, qui, loin de préparer une action commune contre nous, remontaient par bandes vers le nord pour commettre leurs brigandages habituels[6].

---

l'objet de toutes leurs revendications et la seule cause de leur conflit avec les souverains de la régence.
1. Annexe n° LIX, p. 319.
2. C'étaient les bandes qui, avec Ali ben Khalifa, battaient en retraite lentement et en bon ordre. (Voir annexe n° LIX, p. 316.)
3. Voir annexe n° XIII, 1, p. 132.
4. Il faut ajouter qu'ils avaient été aussi travaillés par les émissaires turcs. (Voir annexe n° LXIII, 2, p. 343.)
5. Voir plus loin, annexe LXIII, 1, p. 345.
6. Voir suite, annexe LXIV.

N° LXIII

Situation des dissidents en Tripolitaine et attitude des autorités turques.

<small>Le gouverneur de Tripoli, Nazif Pacha,</small> Dès le début du conflit franco-tunisien, le gouverneur de Tripoli, Nazif Pacha, nous avait été hostile.

Il promettait aux rebelles l'intervention de l'armée ottomane ; il avait reçu avec les plus grandes marques d'intérêt les députations envoyées à Tripoli par Ali ben Khalifa et les autres chefs du parti de la protestation.

L'arrivée des premiers émigrants tunisiens venus de Sfax[1], après le bombardement de cette place, fournit à Nazif Pacha une nouvelle occasion de manifester ses sympathies pour la cause des rebelles, et, en cette circonstance, sa conduite eut un caractère tellement agressif que, sur les instances du consul général de France à Tripoli, notre ambassadeur à Constantinople demanda et obtint du gouvernement turc le remplacement de ce personnage dans ses fonctions de gouverneur.

<small>révoqué et remplacé par Rassim Pacha, novembre 1881.</small> En novembre, Rassim Pacha vint remplacer Nazif Pacha révoqué. Le nouveau gouverneur, homme de relations agréables et en apparence fort conciliant, cachait sous ses dehors affables et empressés les mêmes dispositions que son prédécesseur[2].

Les émigrés tunisiens, encore peu nombreux, continuèrent à être reçus avec le plus grand empressement et les députations envoyées par les chefs du mouvement insurrectionnel reçurent, comme du temps de Nazif Pacha, les promesses les

---

1. Voir annexe XXXV, 1, p. 166.
2. Il est probable qu'il obéissait aux mêmes ordres reçus de Constantinople, mais qu'il avait été invité à dissimuler ses actes et ses démarches derrière une attitude plus réservée et moins provocante que celle de Nazif Pacha.

plus encourageantes et les plus propres à développer le désordre dans la régence¹.

Puis la propagande faite par les autorités turques de Tripolitaine devint plus active. Des émissaires furent envoyés chez les tribus tunisiennes de la frontière, dès le mois de novembre, pour pousser les indigènes à la résistance et les assurer qu'ils seraient les bienvenus si la nécessité les obligeait à passer sur la terre étrangère.

Les Ouarghamma accueillirent favorablement ces avances; mais comme ils étaient méfiants, ils envoyèrent quelques personnages de confiance à Tripoli. Ces délégués revinrent peu de temps après, éblouis par les manifestations provoquées adroitement sur leur passage et certains de trouver appui et protection chez leurs voisins de l'est.

La présence des dissidents et l'amour de l'indépendance ne furent donc pas les seules causes qui poussèrent dans la voie de la résistance les populations tunisiennes habitant la zone frontière².

Elles avaient cependant vu d'abord un spectacle peu rassurant. El Hadj Harrat³ et, à la fin de novembre, Ali ben Ammar⁴, qui n'avaient avec eux que quelques partisans, étaient passés rapidement, se hâtant de gagner la terre de l'exil. Chaque jour, des douars isolés arrivaient à l'oued-Fessi, fuyant affolés un ennemi qui était encore bien loin d'eux, mais que leur imagination leur représentait comme les poursuivant avec une rapidité extraordinaire.

Mais, vers le 10 décembre, Ali ben Khalifa avait paru à la frontière avec les Neffet, les Zlass, quelques Souassi et Metellit⁵. Sa marche s'était effectuée dans d'assez bonnes condi-

---

1. En annonçant l'intervention prochaine de l'Empire ottoman, Ali ben Khalifa, Ahmed ben Youcef, El Hadj Harrat, Ali ben Ammar et les autres agitateurs n'étaient donc pas entièrement de mauvaise foi, au moins au commencement de la lutte.
2. Voir annexe n° LXII, 4, p. 341.
3. Voir annexe LX, 1, p. 330.
4. Voir annexe LVIII, pages 297 et 301.
5. Voir annexe LIX, 1, p. 316.

tions ; n'avançant qu'à petites journées, laissant aux hommes et aux troupeaux un repos suffisant pour ne pas compromettre leur vigueur et leur santé, il avait pu prévenir la désorganisation des collectivités qu'il commandait.

Les autres colonnes d'émigrants, obéissant à une impulsion moins vigoureuse et, surtout, obligées de traverser à la hâte des pays plus difficiles et plus pauvres par des pluies torrentielles, furent loin de présenter le même ordre et la même cohésion. Les groupes qui en formaient le noyau principal étaient déjà en dehors du Mokta depuis trois semaines que l'on voyait encore arriver des douars isolés qui n'avaient pu suivre le mouvement de retraite.

Pendant la première quinzaine le désarroi fut à son comble dans le camp dissident.

Les dissidents traversent d'abord une crise terrible (ils sont trop désorganisés pour pouvoir tenter des razzias).

Resserrés sur un espace trop restreint d'où ils n'osaient pas sortir avant de s'être reconstitués, ne pouvant s'approvisionner en Tunisie[1] et se trouvant dans l'impossibilité absolue, à cause de leur état de désorganisation, de razzier soit les tribus tripolitaines, soit les Ouarghamma qui veillaient attentivement sur leurs biens, ils traversèrent une crise terrible qui eut pour résultat d'ébranler les résolutions les plus affermies.

En peu de jours les idées de soumission firent de rapides progrès. Le mouvement de retour commença bientôt à se dessiner. Il était indispensable, pour les chefs du parti de la protestation, de prendre des mesures énergiques pour couper court à ces défections.

---

1. Nous nous efforcions de peser sur les déterminations des émigrés tunisiens en leur enlevant la faculté de se ravitailler par la régence.

Le lieutenant-colonel Bernet, qui commandait les troupes de Djerbah depuis le mois d'août 1881, c'est-à-dire depuis l'occupation de l'île, avait interdit d'une façon absolue l'exportation à destination de Zarzis et des ports tripolitains qui servaient de centre d'approvisionnement aux rebelles.

Une canonnière, *l'Aspic*, stationnait en face de Zarzis et surveillait la côte, afin de prévenir tout débarquement clandestin sur le rivage, entre l'île de Djerbah et la frontière tripolitaine.

L'application de cette mesure, qui, au début, avait soulevé les réclamations des Accara, fut continuée aussi rigoureusement que les circonstances le permettaient jusqu'au jour où nous dûmes constater qu'elle restait sans effet et sans résultats sensibles, les autorités turques de Tripolitaine ne nous secondant pas.

Une vingtaine de douars ayant voulu se diriger sur l'oued-Fessi, des cavaliers Zlass et Neffet se mirent à leur poursuite, les razzièrent impitoyablement et ramenèrent de force les hommes, les femmes et les enfants aux campements des insurgés.

Quelques douars se mettent en route pour venir faire leur soumission, ils sont ramenés de force.

Cet exemple produisit un effet radical; les plaintes cessèrent. La situation d'ailleurs s'améliorait sensiblement. Les collectivités s'étaient reconstituées sous les ordres de leurs chefs, les campements avaient pu être notablement élargis, enfin les tribus de la Tripolitaine étaient entrées en relations avec les dissidents.

En même temps des bandes s'organisaient pour aller en razzia sur le territoire de la régence. Elles se mirent en campagne au commencement de février et s'aventurèrent jusqu'aux environs de Gafsa, de Kairouan et de Sfax [1]. (Elles devaient poursuivre leurs brigandages jusqu'au départ de la 6ᵉ brigade de Gafsa [2].)

Les razzias commencent.

Aussitôt qu'ils avaient été débarrassés des soucis que leur avait causés leur installation, El Hadj el Ouar, Hassein ben Messaï et Ahmed ben Youcef s'étaient rendus à Tripoli; ils y furent l'objet de grandes marques de bienveillance de la part des autorités turques.

Lorsqu'ils revinrent, vers le 15 mars, à la frontière tunisienne, ils trouvèrent certaines modifications dans la répartition des campements tunisiens.

Les Oulad-Saïd, les Zlass, les Metellit, les Hammema et les Souassi étaient toujours sur la rive nord du Mokta, mais Ali ben Khalifa s'était retiré avec sa smalah personnelle et un certain nombre de douars Neffet au milieu des campements

---

1. Il est à remarquer que, dès cette époque, les razzias opérées chez les Hazem, les Hamerna et les Matmata furent le fait exclusif des Ouarghamma (Voir plus haut, annexe LXII, 5, p. 341). Par la force naturelle des choses, il s'était établi une sorte de convention tacite entre les dissidents et les populations insoumises, convention reconnaissant à ces dernières leurs droits de pillage sur le territoire de l'Aarad.
2. Voir annexe LXIV, p. 349.

des Nouail tripolitains[1], dans la plaine de Djefara, au sud du village de Zouara.

Dissentiments entre Ali ben Khalifa et les autres chefs réfugiés.

Ali ben Khalifa poursuivait alors le rêve qu'il avait caressé au début de l'insurrection, celui d'imposer son autorité à tous les rebelles et de devenir le chef unique du parti de la protestation. Les mêmes causes qui l'avaient fait échouer dans ses démarches antérieures devaient s'opposer une seconde fois à la réalisation de son désir[2].

Au retour de Tripoli d'El Hadj El Ouar, de Hassein ben Messaï et de Ahmed ben Youcef, Ali ben Khalifa leur avait envoyé des cavaliers pour les inviter à venir lui parler. Les trois chefs indigènes, voyant dans ce procédé une atteinte à leur indépendance, refusèrent d'un commun accord d'aller à ce rendez-vous. Ali ben Khalifa, par prudence, dut encore temporiser et il vint lui-même les trouver ; la réunion eut lieu sous la tente d'Ahmed ben Youcef.

L'omnipotence qu'Ali ben Khalifa prétendait s'arroger, l'insistance marquée des journaux de Constantinople qui ne citaient que son nom et le désignaient comme le champion de la résistance, les louanges que lui adressaient les mêmes feuilles qui n'hésitaient pas à faire entrevoir son élévation au trône de Tunis, enfin l'habitude prise par les autorités turques de lui adresser toutes leurs communications officielles ou officieuses, constituaient autant de faits qui blessaient vivement l'humeur jalouse, envieuse et indépendante de ses collègues.

A la fin de la réunion on s'entretint du partage du butin ; cette question souleva un échange de mots violents et d'invectives grossières ; on reprocha à Ali ben Khalifa de n'être qu'un intrigant ambitieux, poussant les autres à la lutte, mais ne s'étant jamais exposé dans aucun combat ; il n'avait droit, par conséquent, à aucun bénéfice.

L'assemblée se retira après avoir décidé qu'à l'avenir cha-

---

1. Voir plus loin, 1, p. 347.
2. Voir annexe n° XXXV, note 1, p. 162.

cun opèrerait pour son propre compte dans la région qu'il déterminerait.

Ali ben Khalifa patienta; il attribuait aux chefs tunisiens qui s'étaient compromis avec lui l'intention de l'arrêter et de le livrer aux autorités françaises pour obtenir le pardon de leurs fautes, et c'est, selon toute apparence, ce qui l'avait poussé à se réfugier au milieu des Nouail tripolitains[1].

Les Turcs n'étaient pas sans s'apercevoir des dissentiments qui commençaient à diviser les personnalités dirigeantes du parti de la protestation; aussi jugèrent-ils indispensable de donner un dérivatif aux préoccupations des esprits des rebelles qui commençaient à se décourager; ils eurent alors recours aux grands moyens.

Dans les premiers jours de mars, le pacha et le farik, avec une nombreuse escorte, se rendirent à quelques kilomètres à l'ouest de Tripoli, sur la route qui conduit à la frontière, reconnaître l'emplacement d'une batterie à construire. Ils avaient fait annoncer la veille que ces travaux de défense avaient pour but d'empêcher l'approche des colonnes françaises dont on annonçait la marche à la poursuite d'Ali ben Khalifa.

Au retour du pacha, les musiques qui l'avaient accompagné parcoururent les rues de la ville et, entraînant à leur suite une foule de gens de bonne volonté, les conduisirent à l'ancien fort, pour travailler aux terrassements de la batterie du phare. (On racontait dans la foule qu'une escadre française était à la veille de bombarder la ville et que le farik devait incessamment convoquer tous les goum des tribus.)

A la même époque, tandis que les troupes turques enduraient toutes sortes de privations et vivaient dans la misère, le maire de Tripoli faisait distribuer chaque semaine et avec une grande ostentation des secours en argent aux mendiants tunisiens. « Voilà les secours que le Sultan — que Dieu lui donne

---

1. Voir plus haut, 1, p. 346.

la victoire sur ses ennemis — envoie à ses sujets tunisiens, victimes de l'oppression française. »

Malgré les justes observations que lui adressait notre consul général, Rassim Pacha ne faisait rien pour empêcher ces provocations; il tolérait même que les maraudeurs, obligés de rétrograder vers la Tripolitaine par suite des mouvements en avant des brigades Philebert et Jamais[1], vendissent ostensiblement, sur le marché de Tripoli, le butin considérable qu'ils avaient recueilli sur le territoire de la régence[2].

N° LXIV

Opérations du général Logerot dans l'extrême sud. — La colonne du général Jamais à Ksar-Médenine; la 6ᵉ brigade sur l'oued-Tatahouine. — Fin des opérations actives.

Si les Ouarghamma ne sortaient pas d'une zone très restreinte[3], les autres dissidents s'étaient donné un champ d'opérations des plus vastes.

Non contents d'inquiéter les Beni-Zid et les populations soumises de l'Aarad, ils s'aventuraient jusqu'aux portes de Kairouan, de Sfax et de Gafsa, traversant le chott à l'est du Nefzaoua, passant même à proximité des oasis de Gabès, grâce à la connivence des habitants de Chenini et de Menzel.

Dans les premiers jours de mars ils exécutèrent, sans interruption, des coups de main d'une audace inouïe, à quelques kilomètres des points occupés par nos troupes.

Le khalifa de Zarzis, qui s'était soumis dès la première heure, demanda instamment à être protégé par des troupes, déclarant que les Accara étaient impuissants à se défendre.

---

1. Voir annexe n° LXIV.
2. Voir suite, annexe n° LXVII, page 376.
3. Voir plus haut, annexe LXII, 4, p. 341.

Dans la région plus rapprochée de Gabès, les populations directement exposées aux coups des insurgés commençaient à marquer une certaine hésitation qui pouvait faire redouter leur défection prochaine.

On apprenait enfin que quelques groupes d'émigrants ayant voulu revenir dans la régence, pour faire leur soumission, avaient été razziés par leurs anciens compagnons et obligés de rétrograder[1].

La situation était délicate.

D'une part, elle exigeait une action prompte et énergique pour rassurer les tribus soumises et les maintenir dans le devoir ; d'autre part elle nécessitait des ménagements et des précautions afin d'attirer à nous les populations qui n'étaient pas encore entrées en relations avec les autorités françaises et afin de faciliter les défections dans le camp insurgé.

Opérations dans le sud des brigades Philebert et Jamais, sous la direction du général Logerot.

Le général Logerot, commandant la division sud, fut chargé de la direction des opérations à entreprendre pour atteindre ce double but.

Dans les premiers jours de mars il se rendit à Gabès. C'est de ce point qu'il devait, pendant le courant du mois d'avril, régler la marche des troupes placées sous ses ordres, la brigade Philebert[2] et la brigade Jamais.

La 6ᵉ brigade dans le Nefzaoua[3].

Le général Philebert, après l'opération du 18 mars sur Sened, préparait une expédition sur Mech[4], quand il reçut l'ordre de se préparer à marcher sur le Nefzaoua[5].

Il rappela aussitôt le lieutenant-colonel Frayermuth avec

---

1. Voir plus haut, annexe n° LXIII, p. 345.
2. Voir annexe LXI, 2, p. 337.
3. Voir *La 6ᵉ brigade en Tunisie*, chapitre IX, pages 138 et suivantes.
4. Voir plus haut, annexe LXI, 2, p. 337.
5. Le kahia Ahmed ben Belkassem (Voir plus haut, annexe n° LX, 3, p. 333) avait continué à renseigner l'autorité française avec la plus grande exactitude sur tous les faits et gestes des dissidents et sur la situation de la région qu'il habitait.

Son activité et ses violences avaient maintenu dans le devoir presque tous ses administrés, malgré leur contact de plusieurs semaines avec les émigrants qui fuyaient devant nos colonnes.

Ahmed ben Belkassem ne cessait de se plaindre des villages dépendant du khalifalik de son compétiteur Ali ben bou Allègue ; les Oulad-Yacoub et les

deux de ses bataillons. Le 23 mars, le lieutenant-colonel arrivait de Djilma avec les bataillons du 33ᵉ et du 111ᵉ.

Le même jour, le général Philebert reçut l'ordre de préparer son mouvement de façon à être le 31 mars à Oum-Smaâ (nord-ouest de Kebilli.)

Le 25 mars, la colonne partit de Gafsa[1]. Elle passa successivement à Lalla, El-Guettar, Bir-Mrabot et Bir-oum-Ali (traversant le 28 mars la plaine cultivée du Bled-Ceguï), franchit le 29 mars le défilé d'Oum-Ali, passa à Redir-Mouila, traversa le chott El-Fedjej et arriva le 30 mars à Seftimi.

Le 31 mars, le général se porte sur le village d'Oum-Smâa, le principal repaire des Oulad-Yacoub; il fait tirer quelques coups de canon sur cette localité, y pénètre et la trouve déserte[2].

Le 3 avril, une colonne légère qu'accompagnait le génie se rendit à Negguâ pour y détruire le bordj, propriété particulière d'Ali bou Allègue[3].

La 6ᵉ brigade à Kebilli. 5 avril.

Le 4 avril, la 6ᵉ brigade se porte d'Oum-Smaâ à Tembar[4], et le 5 elle arrive à Kebilli, lieu de résidence d'Ahmed ben Belkassem.

Le lendemain, 6, le général Philebert fait commencer la construction d'une redoute; il envoie le lieutenant-colonel

---

Oulad-Yahia (Oulad-Aziz) y trouvaient un refuge assuré et un abri pour leur butin, au retour de leurs courses sur les territoires algérien et tunisien.
Le khalifa de Kebilli réclamait instamment notre intervention pour détruire ce foyer de désordre.
Par suite de l'ordre donné par le général Logerot au général Philebert, les démarches d'Ahmed ben Belkassem allaient recevoir satisfaction.

1. Le bataillon du 46ᵉ reste à Gafsa; le bataillon du 43ᵉ qui était resté seul à Djilma, après le départ du lieutenant-colonel Frayermuth quelques jours avant, reçut l'ordre de marcher directement sur Oum-Ali et Oum-Smaâ.
2. Les dissidents ont complètement évacué le pays et le général Philebert peut se mettre en relations avec la colonne de Debila qui vient d'arriver pour la seconde fois à Touzeur afin d'appuyer les opérations de la 6ᵉ brigade au Nefzaoua. Le Djerid est calme; le meilleur accueil a été fait au lieutenant-colonel Le Noble.
3. Negguâ est à 6 kilomètres au sud d'Oum-Smaâ.
(Les cartouches de dynamite du génie ratèrent. Le général Philebert dut faire abattre le bordj par les indigènes. Voir *La 6ᵉ brigade*, p. 152.)
4. Elle y est rejointe par le bataillon du 43ᵉ, le dernier laissé à Djilma.

Travailleur (avec le 61e, le 111e, une section de montagne et un peloton de hussards) à Gabès, y chercher des vivres.

Puis, laissant un bataillon dans la redoute de Kebilli, le général Philebert descend (avec deux bataillons, deux sections d'artillerie et le génie) vers Douz[1].

Le 14 avril, le général accompagné de la cavalerie se rend à Douz[2].

Le général Philebert à Douz. 14 avril.

Le général Philebert propose de marcher, avec les Merazigue, sur Rhadamès; il reçoit l'ordre de se porter dans l'est à Bir-Sultan[3].

La colonne du général Philebert se met donc en marche, le 15 avril, pour se porter vers l'est[4].

Elle campe le soir du 15 à Guerrah-el-Ma (après avoir fait

La 6e brigade à Bir-Zoumit. 18 avril.

---

1. La confiance que le général et ses troupes avaient su inspirer aux gens de Kebilli et aux habitants du Nefzaoua gagna bientôt les régions plus éloignées.
Les Merazigue, qui, jusqu'alors, n'avaient désiré que vivre indépendants de toute autre autorité que celle de leurs marabouts, avaient envoyé une députation à Kebilli pour assurer le général de leurs bonnes dispositions à notre égard.
Bien que les Merazigue eussent acheté et recélé le produit de leurs razzias aux pillards, le général leur avait promis la paix et assuré qu'il ne les inquiéterait pas si, dans la suite, leur conduite vis-à-vis de nous répondait à leurs protestations.
2. La députation avait dû être favorablement impressionnée par ce qu'elle avait vu et entendu à Kebilli, car lorsque le général Philebert arriva à Douz, le 14 avril, plusieurs notables vinrent renouveler les protestations de dévouement.
Le reste de la tribu devait faire acte de soumission, quelques jours plus tard, à Bir-Zoumit.
3. Depuis que la 6e brigade s'était avancée dans le Nefzaoua, la situation des pays situés au nord du chott s'était améliorée. Les incursions des djich devenaient de plus en plus rares ; on ne signalait plus que, par-ci par-là, quelques brigandages commis, selon toute apparence, par des malfaiteurs étrangers au parti dissident.
La cause de cette accalmie était bien évidente pour qui connaissait les régions sahariennes et les besoins des bandes armées en ghzzou. Celles-ci, quelles que soient la sobriété et la force d'endurance des hommes et de leurs animaux, sont astreintes à certains itinéraires fixes, déterminés invariablement par les rares points d'eau.

Importance des points d'eau. Bir-Zoumit et Bir-Sultan.

Si les dissidents, remontant vers le nord, trouvaient de nombreux passages après avoir traversé le chott, il n'en était pas de même dans le Dahar où ils devaient successivement venir boire à Bir-Zoumit et à Bir-Sultan.
La 6e brigade, en s'enfonçant dans le sud, menaçait ces deux points, et les forts partis insurgés qui opéraient aux environs de Kairouan et de Sfax, redoutant de voir leur ligne de retraite coupée, avaient jugé prudent de se retirer en toute hâte vers l'oued-Fessi.
4. Voir *La 6e brigade en Tunisie*, chapitre X, pages 162 et suivantes.

une grande halte à Biar-Abdallah, 18 kilomètres de Douz); le 16, elle campe à l'oued-Zalim (à l'est du koudia-Bereslim), le 17 à Redir-Mehella, et arrive le 18 à Bir-Zoumit.

Le général décide de rester là et de ne pas pousser jusqu'à Bir-Sultan. Il fait restaurer le bordj tombé en ruines, creuser un puits au pied de la colline du bordj et combler l'autre puits situé à un kilomètre.

Le 20, il reçoit l'ordre de se préparer à marcher sur Médenine[1] pour se relier au général Jamais.

A Bir-Sultan (1ᵉʳ mai).

Le 25 avril[2] un bataillon d'infanterie et la section du génie se rendent à Bir-Sultan[3] et, le 1ᵉʳ mai, la 6ᵉ brigade, munie de quinze jours de vivres, quitte Bir-Zoumit et se porte à Bir-Sultan[4].

La colonne du général Jamais à Ksar-Médenine (2 avril).

Le général[5] Jamais avait quitté Gabès le 30 mars 1882, avec la mission de s'installer à Ksar-Médenine et de rayonner autour de ce point, à une ou deux journées de marche, au moyen de colonnes légères, afin d'attirer à lui les tribus ou fractions de tribus qui demanderaient à remonter vers le nord.

La colonne, en arrivant au ksar, le 2 avril, le trouva complètement abandonné. Le 5, le général Jamais dirigea une

---

1. Le général Philebert devait prendre pour premier objectif Ksar-Beni-Khedach, chez les Aouaya. « Cette fraction des Ouarghamma, écrivait le général Logerot en parlant des Aouaya, s'est montrée jusqu'à présent la plus récalcitrante, et le général Jamais, dans sa pointe sur Ksar-Joucma, ne leur a infligé qu'une leçon insuffisante. Je prescris en conséquence au général Philebert, s'ils viennent à lui, de prendre des otages et de me les amener, me réservant de leur imposer moi-même les conditions de leur soumission, et s'ils font le vide devant lui, ainsi que cela est présumable, ou s'ils tentent de résister, ce que je ne crois pas, de brûler leurs gourbis, de razzier leurs moissons et de couper leurs arbres. Ils sont d'ailleurs prévenus et agiront en connaissance de cause. »
2. Le 21 avril, le goum avait été envoyé par le général Philebert vers Bir-Sultan avec mission de garder ce point et de combler les quatre puits de Sidi-Mansour.
3. Le génie a pour mission de faire un bassin et de le remplir d'eau qui servira aux animaux quand la colonne passera à Bir-Sultan, le puits restant affecté aux hommes. (6ᵉ *Brigade*, p. 176.)
4. En quittant Bir-Zoumit, le général laissa aux gens de Tamezert le soin de garder le puits et d'en interdire l'accès aux insurgés. (Les habitants de Tamezert avaient été de tout temps chargés de ce service moyennant une certaine solde que leur allouait le gouvernement tunisien.)
5. Le colonel Jamais avait été promu général de brigade le 27 décembre 1881.

reconnaissance sur Ksar-Métameur. Les gens de ce village, composés en partie de Hararza avec lesquels on était entré en relations précédemment, ne firent aucune résistance.

Les jours suivants, des reconnaissances parcoururent les environs immédiats de Ksar-Médenine et le territoire qui s'étend jusqu'à la mer et la Sebkha-el-Mellah. Le pays était désert : les Touazine s'étaient retirés vers l'oued-Fessi.

Le 18, une colonne légère pénétra chez les Aouaya, détruisit les plantations autour de Ksar-Djouama et rentra [1]. *Chez les Aouaya (18 avril).*

Le 20, Allégro [2], récemment nommé gouverneur de l'Aarad en remplacement de Si Haïder, apprit au général Jamais qu'un certain nombre de ksour Ghoumerassen, Beni-Barka, Guermessaâ, Douiret, Cedra et Chenini demandaient à faire leur soumission ; le 30 avril, d'autres groupes de même origine, les Zourgan, les Oulad-Mehiri et les Beni Akhzger sollicitèrent également l'aman.

Toutes ces démarches furent accueillies favorablement.

Dans les premiers jours de mai, le général Logerot se rendit à Ksar-Medenine pour imprimer une direction unique aux colonnes Jamais et Philebert, qui n'étaient plus séparées que par quelques jours de marche et qui devaient dorénavant opérer de concert. *Le général Logerot vient à Médenine.*

Le 2 mai, le général Philebert avait quitté Bir-Sultan [3] après en avoir fait boucher le puits unique afin d'interdire aux djich l'accès de la route du Nefzaoua par le Dahar. Il traversa, dans la journée, un pays complètement dépourvu d'eau et arriva le 3 au matin devant Ksar-beni-Khedach, le premier village des Aouaya [4]. *La 6ᵉ brigade chez les Aouaya.*

Trois goumiers avaient été blessés mortellement par des

---

1. Voir plus haut, note 1, p. 352.
2. Nommé le 11 décembre. Voir annexe n° LIX, note 4, p. 317.
3. Voir *La 6ᵉ brigade en Tunisie*, chapitre XI, pages 178 et suivantes.
4. Les Aouaya avaient été informés de ce qui les attendait. (Voir plus haut, note 1, p. 352.) Le 3 mai, ayant fait des ouvertures de soumission au commandant de Ksar-Médenine, celui-ci avait répondu que leur démarche était trop tardive, que le général commandant la 6ᵉ brigade avait reçu l'ordre de les razzier et que c'était à ce chef militaire qu'il leur fallait s'adresser.

indigènes, mais la résistance ne se prolongea pas; les habitants évacuèrent promptement Ksar-beni-Khedach, Ksar-Demmeur et Ksar-Djouama où nos troupes pénétrèrent coup sur coup sans incident.

Les récoltes sur pied furent dévastées, les oliviers coupés et les citernes détériorées.

Jonction des colonnes Jamais et Philebert, le 7 mai.

Ce travail de destruction achevé, la 6ᵉ brigade partit pour Bir-El-Ameur sur l'oued el Khil, où elle passa la journée du 5 mai; le 6 mai elle campa à Talah et le 7 elle arriva sur l'oued-bou-Ahmed, au lieu dit Oglet-Ababsa, à 4 kilomètres de la colonne du général Jamais campée sur l'oued-Nefetia.

Les Touazine n'ayant fait aucune ouverture de soumission, la destruction impitoyable de leurs récoltes fut décidée.

La 6ᵉ brigade sur l'oued-Tatahouine.

Le 8, le général Philebert[1] repartait pour le djebel-Abiod, afin de s'assurer des bonnes dispositions des habitants des ksour Ouderna qui avaient obtenu l'aman trois semaines auparavant. Il fut très bien reçu par les habitants de Douiret, de Ksar-Beni-Barka et des autres localités environnantes.

Le 13, la 6ᵉ brigade reprenait sa marche vers le nord-est par Argoub-el-Kaïd et arrivait le 14 à Oglet-Néfétia, après avoir dévasté les cultures des Touazine qu'elle avait rencontrées sur sa route.

De son côté, la colonne Jamais avait razzié le 8, sur l'oued-Néfétia, un troupeau de moutons appartenant aux dissidents, s'était avancée le 9 jusqu'à l'Oglet-bou-Djemel d'où elle avait, les jours suivants, poussé des reconnaissances sur l'oued-Fessi, El-Hanich, Bou-Guerra et Sidi-bou-Hamida[2].

---

1. Le 8 mai, la 6ᵉ brigade, d'après les ordres du général Logerot, se porte sur l'oued-Tatahouine; elle campe le 8 au soir à Aït-el-Zoum (13 kilom.) et atteint le 9 mai l'oued-Tatahouine entre Ksar-Beni-Barka et Ksar-Men-Guebla (40 kilom.). (Voir *La 6ᵉ brigade*, p. 185.)

Les 10 et 11, la 6ᵉ brigade séjourne sur l'oued-Tatahouine, poussant des reconnaissances dans les environs et faisant des razzias.

Le 12, le général Philebert reçoit du général Logerot l'ordre de se reporter vers le nord, sur l'oued-Nefetia.

Le 13, la 6ᵉ brigade quitte l'oued-Tatahouine, couche à Argoub-el-Caïd (26 kilom.), et arrive le 14 à l'oued-Nefetia (35 kilom.).

2. Pendant les opérations du général Philebert et du général Jamais dans le Sud, d'autres colonnes avaient été mises en mouvement autour de Kairouan et du Kef (Voir annexe n° LXVI).

Le général Logerot avait fait ce qu'il lui était possible de faire[1]; il avait obtenu la soumission d'une notable partie des Ouarghamma sédentaires; quant aux groupes dissidents de la confédération qui s'étaient réfugiés de l'autre côté de l'oued-Fessi, ils n'avaient plus aucune raison de changer de ligne de conduite, au moins pendant un certain temps. Ce qu'ils possédaient au nord de la ligne que nous nous étions assignée comme frontière avait été détruit; tous leurs intérêts se trouvaient donc sur la rive droite de l'oued-Fessi, où ils avaient des terrains de culture assez vastes et où ils avaient pu abriter leurs troupeaux.

Fin des opérations actives. 14 mai 1882.

La présence de nos troupes ne pouvait donc avoir d'autre résultat que de couvrir les tribus récemment soumises et de leur permettre de se réorganiser pour faire face aux tentatives des bandes rebelles.

La colonne Jamais était suffisante pour remplir ce but; elle devait continuer à explorer la région voisine de la frontière tripolitaine aussi longtemps que la température le permettrait, sans trop de souffrances pour nos soldats[2].

Quant à la 6ᵉ brigade, dont la présence était devenue inutile, elle reprit aussitôt le chemin de Gabès[3] où elle arriva le 24 mai, en passant par l'oued-Bou-Hamed, Oglat-Senem, Ksar-Métameur, Ksar-Medenine, Oum-es-Zessa, Mareth et Ketenah.

La 6ᵉ brigade revient à Gabès

---

1. En réalité, le but de l'expédition était manqué. (*La 6ᵉ brigade*, p. 194.)
Les insurgés réfugiés entre l'oued-Fessi et la frontière tripolitaine réelle, n'avaient pas été atteints. Il eût fallu marcher jusqu'au contact du rassemblement des dissidents et les forcer soit à combattre (ils ne le voulaient pas), soit à se réfugier réellement en Tripolitaine (ils en auraient été bientôt rejetés par les populations jalouses de leur sol, qui les nourrit à peine), soit à se jeter dans le Sahara (ils n'auraient pu, en aussi grand nombre, y faire vivre leur troupeaux).
Mais l'ordre avait été donné (à la suite de conventions passées par un ambassadeur envoyé de Paris à Tripoli) de ne pas dépasser l'oued-Fessi.
2. Le général Jamais, avec les troupes de la subdivision de Gabès[a], resta donc en observation près de la frontière, vers Ksar-Médenine.
3. La 6ᵉ brigade (avec le général Logerot) quitte l'oued-bou-Hamed le 17 mai 1882 et se rend par petites journées à Gabès où elle arrive le 24 mai. Elle campe sur le bord de la mer, et est passée en revue par le général Forgemol[a], commandant le corps d'occupation, en tournée de commandement dans l'Aarad et débarqué le 26 mai.

a) Voir annexe nᵒ LXV : « Organisation ».

Quelques jours après, laissant une partie de ses éléments constitutifs à Gabès[1], elle repartit pour Gafsa, avec le général Logerot commandant la division sud.

Il restait à déterminer au nord du chott une ligne de défense permettant de protéger le nord de la Tunisie contre les incursions des dissidents.

Aux extrémités, les deux points de Gabès et de Gafsa s'imposaient ; l'un s'appuyait à la mer, l'autre à l'Algérie. Il fallait un point intermédiaire permettant, de plus, la surveillance des débouchés du chott en face du Nefzaoua.

Le général Logerot choisit le village d'El-Ayacha qui communiquait d'une part au bled-Ceguï par El-Haffey, et d'autre part avec Gafsa, soit par Bir-Mrabot, soit par Bou-Amran ; le 7 juin il installa lui-même le nouveau poste.

Le 1er juillet, la 6e brigade était définitivement dissoute à Gafsa et le général Logerot regagnait Sousse, le centre du commandement de la division sud. A cette date, la situation de la région de Gabès ne s'était pas modifiée.

Depuis le 17 mai, les tribus soumises avaient persisté dans leurs bonnes intentions, mais les dissidents qui avaient passé l'oued-Fessi, au moment de l'arrivée de nos troupes, à Médenine, n'avaient fait aucun pas pour venir à nous.

La brigade Jamais, après avoir stationné pendant dix-sept jours à Bou-Gueraâ, d'où elle avait envoyé des reconnaissances dans toutes les directions, était rentrée à Gabès le 18 juin. Un de ses bataillons envoyé en colonne volante à Sidi-Makhlouf avait eu, quelques jours auparavant, un engagement heureux avec un parti d'insurgés qui venait de razzier des gens de Mareth et de Ksar-Métameur.

---

1. Elle fut en partie disloquée. Le lieutenant-colonel Frayermuth ramena à Gafsa les troupes destinées à l'occupation de ce poste et de la zone voisine ; le général de division Logerot, commandant la division sud, se rendit avec elle à Gafsa.

(La subdivision de Gafsa avait été créée le 22 avril et le général Philebert nommé à son commandement le 9 mai.

Le général Philebert, qui avait un congé pour France, retourna par bateau à Tunis, avec le général Forgemol ; il revint en Tunisie au commencement d'octobre et rentra à Gafsa le 30 octobre.)

N° LXV

Organisation des troupes d'occupation.

Les bataillons d'infanterie de France, faisant partie des demi-régiments du 1ᵉʳ corps expéditionnaire, avaient été complétés à cinq cents hommes, avant leur embarquement pour la Tunisie[1].

Aperçu rétrospectif sur les effectifs

Les quinze bataillons qui restèrent, après le premier rapatriement, avaient été complétés à six cents hommes (par le versement d'hommes valides, effectué par le bataillon partant, pour combler les vides faits au bataillon restant par le rapatriement des malingres et des hommes libérables et pour renforcer son effectif[2]).

Mais l'effectif de ces bataillons d'occupation diminua bien vite, et un mois ne s'était pas écoulé que le général Logerot, commandant la division d'occupation, était obligé de demander que les déficits fussent comblés.

Le Ministre répondit[3] que le chiffre de 600 hommes par bataillon d'occupation n'avait été arrêté, dans le principe, qu'en raison de la facilité qu'on avait alors pour constituer sur place ces effectifs avant le rapatriement des éléments qui devaient rentrer en France et pour ne pas avoir de longtemps de renforts à leur envoyer.

Il fixa à cinq cents hommes le chiffre maximum de l'effectif des bataillons d'infanterie destinés à être envoyés en Afrique (Algérie ou Tunisie[4]).

---

1. Voir annexe n° VI.
2. Décision ministérielle du 26 mai 1881. (Voir tome 1, p. 45.)
3. Lettre ministérielle du 13 août.
4. Le général Logerot ne reçut donc pas les renforts qu'il demandait pour compléter à 600 hommes l'effectif de ses bataillons, lequel était descendu, d'une façon moyenne, à 522 hommes.

La seconde expédition se fit donc avec des bataillons d'infanterie de ligne comptant 500 hommes, au maximum, à leur effectif.

Le général Farre avait maintenu sous les drapeaux la classe 1876[1] ; il dut rapporter bientôt cette mesure impopulaire ; mais les hommes de cette classe, présents en Tunisie, devaient rester à leur corps jusqu'à nouvel ordre.

Dès le 3 décembre 1881, le Ministre de la guerre décida que les hommes de la classe 1876 qui se trouvaient à ce moment en congé en France, à un titre quelconque, passeraient immédiatement dans la disponibilité et que cette mesure serait appliquée aux hommes de la classe 1876 qui seraient ultérieurement envoyés de Tunisie en congé en France.

A cette date, les circonstances actuelles n'obligeant plus à tenir à des effectifs aussi élevés que précédemment les troupes envoyées de France en Tunisie et en Algérie, et, d'autre part, les opérations actives étant sur le point de se terminer, il estimait qu'il y aurait lieu de désigner prochainement celles de ces troupes qui devraient être rapatriées et décidait qu'il ne serait plus envoyé de France, à ces troupes, aucun détachement ou isolé.

Le corps d'occupation. Par décret en date du 25 janvier 1882, le général de division Forgemol de Bostquénard est nommé au commandement du corps d'occupation de Tunisie[2].

Son état-major est ainsi composé :

MM. Senault, lieutenant-colonel d'infanterie, H. C., chef d'état-major.
Danès, chef d'escadrons de cavalerie, H. C.
Roidot, chef de bataillon d'infanterie, H. C.
Besson, capitaine d'infanterie, H. C.
Mourey, — —

---

1. Voir fin de l'annexe n° XLV.
2. Le général Forgemol était rentré en Algérie le 12 décembre.
Le général Japy, commandant supérieur de Tunis et de la région nord exerça le commandement provisoire du corps d'occupation du 3 février au 3 mars ; le général Forgemol prit possession de son commandement le 4 mars.

Babin, capitaine d'infanterie, H C.
Schmitz, — —
De Valori Rustichelli, lieutenant de réserve.

Le 23 février 1882, le Ministre de la guerre ordonne le renvoi dans leurs foyers de tous les hommes de la classe 1876 encore présents en Tunisie.

Le 22 mars, le Ministre décide que les 26 bataillons[1] de France, destinés à faire partie du corps d'occupation de Tunisie[A], seront portés à 650 hommes, présents et absents compris.

Pour combler les vides faits dans ces bataillons par le renvoi de la classe 1876, ordonné par la lettre collective du 23 février 1882, et porter leur effectif au chiffre prescrit, il faut leur envoyer des renforts sérieux.

Afin de ne pas appauvrir outre mesure les régiments qui détachent ces bataillons en les faisant concourir seuls à la formation des détachements de renfort, les hommes de troupe entrant dans la composition de ces détachements sont prélevés sur les régiments de ligne de leurs corps d'armée respectifs et sur un certain nombre de bataillons de chasseurs à pied.

Par décision ministérielle en date du 22 avril 1882[2], le territoire de la régence forme *deux divisions* et *six subdivisions* sous les ordres du général commandant le corps d'occupation :

---

1. Vingt-quatre bataillons de ligne et deux bataillons de chasseurs à pied. (Nous savons que chacun des bataillons de ligne dépend d'un régiment différent.)

A) En 1881, le 4ᵉ zouaves était dans la province d'Alger. A la mi-avril 1882, ses quatre bataillons sont en Tunisie. A la même époque sont créées en Tunisie six compagnies franches. (Voir annexe n° LXIX, 1, p. 402.)
Ces quatre bataillons et ces six compagnies sont donc à ajouter aux bataillons d'occupation provenant de France.

2. Cette décision ministérielle ne fut portée à l'ordre général du corps d'occupation que le 20 mai.

Corps d'occupation (général FORGEMOL) :

Division nord, général JAPY, à Tunis.	Subdivision de Tunis...... du Kef........ d'Aïn-Draham de Sousse......	général Lambert.. — d'Aubigny. — Sabattier.. — Etienne...
Division sud, général LOGEROT, à Sousse.	de Gafsa...... de Gabès......	— Philebert.. — Jamais....

Les subdivisions sont divisées en cercles et annexes.

L'organisation en brigades et groupes de bataillons d'infanterie cesse d'exister.

Chaque général de division ou de brigade exerce son autorité sur toutes les troupes stationnées dans l'étendue de la circonscription qu'il commande.

Les troupes de l'une de ces circonscriptions en colonne dans une autre circonscription sont considérées comme détachées momentanément dans cette dernière.

Les lieutenants-colonels commandant les groupes attendent une nouvelle affectation[2] et les chefs de bataillon commandant les bataillons détachés de France relèvent du général commandant la subdivision.

---

1. Le général Cailliot avait été relevé, sur sa demande, de son commandement de la subdivision d'Aïn-Draham le 25 février, et remplacé, par décision ministérielle du 5 mars, par le général Guyon Vernier, commandant la 15e brigade de cavalerie.
2. Ils furent, presque tous, affectés au commandement d'un cercle, par décision du général Forgemol en date du 1er juin.

Corps d'occupation. — Général FORGEMOL.

Div^{on} Nord : Gal JAPY, Tunis.			
	Subdivision de Tunis : Gal LAMBERT.	Cercle de Tunis....... — de Bizerte...... — de Zaghouan .. Annexe de Mateur.	Général Lambert. Lieutenant-colonel Vinciguerra. Lieutenant-colonel Barberet.
	Subdivision du Kef : G^{al} D'AUBIGNY.	Cercle des Hamada.... — du Kef......... — de Teboursouk.	Commandant Dudon. Général d'Aubigny (lieutenant-colonel de Puymorin, adjoint). Lieutenant-colonel Debord.
	Subdivision d'Aïn-Draham : Gal SABATTIER.	Cercle d'Aïn-Draham.. — de Beja...... — de Ghardimaou.	Général Sabattier (lieutenant-colonel Wattringue, adjoint). Commandant Maritan. Commandant Cabuche.

C'est là une organisation tout à fait territoriale.

Nous connaissons la composition de l'état-major du général commandant le corps d'occupation[1].

Les états-majors des deux divisions du nord et du sud comprenaient chacun un officier supérieur chef d'état-major et deux capitaines ; chaque subdivision avait un capitaine breveté[2].

Div^{on} Sud : Gal LOGEROT, Sousse.	Subdivision de Sousse : Gal ETIENNE.	Cercle de Sousse......	Général Etienne (lieutenant-colonel Corréard, adjoint).
		— de Kairouan....	Lieut.-colonel de Faucomberge.
		— de Mahédia.....	Commandant Juffé.
		— de Sfax........	Lieutenant-colonel Dubuche.
	Subdivision de Gafsa : Gal PHILEBERT.	Cercle de Gafsa.......	Général Philebert (lieutenant-colonel Frayermuth, adjoint).
		— d'El-Ayacha *a*...	Lieutenant-colonel Quinemant.
		— de Djilma *b*.....	Commandant Forget.
		Annexes de Feriana et du Djerid *c*	
	Subdivision de Gabès : Gal JAMAIS.	Cercle de Gabès.......	Général Jamais (Lieutenant-colonel Mille, adjoint).
		— de Maharès.....	Commandant Gillet.
		— de Djerba......	Commandant Martin.

Le lieutenant-colonel Brault fut maintenu dans ses fonctions de commandant d'armes à La Goulette.

Le lieutenant-colonel de Reinach fut maintenu dans ses fonctions de major de la garnison de la place de Tunis.

Le lieutenant-colonel Robillard fut maintenu dans ses fonctions de commissaire rapporteur près le conseil de guerre de La Goulette.

Le lieutenant-colonel Travailleur, seul des anciens chefs de groupe d'infanterie, rentra en France.

1. Voir plus haut, page 358.
Le service des renseignements à l'état-major du corps d'occupation était assuré par MM. Pont, chef de bataillon d'infanterie h. c., chef du service central; Durand, capitaine du train des équipages militaires h. c.; Coulombon, lieutenant d'infanterie.

2. Composition des états-majors de division et de subdivision.

ÉTAT-MAJOR	SERVICE DES RENSEIGNEMENTS
DIVISION DU NORD	
MM.	MM.
Robert, chef de bataillon d'infanterie h. c., chef.	Cauchemez, capitaine d'infanterie, h. c., chef.
O'Connor, capitaine de cavalerie, h. c.	Peiro, lieutenant d'infanterie.
Aubin, capitaine d'infanterie, h. c.	

a) Ne fut installé que le 7 juin (annexe n° LXIV, page 356).
b) Nouvelle création.
c) Un capitaine du service de renseignements était chef de l'annexe de Touzeur (sans garnison française).

Ils étaient complétés par les officiers d'ordonnance et les officiers chargés du service des renseignements[1].

La cavalerie du corps d'occupation[2] devait se réduire à douze escadrons (6 du 4ᵉ de chasseurs d'Afrique et 2 escadrons de chacun des 1ᵉʳ, 6ᵉ et 11ᵉ de hussards).

Chacun de ces régiments de hussards devait laisser en

Subdivision de Tunis.

M. Lande, capitaine d'artillerie, h. c. | M. Poupelier (Amand), capitaine d'infanterie, h. c.

Subdivision d'Aïn-Draham.

M. Cléric (de), capitaine de cavalerie, h. c. | M. Chollat-Traquet, lieutenant de cavalerie.

Subdivision du Kef.

M. Oudard, capitaine d'infanterie, h. c. | M. Poupelier (Edme), capitaine d'infanterie, h. c.

DIVISION DU SUD

MM. | MM.
Pellieux (de), chef de bataillon d'infanterie, h. c., chef. | Dubreuil, capitaine d'infanterie h. c., chef.
Latour-d'Affaure (de), capitaine d'infanterie, h. c. | Frolisch, lieutenant d'infanterie.
Meunier, capitaine d'infanterie, h. c. | Leguen, sous-lieutenant d'infanterie.

Subdivision de Sousse.

M. Canton, capitaine d'infanterie, h. c. | M. Jacobé de Haut, capitaine d'infanterie, h. c.

Subdivision de Gafsa.

M. Lebrun, capitaine de cavalerie, h. c. | M. Champsoin (de), lieutenant d'infanterie.

Subdivision de Gabès.

M. Bougon, capitaine de cavalerie, h. c. | M. Morris, capitaine de cavalerie, h. c.

(Nous n'avons pas cité les officiers du service de renseignements des cercles et annexes.)

1. Le service des renseignements fut organisé par le Ministre de la guerre le 8 juin.
2. Organisation de la cavalerie (Lettres ministérielles des 11 et 13 mai).
Les 1ᵉʳ, 6ᵉ et 11ᵉ hussards, 7ᵉ et 13ᵉ chasseurs à cheval avaient chacun en Tunisie un état-major et 3 escadrons.
Dans chacun de ces 5 régiments, il fut formé un groupe (commandé par un chef d'escadrons) de deux escadrons, chaque escadron à l'effectif de 150 hommes

Tunisie un groupe de deux escadrons commandé par un chef d'escadrons.

Chaque escadron devait être complété à 150 hommes et 141 chevaux de selle de troupe.

Le commandement de l'artillerie et du train des équipages militaires fut donné au lieutenant-colonel de Condé[1].

L'artillerie ne comprenait plus que 9 batteries (7 batteries de 80^{mm} de montagne, une batterie montée de 80^{mm} et une batterie à pied) et un parc à la Goulette[2].

Le train des équipages militaires allait comprendre sept compagnies (cinq étaient déjà en Tunisie, deux furent créées sur place).

Le chef d'escadrons Litschfousse reçut le commandement de l'artillerie et du train de la division nord; le chef d'escadrons Parriaud, celui de la division sud.

Le général Goury fut nommé au commandement du génie du corps d'occupation[3], le colonel Dressel directeur du génie

---

et 141 chevaux de selle de troupe. Cet effectif fut atteint par prélèvements sur l'escadron qui devait être rapatrié; ce qui restait de cet escadron fut renvoyé en France (Marseille, Bordeaux, Valence, Moulins et Auch).

Des cinq groupes de 2 escadrons ainsi reconstitués, 3 restent en Tunisie (hussards), 2 passent en Algérie (7e et 13e chasseurs) pour tenir garnison à Bone et Sétif (province de Constantine) et y remplacer le 4e régiment de hussards qui passe dans la province d'Oran pour y prendre la place du 4e chasseurs d'Afrique (Mascara) envoyé en Tunisie.

Les 6 escadrons du 4e chasseurs d'Afrique arrivèrent en Tunisie de fin mai à mi-juillet 1882.

(Le 4e chasseurs d'Afrique et le 4e hussards firent leur mouvement simultanément; les groupes des 7e et 13e chasseurs furent dirigés sur la province de Constantine dès que le 4e chasseurs d'Afrique fut arrivé en Tunisie.)

1. Décision ministérielle du 30 mai.
2. A partir du mois de décembre 1882, un détachement du 1er pontonniers vint tous les ans d'Alger en Tunisie, en automne, pour installer et manœuvrer des trailles sur l'oued-Medjerdah et l'oued-Mellègue (routes de Souk-el-Arba à Aïn-Draham et au Kef), puis repartait de Souk-el-Arba pour Alger, au milieu de l'été suivant, après avoir replié son matériel. Ce service dura jusqu'à l'établissement des ponts sur les deux rivières.
3. Deux des cinq compagnies du génie du corps expéditionnaire furent rapatriées. Il ne resta donc au corps d'occupation que trois compagnies; une de celles-ci fut renvoyée en France à la fin de 1883, une seconde au commencement de 1884, ce qui réduisit les troupes du génie de la division à une seule compagnie.

à Tunis, et le territoire fut divisé en quatre chefferies, [1] Tunis, Aïn-Draham, Ghardimaou et Sousse, chacune avec des annexes.

Le service de la télégraphie militaire fut organisé le 7 août 1882.

Une décision ministérielle du 15 juin avait constitué le service de la force publique du corps d'occupation.

Après le renvoi de la classe 1877 (octobre 1882), seuls les 24 bataillons de ligne et les 2 bataillons de chasseurs à pied, faisant normalement partie du corps d'occupation, reçoivent des renforts pour les maintenir à 650 hommes (160 hommes par compagnie de chasseurs); les autres bataillons sont laissés à l'effectif de 350 hommes prévu par la loi des cadres (4 compagnies à 85 hommes).

[A] Les opérations actives étant terminées, et le corps d'occupation constitué, nous donnerons rapidement les transformations principales qui furent ordonnées dans l'organisation des troupes d'occupation [2] et les mouvements dans le personnel de leur haut commandement.

Le général Forgemol fut bientôt invité à faire des propositions pour la réduction des troupes du corps d'occupation et sa transformation en division.

Dès le 23 mai 1883, le général Forgemol avait proposé, sur

---

1. Une cinquième chefferie fut créée à Gabès, le 8 août 1882.

A) Le bey Mohamed Es Saddock était mort le 28 octobre 1882, à 4 heures du matin.

Son frère, Si Ali Bey, l'ancien bey du camp de Ben-Béchir, Testour et Zaghouan, lui succéda ; il est encore actuellement possesseur du royaume de Tunis.

L'avènement de Si Ali et les funérailles de Mohamed Es Saddok laissèrent Tunis et la Tunisie dans une tranquillité parfaite.

2. Nous ne parlerons plus que des troupes faisant normalement partie du corps d'occupation, les autres éléments étant rapatriés successivement.

Les premiers bataillons rapatriés (en novembre 1882) furent les trois bataillons de chasseurs à pied non renforcés, n°s 23, 28 et 30, puis tous les bataillons de ligne ne faisant pas partie du corps d'occupation. Le rapatriement de cette première catégorie de bataillons fut terminé en mai 1883.

la demande qui lui en avait été faite par le Ministre, de ne conserver dans la future division d'occupation que douze bataillons (dont deux de chasseurs à pied).

Le 1ᵉʳ juillet, il n'avait plus 18.000 hommes [1]; l'infanterie était déjà réduite à 20 bataillons, six des bataillons renforcés ayant été rapatriés pendant le mois de juin.

Le rapatriement de quatre bataillons au mois d'août et de deux au mois de décembre était prévu.

Mais les nécessités budgétaires obligeaient à ramener le plus tôt possible à 15.000 hommes l'effectif des troupes stationnées en Tunisie.

Le Ministre ordonna que deux bataillons d'infanterie et une compagnie du génie, dont le rapatriement n'était prévu que pour 1885, seraient renvoyés en France dans le courant de décembre 1883 [2].

Il ne resterait donc que douze bataillons en 1884.

Le Ministre décida, en outre, que chacun des bataillons restant en Tunisie serait ramené à 600 hommes au lieu de 650. D'où il résulterait, pour 12 bataillons, une nouvelle réduction de 600 hommes.

---

[1]. Le 1ᵉʳ juillet 1883, il ne restait déjà plus au général Forgemol que 20 bataillons d'infanterie; des 26 affectés à son corps d'occupation, 6 avaient été embarqués au mois de juin; les effectifs des bataillons restants étaient tombés de 650 à 600 et le corps d'occupation ne comprenait plus que :

Vingt bataillons d'infanterie	à 600 hommes	12.000	
Dix escadrons de cavalerie	à 150 —	1.500	
Quatre batteries de montagne	à 248 —	1.000	
Une batterie montée	à 160 —	160	
Une batterie à pied	à 150 —	150	
Trois compagnies du génie	à 180 —	540	
Quatre compagnies du train	à 260 —	1.040	17.870
Commis et ouvriers d'administration		600	
Infirmiers		600	
Secrétaires d'état-major		100	
Gendarmes		100	
Télégraphistes		80	
Plus (pour mémoire) 12 compagnies mixtes à 250 hommes		3.000 [a]	

[2]. L'effectif de 18.000 hommes se trouvait ainsi diminué, pour 1884, de 1.480 hommes (2 bataillons à 650 et une compagnie du génie à 180).

[a]. A dater du 1ᵉʳ avril 1883, existaient 12 compagnies mixtes. (Voir annexe LXIX, p. 404.)

Les deux sections d'infirmiers et ouvriers d'administration furent réduites chacune de 600 à 500 hommes, et chaque compagnie du train subit une diminution de 50 hommes.

Du 26 octobre au 17 novembre, 5.528 hommes libérables de la classe 1878 furent rapatriés [1].

Un décret du 16 octobre 1883 appela le général Forgemol au commandement du 11ᵉ corps d'armée.

Division d'occupation

Aussitôt après le départ du général Forgemol, le corps d'occupation fut transformé en division [2].

Au lieu de 2 divisions, il y eut 3 subdivisions, et les anciennes subdivisions devinrent de simples cercles.

Le commandement de la division fut donné au général Logerot.

Le 21 février 1884, le général Logerot ayant été nommé au commandement du 8ᵉ corps, le général Boulanger vint le remplacer à la tête de la division d'occupation.

Du mois d'avril 1884 au 1ᵉʳ janvier 1886, trois bataillons d'infanterie de ligne seulement furent rapatriés.

Le général Boulanger fut appelé au commencement de janvier 1886 aux fonctions de ministre de la guerre. Le général de division Leblin de Dionne, désigné par décision ministérielle

---

1 En résumé les troupes d'occupation se trouvèrent réduites de :

	Hommes.
Deux bataillons d'infanterie	1.300
Cinquante hommes par bataillon maintenu en Tunisie	600
Une compagnie du génie	180
Cent hommes par section d'ouvriers et d'infirmiers	200
Cinquante hommes par compagnie du train des équipages	250
Soit au total	2.530

Ce qui ramena la future division à 15.000 hommes.

2. A dater du 1ᵉʳ décembre 1883, le corps d'occupation de Tunisie est transformé en division d'occupation.

DIVISION D'OCCUPATION : général de division LOGEROT.

Subdivision de Tunis, général de brigade BOUSSENARD.
{ Cercle de Tunis,
  — d'Aïn-Draham,
  — du Kef.

Subdivision de Sousse, général de brigade RIU.
{ Cercle de Sousse,
  — de Kairouan.

Subdivision de Gabès, colonel de la ROQUE (13ᵉ chasseurs).
{ Cercle de Gabès,
  — de Gafsa.

du 18 janvier 1886 pour commander la division de Tunisie, vint prendre possession de son poste le 27 janvier.

Le 17 avril 1886, le Ministre de la guerre ordonne le rapatriement de deux escadrons du 6e hussards et de sept bataillons d'infanterie de ligne[1].

Les embarquements furent échelonnés du 25 avril 1886 au 10 juin.

En 1885, l'installation du 2e régiment étranger avait été prévue à Gabès, Gafsa et Sfax; mais, le 22 avril 1886, le Ministre décida que ce régiment ne serait pas transféré en Tunisie et qu'il serait maintenu en Algérie.

Le 4e bataillon d'infanterie légère d'Afrique vint à Ras-el-Oued.

Le 15 juin 1886, la division fut transformée en une brigade d'occupation dont le général de brigade Gillon prit le commandement[2]. Brigade d'occupation

Trois commandements militaires (Tunis, Sousse et Gabès) et un cercle[3] (Gafsa dépendant de Gabès) furent créés, et les cercles d'Aïn-Draham, Le Kef et Kairouan supprimés.

---

1. Le dernier bataillon d'infanterie de ligne rapatrié fut le bataillon du 83e (10 juin 1886).

Restent seuls en Tunisie, en plus de l'infanterie spéciale, les 27e et 29e bataillons de chasseurs à pied.

Le groupe du 6e hussards, embarqué le 29 avril à Sfax, était le dernier élément de cavalerie de France restant en Tunisie.

La cavalerie de Tunisie restait constituée par le 4e chasseurs d'Afrique, à 6 escadrons, venu d'Algérie et débarqué en Tunisie de mai à juillet 1882, et par les trois escadrons de spahis tunisiens (voir annexe n° LXIX, page 408).

2. A cette date du 15 juin 1886, les troupes d'occupation se composent de :

Onze bataillons et une compagnie d'infanterie.
- Quatre bataillons du 4e zouaves.
- Quatre bataillons du 4e tirailleurs (formé en 1885, avec l'infanterie des 12 compagnies mixtes supprimées; voir annexe n° LXIX, page 408).
- Les 27e et 29e bataillons de chasseurs à pied.
- Le 4e bataillon d'Afrique.
- La 1re compagnie de fusiliers de discipline.

Neuf escadrons de cavalerie.
- Six escadrons du 4e chasseurs d'Afrique.
- Trois escadrons de spahis tunisiens.

Quatre batteries d'artillerie.
Quatre compagnies du train.
Une compagnie du génie.

3. Plus tard, le 10 mai 1889, un emploi de commandant supérieur est créé à

Les généraux commandant en Tunisie furent successivement, après le général Gillon, les généraux Saint-Marc, Swiney et Leclerc^A.

Rétablissement de la division. Par décision ministérielle du 19 décembre 1894, la brigade d'occupation fut transformée en une division.

Cette mesure reçut son exécution à la date du 1ᵉʳ janvier 1895, et le général Leclerc, promu divisionnaire, conserva le commandement des troupes de Tunisie.

En même temps un général de brigade d'infanterie et un général de brigade de cavalerie étaient envoyés en Tunisie : le premier à Tunis, le second à Sfax.

Enfin, une note ministérielle du 24 avril 1897 changeait l'organisation de la division d'occupation de Tunisie. Le territoire alors divisé en 3 commandements militaires (Tunis, Sfax et Gabès) ne devait plus comprendre à l'avenir que deux commandements, celui de Tunis et celui de Gabès.

Le commandement militaire de Sfax était supprimé et son territoire rattaché à celui de Gabès.

Médenine ; il dépend de Gabès et exerce son autorité sur Médenine, Tatahouine et Zarzis.

A. Les escadrons de spahis tunisiens formèrent un régiment à 5 escadrons : le 4ᵉ régiment de spahis ;

Deux compagnies du 1ᵉʳ bataillon d'infanterie légère d'Afrique, fortes chacune de 3 officiers et 400 hommes, partirent du Kreider le 13 juin 1888 pour venir remplacer en Tunisie le 27ᵉ bataillon de chasseurs qui allait rentrer en France (embarqué le 27 juin) ; elles allèrent tenir garnison à Gabès.

Le 21 février 1889, le 29ᵉ bataillon de chasseurs à pied s'embarque à Gabès pour être rapatrié. C'est le dernier bataillon rentrant en France.

A la fin de février 1890, l'état-major et quatre compagnies actives du 3ᵉ bataillon d'infanterie légère d'Afrique, revenant du Tonkin, débarquent directement en Tunisie et vont s'installer au Kef.

Comme ces compagnies sont très faibles, un détachement de 600 hommes leur est envoyé immédiatement de la portion centrale qui est à Batna.

Quand deux compagnies du 2ᵉ bataillon d'infanterie légère d'Afrique, revenant du Tonkin, se furent complétées à Médéah (novembre 1890), elles furent dirigées sur Biskra et Khenchela pour y relever les compagnies du 3ᵉ bataillon d'Afrique, lesquelles, se concentrant avec leur dépôt venu de Batna, le 2 janvier 1891, à Tébessa, passèrent en Tunisie et arrivèrent au Kef le 8 janvier 1891.

Le 3ᵉ bataillon d'Afrique se disloqua alors de la façon suivante :
Etat-major, portion centrale et trois compagnies et demie au Kef ;
Une compagnie à Souk-el-Djemaâ ;
Une compagnie et demie à Téboursouk.

Le commandement militaire de Gabès devait être exercé par un général de brigade aux lieu et place d'un colonel.

Le siège de la brigade de cavalerie de Tunisie fut transféré de Sfax à Tunis.

Actuellement, l'état-major général de la division d'occupation de Tunisie est donc constitué de la façon suivante :

Organisation actuelle du commandement en Tunisie.

Un général de division, à Tunis ;

Un général de brigade d'infanterie et commandant militaire de Tunis, à Tunis ;

Un général de brigade de cavalerie, à Tunis ;

Un général de brigade commandant militaire de Gabès.

N° LXVI

Colonne du général d'Aubigny de Tébourba à la Kessera [a].

Les nouvelles des opérations dans l'extrême sud parvenaient dans le centre et dans le nord de la Tunisie, et troublaient la tranquillité des populations.

Pour éteindre immédiatement ce commencement d'agitation et mettre fin aux bruits qui circulaient chez les indigènes annonçant l'arrivée des Turcs et notre prochain départ de Tunisie, des démonstrations devenaient nécessaires.

Elles furent ordonnées par le général en chef[1].

Le 29 mars 1882, deux colonnes reçurent l'ordre de parcourir les tribus des Oulad-Aoun, des Oulad-Ayar et de la Kessera chez lesquelles on signalait quelques symptômes de fermentation[2].

Colonne d'Aubigny de Tébourba à la Kessera. (6 avril - 10 mai 1882).

---

a. Voir croquis n°s III et V.

1. Les colonnes qui firent ces démonstrations exécutèrent de véritables marches militaires. L'étude de ces marches n'étant que d'un intérêt relatif, nous ne donnerons qu'un rapide résumé de l'itinéraire de la colonne du général d'Aubigny, la plus importante comme effectif et qui marcha, tout au moins, sur un objectif géographique.

On trouvera peut-être instructifs deux passages de rivière qu'elle effectua.

2. Colonne du général d'Aubigny, partant de Tébourba et forte de 3 batail-

Le départ fut remis au 6 avril par suite de pluies torrentielles.

La colonne d'Aubigny[1], concentrée le 4 avril à Tebourba, campa le 5 près de la caserne du Battan et se mit en route le 6, à 6 heures du matin, vers le sud.

Elle marche vers le sud.

Le 6 au soir, la colonne campe à Sbab-il-Djemel, le 7 à Bled-Goubellat à côté de redirs d'eau de pluie[2]. Le 8 elle s'arrête à Aïn-Naga[3].

Dans l'après-midi une reconnaissance est envoyée dans la direction de Medjez-Sfa sur lequel on doit marcher le 9. Elle constate que la vallée de l'oued-Remil et la plaine entre la Sebkha-Koussia et Medjez-Sfa, complètement inondées, sont infranchissables.

Le général se décide à changer de direction et à marcher vers l'ouest pour prendre la route déjà connue de Maktar par le gué de la Silianah, Ain-Tunga, Aïn-Hedja et Bordj-Messaoudi.

Elle change de direction vers l'ouest.

Dans la nuit du 8 au 9, la pluie tombe torrentielle; elle cesse le 9 à 4 heures du matin, mais reprend à 10 heures du matin assez violente.

Le 9, la colonne est arrêtée dans sa marche, à l'oued-Logueur[4], à 1 kilomètre en avant de Bou-Gêlida.

---

lons d'infanterie, 1 escadron de hussards, une section d'artillerie de montagne et services.

Colonne de la Roque, partant du Kef, forte de 2 bataillons d'infanterie, 50 cavaliers, et une section d'artillerie de montagne.

1. La colonne d'Aubigny est composée du bataillon du 20ᵉ (pris dans la garnison de Tébourba), des bataillons des 88ᵉ et 119ᵉ (venant d'Hammam-Lif), d'un escadron du 11ᵉ hussards, d'une section d'artillerie de montagne (prise à Medjez-bela-B), génie et services.

Son effectif, le 6 avril, est de 49 officiers, 1.339 troupe, 149 chevaux et 94 mulets; il faut ajouter l'état-major, 40 cavaliers de goum et 250 chameaux portant 8 jours de vivres.

1. L'intention était de camper aux trois puits de Sidi-Nadji, mais on en avait trouvé deux à sec et le troisième fétide.

3. Le but de la marche du 8 était Si-Smain ; la colonne, fatiguée par la pluie et la traversée d'un sol marécageux, dut s'arrêter à Aïn-Naga, à 6 kilomètres du but.

4. Le torrent est infranchissable : le camp est établi sur la rive gauche.

Dans l'après-midi du 9, une compagnie d'infanterie et le génie vont reconnaître le gué de la Silianah : elle est infranchissable. Les Arabes qui ont tenté le passage à la nage ont dû y renoncer à cause du courant.

Fatiguée, elle fait séjour le 10 à l'oued-Logueur. Le général se décide à se rapprocher le lendemain de la Silianah, pour la passer dès que ce sera possible.

Le 11 avril, la colonne quitte l'oued-Logueur à 6 heures du matin. A 8 heures elle arrive au gué d'El-Aroussa. La Silianah est infranchissable (2 mètres d'eau et courant rapide). La colonne campe sur la rive droite.

Dans la nuit du 11 au 12, la Silianah n'a baissé que de 12 centimètres ; le général renonce à toute idée de passage qui conduirait la colonne dans des régions non encore parcourues ; le mois d'avril est pluvieux, les torrents deviennent rapidement infranchissables et les troupes pourraient éprouver de grandes difficultés de marche et de sérieux embarras de ravitaillement en pays inconnu. Il arrête définitivement l'itinéraire par Testour et Aïn-Tunga.

Il faut donc reprendre la direction du nord.

Le 12, la colonne descend le long de la rive droite de la Silianah et vient camper à Kheneg-Mourou (rive droite).

<small>Elle reprend la direction du nord.</small>

Le 13, elle quitte Kheneg-Mourou à 6 heures du matin, redescend encore la Silianah et arrive à 8 heures à Testour. Elle s'arrête, se masse (de 8 heures à 9 h. 30) à hauteur du camp du 84ᵉ et fait le repas du matin.

Pendant ce temps est faite la reconnaissance de la rivière.

<small>Passage de la Silianah, au gué de Testour, le 13 avril.</small>

« Le gué de la route a 0ᵐ,70 d'eau, le fond est excellent, mais le courant est rapide. La direction à suivre, très oblique par rapport aux rives, est repérée avec soin.

» A 11 h. 30 l'eau n'a baissé que de 3 centimètres et les indigènes assurent que la décroissance de la rivière sera très lente. Il faudrait attendre deux ou trois jours pour avoir, le beau temps persistant, une diminution appréciable.

» Ordre est alors donné à la colonne de venir s'établir près du gué (à 2 kilom. du camp du 84ᵉ). Elle y arrive à midi ; les faisceaux sont formés, le passage doit commencer à 1 h. 30. Les hommes se mettent en pantalon de toile, quittent leurs souliers pour la plupart et arriment leurs effets et leurs cartouches sur le sac, pour éviter de les mouiller.

» Pendant ce temps un câble d'alfa de 0^m,08 de diamètre est apporté de Testour. Des indigènes réquisitionnés le transportent de l'autre côté de la rivière, puis s'échelonnent de 3 en 3 mètres pour le soutenir à hauteur d'appui. Une dizaine de cavaliers du goum sont placés au milieu de la rivière, à 10 mètres de la corde, pour rompre le courant assez fort en ce point.

» A 1 h. 15 le passage commence ; les hommes passent en file par un, à 2 ou 3 mètres de distance, et en se tenant à la corde. Sous les pas des hommes le sol se creuse. Néanmoins le premier bataillon passe en 25 minutes[1]. La corde est alors déplacée et le deuxième bataillon s'écoule en 1 h. 15 cette fois. L'eau semble avoir monté ; quelques hommes sont pris de vertige au milieu de la rivière, mais les Arabes leur viennent en aide, et la traversée a lieu sans accident. Le 3° bataillon passe en une heure.

» A 4 heures, l'artillerie commence à défiler, les mulets en file par un, à dix mètres de distance ; puis l'ambulance, un Arabe à la tête de chaque mulet, plusieurs autour des cacolets ; enfin, le trésor et les bagages des corps.

» Tous les officiers montés passent au delà de la corde. A 5 h. 15, les 40 chameaux chargés des bagages, des tentes, arrivent au gué et le franchissent *en un instant*. La cavalerie et le général passent en dernier.

» Au fur et à mesure de leur traversée, les troupes se massent sur la rive gauche, s'essuient, reprennent le pantalon de drap et marchent sur Aïn-Tunga où elles arrivent successivement.

» Le général y arrive à 6 h. 15.

» Le convoi administratif (200 chameaux) commence à 5 h. 35 son passage qui est terminé à 6 heures ; à 7 heures, il arrive au camp.

---

1. Les effectifs ne sont cependant pas élevés.
Ils étaient, le 6 avril, au départ :
    20° de ligne, 14 officiers, 360 hommes de troupe.
    88° — 12 — 375 —
    119 — 13 — 394 —

» Il n'y eut aucun accident, au passage, dans toute la colonne. »

Le 14, la colonne fait séjour à Aïn-Tunga (rive gauche).

Le 15, elle se porte à Aïn-Hedjà par la route du Khaled (passe sept fois l'oued et suit son cours pendant une centaine de mètres); le 16, elle vient camper à Bordj-Messaoudi[1].

Le 17, elle se porte au djebel-Tricha, et le 18 à Seba-Biar[2].

Le 19, la colonne vient aux ruines de M'Djouffa[3].

Elle y fait séjour le 20; le général d'Aubigny avec le colonel de la Roque va visiter la position du Dyr-Attaff.

Le 21, la colonne vient camper sur la rive gauche de l'oued-Ouzafa; elle y reste le 22, pendant que le général reconnaît les pentes sud-est de la Hamada-el-Kessera.

Le 23, tandis que les camps de l'oued-Ouzafa et de l'oued-Daoud[4] restent dressés, la plus grande partie des troupes des deux colonnes[5] vont camper en un seul bivouac à 1.500 mètres au sud des deux villages de la Kessera.

Dans l'après-midi du 23, le général d'Aubigny, le colonel de la Roque et quelques officiers montent aux villages de la Kessera. L'attitude des indigènes n'est que correcte : l'uniformité de leurs manifestations de respect sent la consigne; on voit que le caïd Mohamed el Borni a l'œil sur eux. Leur accueil est réservé; on les devine dans le fond animés de dispositions malveillantes.

Le 24, les camps de l'oued-Ouzafa, de l'oued-Daoud et de la Kessera restant dressés, le général, l'état-major, 2 compagnies par bataillon (sans sacs) et un peloton du 11ᵉ hussards

---

1. A côté du camp des 2 compagnies du 83ᵉ.
A cette date la colonne de la Roque est installée à 10 kilomètres d'Ellez.
2. L'appareil optique installé au milieu du camp de Seba-Biar entre immédiatement en communication avec le colonel de la Roque à Dyr-Attaf (Ellez).
3. Le colonel de la Roque vient au camp du général d'Aubigny.
Depuis le 17, comme il n'y a pas même de brousse dans la région, le général d'Aubigny se fait suivre de 20 chameaux portant du bois.
4. Camp de la Roque.
5. Deux bataillons de la colonne d'Aubigny (88ᵉ et 119ᵉ) allégés le plus possible, 2 pelotons de hussards, la section d'artillerie, le génie, un convoi de deux jours

(les chevaux allégés) gravissent, à 11 heures du matin, les pentes situées à l'est des villages par un chemin facile et qui serait aisément rendu praticable à l'artillerie de montagne. L'ascension dure trois quarts d'heure.

Arrivée au sommet, l'infanterie fait une pause ; puis les compagnies envoyées dans des directions différentes s'avancent jusqu'aux falaises qui bordent le plateau.

Le général, suivi du peloton de hussards, parcourt le plateau, la Hamada-el-Kessera.

A 5 heures, les troupes qui ont pris part à cette marche militaire redescendent au camp de la Kessera.

Le but que l'on se proposait était rempli : les indigènes devaient être convaincus de notre maintien en Tunisie, et ils avaient vu la facilité avec laquelle nos troupes pénétraient dans leurs montagnes qu'ils croyaient inaccessibles.

Le 25, les deux colonnes se séparent ; les troupes de la colonne d'Aubigny, qui ont été à la Kessera, rejoignent le camp de l'oued-Ouzafa[1].

Dans l'après-midi, le général reconnaît la position de Maktar.

La colonne retourne vers le nord.

Le lendemain 26, la colonne se rend à Ellez ; elle y fait séjour le 27, tandis que le général avec son chef d'état-major, le chef du service des renseignements, les officiers topographes et un peloton et demi de hussards se rend au Kef (50 kilom.) par la plaine du Sers et l'oued-Lorbeus[2].

Le 28, la colonne, sous le commandement du lieutenant-colonel Debord, reprend le chemin d'Aïn-Tunga ; elle campe

---

(60 chameaux) quittent à 6 heures du matin le camp de l'oued-Ouzafa où reste le bataillon du 20ᵉ avec un peloton de hussards, l'ambulance et le gros du convoi. A 8 h. 30' la colonne arrive à hauteur du camp du colonel de la Roque, qui, avec le 128ᵉ, une section d'artillerie et un peloton du 13ᵉ chasseurs à cheval, prend la gauche de la colonne d'Aubigny.

A 10 h. 30, les 2 colonnes, après avoir traversé l'oued-Jenan-Sultan, campent en un seul bivouac à 1.500 mètres au sud des deux villages de la Kessera.

1. Le colonel de la Roque, avec sa colonne, gagna le haut de l'oued-Ouzafa.
2. Le général d'Aubigny rentrera directement du Kef à Tebourba, par Nebeur, Pont-Romain, Bordj-Messaoudi, Aïn-Hedja (par le Korib), Enchir-Chett (R. R.), Dougga et Aïn-Tunga.

le 28 au sud de l'henchir-Mosbah, le 29 à Bordj-Messaoudi, le 30 avril à Aïn-Hedjà, et le 1ᵉʳ mai à Aïn-Tunga.

Le 1ᵉʳ mai[1], en arrivant à Aïn-Tunga, le général d'Aubigny reçut avis du colonel de la Roque, toujours sur la rive droite de l'Ouzafa, que les populations souffraient d'une grande appréhension devant des indices menaçant du sud et que la situation (au 30 avril) était incertaine. *Elle stationne à Aïn-Tunga du 1ᵉʳ au 10 mai.*

Le soir, en rentrant à Tebourba, il reçut un télégramme de la division prescrivant le maintien de la colonne d'Aubigny à Aïn-Tunga et celui de la colonne de la Roque sur l'oued-Ouzafa, jusqu'à ce que l'inquiétude dans le sud fût calmée.

Dès le lendemain, on apprend, par des renseignements venus de Kairouan, que le pays est tranquille.

Mais la colonne Debord restera encore quelque temps à Aïn-Tunga.

« Le 3 mai, un demi-peloton de hussards et 20 travailleurs d'infanterie vont jeter un pont *d'arabas* sur la Silianah. Treize arabas sont placées roues contre roues, en file ; le tablier est formé par des planches du génie. Le pont est jeté en douze minutes ; il est replié en dix minutes. *Exercice de pont.*

» La hauteur de l'eau n'est que de 30 centimètres, mais il est constaté que le pont est possible avec une hauteur n'excédant pas 0ᵐ,80. La colonne pourra donc, en cas de marche sur Testour, passer à pied sec. »

Le 8 mai, une dépêche de la division prononce la dislocation de la colonne à la date du 10. Le lieutenant-colonel Debord et le 20ᵉ resteront à Aïn-Tunga, les autres corps et services partiront le 10 pour rentrer dans leurs garnisons respectives.

Le 9 mai, un détachement de travailleurs va établir un pont d'arabas sur la Silianah pour le passage du lendemain. Les roues des voitures sont calées et brêlées, les planches qui

---

[1]. A cette date du 1ᵉʳ mai, le général Philebert arrivait à Bir-Sultan et le général Jamais opérait autour de Medenine.

forment tablier sont maintenues par des cordes. L'établissement du pont exigea trois quarts d'heure.

La colonne est disloquée le 10 mai.

Le 10 mai, la colonne, qui est à Aïn-Tunga depuis le 1er, est disloquée. A 5 h. 30 du matin, le 88e, le 119e, les hussards, l'artillerie et les services quittent Aïn-Tunga sous les ordres du commandant Danès, chef d'état-major.

N° LXVII [1]

Expansion des dissidents ; leurs DJICH (août, septembre et octobre 1882). Premières soumissions (octobre et novembre).

Les opérations des colonnes Philebert et Jamais provoquent une nouvelle crise chez les dissidents.

Les opérations de nos colonnes [2] dans la région de l'oued-Fessi avaient provoqué une nouvelle crise dans le camp des émigrés ; mais il ne se produisit aucune défection.

Les insurgés se surveillaient réciproquement ; ils sentaient la nécessité de ne pas diminuer leurs forces pour être à même de maintenir en respect les tribus tripolitaines et les Ouarghamma entre lesquels ils se trouvaient englobés.

qui tentent quelques coups de main sur les douars tripolitains.

Le mois d'avril se passa sans incidents remarquables. Mais au mois de juin, la misère se faisant sentir plus vive et le mouvement d'expansion des djich ne pouvant se produire du côté de la régence, à cause de la présence de nos colonnes, les maraudeurs Zlass et Hammema tentèrent quelques coups de main sur les troupeaux et les récoltes des Tripolitains.

Un conflit grave et sanglant se fût produit sans l'intervention des autorités turques.

De plus, le mois du ramadan approchait et tout bon musulman le considère comme une période de trêve et d'apaisement.

Ramadan.

Fidèles à leurs anciennes traditions, les émigrés tunisiens

---

1. Suite à l'annexe n° LXIII, page 348.
2. Colonnes Philebert et Jamais. Voir annexe n° LXIV.

s'abstinrent d'une façon à peu près générale, pendant le mois sacré, de toute manifestation violente et de tout acte d'hostilité.

Mais dans les premiers jours d'août, pendant les fêtes qui suivirent la clôture du ramadan, on apprit que de fortes bandes armées se groupaient sur les bords de l'oued-Fessi et étaient prêtes à entrer sur le territoire de la Régence.

Au Nefzoua, dans l'Aarad, les indigènes racontaient que 900 cavaliers et 1.400 fantassins se réunissaient entre l'oued-Fessi et Ksar-Medenine et n'attendaient que l'ordre d'Ali ben Khalifa pour remonter vers le nord.

Préparation des djich.

Tous ces bruits se rapportaient aux faits suivants :

Quelques centaines de dissidents, en partie voleurs de profession, s'étaient donné rendez-vous sur les bords de l'oued-Fessi pour aller en rezzou sur le territoire tunisien.

Il est vrai qu'ils allaient se mettre en campagne sous le patronage d'Ahmed ben Youcef, d'Ali ben Khalifa et d'El Hadj Hassein ben Messaï; mais il n'avait été nullement question de les réunir en un seul groupe et de les soumettre à une impulsion unique; cette entente était impossible.

Il convient également de remarquer que le principal but que poursuivaient les chefs indigènes en poussant les bandes de maraudeurs vers le nord, était plutôt d'améliorer leur situation matérielle que de lutter contre nos troupes dont ils connaissaient maintenant l'énorme supériorité.

Les cavaliers rassemblés près de l'oued-Fessi ne devaient pas opérer en commun. Le partage du butin fait pendant les mois de février et de mars avait soulevé des réclamations sans nombre, aggravées par l'état de dénuement où se trouvaient les dissidents.

Afin d'éviter le retour de pareilles contestations, pour conserver leur liberté d'allures et pour échapper aux exigences d'Ali ben Khalifa, à qui l'on reprochait de vouloir s'arroger la part du lion, les chefs indigènes avaient décidé que chaque tribu opèrerait pour son compte; ce système répondait beaucoup mieux au caractère, aux besoins et aux intérêts de la majorité. Les chefs indigènes exigeaient, en retour de leur protection, une partie du produit des razzia; le reste était laissé aux capteurs qui se recrutaient un peu dans toutes les classes, chez les brigands de profession et les coureurs d'aventures, aussi bien que parmi les gens paisibles réduits à la misère.

Les groupes se partagent les théâtres d'opérations.

Avant de se mettre en route, et pour ne pas se contrarier dans leurs futures opérations, les groupes déterminèrent les zones dans lesquelles chacun d'eux pourrait manœuvrer. Ces différents théâtres d'opérations s'imposaient naturellement. Le succès des entreprises de partisans dépend non seulement de leur audace et de leur vigueur, mais encore de leurs connaissances sur les ressources du pays, les habitudes des populations et les points de passage forcés. Les maraudeurs avaient donc tout avantage à se rabattre sur le pays qu'ils avaient habité précédemment.

Djich des Zlass et des Hammema dans le nord.

Dans les premiers jours du mois de choual (c'est-à-dire vers le 16 août), un premier groupe d'insurgés, composé de Zlass, d'Oulad-Redhouan et d'Oulad-Aziz (environ 250), quitta l'oued-Fessi; il passa successivement à Douiret, Bir-ech-Cheteb et Bir Sultan sans être inquiété; mais en arrivant à Bir-Zoumit, il se heurta aux gens de Tamezert qui gardaient le puits; après un court engagement, le poste lâcha pied, ayant perdu quelques hommes.

Le djich poursuit sa route vers le nord-ouest.

Le 26, il est à Zaouiet-Limaguès; le 28 au soir, il est dans les collines situées à 8 kilomètres au sud de Gafsa, guettant les chameaux de la colonne mobile qui chaque jour viennent pâturer dans cette direction.

(Il avait sans doute aussi l'intention de forcer le passage de Lalla, pour arriver dans le Hamra-Majoura.)

Ce coup de main n'échoua que grâce au dévouement du caïd d'El-Ayacha, Brahim ben Souissi, qui, ayant quelques indications sur le dessein des insurgés, partit à franc étrier la nuit et arriva à temps à Gafsa pour prévenir le capitaine Lebrun, chef d'état-major.

Celui-ci, aussitôt, sortit avec le maghzen disponible, de la cavalerie et 2 compagnies d'infanterie qui firent échouer la tentative après un petit combat[1].

Après cette tentative infructueuse, le djich se rejeta vers l'est. Arrivé à El-Guettar il se scinda en deux fractions pour gagner le Bou-Hedma : l'une prit le chemin de Bou-Amran, Bir-Saâd et Bir-Bokko; l'autre gagna Bir-Mrabot, Zelloudja, d'où elle remonta brusquement vers le nord pour atteindre le bled-Talah.

Le 31 août, les dissidents signalèrent leur présence au Bou-Hedma en dévalisant les bergers de Mech et de Sened.

Quelques jours après ils étaient tous réunis dans le Regab et le djebel-Arthouma, contrée qu'ils avaient choisie comme centre de leurs opérations, non seulement parce qu'ils y trouvaient des abris sûrs, des figues et de l'herbe, mais encore parce qu'il existait dans les environs un certain nombre de silos d'où ils tiraient leurs principaux moyens d'existence.

A partir de cette époque, l'action commune des Zlass, des Oulad-Redhouan et des Oulad-Aziz cessa. Chaque groupe reprit son indépendance pour aller exercer sur le territoire qu'il s'était réservé.

Les Zlass prirent les premiers l'offensive.

Les Zlass.

Le 5 septembre, à la pointe du jour, ils arrivaient devant Kairouan, dépouillaient plusieurs indigènes, dévastaient un jardin et enfin razziaient à Abida cinq douars des Oulad-Khalifa. Poursuivis par les cavaliers de la compagnie mixte de Kairouan, ils reprenaient en toute hâte le chemin du Regab, abandonnant une partie de leur butin. Le soir même, ils couchaient à Si-el-Amara, au sud des oglet-ben-Zellouch, après avoir franchi plus de 100 kilomètres en vingt-quatre heures.

Pendant une dizaine de jours, ils ne firent plus parler d'eux. On les croyait en marche vers le sud, lorsque le 14 septembre on apprit qu'ils avaient reçu un renfort de cinquante

---

1. Le djich fut attiré sous le feu d'une compagnie d'infanterie postée en avant de l'oasis de Lalla.

cavaliers. Ces derniers avaient pu passer entre Ras-el-Oued et Gabès, dans la nuit du 12 au 13, grâce à la complicité des gens de Menzel et de Chenini.

Le 18 septembre, le groupe des Zlass, en quête de pillage, se rencontra inopinément avec la compagnie mixte de Kairouan qui campait aux environs du djebel-Mehari. Malgré les pertes qu'il éprouve, il n'en continue pas moins son mouvement en avant; le 19 au matin, il razzie complètement à Djemalia la fraction des Fouedh, des Oulad-Khalifa, puis il reprend le chemin du Regab.

Le 20, à 7 heures du matin, il enlève en passant les chameaux de la compagnie détachée à Sidi-Amor-bou-Adjeba.

Le 22 septembre, attaqué vivement par la compagnie mixte de Kairouan qui s'est postée au djebel-Mettelègue pour l'attendre, il lui tue un officier, un sous-officier et 3 cavaliers français et se lance à la poursuite des débris du peloton de cavalerie qui s'était engagé inconsidérément sans être soutenu; L'approche de l'infanterie peut seule décider les dissidents à se retirer.

Les Oulad-Redhouan. Pendant ce temps les Oulad-Redhouan font preuve d'une égale activité.

Dans la nuit du 13-14, ils surprennent un douar des Oulad-Redhouan campé par ordre à Sidi-Ali-ben-Aoun pour assurer le service de la correspondance; ils pillent les tentes, vident les silos, enlèvent les troupeaux et tuent le courrier porteur des dépêches de Djilma.

Le lendemain matin, ils razzient les troupeaux des gens de **Majoura**.

Le même jour (15), on apprend que 40 cavaliers des Oulad-Redhouan, commandés par Ali ben Dhô [1] ont passé en vue d'Oum-Saâd et de Bou-Amran, se dirigeant vers le sud.

---

1. Ali ben Dhô n'était qu'un vulgaire assassin, et les opérations de la bande qu'il conduisait consistaient surtout en brigandages. Quand Ali ben Dhô eut fait sa soumission il n'hésita pas à nous demander un commandement dans la tribu des Oulad-Redhouan (voir *La 6ᵉ brigade*, pages 226 et suivantes).

Le 15 au matin, des muletiers se rendant à Gafsa sont dévalisés à Bir-Mrabot par la bande d'Ali ben Dhô.

Le 17, à l'aube, le même djich tombe dans la plaine située au nord de Lalla sur une caravane de Sened, lui enlève 8 chameaux et 8 ânes chargés et dépouille les conducteurs sans leur faire aucun mal. — Vers 11 heures du matin, il razzie, sous le feu d'une compagnie du 43e d'infanterie, 35 chameaux allant au pâturage et appartenant au convoi de ce détachement ; — à 3 heures de l'après-midi le djich surprend à Sidi-Aïch trois marchands qu'il dévalise et tue à coups de fusil.

Le 18, à 6 heures du matin, il attaque un convoi du 4e régiment de zouaves, lui prend 36 chameaux et se retire sans avoir éprouvé de pertes.

A la suite de ces derniers coups de main un officier du service des renseignements, appuyé par un détachement du 1er régiment de hussards, fut lancé à la poursuite du djich.

Parti à 9 heures du matin le 18 septembre, il rentrait le soir à 7 heures après avoir fourni une course de 70 kilomètres. Il avait retrouvé en passant les cadavres des gens assassinés et deux chevaux abandonnés par le djich qui fuyait, mais n'avait pu atteindre le djich. (Le détachement de hussards perdait 4 chevaux morts de congestion pulmonaire.)

Le 25 septembre, on retrouve la même bande à la zaouïa Ceddaguïa où elle força à la retraite une reconnaissance de Djilma[1], et à Sbeitla où elle vola quelques moutons.

Les Oulad-Aziz montrèrent beaucoup moins d'audace que les autres Hammema. Ils se contentèrent de rayonner assez timidement autour du Regab et ne récoltèrent qu'un maigre butin enlevé en partie aux gens des villages du djebel. Ils ne

Les Oulad-Aziz.

---

1. Cette reconnaissance était dirigée par le lieutenant de Fleurac du service des renseignements de Djilma, appuyé par un peloton de hussards.
Au moment d'engager l'action par le feu des carabines, l'officier s'aperçut que les hussards n'avaient pas de cartouches et ils se replièrent après un engagement où le lieutenant de Gélis du 6e de hussards eut un cheval tué sous lui en dégageant le lieutenant de Fleurac, qui venait d'être blessé.

pouvaient songer à s'attaquer aux leurs restés dans le devoir ; la seule fraction qui n'avait pas suivi l'émigration en Tripolitaine avait été mise à l'abri sur le territoire des Fraichich [1].

En présence de l'extrême mobilité des djich, il ne restait qu'un parti à prendre : renoncer à les poursuivre et couper leur ligne de retraite vers la Tripolitaine.

Les points de Chenchou et de la Hamma avaient été occupés par des détachements de Gabès ; les Beni-Zid donnaient la main aux gens du Nefzaoua pour garder les passages du chott ; au nord de celui-ci nous tenions Sidi-Mohamed-Nogguès sur la route de Gabès à Kairouan, le bou Hedma, les oglet El-Haffey, El-Ayacha (occupé par le 6e de ligne), Gafsa et Gourbata.

Retraite du djich. — Les dissidents se rendirent compte de nos intentions. Aussi, dès le 25 septembre au soir, prirent-ils leurs dispositions pour rétrograder vers la frontière. Ils ne pouvaient suivre qu'une seule direction pour rejoindre l'oued-Fessi, celle qu'ils avaient prise précédemment pour remonter vers le nord. En se rabattant plus vers l'est, ils eussent été trop exposés aux attaques de Cherfeddine et d'Allegro ; ils ne devaient pas songer à passer par le Bou Hedma et les oglet El-Haffey qui étaient gardés par nos troupes. Ils se trouvaient donc réduits soit à se rejeter vers l'oued-Oum-el-Ksob, au nord-ouest de Gafsa, pour gagner ensuite les défilés du Sahara, vers le Djerid, soit à forcer un des passages situés à proximité de Gafsa ; c'est à cette dernière résolution qu'ils s'arrêtèrent.

Le 27 septembre, au matin, ils parurent au nombre de 200 chevaux environ au Madjoura. Le soir ils traversaient à fond de train le col de Lalla, situé à 3 kilomètres de Gafsa, sans se

---

1. Les environs de Sfax n'eurent que peu à souffrir pendant cette période : quelques cavaliers Neffet, qui avaient pu traverser le territoire des Beni-Zid sans être inquiétés, passèrent vers le 10 septembre à Sidi-el-Aguerba ; de là ils se dirigèrent sur El-Djem et dévalisèrent coup sur coup, à environ 12 kilomètres de ce point, deux petites caravanes qui se rendaient de Tebessa à Sfax ; puis ils disparurent et on ne les revit plus dans la suite.

préoccuper des coups de fusil tirés par la garde indigène placée en ce point.

L'autorité militaire, prévenue encore par le caïd d'El-Ayacha, ne put que lancer à la poursuite des dissidents les quelques cavaliers des Fraichich et des Oulad-Redhouan qui se trouvaient alors à son service. (Un seul prisonnier fut fait; il fut fusillé le lendemain à Gafsa.)

Le gros du djich et le convoi prirent immédiatement la direction du Cherb-Dakkelani[1], traversèrent successivement le khanguet-oum-Djaâf et le khanguet-Zitoun, parurent à Zaouït-Limaguès et vinrent se heurter une seconde fois, dans la journée du 30 septembre, au poste de Bir-Zoumit. Contrairement à leur attente, les dissidents trouvèrent ce point bien gardé; ils durent poursuivre leur retraite sans avoir pu boire et en laissant un homme mort sur le terrain. Le 3 octobre ils reparaissaient au milieu des campements de l'oued-Fessi[2].

Les efforts des dissidents ne s'étaient pas portés seulement vers le nord de la régence.

Incursions dans le Djerid

Pendant tout le mois de septembre, les habitants du Djerid avaient vu passer et repasser des groupes de pillards qui les avaient mis à contribution, malgré la présence d'une compagnie mixte à Touzeur[3]. Ces partis insurgés (complètement indépendants de ceux qui opéraient dans les régions de Gafsa, de Kairouan et de Djilma) comprenaient d'une façon générale les Oulad-Yahia (Oulad-Aziz), ayant habité précédemment les ksour du Djerid ou tout au moins les environs, des Oulad-Yagoub d'Ali ben bou Allègue, et, disait-on, quelques Tripolitains.

---

1. Dans la nuit du 27-28 septembre, tandis que le convoi atteignait le Cherb-Dakkelani, quelques maraudeurs s'étaient détachés de la colonne principale et avaient attaqué à l'improviste un petit poste d'un détachement du 48e qui campait à El-Guettar; ils avaient blessé mortellement deux de nos soldats et leur avaient enlevé leurs armes.
2. Soit, au minimum, 450 kilomètres, dont la traversée du chott, parcourus en sept jours.
3. Lors de la création de l'annexe de Touzeur (annexe n° LXV, note 1, c. page 361), le capitaine du service des renseignements y avait d'abord été laissé seul.

Leur composition était identique à celle des djich qui, avant notre entrée dans la régence, désolaient cette même contrée ; la majeure partie des cavaliers qui étaient alors en campagne ne faisaient que reprendre leurs habitudes, momentanément interrompues par la présence des colonnes Philebert et Le Noble.

Dans la nuit du 5-6 septembre, une première bande de cinquante chevaux traverse l'oasis d'El-Oudiane, surprend à Naklet-el-Mengoub le poste des gens de Nefta et se dirige sur Bir-el-Asseli ; à cet endroit elle rencontre une caravane des Souafa, la razzie ; puis elle se divise : une partie prend la route de l'est par Djebil ; l'autre repasse par El-Oudiane dans la nuit du 8-9.

Le 14 septembre, un djich d'une certaine importance, dont le passage avait été signalé à Bir-Zoumit, attaque à Tarafi, dans le chott, au nord de Seftimi, une caravane de Merazigue, lui tue sept hommes et lui enlève 400 chameaux.

Le 17, vingt-six cavaliers des Oulad-Aziz, appartenant selon toute probabilité au même groupe, surprend au khanguet-oum-Ennass, à 6 kilomètres de Chebika, une caravane des Oulad-Sidi-Abid allant au Djerid.

Quelques heures après, à Bir-el-Haouch, rencontrant une autre caravane dans laquelle se trouvait le marabout El Haffnaoui[1], de Tameghza, ils s'approprient chargement et animaux, sans respect pour le caractère sacré du pieux voyageur.

Vers la même époque, un fort parti d'Oulad-Yacoub et de Hammema (celui qui avait paru le 14 à Tarafi), razzie des troupeaux des Messaaba du Souf, à Bir-Youcef.

Après ce coup de main, ils se replient sur l'oued-Fessi en passant par Djemma et Akelia ; leur retraite s'effectua sans incident. Ils rendirent aux Merazigue les troupeaux razziés à

---

1. El Haffnaoui ben Abd el Afid, cheikh de l'ordre des Rahmania (voir annexe n° LX, note 1, page 326).

Tarafi afin d'obtenir le libre passage à travers leur territoire pour retourner en Tripolitaine.

Pendant une quinzaine de jours, jusqu'au 8 octobre, le calme le plus complet règne au nord du chott, dans le Dahar, le Nefzaoua et le Djerid.

Mais, le 10 octobre, la garde du poste de Bir-Zoumit signalait le passage d'un djich d'environ 250 chevaux, semblant se diriger vers le sud du Nefzaoua. Cette troupe (Hammema ayant habité le Djerid, Oulad-Yacoub, etc.....) prenait bien la direction indiquée. Le 12 octobre, elle arrivait a Nouïl, après avoir passé au nord d'El-Goraâ; — le 13, elle razziait quelques troupeaux des Merazigue près de Charaâ; — le 14, elle s'arrêtait plusieurs heures à Bir-Lahmar, puis elle se dirigeait vers Bir-bou-Adjila, où elle pillait une caravane; — le 17, elle s'avance à plusieurs kilomètres à l'ouest de Nakhlet-Mengoub, croyant enlever des troupeaux des Troud; mais, n'ayant rien trouvé, elle se rabattit brusquement vers Nefta et dépouilla en plein jour et tout à son aise une quinzaine de personnes campées dans l'oasis; — le 19, au matin, elle paraît en vue de Touzeur[1], bouscule le fezza de cette localité qui s'était porté à sa rencontre, puis va coucher, une partie à Oudian-Droumès, l'autre à Gouiffa ou à El-Hachana, après avoir abreuvé ses chevaux à El-Hamma[2].

Le 25 octobre, on apprit que les dissidents fractionnés en trois bandes avaient franchi le djebel-Cherb par le khanguet-Taferna et le khanguet-Zitoun et avaient pris la direction du Nefzaoua pour regagner leur campement de l'oued-Fessi.

---

1. Le capitaine du service des renseignements commandant l'annexe de Touzeur avait voulu faire une sortie pour protéger les oasis du Djerid. Ses gens l'avaient abandonné, et il avait été forcé de fuir et d'aller s'enfermer dans la kasbah de Touzeur.
Quand il apprit cet incident, dans la nuit du 27 octobre, le général Philebert envoya immédiatement le goum des Fraichich, appuyé par la compagnie mixte de Gafsa, pour dégager le capitaine. Le djich n'avait évidemment pas attendu l'arrivée de ce détachement.
(Voir *La 6ᵉ brigade en Tunisie*, page 211.)
2. Le khalifa Si Tahar, prévenu de son arrivée, avait fait sortir le fezza d'El-Oudiane : mais lorsqu'il vit la force de l'ennemi, il se contenta de conserver la défensive et de l'observer.

Cette incursion marque la fin des opérations des insurgés au nord du chott ; l'ordre ne fut plus troublé dans cette région.

Mais la situation était loin d'être aussi satisfaisante dans l'Aarad.

<small>Incursions dans l'Aarad.</small>

Pendant les mois d'août et de septembre, les tribus soumises de l'Aarad n'avaient pas été inquiétées ; mais dans le courant du mois d'octobre, elles avaient été constamment tenues en éveil par une série de coups de main tentés par les Ouarghamma dissidents auxquels s'étaient joints d'autres pillards Zlass, Neffet et Tripolitains.

Cet accroissement d'agitation était dû à la présence de nombreux douars insurgés qui venaient de remonter vers le nord et se trouvaient alors entre Ksar-Medenine et l'oued-Fessi.

<small>Découragement chez les dissidents ; premiers rapatriements</small>

Depuis la fin du ramadan, le découragement s'était encore accru dans le camp des émigrés ; ils ne voyaient pas arriver les secours turcs tant promis et leur misère augmentait toujours[1] ; les maraudeurs n'avaient rapporté de leurs incursions qu'un butin insignifiant, mais ils comptaient dans leurs rangs de nombreux vides. Les dissidents apprenaient en outre que les populations soumises étaient heureuses ; que la religion, les biens et les femmes avaient été respectés ; que l'argent y abondait. Ils regrettèrent de s'être exilés. Bientôt, plusieurs groupes manifestèrent l'intention de revenir sur leur territoire d'origine. Ils vinrent d'abord s'installer entre Ksar-Medenine et l'oued-Fessi, tant pour sonder nos intentions que pour s'éloigner de la partie violente des rebelles.

Le gouverneur de l'Aarad, Youcef Allégro, s'était établi à Zarzis pour poursuivre les négociations qu'il avait entamées depuis quelques mois déjà avec certaines personnalités influentes qui s'étaient mises à la tête du parti de la soumission.

---

1. Il fallut, quand une partie fut repassée sur le territoire de la régence, leur distribuer, sur l'ordre du général en chef et dans la mesure du possible, du biscuit et de la farine pris sur les approvisionnements militaires, pour leur permettre de continuer leur marche vers leur territoire.

En même temps, notre consul à Tripoli s'efforçait de détacher de l'opposition les chefs insurgés réfugiés à Tripoli; il cherchait à rompre l'unité de la famille d'Ali ben Khalifa pour atteindre le parti de la protestation dans ses principes vitaux.

Cette action combinée amena le rapatriement, pendant le mois d'octobre, d'environ 300 familles (Drid, Oulad-Ayar, Hammema, Zlass et Sahel).

Ce mouvement fut bientôt suivi d'un plus important.

Le 6 novembre, la canonnière la *Vipère* amenait à Gabès, avec le consul de Tripoli, M. Féraud, Ali ben Ammar et El Hadj Salah ben Khalifa.

Le même jour, un groupe[1] considérable de dissidents quittait l'oued-bou-Hamed; le 8 novembre ils arrivaient sur la ligne de Mareth à Oum-Es-Zessar, et le 10 ils atteignaient Ras-el-Oued[2].

Les Touazine et les Khezour, après être rentrés en relations avec le gouverneur de l'Aarad pour traiter de leur soumission, s'étaient brusquement ravisés et avaient continué à harceler les tribus voisines des Hararza et des Matmata[3].

Le 1er décembre, on signalait une incursion des gens de Toudjane jusqu'à 24 kilomètres de Ras-el-Oued; le 4 décembre, on apprenait que les bandes de maraudeurs étendaient le rayon de leurs opérations et menaçaient le Nefzaoua.

---

1. Ce groupe, au moment de son départ, avait été vivement attaqué par des contingents conduits par Ali ben Dhô, opérant alors, paraît-il, pour le compte d'Ali ben Khalifa. Ce n'est qu'après avoir tué dix de leurs adversaires, parmi lesquels se trouvait le père d'Ali ben Dhô, que les émigrants purent continuer leur route vers Gabès.

2. Le 10 novembre 1882, le dénombrement des groupes campés à Ras-el-Oued donnait les résultats suivants :

	Tentes.
Oulad-Redhouan	2.600
Oulad-Aziz (Radadia)	310
Drid	245
Zlass	250
Neffet	45

Le 13 novembre, ces différentes collectivités repartaient pour gagner leur pays d'origine.

Il restait encore environ 70.000 individus en état d'insurrection.

3. Dans le courant du mois de novembre, les Oulad-Khalifa (des Touazine) avaient enlevé 4.000 moutons aux Mâtmata.

Cette agitation était la conséquence naturelle de la présence des dissidents à proximité de la frontière tunisienne. Il importait donc de détruire le groupe insurgé qui pesait comme une menace sur nos tribus du sud.

Le gouverneur de l'Aarad venait du reste d'appeler notre attention sur un fait à prendre en considération : de nombreux douars s'étaient rapprochés de Ksar-Medenine dans le but de se soumettre ; mais ils ne pouvaient entièrement se détacher des fractions qui persistaient dans leur hostilité sans notre aide et notre appui.

Dans ces conditions il devenait indispensable de montrer des troupes dans le sud de la subdivision de Gabès, autant pour faciliter le mouvement de retour qui se préparait que pour obliger les dissidents, sinon à se soumettre, au moins à s'éloigner du territoire de la régence.

N° LXVIII

Les colonnes de Zarzis et de Gabès[1].

But des opérations dirigées par le général Guyon-Vernier.

Les opérations à entreprendre dans le sud de la subdivision de Gabès consistaient à :

1° Prendre le plus rapidement possible une position telle, entre les tribus dissidentes et celles qui désiraient rentrer, qu'il fût possible à ces dernières de mettre leur projet à exécution ;

2° Pacifier les Aouaya, les Rebeten, Toudjane et les Chaabet-Semala ; peser en même temps sur les déterminations des nomades Touazine, Khezour et Ouderna ;

---

1. Nous relaterons brièvement les opérations de ces deux colonnes qui, au point de vue militaire, présentent peu d'intérêt. Nous ne donnerons en détail que le passage de l'oued-Sebègue par la colonne de Zarzis (voir plus loin, page 391) et l'opération du colonel de la Roque contre les Oulad-Khalifa (voir complément à l'annexe LXVIII, page 397) : le premier comme exemple d'un passage de lit de rivière dans le sud ; la seconde comme relation d'une marche rapide.

3° Faire échec aux insurgés irréconciliables et les obliger soit à la lutte, soit à la retraite à une distance assez grande pour qu'ils ne pussent dans la suite jeter le désordre dans nos tribus soumises.

Deux colonnes mobiles furent organisées, l'une à Gabès et l'autre à Zarzis, pour opérer de concert mais avec des missions distinctes. Celle de Gabès (colonel de la Roque) devait assurer la pacification du pays et procéder ensuite à sa réorganisation ; celle de Zarzis (lieutenant-colonel Corréard) n'avait d'autre but que de faciliter et d'encourager par sa présence le mouvement de retour des insurgés.

La haute direction des opérations fut confiée au général Guyon-Vernier, commandant la division sud.

Ali ben Khalifa, prévenu de la prochaine sortie des troupes françaises, n'attendit pas leur arrivée dans la région avoisinant la frontière tripolitaine. Dès les premiers jours de décembre il reporta ses campements au sud de l'oued-Fessi, vers le djebel-Fissatou[1].

Cette colonne[2], sous les ordres du lieutenant-colonel Corréard, débarqua à Zarzis du 11 au 13 décembre 1882.

Le 13 au soir, elle campe à la zaouïa (à 1.500 mètres au nord du bordj de Zarzis).

Le général Guyon-Vernier, qui allait marcher avec la colonne, avait débarqué le 11 à Zarzis[3].

Colonne de Zarzis. Du 15 décembre 1882 au 16 janvier 1883.

---

1. Le frère d'Ali ben Khalifa, El Hadj Salah ben Khalifa sut profiter de ce mouvement de recul pour ramener avec lui 14 douars Neffet sous la protection de 300 cavaliers envoyés par les Ouderna soumis sur l'invitation du gouverneur de l'Aarad.
2. La colonne du lieutenant-colonel Corréard est la colonne mobile de Sousse. Elle est forte de 3 bataillons d'infanterie, un escadron de cavalerie, 2 sections d'artillerie de montagne, une section du génie et services, savoir :

Le 27° bataillon de chasseurs à pied, embarqué à Sousse, le 6 décembre ;
Un bataillon du 33° de ligne, — Sfax, le 6 —
— 138° — — Sousse, le 6 —
Un escadron du 11° hussards, — Sousse, le 5 —
Deux sections d'artillerie { 1 section — Sousse, le 5 —
de montagne......... { 1 — — Sfax, le 8 —
Les états-majors et services, — Sousse, le 9 —

3. Le 10, dès son arrivée dans les eaux de Zarzis, il avait reçu à bord la visite

Le général Allegro lui présenta les 12, 13 et 14 décembre les groupes qui demandaient à rentrer sur leur territoire et qu'il tenait rassemblés autour de Zarzis (4.407 tentes obtinrent l'aman).

(Dès le 15, ces groupes commencèrent leur mouvement vers le nord pour marcher sur Gabès où ils devaient se scinder [1].)

La colonne de Zarzis est divisée en deux parties [2] :

Une partie mobile (avec laquelle marcheront le général commandant la division sud et son état-major et le lieutenant-colonel commandant la colonne et son état-major); une partie fixe destinée à stationner à Zarzis.

La partie mobile marche vers le sud,

La partie mobile se met en marche le 15 décembre. Elle quitte le camp de la zaouïa à 1 heure de l'après-midi et va camper le 15 à l'henchir-el-Hamadi, à 7 kilomètres de Zarzis; le 16 elle campe à Biar-el-Begra [3]; le 17 elle arrive à El-Ouamhia [4] (rive droite de l'oued-Fessi).

---

du général Allegro; il était descendu à terre avec lui pour se faire présenter les principaux chefs des groupes qui voulaient se soumettre, puis était remonté à bord pour y passer la nuit du 10-11.

1. Le 28 décembre on constatait à Ras-el-Oued qu'il était rentré depuis le 15 du même mois :

320	tentes	des Madjeur,
335	—	des Zlass,
700	—	des Oulad-Aziz,
100	—	des Oulad-Sidi-Tlil,
400	—	des Oulad-Redhouan.

Au total..... 1.855 tentes.

2. L'effectif total de la colonne de Zarzis, au débarquement, est de 60 officiers, 1.916 hommes de troupe, 181 chevaux, 263 mulets.
La partie mobile (état-major, 27ᵉ bataillon de chasseurs et bataillon du 33ᵉ, l'escadron de cavalerie, une section d'artillerie, l'ambulance mobile et le convoi) a un effectif de 41 officiers, 1.535 hommes de troupe, 163 chevaux, 203 mulets et 467 chameaux); la partie fixe (bataillon du 138ᵉ, une section d'artillerie, les services et l'ambulance fixe) a un effectif de 19 officiers, 381 hommes de troupe, 18 chevaux, 60 mulets.

3. Le général Allegro, avec un goum de 30 cavaliers, rejoint la colonne à Biar-el-Begra; il était resté le 15 à Zarzis pour la mise en route des groupes soumis.

4. La colonne traversa l'oued-Fessi (lit de 15 mètres de largeur et de 3 mètres de profondeur) et campa à El-Ouamhia, à 6 kilomètres sur la rive droite. Le camp fut installé à 150 mètres au sud d'un aiguelet de 50 puits maçonnés seulement à la margelle. 3 de ces puits contenaient de l'eau excellente; la nappe était à 4 mètres du sol et elle montait de 0ᵐ,50 par nuit.

La colonne reste à El-Ouamhia du 18 au 26, envoyant des reconnaissances dans les environs; par sa présence elle protège la rentrée sur le territoire tunisien de quelques douars[1]. Puis, le 27, la colonne se met en marche pour se rabattre au nord-ouest vers Ksar-Médenine.

s'arrête à El-Ouamhia, y séjourne et retourne vers le nord-ouest.

Le 26, le goum avait reconnu le passage de l'oued-Fessi en aval de son confluent avec l'oued-Sébegue; mais le 27 au matin un guide indiqua une direction qui permettrait de se rendre à El-Ksar sans rencontrer d'eau[2], en passant les rivières plus en amont que le point reconnu la veille par le goum.

« La colonne marche dans cette direction; à 8 kilomètres d'El-Ouamhia elle rencontre l'oued-Sebègue, affluent de droite de l'oued-Fessi. L'oued-Sebègue a des berges d'un ressaut de 3 mètres; il n'a que 2 mètres de large et $0,^m40$ d'eau; le courant est faible; le lit est formé d'un fond de sable résistant. Mais, sur une étendue de 25 mètres sur la rive droite et de 300 mètres sur la rive gauche, les abords de l'oued sont fangeux et glissants.

Elle marche vers l'ouest, traverse l'oued-Sebègue,

» La colonne fait une grand' halte sur la rive droite pendant que des travailleurs (4 compagnies et génie) aménagent le passage. On fait une chaussée de 10 mètres de largeur sur la rive droite avec des touffes d'alfa et de tamarin; on aménage les berges; on comble le fond de l'oued avec des broussailles; on fait une chaussée sur la rive gauche.

» A 1 heure, le passage commence; le passage des troupes s'exécute facilement, mais tous les mulets s'abattent; il faut les décharger et porter leur chargement à bras d'hommes. Le passage des chameaux se fait plus facilement. Le passage de l'oued-Sebègue est terminé à 4 h. 30 par les deux compagnies d'arrière-garde.

---

1. Voir plus loin, 5, page 392.
2. Des pluies continuelles pendant la nuit du 20 et les journées des 21 et 22 avaient inondé presque complètement les parties basses. C'est ainsi que, le 23, une compagnie du 27e chasseurs, escortant un convoi, avait trouvé la sebka El-Makada couverte de 70 centimètres d'eau; elle avait dû abandonner le convoi et faire un détour pour n'avoir que 3 kilomètres de sebka à franchir, et à la fin de la journée elle n'avait pu franchir l'oued-Fessi.

» A 8 kilomètres de l'oued-Sebègue, la colonne traverse en pleine nuit (6 h. 30 du soir) l'oued-Fessi (60 mètres de large, sans eau) et s'installe à El-Ksar, à 200 mètres sur la rive gauche de l'oued-Fessi. »

Le 28, la colonne fait séjour à El-Ksar.

<small>marche vers le nord,</small>

<small>séjourne à Métameur,</small>

<small>se rend à Gabès</small>

Le 29, elle se remet en marche, suivant la rive gauche de l'oued-Fessi[1], campe le 29 à Tabiat-el-Ferdjane[2], le 30 à El-Mahahir[3]; le 31 décembre 1882 elle marche directement sur le nord et vient camper à Bir-el-Ahmeur, et le 1er janvier 1883 elle arrive à Ksar-Métameur, où se trouve alors la colonne de Gabès.

<small>et à la Skirra, où elle s'embarque pour Sousse.</small>

Le colonel de la Roque présente au général d'Aubigny les mihad des tribus et fractions qu'il a récemment soumises[4], Toudjane, Rebeten, Aouaya; la colonne de Zarzis séjourne les 2, 3 et 4 au camp de Métameur, puis, sa mission remplie[5], elle se remet en mouvement le 5 pour remonter vers le nord[6]. Elle arrive à Gabès le 8 janvier, y séjourne les 9 et 10, reprend sa marche le 11[7], arrive à Sidi-Meheddeb le 13, y séjourne les 14 et 15, et arrive à la Skirra le 16 janvier.

La colonne est disloquée à cette date[8]; les troupes de la

---

1. L'oued-Fessi est fort encaissé : ses berges atteignent jusqu'à 20 mètres de hauteur; il est couvert d'une abondante végétation de tamarins.
2. Trois redirs dans le lit de l'oued-Fessi.
3. Le camp est établi à 200 mètres sur la rive gauche de l'oued-Fessi—redirs.
4. Voir plus loin, 3, page 393.
5. Si on excepte les principaux chefs dissidents « présentés » le 10 décembre, c'est-à-dire avant le débarquement de la colonne, au général Guyon-Vernier par Allegro (voir plus haut, note 3, page 389) et qui avaient ramené 4.407 tentes, les seules soumissions reçues pendant la colonne furent celles des cheikhs Saoula et Bou Becker avec 30 tentes des Beni-Zid, de 4 douars des Metellit, de 5 douars des Souassi et des douars d'Ali-el-Kibeni et d'Ali-ben-Touanni des Mehedba, qui vinrent se présenter, le 22 décembre 1882, au camp d'El-Ouamhia.
Les résultats obtenus par la colonne semblent donc insignifiants.
6. La colonne campe, le 5, à l'oued-Zeuss; le 6, à Mareth; le 7, à Kétenah; les 8, 9, 10, à Gabès-port.
7. La colonne campe, le 11, à Ouderef; le 12 à l'oued-Akarit; les 13, 14 et 15, à Sidi-Meheddeb, et arrive le 16 janvier à la Skirra.
8. La partie mobile de la colonne de Zarzis avait fait dans une période de trente-trois jours (du 15 décembre 1882 au 16 janvier 1883) un total de 272 kilomètres, ce qui ferait une moyenne de 8 kil. 200 par jour.
Le point le plus méridional qu'elle ait atteint fut El-Ouamhia, à moins de 50 kilomètres de Zarzis.
Elle n'eut aucune perte à déplorer.

partie mobile s'embarquent[1] les 17, 18 et 19 et rentrent à Sousse le 21.

La colonne de Gabès (du 15 décembre 1882 au 9 février 1883).

De son côté, la colonne[2] de la Roque s'était mise en mouvement le 15 décembre.

Elle arrive à Mareth le 16 décembre.

Opérations chez les Matmata

Le bataillon du 119ᵉ reste à Mareth pendant qu'une colonne légère se porte, le 17, vers Toudjane, par Dar-Tounine.

Ksar-Toudjane et les Matmata de Chabet-Semala font leur soumission, et, le 20, la colonne légère rentre à Mareth.

Les 21 et 22, toute la colonne est retenue à Mareth par le mauvais temps.

Le 23 elle se met en marche vers le sud-est, et arrive à Métameur le 24; elle y séjourne le 25.

Le colonel reçoit la soumission des Rebeten noirs (Khezour) et installe un biscuit ville.

chez les Aouaya

Le bataillon du 101ᵉ avec une section d'artillerie reste à Métameur, 3 pelotons de chasseurs d'Afrique et le peloton de cavalerie de la compagnie mixte escortent les convois de ravitaillement de Gabès, pendant que le colonel de la Roque parcourt avec une colonne légère les villages des Aouaya. — Le colonel, parti le 26, rentre le 31 décembre 1882.

Le 2 janvier 1883, le colonel de la Roque présente au général Guyon-Vernier[3] les Toudjane, les Rebeten et les Aouaya.

---

1. L'embarquement est fort lent. Les moyens d'embarquement à bord du *Tarn*, de la *Guadeloupe* et du *Lavalette*, sont limités à huit mahonnes, le chaland et la chaloupe à vapeur du *Tarn*. Il faut faire 100 mètres dans l'eau pour aborder les mahonnes ou le chaland ; pour les animaux, il faut construire, au moyen de sacs remplis de sable, une rampe pour leur faciliter l'accès du chaland.
2. La colonne de la Roque comprend un bataillon du 101ᵉ, un bataillon du 119ᵉ, un bataillon du 4ᵉ zouaves, 2 sections d'artillerie de montagne, un escadron du 4ᵉ chasseurs d'Afrique, la 6ᵉ compagnie mixte et des services.
Son effectif total au départ est de 60 officiers, 2.032 hommes de troupe, 254 chevaux, 270 mulets et 857 chameaux.
Trois bataillons (14ᵉ, 77ᵉ et 107ᵉ) restent à Ras-el-Oued, Gabès, sous le commandement du lieutenant-colonel d'Arragonès d'Orcet.
3. Arrivé le 1ᵉʳ janvier avec la colonne de Zarzis (voir plus haut, 4, page 392).

La colonne reste réunie à Métameur jusqu'au 3 janvier[1].

Le 4 janvier (le biscuit ville de Métameur étant laissé à la garde du bataillon de zouaves, d'un peloton de chasseurs d'Afrique et de 12 cavaliers de la compagnie mixte), le colonel de la Roque, avec une colonne légère, se porte à Aïn-Smar.

Recherche des Touazine. Soumission des Bou-Zid.

Il n'y trouve aucun campement de Touazine, contrairement aux dires d'un certain nombre de personnages[2] de cette tribu qui s'étaient présentés, le 3 janvier, au camp de Métameur.

Le 5, la colonne légère se porte à Aïn-Maider; on n'y trouve aucun campement; mais les reconnaissances indigènes découvrent les traces toutes fraîches d'une migration nombreuse; ce sont les Touazine, qui, pour la plupart[3], se sont portés sur l'oued-Fessi[4].

Le 7 janvier, la colonne légère se rend à Bou-Grara; les Bou-Zid, qui sont réellement campés à Gourine[5], font leur soumission[6].

Le 9 janvier, la colonne légère revient à Aïn-Smar et rentre le 10 janvier à Métameur.

La colonne réunie passe la journée du 11 à Métameur.

Colonne légère[7] chez les Ghoumrassen;

Le 12, une colonne légère se dirige chez les Ghoumrassen (le biscuitville de Métameur est gardé par le bataillon du 119e

---

1. La colonne de Zarzis séjourne à Métameur du 31 décembre au 4 janvier, à côté de la colonne de Gabès.
En partant le 5, la colonne de Zarzis remmène avec elle une des deux sections d'artillerie du colonel de la Roque, laquelle doit rentrer à Ras-el-Oued.
2. D'après ces personnages, les Oulad-bou-Zid étaient campés à Gourine à l'embouchure de l'oued-Mezessar, et les Oulad-Khalifa à l'est de Médenine, à l'oued-Smar, à l'oued-Maider et à l'oued-bou-Hamed.
3. Ce sont les Oulad-Mahmoud (Oulad-Ahmed et Oulad-Khalifa) qui se dirigent vers l'oued-Fessi pour être prêts à passer, s'il y a lieu, en Tripolitaine.
4. Le 5 janvier, 500 tentes des Oulad-Redhouan campés à Hassi-Sultan, à 15 kilomètres du camp d'El-Maider et conduits par Ahmed ben Youcef, font leur soumission. Ils avaient été razziés, à leur passage de l'oued-Fessi, en sortant de Tripolitaine, par les Oulad-Khalifa (Touazine) et les Nouail.
5. Ainsi que l'avait dit leur chef Hassi ben Nadji, le 3, à Métameur.
6. La compagnie mixte qui marche avec la colonne légère part le 8 janvier de Bou-Grara pour aller à Zarzis chercher un convoi de six jours de vivres pour *toute* la colonne; elle le ramène le 12 à Métameur.
7. Composition de la colonne légère chez les Ghoumrassen et les Ouderna :

et un peloton de chasseurs d'Afrique); elle passe par Bir-El-Ahmeur, où sont campés les Hababsa.

Aucun incident chez les Ghoumrassen[1].

Le 16 janvier elle se porte sur l'oued-Tatahouine pour opérer chez les Ouderna[2]. *chez les Ouderna.*

La colonne légère séjourne du 16 au 22 janvier à Tatahouine. Les nomades Ouderna sont campés dans le Bahira, à une trentaine de kilomètres au sud du camp de Tatahouine. Leur chef, Si Salem bou Hadjila, ne s'étant pas présenté, malgré ses promesses, une colonne volante[3] est dirigée contre eux; elle part de Tatahouine le 23 janvier (le camp de Tatahouine est gardé par deux compagnies du 101e et un peloton de chasseurs d'Afrique) et arrive le 24, vers 10 h. 30, à Bir-Remta, à 12 kilomètres des campements Ouderna. *(Colonne volante chez les Ouderna nomades).*

Si Salem bou Hadjila fait sa soumission, et la colonne volante rentre à Tatahouine le 25 janvier.

Le 27 janvier, le colonel de la Roque quitte Tatahouine avec toute la colonne légère pour opérer contre les Oulad-Khalifa et les Oulad-Hamed (Touazine)[4].

Bataillon du 101e.
Bataillon du 4e zouaves.
Trois pelotons de chasseurs d'Afrique.
Une section d'artillerie.
La 6e compagnie mixte (ne rejoint que le 15 à Foum-Ghoumerassen).
210 chameaux de convoi.

1. Le 15 janvier, la 6e compagnie mixte rejoint la colonne légère au camp de Foum-Ghoumerassen. Elle amène huit jours de vivres.
2. Le 17 janvier, se présentent au colonel des chefs des Zlass (Oulad-Iddir) des Beni-Zid et des Metellit, en tout 3.000 personnes, campés à l'oued-bou-Hamed et à l'oued-Maïder; ils rentrent de Tripolitaine et ont été razziés par les Nouaïl, en passant la frontière.
3. La colonne volante est forte de 7 compagnies (bataillon de zouaves, 2 compagnies du 101e, la compagnie mixte), d'une section d'artillerie, de 2 pelotons de chasseurs d'Afrique). Elle emporte 5 jours de vivres, dont 3 sur chameaux.
Le 23 janvier, la colonne de la Roque est ainsi échelonnée :
Métameur : 4 compagnies, 1 peloton de cavalerie.
Tatahouine : 2 compagnies, 1 peloton de cavalerie.
Colonne volante : 7 compagnies, 2 pelotons de cavalerie, 2 pièces.
4. A la date du 25 janvier les Oulad-Khalifa sont campés entre l'oued-Fessi et l'oued-Sabègue, près du confluent de ces deux rivières; les Oulad-Hamed sont plus au sud, près de Saïden et au delà de la frontière, dans la plaine de Mirta.
Nos troupes se trouvaient donc à bonne portée des Oulad-Khalifa, qui, suivant

Le 28 janvier, par une marche forcée (un camp intermédiaire a été établi le 28 à Kerchaou; le bataillon de zouaves le garde) il surprend les campements et les troupeaux des Oulad-Khalifa (les cavaliers de cette fraction sont absents) sur l'oued-Fessi et les razzie[1].

Puis la colonne revient directement à Métameur.

Les Oulad-Hamed, plus au sud, n'ont pu être atteints.

La colonne légère rentre le 3 février à Métameur[2].

La colonne, rentrée le 9 février 1883 à Ras-El-Oued, est disloquée.

Le 5 toute la colonne se remet en route sur Ras el Oued-Gabès où elle arrive le 9 février; elle est disloquée à cette date[3].

Les résultats que l'on attendait de nos dernières opérations avaient été atteints en partie. Toutes les tribus du sud de la subdivision de Gabès s'étaient soumises, sauf deux fractions

---

l'exemple des Ouderna, n'avaient donné aucune suite aux démarches de soumission qu'ils avaient faites dans les premiers jours de décembre.

Nos griefs contre cette fraction étaient nombreux. Depuis plusieurs mois elle nous amusait avec ses promesses, parlementant avec le gouverneur de l'Aarad. Peu de jours auparavant un courrier envoyé à la colonne par le commandant de Ksar-Métameur avait été assassiné par les Oulad-Khalifa. On venait d'apprendre enfin que tout le groupe s'apprêtait à fuir en Tripolitaine pour échapper à notre action et conserver son indépendance.

Le colonel ne pouvait laisser échapper les Oulad-Khalifa, sans essayer au moins de les châtier, s'il ne pouvait les ramener de gré ou de force.

(Il avait d'ailleurs reçu, le 24, un télégramme du général de division lui prescrivant de pousser rapidement et vigoureusement les opérations contre les Touazine, de lancer contre eux le goum des Beni-Zid et d'être rentré à Gabès le 10 février.)

1. Les opérations contre les Oulad-Khalifa pouvant seules présenter un certain ntérêt, nous donnons plus loin (page 397, complément à l'annexe n° LXVIII) le détail des journées des 27, 28 et 29 janvier).

2. Le colonel de la Roque laisse la 6ᵉ compagnie mixte à Métameur quand il en repart le 5 février.

3. La colonne de Gabès a, en 57 journées, parcouru 538 kilomètres, ce qui ferait une moyenne d'un peu plus de 9 kilom. 400 *par jour*. Les résultats obtenus ne paraissent pas considérables, car si l'on excepte la soumission des Toudjane, des Rebeten et des Aouaya, qui ne firent aucune résistance, et celle des Ouderna de Si-Salem-bou-Hadjila, qui, surpris par la marche des 23-24 janvier, ne se défendirent pas, il reste l'affaire contre les campements et les troupeaux des Oulad-Khalifa (Touazine) pendant que les cavaliers étaient absents.

Les autres dissidents qui firent leur soumission s'étaient déjà mis spontanément en marche vers le nord.

des Touazine, les Oulad-Hamed et les Oulad-Khalifa (Oulad-Mahmoud).

Plusieurs douars dissidents purent encore rentrer dans la régence par le pays des Ouarghamma pendant la première quinzaine de janvier ; à partir de cette époque le mouvement de retour par terre cessa brusquement; il ne devait plus ensuite s'effectuer que par mer.

COMPLÉMENT A L'ANNEXE N° LXVIII

Surprise des campements des Oulad-Khalifa (Touazine) sur l'oued-Fessi. — 28 janvier 1883.

Le 25 janvier, les Oulad-Khalifa sont campés entre l'oued-Fessi et l'oued-Sabègue, près du confluent de ces deux rivières.

Le 27 janvier, la colonne légère[1] du colonel de la Roque se porte de l'oued-Tatahouine sur l'oued-Zamaz.

27 janvier.

Le but de l'opération consiste à se porter ensuite de Zamaz, par une marche rapide, sur les campements des Oulad-Khalifa, à les séparer de la frontière en longeant l'oued-Sabègue et les rejeter dans l'oued-Fessi, avec le concours du goum des Beni-Zid.

L'oued-Zamaz est un affluent de l'oued-Tatahouine ; il desdend des montagnes des Oulad-Cheïda et coule presque parallèlement à l'oued-Fessi ; son cours est défendu par plusieurs tours établies pour garder les points d'eau et les cultures (Zamaz, Drinah).

---

1. Nous savons qu'il y a à la colonne légère, le bataillon du 101ᵉ, un bataillon du 4ᵉ zouaves, la 6ᵉ compagnie mixte, 2 pièces de montagne et 3 pelotons du 4ᵉ chasseurs d'Afrique, et que le biscuit ville de Métameur est occupé par le bataillon du 119ᵉ et un peloton de chasseurs d'Afrique.

D'après des renseignements recueillis, les Oulad-Khalifa sont toujours au confluent de l'oued-Sabègue et de l'oued-Fessi, à 36 kilomètres de l'oued-Zamaz; les Oulad-Hamed, se trouvant à plus d'une journée de marche au sud de l'oued-Fessi, sont en dehors du champ d'action de la colonne. A demi-distance entre Zamaz et le campement des Oulad-Khalifa est le point d'eau d'Oglet-Kerchaou où se trouve la retba (grenier) d'une partie des Touazine.

Le colonel décide de se porter par une marche de nuit sur Oglet-Kerchaou, d'y laisser les impedimenta sous la garde d'un bataillon et d'appuyer l'action du goum avec les autres troupes de la colonne.

28 janvier

La colonne part à 3 heures du matin pour Oglat-Kerchaou, dans l'ordre suivant : le goum des Beni-Zid sous les ordres du général Allegro[1]; avant-garde, la cavalerie; gros, compagnie mixte, 101e, artillerie.

Le convoi suit sous la garde spéciale du bataillon du 4e zouaves.

La colonne, par un beau clair de lune, suit le cours de l'oued-Zamaz jusqu'à son confluent avec l'oued-Fessi, puis celui-ci jusqu'à Oglet-Kerchaou; distance 18 kilomètres. Le camp est établi à 500 mètres au sud des oglet, sur un mamelon près duquel se trouve la retba, sous la garde de la tribu des Medenine campés sous la tente.

A 8 h. 40, le goum se remet en marche, suivi à 9 heures par les troupes de la colonne. Cavalerie; avant-garde, compagnie mixte; bataillon du 101e en carré encadrant la section d'artillerie.

Les hommes ont laissé leurs sacs à Kerchaou; ils emportent la couverture en sautoir et une journée de vivres; le camp est laissé sous la garde du bataillon du 4e zouaves.

---

1. Le général Allegro est passé à Métameur de la colonne de Zarzis à celle de Gabès. C'est le cinquième goum dont il prend le commandement : il a déjà commandé le goum de la brigade Cailliot en Khoumirie, ceux du général Sabattier à Zaghouan et du général Logerot dans sa marche sur Kairouan, puis sur Gabès et chez les Beni-Zid, et celui de la colonne de Zarzis.

Le pays situé entre l'oued-Fessi et l'oued-Sabègue est une vaste plaine légèrement mamelonnée : au confluent des deux rivières se trouvent des terrains de culture près desquels sont établis des campements. Ce point est à 18 kilomètres environ de Kerchaou et à 7 d'El-Ouamhia.

L'oued-Sabègue reçoit à gauche un affluent, l'oued-bou-Gouffa, qui, venant des montagnes, forme une dépression parallèle à l'oued-Fessi, à 15 kilomètres environ au sud de ce dernier; le confluent de l'oued-bou-Gouffa et de l'oued-Sabègue est un peu au sud du campement des Oulad-Khalifa.

C'est par cette dépression que le goum s'engage, suivi à courte distance par la colonne; il peut ainsi arriver, sans être vu, jusqu'aux campements et couper aux troupeaux toute retraite vers le sud.

A midi, après avoir parcouru 15 kilomètres en suivant la rive gauche de l'oued-bou-Gouffa, l'avant-garde signale des coups de fusil tirés par le goum, sur la rive droite. La colonne se porte dans cette direction et recueille quelques troupeaux saisis par les Beni-Zid. Les coups de feu ont été tirés par ces derniers sur les bergers des troupeaux. La plus grosse partie du goum se trouve engagée dans les douars mêmes, sur la rive gauche de l'oued-Sabègue.

La cavalerie se porte au trot sur la rive droite de l'oued-bou-Gouffa, pour soutenir le goum, sans se désunir. L'infanterie suit le mouvement et vient s'établir en position à 1.800 mètres derrière le goum et la cavalerie.

Les Oulad-Khalifa, ne s'attendant pas à une agression aussi rapide d'une colonne française campée à 40 kilomètres s'étaient, la veille, laissé entraîner à la poursuite d'un djich tripolitain; les cavaliers n'étaient pas encore rentrés.

Les douars sont complètement surpris et les fantassins seulement résistent, blessant deux hommes et un cheval aux Beni-Zid. Eux-mêmes perdent une dizaine d'hommes.

Le goum, se sentant appuyé par notre cavalerie, brise rapidement cette faible résistance, s'établit au milieu des campements et envoie des cavaliers isolés ramasser les troupeaux dans la plaine.

Les troupeaux[1] sont conduits directement au camp des Oglet-Kerchaou (10 heures du soir); quant à la colonne elle se replie à 4 h. 30 et, ne pouvant rejoindre le soir même Kerchaou, vient passer la nuit à Oglet-bou-Zrida, point d'eau situé sur l'oued-Fessi, à 7 kilomètres.

29 janvier. La colonne volante rentre au camp de Kerchaou[2].

Le 30 janvier la colonne légère revient à Zamaz; elle y séjourne les 31 janvier et 1er février, puis le 2 février elle reprend la direction du nord et arrive le 3 à Métameur.

N° LXIX

Les compagnies mixtes.

Compagnie franche. Le 23 octobre 1881, une compagnie franche est formée à la Manouba, sur l'ordre du général commandant le 19e corps.

Elle comprend 132 fantassins français (provenant des brigades Maurand et d'Aubigny), 60 fantassins réguliers de l'armée beylicale, 5 spahis du bey et 20 mulets de bât[3].

Projet de formation de troupes indigènes. Dès le 6 mars 1882, le Ministre de la guerre adressa au général commandant le corps d'occupation des instructions pour la formation, à bref délai, de troupes indigènes avec des éléments choisis dans l'armée tunisienne, afin de pouvoir réduire le nombre des bataillons français employés en Tunisie.

---

1. La razzia faite le 28 fut de un millier de chameaux environ, 1.300 moutons, 1.600 chèvres et 8 chevaux en mauvais état qui furent abandonnés au goum, et une centaine de fusils.
2. A la suite de l'affaire du 28, deux partis se dessinèrent chez les Touazine: l'un, désireux de la paix, se décida à rejoindre vers Médenine les Oulad-bou-Zid; il comprenait une grosse partie des Oulad-Khalifa et les douars de Médenine qui avaient suivi leur fortune; l'autre, au contraire, fuyant notre voisinage, alla rejoindre vers Saïden la fraction des Oulad-Hamed qui s'y trouvait déjà.
3. Le 3 avril 1882, le général Forgemol porta à 100 le nombre des fantassins indigènes et à 14 celui des cavaliers.

Le 3 avril, le général Forgemol faisait en conséquence les propositions suivantes :

Former d'abord des groupes d'un effectif restreint composés par moitié de soldats indigènes et de soldats français. Ces groupes pourront être ensuite réunis pour former des bataillons, puis le régiment (on diminue la proportion des Français au fur et à mesure que les indigènes sont disciplinés et instruits).

Pour former ces groupes, deux systèmes : création de compagnies formant corps ou incorporation des indigènes dans une compagnie d'un bataillon d'infanterie français.

Ce dernier système semble mauvais (quand la compagnie sera en tournée, le bataillon sera réduit à 3 compagnies; quand elle sera réunie à son bataillon, elle jurera auprès des autres par sa tenue et sa composition).

L'essai de la compagnie franche formant corps a déjà donné, au contraire, d'excellents résultats; après une expédition de cinq mois, ses éléments se sont complètement amalgamés; il s'est créé un excellent esprit de corps.

Le général propose donc de conserver la compagnie franche et de créer cinq nouvelles compagnies.

L'uniforme des recrues tunisiennes (il faut le rapprocher le plus possible de celui des tirailleurs, puisque les compagnies sont destinées à former un régiment de tirailleurs) serait le pantalon rouge de l'infanterie, que porte déjà l'armée tunisienne, la veste, le gilet et la ceinture des tirailleurs et le fez.

Les cavaliers auraient le même uniforme mais avec le pantalon rouge basané des chasseurs d'Afrique et l'équipement des cavaliers[1].

---

1. (C'est l'uniforme que porte actuellement la garde beylicale; mais elle a la veste et le gilet bleu foncé, comme les zouaves.)

L'uniforme proposé par le général Forgemol fut arrêté, d'une façon provisoire, par une décision ministérielle du 25 juillet 1882. Les officiers portèrent la tenue des officiers de tirailleurs algériens, sans patte à numéro au collet et sans écusson au képi.

Le 24 avril 1883, le Ministre de la guerre modifia encore cet uniforme de la façon suivante : officiers, tenue des officiers de tirailleurs algériens avec écussons

Organisation de 6 nouvelles compagnies.

Le 4 avril, le Ministre de la guerre télégraphia de préparer la constitution d'une force indigène de 3.000 hommes.

Le 19 avril[1], le général commandant le corps d'occupation décide l'organisation de 6 compagnies franches (3 dans la division nord, 3 dans la division sud); le point de stationnement de chaque compagnie franche sera ordinairement le chef-lieu de sa subdivision[2].

La compagnie franche qui existe déjà devient la compagnie franche de la subdivision de Tunis.

Les compagnies sont composées d'abord par moitié de soldats indigènes et de soldats français[3].

Chaque compagnie a un dépôt et un lieutenant trésorier (type des compagnies de discipline); tous les officiers sont montés[4].

---

spéciaux (numéro au centre d'un soleil brodé); troupe, tenue des tirailleurs algériens et des spahis.

1. En conformité d'une autorisation ministérielle du 14 avril.
2. Tunis, Le Kef, Aïn-Draham, Sousse, Gafsa et Gabès.
3. Les Chambres n'ayant pas encore voté les crédits nécessaires, le personnel du cadre français est simplement détaché. En attendant l'organisation de dépôts-magasins, les indigènes faisant partie des compagnies conservent l'uniforme de l'armée du bey.
4. *Composition de la compagnie franche* (autorisation minist[lle] du 14 avril 1882) :

Français..	Capitaine commandant	1			
	Lieutenants (dont 1 trésorier)	2	4		
	Sous-lieutenant	1		6 officiers.	
Indigènes.	Lieutenant	1	2		
	Sous-lieutenant	1			
	Chevaux d'officiers				5
Français..	Adjudant sous-officier	1			
	Sergent-major	1			
	Sergents	8			
	Sergent-fourrier	1	132		
	Caporal-fourrier	1			49
	Caporaux	16		276	animaux.
	Clairons	4			
	Soldats	100			
Indigènes.	Sergents	4		290	
	Caporaux	8	144	hommes	
	Clairons	2		de troupe.	
	Soldats (dont 30 muletiers)	130			
Cavaliers indigènes (dont 1 sous-officier et 1 brigadier)..		14			
Chevaux de troupe					14 *a*
Mulets de bât					30 *b*

a). Les chevaux des cavaliers indigènes sont harnachés avec des harnachements arabes achetés dans le commerce.
b). Les mulets de bât sont harnachés avec des bâts arabes.

Malgré les avantages faits, le recrutement des cadres-troupe et soldats français est assez difficile, et on est obligé de de demander des hommes aux bataillons qui sont destinés à rentrer en France.

Quant aux indigènes, leur recrutement est encore plus difficile : il faut racoler[1].

En juin 1882, le titre de compagnie mixte remplace celui de compagnie franche.

On prescrit aux capitaines de faire précéder tout enrôlement d'un engagement provisoire, même de courte durée.

La compagnie mixte de la subdivision de Tunis reçoit un détachement du 11e hussards (juin) et une section d'artillerie de montagne[2] (27 juillet).

Une forge de montagne est attribuée à chaque compagnie mixte[3].

Un certain nombre de sous-officiers, caporaux et soldats, tous indigènes, provenant des régiments de tirailleurs algériens, sont envoyés aux compagnies mixtes à titre d'instructeurs et d'interprètes. (Décision ministérielle.)

Les déserteurs indigènes des compagnies mixtes seront recherchés et arrêtés. On n'a pas encore le droit de les traduire en conseil de guerre, mais en vertu de l'amra du bey en date du 2 juillet, on peut leur infliger une punition disciplinaire (60 jours de prison).

---

1. On alla même jusqu'à inscrire, contre leur gré, sur les contrôles de compagnie, d'anciens soldats beylicaux. Les indigènes protestèrent contre cet enrôlement forcé, et l'autorité militaire fut obligée de les renvoyer, sans leur dire pourquoi.

2. Cette section d'artillerie a rejoint la compagnie à Hammamet le 30 juillet 1882; elle fut licenciée le 12 décembre 1883. Elle paraît, durant ces dix-sept mois, rête toujours restée stationnée à Hammamet pendant les tournées de la compagnie.

La compagnie mixte de Tunis, n'ayant pas assez d'artilleurs français, employa des indigènes comme auxiliaires. Le Ministre de la guerre consulté, répondit que « la Chambre des députés, lors de la discussion du projet de loi relatif à l'organisation des compagnies mixtes, s'était formellement opposée à l'admission de l'élément indigène dans les sections d'artillerie ». Le capitaine commandant la compagnie mixte de Tunis conserva cependant ses auxiliaires indigènes qu'il avait pris avant le vote en question.

La compagnie mixte de Tunis fut la seule qui reçut de l'artillerie.

3. Décision ministérielle du 24 août 1882.

Instruction du général Forgemol pour les compagnies mixtes.

Le 25 octobre 1882, le général Forgemol, commandant le corps d'occupation, donne *une instruction pour les compagnies mixtes* [1] se résumant ainsi :

Les compagnies mixtes ont été instituées pour mettre à la disposition du commandement une force sérieuse *toujours prête à marcher* [2] et à combattre; préparer des officiers et des sous-officiers aux fonctions de guides de colonnes et de chefs de partisans; concourir à la surveillance des tribus.

En un mot, on doit pouvoir considérer ces compagnies comme un moyen d'action toujours disponible et comme un instrument de surveillance et de renseignements.

Chaque compagnie est autorisée à avoir un fanion du modèle de ceux en usage dans les compagnies de tirailleurs algériens; elle reçoit une paire de cantines médicales.

Dédoublement des compagnies : douze compagnies mixtes.

Le 1er avril 1883, les premières compagnies mixtes sont dédoublées et les compagnies « bis » sont formées.

Deux états sont dressés, comprenant les Français par ancienneté de service (afin qu'après le dédoublement chaque compagnie possède un nombre égal de militaires de chaque classe) et les indigènes divisés en deux groupes (cette dernière

---

1. Il y a à cette date 7 compagnies mixtes : Tunis, Le Kef, Aïn-Draham (nord); Gafsa, Sfax, Gabès, Kairouan (sud).
Une instruction complémentaire fut donnée le 15 avril 1883 par le général Forgemol, après le dédoublement des six premières compagnies.
L'instruction du 25 octobre 1882 fut abrogée le 10 janvier 1884 par le général Logerot, commandant la division d'occupation. (Voir plus loin, 5, page 406).
2. Le 10 décembre 1882, le général commandant le corps d'occupation, qui assiste au départ d'une compagnie mixte, remarque que ses mulets sont très fatigués et chargés de huit jours de vivres. Il est obligé de rappeler que les animaux de bât ont été donnés aux compagnies mixtes pour les rendre plus légères et plus mobiles, pour porter les bagages et alléger les hommes, et non pas pour porter une grande quantité de vivres.
Les compagnies mixtes doivent marcher avec deux jours de vivres sur les hommes et deux sur les animaux seulement.
Une compagnie *bis*, bien qu'étant organisée complètement et ayant pris livraison de tous ses moyens de transport, n'est pas prête à marcher cinquante jours après sa formation. Il lui faudra encore au moins vingt jours pour essayer de se mouvoir, en admettant que le ramadan qui va commencer ne l'en empêche pas.
Ces deux exemples suffisent pour montrer quelle était la mobilité de certaines compagnies mixtes; nous avons vu, dans l'étude des opérations, l'attitude de certaines autres en présence des djich.

mesure était vicieuse; les indigènes admis sur leur demande dans la compagnie mère et passant à une autre compagnie ayant pour poste permanent un point éloigné de leur pays d'origine désertèrent en grand nombre; il eût fallu affecter aux compagnies « bis » tous les soldats venus d'office de l'armée beylicale [1]).

Puis les listes d'affectation furent tirées au sort.

Ce dédoublement et l'organisation budgétaire des 12 compagnies mixtes étaient l'application de la loi du 31 décembre 1882, relative à l'entretien de compagnies mixtes en Tunisie. Cette loi peut se résumer ainsi :

Création de 12 compagnies mixtes en Tunisie par dédoublement des 6 existantes. Chaque compagnie comprend des troupes des trois armes : infanterie, cavalerie, artillerie [2]. Les éléments des compagnies mixtes pourront être ultérieurement groupés en bataillons, escadrons et batteries et même en régiments.

La composition des 6 premières compagnies est déterminée par l'état A.

État A. *Composition d'une des six premières compagnies mixtes.*

Officiers (dont un lieutenant français faisant fonctions de trésorier et commandant le dépôt et 4 indigènes.	10
Fantassins français...................	132
— indigènes (dont 30 muletiers)	144
Cavaliers français..................	18
— indigènes..................	33
Artilleurs français.,.................	52
Chevaux d'officier....................	10
— de troupe....................	57
Mulets...........................	55

Total : 379, troupe.
122, animaux.

Après le dédoublement, chacune des 12 compagnies aura la composition fixée par l'état B.

---

1. Pour remédier à cet inconvénient, le général commandant le corps d'occupation a l'idée (juin 1883) de grouper les familles des indigènes incorporés dans les compagnies mixtes autour des lieux de résidence de ces compagnies et de former des espèces de smalah.
2. Voir plus haut, note 2, p. 403.

ÉTAT B. *Composition d'une compagnie mixte après le dédoublement des six premières.*

Officiers...............................	10 (ou 9, s'il n'y a pas de trésor^{er})	
Fantassins français..................	68	
— indigènes..................	144	Total :
Cavaliers français....................	10	
— indigènes..................	33	299, troupe.
Artilleurs français....................	44	
Chevaux d'officier....................	10	
— de troupe..................	58	121, animaux.
Mulets...............................	53	

Vingt soldats des tirailleurs algériens, susceptibles d'être nommés immédiatement caporaux, sont encore envoyés aux compagnies mixtes[1].

Un mulet porteur d'outils, quatre paires de cacolets, un mulet porteur de litières, deux appareils de télégraphie optique, sont délivrés à chaque compagnie.

Les militaires tunisiens servant dans les compagnies mixtes sont soumis au Code de justice militaire français dans toutes ses dispositions, pendant la durée de leur service[2].

Les Tunisiens doivent souscrire un engagement de 2 ans[3]. Dans le 2e semestre de leur 2e année de service les engagés volontaires[4] pourront être autorisés à remplacer.

Le général Logerot abroge l'instruction spéciale donnée par le g^{al} Forgemol.

Le 10 janvier 1884, le général Logerot, commandant la division d'occupation, abroge l'instruction spéciale du 25 octobre 1882 du général Forgemol[5]. Les compagnies mixtes, en station ou en tournée, n'auront aucune mission spéciale à remplir ; elles seront, au même titre que les autres troupes, à la disposition des commandants de subdivision.

A la suite de son inspection, en août 1884, des 6 compagnies

---

1. Décision ministérielle du 29 mai 1883.
2. Décret beylical (Amra du 28 Dou-Elkada 1300) inséré au *Journal officiel tunisien* le 25 octobre 1883.
3. 6 février 1884.
Dès le 27 décembre 1883, on avait voulu faire contracter un engagement régulier de deux ans aux indigènes algériens servant dans les compagnies mixtes, afin de régulariser leur situation militaire.
Presque tous les Algériens avaient refusé de signer l'engagement.
4. Algériens aussi bien que Tunisiens.
5. Voir plus haut, 1, p. 404.

mixtes de la région nord, le général Boulanger prescrit de rechercher les moyens d'augmenter, *autant que possible*, leur valeur militaire.

Sur la proposition du général Boussenard, commandant la subdivision de Tunis, le général Boulanger autorise la concentration à Souk-el-Arba des 4 compagnies mixtes de la subdivision de Tunis.

<small>Réunion d'instruction de quatre compagnies mixtes à Souk-el-Arba (octobre 1884)</small>

Ces quatre compagnies sont concentrées le 19 octobre à Souk-el-Arba.

Le 22 octobre 1884, le général Boulanger se rend à Souk-el-Arba; il voit à midi les 4 compagnies réunies sur le terrain de manœuvres (elles lui sont présentées par le plus ancien capitaine), les fait manœuvrer et défiler.

Les exercices de bataillon furent exécutés d'une façon assez satisfaisante; on ne pouvait guère être exigeant puisque les compagnies n'étaient réunies que depuis trois jours; mais la cavalerie formée en escadron manœuvra mal.

Quant au tir, il semblait peu pratiqué dans les compagnies et peu en honneur dans la cavalerie.

Une médaille d'argent, 3 cors de chasse-épinglettes en argent doré, 4 cors de chasse-épinglettes en argent avaient été attribués à l'infanterie du groupe de 4 compagnies mixtes de la subdivision de Tunis, et 2 cors de chasse avec épinglette (1er prix de tir de l'année) au groupe des pelotons de cavalerie de ces 4 compagnies.

Le concours de tir eut lieu le 23 octobre, à Souk-el-Arba, en présence du général Boussenard.

Le sergent qui eut le prix de tir de l'année (92 points) ne fit qu'une balle 2 points au tir de concours; dans la cavalerie, un seul sous-officier était dans les conditions pour prendre part au tir de concours; il ne mit aucune balle dans la cible.

La Chambre ayant voté des crédits pour la formation d'un 4e régiment de tirailleurs, un décret du 14 décembre 1884 prononce la création de ce régiment.

Formation du 4ᵉ régiment de tirailleurs (commencement de 1885).

La formation de chacun des 4 bataillons du 4ᵉ tirailleurs donne lieu au licenciement de 3 compagnies mixtes de Tunisie.

Les pelotons de cavalerie de ces compagnies conservent provisoirement la composition déterminée par la loi du 31 décembre 1882 et s'administrent séparément jusqu'à ce qu'il ait été statué sur leur sort.

Le 11 janvier 1885, les fantassins des 3 compagnies mixtes de la subdivision de Tunis qui doivent former le 1ᵉʳ bataillon du 4ᵉ tirailleurs sont à Zaghouan, où est déjà arrivé l'état-major du nouveau régiment (lieutenant-colonel Jouneau).

Le 1ᵉʳ bataillon est formé (15 janvier) à Zaghouan[1].

Le 15 avril, les 2ᵉ et 3ᵉ bataillons sont formés à Sousse et à Sfax. (L'état-major du régiment a quitté Zaghouan et est à Sousse[1].)

Le 4ᵉ bataillon est formé au mois de juin à Gabès[1].

Quant aux pelotons de cavalerie ils reçurent les destinations suivantes :

Les pelotons des compagnies 1, 1 *bis*, 2 et 2 *bis* (subdivision de Tunis) furent d'abord envoyés à la Manouba, où ils furent placés sous les ordres du colonel commandant le 4ᵉ régiment de chasseurs d'Afrique (janvier 1885).

Escadrons de spahis tunisiens

Le 1ᵉʳ avril 1885, les quatre pelotons de cavalerie réunis à la Manouba furent licenciés et formés en un seul escadron portant le titre de 1ᵉʳ escadron de spahis tunisiens[2]; cet escadron, qui resta stationné à la Manouba, fut placé, d'après les

---

1. Le 1ᵉʳ bataillon du 4ᵉ tirailleurs fut formé à Zaghouan avec les compagnies mixtes 1, 2 et 2 *bis*;
Puis le 2ᵉ bataillon du 4ᵉ tirailleurs fut formé à Sousse avec les compagnies mixtes 1 *bis*, 3 *bis* et 4;
Et le 3ᵉ bataillon du 4ᵉ tirailleurs fut formé à Sfax avec les compagnies mixtes 3, 4 *bis* et 6 *bis*;
Enfin le 4ᵉ bataillon du 4ᵉ tirailleurs fut formé à Gabès avec les compagnies mixtes 5, 5 *bis* et 6.

2. Chaque escadron de spahis tunisiens doit avoir le même effectif en chevaux qu'un escadron de chasseurs d'Afrique. (Dépêche ministérielle du 19 mars 1885.)

instructions ministérielles, sous l'autorité directe du colonel commandant le 4ᵉ chasseurs d'Afrique et sous la surveillance administrative du major de ce régiment.

Quand eut lieu en avril le licenciement de six autres compagnies, leurs pelotons furent versés dans les trois compagnies conservées provisoirement [1].

Puis eut lieu la formation du 2ᵉ escadron de spahis tunisiens à Sfax.

Enfin, au mois de juin, quand les trois dernières compagnies conservées provisoirement furent licenciées (pour former le 4ᵉ bataillon de tirailleurs), le 3ᵉ escadron de spahis tunisiens fut formé à Gabès [2].

Le général Saint-Marc remit, le 16 avril 1888, son étendard au 4ᵉ régiment de spahis constitué à Sfax.

Le 4ᵉ régiment de spahis.

---

1. En avril, 9 compagnies mixtes ayant été supprimées (l'infanterie a formé les 3 premiers bataillons du 4ᵉ tirailleurs algériens), les pelotons de cavalerie de ces 9 compagnies ont reçu les destinations suivantes :
Pelotons des 1, 1 *bis*, 2 et 2 *bis* à la Manouba (forment le 1ᵉʳ escadron de spahis tunisiens) ;
Pelotons des compagnies 3 et 3 *bis* versés à la 6ᵉ compagnie mixte (Métameur) ; — pelotons des compagnies 4 et 4 *bis* versés à la 5ᵉ compagnie *bis* (Gafsa) ; — peloton de la 6ᵉ compagnie *bis* versé à la 5ᵉ compagnie mixte (Touzeur), (ces 3 compagnies étant conservées provisoirement.)
2. En résumé, de janvier à juin 1885 furent successivement organisés les quatre bataillons du 4ᵉ régiment de tirailleurs (chaque bataillon recevant les fantassins de 3 compagnies mixtes) et trois escadrons de spahis tunisiens (chaque escadron étant formé avec les cavaliers de 4 compagnies mixtes).

POSTFACE

Dans notre avertissement, nous disions que notre tome d'annexes était plutôt destiné aux officiers.

Nous n'insisterons pas et chacun pourra en tirer les enseignements qu'il voudra et les conclusions qu'il lui plaira.

Il nous sera cependant permis de nous résumer :

Considérant, comme nous l'avons fait, l'expédition de Tunisie au seul point de vue militaire, on peut dire que les deux expéditions proprement dites (1re et 3e parties de notre étude) se sont bornées, l'une à un enveloppement de la Khoumirie, l'autre à une marche concentrique sur Kairouan. Toutes deux, presque exclusivement stratégiques, réussirent sans coup férir. Il n'en pouvait être autrement ; toute résistance devait disparaître devant de si imposantes démonstrations militaires.

Les opérations qui se déroulèrent, d'abord entre les deux expéditions, alors que les effectifs laissés en Tunisie après le premier rapatriement pouvaient à peine être renforcés, puis, après l'occupation de Kairouan, dans la poursuite des dissidents, présentent quelques exemples tactiques intéressants à étudier.

Le bombardement et la prise de Sfax, la défense de l'oasis de Gabès nous montrent des ennemis sachant et voulant se défendre, empêchant une colonne européenne de déboucher du camp qu'elle a organisé à son débarquement.

Les opérations dirigées contre la colonne française marchant sur Hammamet, à la fin du mois d'août, nous font voir des bandes presque sans cohésion tentant avec succès des attaques de nuit et sachant profiter du malaise qu'elles causèrent à de jeunes troupes encore novices à la guerre d'Afrique.

Elles mettent surtout en relief la résistance à la marche, la connaissance de l'emploi du terrain au combat et le sang-froid, après qu'elle eût perdu son chef et la plus grande partie de son effectif, d'une troupe de soldats tunisiens réfractaires.

Les manœuvres d'Ali ben Ammar nous décèlent un capitaine qui, à l'encontre des autres chefs indigènes insurrectionnels se contentant, pour la plupart, de diriger les razzia de bandes de pillards, sut réunir des combattants, concevoir des mouvements et les exécuter. Nous le voyons, en effet, menacer notre ligne de communications du moment; puis, masquant sa marche de flanc aventureuse à proximité d'une place forte et se couvrant par un détachement d'observation contre la colonne mobile qui aurait pu sortir de cette place, se diriger vers son objectif de manœuvre, l'armée d'Ali Bey, et la combattre. Nous avons vu comment son lieutenant se porta à l'attaque de la place que nous occupions pour donner toute liberté d'action à son chef, comment il prit une seconde fois l'offensive contre une forte colonne française en rase campagne et l'emploi du canon que nous dûmes faire pour le forcer à lâcher prise; de quelle façon judicieuse il employa dans cette affaire sa nombreuse cavalerie pour garder ses flancs et observer, au lieu de la lancer, dans un terrain difficile, sur des fusils à tir rapide. Et enfin nous nous rappelons qu'il fallut plus tard mettre en mouvement trois colonnes contre le caïd des Oulad-Ayar, pour lui faire évacuer la région théâtre de sa résistance, et qu'il parvint à s'échapper.

Après la prise de Kairouan, nos colonnes ne purent joindre la masse des dissidents qui se repliaient dans le sud, et les compagnies mixtes ne purent, malgré leur organisation spéciale, empêcher les djich dont nous sommes obligés d'admirer la hardiesse aussi bien que la vitesse et l'endurance. Nos colonnes ne furent pas assez alertes[1] et elles étaient trop lourdes.

Ceci paraît une vérité de la Palisse; il semble que l'on tourne dans un cercle vicieux.

Rien n'est plus vrai cependant.

Les hommes n'étant pas assez alertes, il leur faut un temps plus long pour parcourir un certain espace. De gros approvisionnements leur sont donc nécessaires, et par suite il devient indispensable de les faire suivre d'un convoi qui les gêne.

Alourdies par ce convoi qu'elles sont obligées de traîner à leur suite et de protéger, les colonnes ne peuvent plus se mouvoir que lentement : elles deviennent fonction de leur convoi. De plus, elles se divisent en nombreux échelons qui gardent les biscuit villes et font la navette entre la base de ravitaillement et les dépôts de vivres; les effectifs réellement utilisables diminuent et leur rendement décroît rapidement.

Le temps ne presse pas trop si l'on marche sur un objectif géographique; on pourra toujours l'atteindre dans des conditions plus ou moins favorables. Mais si l'on vise un objectif mobile, il devient impossible de l'atteindre[2].

Si l'on veut nous objecter que quelques dissidents ont été rejoints par nos colonnes, nous répondrons qu'ils étaient empêtrés eux-mêmes de femmes, d'enfants et de troupeaux; c'étaient des migrations. Des combattants n'auraient jamais été atteints.

Le seul exemple de marche assez rapide que nous puissions enregistrer nous montre une colonne forte, au départ, de 13 compagnies d'infanterie, amenant seulement cinq compa-

---

1. Cependant nous avions à ce moment des soldats de cinq ans et les hommes étaient choisis puisqu'ils étaient triés, non seulement dans le régiment qui détachait un bataillon, mais encore dans le corps d'armée dont faisait partie le régiment.
2. Nous nous souvenons qu'une colonne obligée de charrier son convoi a été forcée de marcher lentement par échelons et de changer d'itinéraire pour pouvoir se faire suivre de ses arabas.

gnies, soit 600 fusils au maximum, sur le terrain où aurait pu se produire un engagement.

Ces fantassins étaient sans sacs; ils n'avaient qu'un jour de vivres. Ils tombèrent, il est vrai, sur des troupeaux non défendus ; mais il est permis de se demander ce qu'il serait advenu s'ils avaient eu à engager un vrai combat et à le poursuivre, séparés qu'ils étaient de leur deuxième échelon, qui était complètement immobilisé, par une distance de plus de 15 kilomètres.

Une colonne forte au départ de 60 officiers, de plus de 2.000 hommes et de près de 1.400 animaux, n'arrive donc à mettre en ligne que 600 fusils.

Il est certain qu'en pratique deux compagnies montées, fortes chacune de 5 officiers et 250 hommes, auraient, s'il avait fallu agir, produit un meilleur résultat. Les fantassins auraient été moins fatigués et ils auraient eu avec eux leurs sacs, des vivres et des cartouches.

Il faudrait donc, dans les grosses colonnes, rendre les fantassins plus alertes et les cavaliers plus vite, et pour cela débarrasser les premiers soit de leurs lourds effets de France, soit des costumes historiques d'Afrique (l'esprit de corps des troupes spéciales n'y perdrait rien, croyons-nous) et alléger les chevaux en simplifiant leur harnachement et la tenue de leurs cavaliers [1].

Quant aux colonnes véritablement rapides que l'on voudrait former, il nous semble indispensable de les constituer avec des compagnies montées d'infanterie, c'est-à-dire des fantassins choisis avec, pour deux soldats, un mulet portant toujours les deux sacs et alternativement l'un des deux hommes.

---

1. Les personnes qui ont un peu voyagé en Orient ont pu remarquer que les soldats beylicaux, turcs et égyptiens ont une tenue simple et certainement plus pratique que les uniformes fantaisistes de nos spahis, tirailleurs et zouaves.

Dans l'armée égyptienne principalement, dont les troupes marchent actuellement de Dongola sur Khartoum, les soldats portent, à part le tarbouche national, un uniforme européen; les cavaliers même ont la culotte, les bandes molletières et les souliers; les chevaux ont des harnachements anglais.

La compagnie montée des régiments étrangers a fait ses preuves d'endurance et de vitesse.

L'inefficacité des compagnies mixtes, où se trouvaient mélangés fantassins et cavaliers, a été démontrée; il faut que les fantassins des compagnies mixtes restent des fantassins, n'employant leurs animaux que pour se mouvoir rapidement avec le moins de fatigue et pouvoir ensuite agir, le plus efficacement possible, avec leur feu.

TABLE DES MATIÈRES

TOME I

Pages.

AVERTISSEMENT... 5

Ire PARTIE

PREMIÈRE EXPÉDITION

Événements à la frontière ; concentration des troupes ; le premier corps expéditionnaire. — Opérations en Khoumirie ; traité de Kassar-Saïd ; rapatriement.

CHAPITRE I. — *Préliminaires*... 9

Engagements entre les Oulad-Cedra (Tunisiens) et les Nehed (Algériens), février 1881. — Premier envoi de troupes à la frontière ; engagements des 30 et 31 mars (entrée en ligne de deux compagnies françaises le 31). — Renforcement des troupes au contact par des détachements de la division de Constantine.

Le 3 avril, le Conseil des Ministres décide l'expédition de Tunisie. — Des éléments de renfort sont envoyés des divisions d'Alger et d'Oran. — Les troupes d'Afrique (couverture) sont en position le 13 avril.

Envoi de troupes de France (7 avril-20 avril) ; la concentration est terminée le 20 avril. — Le corps expéditionnaire du général Forgemol de Bostquénard.

CHAPITRE II. — *Première expédition*............................... 26

Plan de campagne.

Le général Logerot franchit la frontière le 24 avril, entre au Kef le 26 ; le même jour (26) la colonne Delebecque entre en Khoumirie (elle s'arrête), et 1.200 hommes (colonel Delpech) prennent pied sur la côte tunisienne, à Tabarka.

Le 28, le général Logerot, arrive à Souk-el-Arba ; engagement du colonel Hervé, le 30 avril, à Ben-Béchir.

Le 3 mai, la colonne Bréart débarque à Bizerte (attitude du bey Mohamed es Saddok et du bey du camp Ali Bey). — Le 8 mai, la colonne Bréart se met en route sur Tunis ; elle arrive le 12 mai à la Manouba. — Traité de Kassar-Saïd.

CHAPITRE III. — *Première expédition* (suite)........................ 33

Concentration de la colonne Delebecque, le 3 mai, à Djebabra ; marche vers l'est (reconnaissance de Sidi-Abdallah, le 8 mai).

Pages.

La colonne Delebecque et la colonne Logerot en relations à Ben-Métir, le 14 mai.
Conversion à gauche, vers le nord-est, de la colonne Delebecque. — Dernier coup de canon (26 mai). — Concentration à Berzigue (29 mai).
(Le général Maurand à Mateur, 18 mai — le général Logerot à Beja, 20 mai).
Rapatriement.
Le 1ᵉʳ juillet, le corps expéditionnaire est dissous ; le général Logerot reçoit le commandement du corps d'occupation.

IIᵉ PARTIE

ÉVÉNEMENTS ET OPÉRATIONS ENTRE LE PREMIER RAPATRIEMENT ET LA SECONDE EXPÉDITION

Ali ben Khalifa ; défense et prise de Sfax. — Opérations contre Gabès. — Occupation de Djerba.
Les Zlass à Kairouan. — Réunion des chefs insurrectionnels à Sbeïtla. — Les Zlass et la 5ᵉ brigade.
Ali ben Ammar et les Oulad-Ayar ; massacre de l'oued-Zergua et combat de Testour.

CHAPITRE I. — *Opérations du colonel Jamais*............... 51

Situation générale de la Tunisie au 1ᵉʳ juillet.
Ali ben Khalifa, caïd des Neffet, se met à la tête du mouvement insurrectionnel et vient à Sfax organiser la résistance.
Bombardement de Sfax (15 juillet) ; débarquement et prise de la ville (16 juillet).
Opérations contre Gabès : débarquement les 24 et 25 juillet.
Occupation de Djerba (28-31 juillet(.

CHAPITRE II. — *Incursions des insurgés*............... 59

El Hadj Hassein ben Messaï, avec les Zlass, occupe Kairouan. — Les Hammema, avec Ahmed ben Youcef, dans le Sers et autour du Kef. — Ali ben Ammar chez les Oulad-Ayar.
Réunion des chefs insurrectionnels à Sbeïtla (15 août).
Les Zlass et la 5ᵉ brigade française ; le lieutenant-colonel Corréard à Bir-el-Hafaïed (26 août) et à El-Arbaïn (nuit du 28-29) ; le général Sabattier à Zaghouan.
Position des insurgés le 20 septembre.
Opérations d'Ali ben Ammar dans le nord ; massacre de l'oued-Zergua (30 septembre) ; combat de Testour et surprise de Nebeur, le 2 octobre.

IIIᵉ PARTIE

SECONDE EXPÉDITION

Occupation de Kairouan ; opérations contre Ali ben Ammar ; poursuite des insurgés ; les dissidents se réfugient en Tripolitaine.

CHAPITRE I. — *Seconde expédition ; Kairouan*............... 75

Le 14 octobre, le général Saussier prend le commandement du second corps expéditionnaire ; préparation de la marche en 3 colonnes sur Kairouan.
Position des troupes françaises le 16 octobre.

Marche concentrique sur Kairouan : Entrée du général Etienne à Kairouan, le 26 octobre ; du général Saussier et de la colonne Logerot, le 28 octobre. Engagements de la colonne Forgemol, sur la Rouhia (22 octobre) et au Koudiat-el-Halfa (25 octobre), pendant sa marche sur Kairouan.

CHAPITRE II. — *Opérations contre Ali ben Ammar* 85

Le colonel de la Roque au Kef. — Opérations des colonnes de la Roque et d'Aubigny autour de Bordj-Messaoudi.
Marche concentrique des colonnes de la Roque, d'Aubigny et Philebert sur la hamada des Oulad-Ayar.
Ali ben Ammar s'échappe (19 novembre).

CHAPITRE III. — *Poursuite des dissidents* 90

Marche de la colonne Logerot sur Gabès ; Mohamed Cherfeddine et les Beni-Zid ; rentrée de la colonne à Sousse.
Marche de la colonne Forgemol sur Gafsa ; la colonne de Négrine et la colonne d'El-Oued ; la colonne Forgemol rentre à Tébessa (12 décembre).
Les dissidents se sont réfugiés en Tripolitaine.

CHAPITRE IV. — *La poursuite* (suite); *incursions des dissidents* 95

La 6e brigade (général Philebert) à El-Aâla ; à Djilma ; à Gafsa (14 février 1882).
Les dissidents sur le Mokta ; les Ouarghamma ; premières incursions.
Opérations du général Logerot : le général Philebert au Nefzaoua et chez les Aouaya ; le général Jamais à Medenine.
La colonne Philebert sur l'oued-Tatahouine ; la colonne Jamais sur l'oued-Fessi ; elle ne peuvent atteindre les dissidents.
Fin des opérations actives (14 mai 1882).

CHAPITRE V. — *Expansion des dissidents ; leurs djich.* — *Colonnes de Zarzis et de Gabès*... 103

Djich poussés jusqu'à Kairouan, Djilma, El-Djem, etc....., dans le Djerid. Nos colonnes ne peuvent les atteindre ; on occupe les points de passage obligé.
Le mouvement d'expansion des dissidents est devenu presque impossible : premières soumissions.
Colonnes de Gabès (colonel de la Roque) et de Zarzis (lieutenant-colonel Corréard) dirigées par le général Guyon-Vernier (décembre 1882 et janvier 1883).

NOTA. — La suite des sommaires en tête de chaque chapitre dans le texte peut servir de résumé de l'expédition.

TOME II
ANNEXES

Annexes.
I. Le 19e corps d'armée, au 1er avril 1881. 111
II. Organisation du service des renseignements dans la division de Constantine, au 1er avril 1881............................ 113
III. Le bataillon du 3e régiment de zouaves du Tarf, le 31 mars 1881.. 114

Annexes.		Pages.
IV.	Les incursions des Khoumir...	116
V.	Le cabinet Jules Ferry et la préparation de l'expédition...	117
VI.	Recrutement du premier corps expéditionnaire...	119
VII.	Objectifs de la colonne Logerot...	120
VIII.	Déclaration de M. Barthélemy-Saint-Hilaire au bey; protestation du bey...	121
IX.	Instruction générale pour le corps expéditionnaire sur la frontière tunisienne et composition de ce corps...	122
X.	Dépêche du Ministre de la guerre au moment de l'entrée en campagne...	125
XI.	Répartition de l'artillerie du corps expéditionnaire...	126
XII.	Organisation administrative de la Régence de Tunis, en mars 1881...	128
XIII.	Situation générale de la Régence de Tunis, au commencement de l'année 1881...	131
XIV.	Occupation du Kef, le 26 avril 1881, par le général Logerot...	133
XV.	Occupation de Tabarka (25, 26 avril 1881)...	135
XVI.	Instructions du général Delebecque pour franchir la frontière...	136
XVII.	L'opération, ordonnée pour le 25 avril, est remise...	137
XVIII.	Elle est fixée au 26 avril...	137
XIX.	Ordre du général Ritter pour la journée du 26 avril...	138
XX.	L'artillerie de la colonne Logerot...	140
XXI.	Ali Bey; combat de Ben-Béchir...	142
XXII.	Résumé succinct des principales causes de l'expédition française...	145
XXIII.	Résumé de la circulaire de M. Barthélemy Saint-Hilaire aux agents diplomatiques...	148
XXIV.	Tunis, à la signature du traité...	149
XXV.	Reconnaissance offensive dirigée par le général Delebecque, le 8 mai 1881, sur Sidi-Abdallah-ben-Djemel...	151
XXVI.	Ordre de la 1re brigade pour la journée du 14 mai 1881...	152
XXVII.	Ordre général du 14 mai...	153
XXVIII.	Attaque d'avant-postes par les Khoumirs, le 19 mai, à Djebibia...	154
XXIX.	Dernières opérations de la 1re brigade contre les Mekna (26, 27 mai)...	155
XXX.	Ordre donné par le général Delebecque à la brigade Vincendon, avant son rapatriement...	157
XXXI.	Ordre général à la fin des opérations en Khoumirie...	158
XXXII.	Ordre donné par le général Delebecque à la brigade Cailliot...	159
XXXIII.	Dépêche du Ministre de la guerre, à la fin des opérations en Khoumirie...	160
XXXIV.	Etat, au 1er juillet 1881, des troupes restant en Tunisie, après le premier rapatriement...	161
XXXV.	Insurrection de Sfax...	162
XXXVI.	Bombardement et prise de Sfax...	166
XXXVII.	La prise et l'occupation de Sfax...	171
XXXVIII.	Organisation de la province de l'Aarad, en 1881...	175
XXXIX.	Insurrection de l'Aarad...	176
XL.	L'infanterie du corps expéditionnaire du colonel Jamais...	185
XLI.	Opérations autour de Gabès...	186
XLII.	Occupation de l'île de Djerba...	190
XLIII.	Situation générale de la régence, au commencement du mois d'août 1881...	191
XLIV.	Réunion de Sbeitla (vers le 15 août 1881)...	202

Annexes.		Pages.
XLV.	Recrutement du second corps expéditionnaire...................	204
XLVI.	Le lieutenant-colonel Corréard à Bir-el-Hafaied (26 août), à El-Arbaïn (nuit du 28 au 29) et à Turki (29 août)...............	205
XLVI bis.	La colonne tunisienne du kaïmakam Taïeb ben el Hadj Ahsen Mesmouri, à El-Arbaïn, pendant les affaires des 26, 28 et 29 août...	208
XLVII.	Situation générale des tribus du sud-ouest de la régence, à la fin de septembre 1881...	211
XLVIII.	Opérations d'Ali ben Ammar vers le nord.....................	226
XLIX.	Opérations du général Sabattier au sud et au sud-ouest de Zaghouan...	237
L.	La 7ᵉ brigade (général Etienne) à Sousse, du 1ᵉʳ au 14 octobre..	239
LI.	Organisation du second corps expéditionnaire de Tunisie........	241
LII.	Organisation du commandement supérieur de Tunis et de la région Nord..	242
LIII.	Répartition, à la fin d'octobre 1881, des troupes du second corps expéditionnaire..	243
LIV.	Opérations du général Etienne................................	246
LV.	Marche du général Etienne de Sousse sur Kairouan............	248
LVI.	Garde des communications de la colonne Logerot en marche sur Kairouan..	252
LVII.	Marche de la colonne Forgemol sur Kairouan.................	265
LVIII.	Opérations contre Ali ben Ammar............................	273
LIX.	Une colonne, sous les ordres du général Logerot, va de Kairouan à Gabès, pacifie l'Aarad, reçoit la soumission des Beni-Zid et revient à Sousse. — Retraite d'Ali ben Khalifa.........	313
LX.	La colonne Forgemol va de Kairouan à Gafsa. — Colonnes de Négrine et d'El-Oued. Le colonel Jacob à Gafsa. — La colonne Forgemol rentre en Algérie..................................	320
LXI.	La 6ᵉ brigade à Sidi-Mohamed-ben-Ali, à Djilma et à Gafsa......	334
LXII.	Les dissidents sur le Mokta. Les Ouarghammma ; ils entrent dans la lutte..	338
LXIII.	Situation des dissidents en Tripolitaine et attitude des autorités turques...	342
LXIV.	Opérations du général Logerot dans l'extrême sud. La colonne du général Jamais à Ksar-Médenine ; la 6ᵉ brigade sur l'oued-Tatahouine. — Fin des opérations actives....................	348
LXV.	Organisation des troupes d'occupation.........................	357
LXVI.	Colonne du général d'Aubigny, de Tebourba à la Kessera.......	369
LXVII.	Expansion des dissidents ; leurs djich ; premières soumissions...	376
LXVIII.	Les colonnes de Zarzis et de Gabès............................	388
LXIX.	Les compagnies mixtes.......................................	400
Postface	....	411

CROQUIS

Nᵒˢ
I. Khoumirie.
II. Sud de la Régence.
III. Centre de la Régence (partie est).
IV. Positions le 20 septembre 1881.

Nᵒˢ
V. Théâtre d'opérations d'Ali ben Ammar.
VI. Centre de la Régence (partie ouest).
VII. Organisation administrative de la Régence de Tunis.

Paris et Limoges. — Imprimerie militaire Henri Charles-Lavauzelle.

Librairie militaire Henri CHARLES-LAVAUZELLE
Paris et Limoges.

L'armée des Pays-Bas, notices militaires et géographiques. — 2 volumes in-32, brochés 1 »; reliés toile 1 50
L'armée suédoise. — Vol. de 62 pages, broché » 50; relié toile... » 75
L'armée ottomane contemporaine, par Ch. LEBRUN-RENAUD. — Volume in-32 de 88 pages, broché » 50; relié toile...................... » 75
L'armée et la marine japonaises, par Pierre LEHAUCOURT. — Brochure in-8° de 52 pages... 1 25
La guerre sino-japonaise, par le commandant breveté BUJAC, du 144° d'infanterie. — Vol. in-8° de 328 pages avec 18 croquis ou cartes... 5 »
La guerre sino-japonaise et ses conséquences pour l'Europe, par F. DE VILLENOISY. — Brochure in-8° de 48 pages................... 1 25
Les milices des Etats-Unis d'Amérique, par Georges TRICOCHE. — Brochure in-8° de 54 pages.. 1 25
La guerre de Sécession, avec une carte des opérations, par L. AUGER, capitaine du génie. — Volume in-8° de 252 pages........ 4 »
La révolution et l'armée du Brésil (15 novembre 1889). — Fascicule in-8° de 16 pages.. » 50
Précis de la guerre du Pacifique (*entre le Chili d'une part, le Pérou et la Bolivie de l'autre*). avec une carte et un plan des principales batailles. — Volume in-32 de 72 pages, broché » 50; relié toile........... » 75
Guerre franco-allemande de 1870-71, avec un atlas comprenant 18 cartes croquis en deux couleurs, par le capitaine Ch. ROMAGNY, professeur de tactique et d'histoire à l'Ecole militaire d'infanterie. — Volume grand in-8° de 392 pages, et l'atlas........................... 10 »
Campagnes d'un siècle, par le capitaine Ch. ROMAGNY, professeur de tactique et d'histoire à l'Ecole militaire d'infanterie :
  Campagne de **1792-1806**. 1 vol. (4 cartes). — **1800**. 1 vol. (4 cartes). **1805**. 1 volume (2 cartes). — **1809**. 1 volume (3 cartes). — **1812**. 1 vol. (5 cartes). — **1813**. 1 volume (4 cartes). — **1814**. 1 volume (1 carte). — **1815**. 1 volume (1 carte). — **Crimée**. 1 volume (3 cartes). — **1859**. 1 vol. (1 carte). — **1866**. 1 volume (4 cartes). — **1877-78**. 1 volume (3 cartes). — 12 vol. in-32 brochés, l'un. » 50; reliés pleine toile gaufrée, l'un. » 75
Memento chronologique de l'histoire militaire de la France, par le capitaine Ch. ROMAGNY, professeur de tactique et d'histoire à l'Ecole militaire d'infanterie. — Volume in-18 de 316 pages................ 4 »
Tableaux d'histoire, à l'usage des sous-officiers candidats aux écoles de Saint-Maixent, Saumur, Versailles et Vincennes, par Noël LACOLLE, lieutenant d'infanterie. — Volume in-18 de 144 pages............ 2 50
Histoire militaire de la France depuis les origines jusqu'en 1643, par Emile SIMOND, capitaine au 28° d'infanterie. — 2 volumes in-32 de 112 et 102 pages, brochés, l'un. » 50; reliés pleine toile gaufrée, l'un... » 75
Histoire militaire de la France, de 1643 à 1871, par Emile SIMOND, capitaine au 28° d'infanterie (3° édition). — 2 vol. in-32 de 96 et 104 pages, brochés, l'un. » 50; reliés pleine toile gaufrée, l'un............. » 75
Précis historique des campagnes modernes, avec 36 cartes du théâtre des opérations (2° édition). — Volume in-18 de 224 pages........ 3 50
L'Armée de Metz, 1870, par le colonel THOMAS. — Vol. in-8° de 252 pages, orné d'un portrait et de deux cartes.............................. 3 »
GUERRE DE 1870. — **La première armée de l'Est**, reconstitution exacte et détaillée de petits combats, avec cartes et croquis, par le commandant Xavier EUVRARD, chef de bataillon breveté, professeur de tactique à l'Ecole supérieure de guerre. — Volume grand in-8° de 268 pages......... 6 »
Le maréchal Bazaine pouvait-il, en 1870, sauver la France ? par Ch. KUNTZ, major (H. S.), traduit par le colonel d'infanterie E. GIRARD. — Vol. in-8° de 248 p., 1 carte hors texte du théâtre des opérations. 4 »
La légende de Moltke, par Karl BLEIBTREU. Contribution critique à l'histoire de la guerre de 1870, traduit de l'allemand avec l'autorisation de l'auteur, par V.-A. VÉLING, capit. au 26° bat. de chass. — Vol. de 224 p. 3 »

[illegible] HENRI CHARLES-LAVAUZELLE

Paris-Limoges

[illegible] anglaise, [illegible], son organisation actuelle, par A. GARÇON. — Volume in-32 [illegible] pages, broché [illegible]; relié toile . . . . » 75

[illegible] marine anglaise, histoire, composition, organisation actuelle, par A. GARÇON. — Volume in-32 de [illegible] pages, » 50; relié toile . . . . » 75

[illegible] expéditions anglaises en Afrique. Ashantee (1873-1874), Zulu (1878-1879), Égypte (1882), Soudan (1884-1885), Ashantee (1895-1896) par le lieutenant-colonel SEPTANS, de l'infanterie de marine. — Fort volume grand in-8° de 500 p., avec 29 cartes et croquis, couverture en couleurs. . 7 50

Les expéditions anglaises en Asie. Organisation de l'armée des Indes (1859-1895), Lushai Expédition (1874-1872), les trois campagnes de lord Roberts, en Afghanistan (1878-1880), expédition du Chitral (1895), par le lieutenant-colonel breveté SEPTANS, de l'infanterie de marine. — Volume grand in-8° de 350 pages, avec 17 cartes et croquis, couvert. en coul. 7 50

LA VIE MILITAIRE A L'ÉTRANGER. — **Un congé au Queen's-Royal-South-Surrey-Regiment**, lettres d'un engagé volontaire, par George TRICOCHE, ancien officier d'artillerie. — Volume in-18 de 184 pages, avec couverture imprimée en couleurs . . . . 3 »

Le Soudan, Gordon et le Mahdi, par le lieutenant-colonel HEUMANN, [illegible] D. I. O., ex-directeur des études à l'École spéciale militaire de Saint-Cyr, avec 2 cartes et 4 plans. — Volume in-32 de 96 pages, broché . . . . » 50

Relié toile . . . . » 75

[illegible] du Soudan (le Mahdi), avec carte du théâtre de la guerre, par A. GARÇON, professeur à l'Association polytechnique. — Brochure in-32 de [illegible] pages . . . . » 60

L'armée espagnole (aperçu historique et organisation : composition de l'armée, recrutement et mobilisation; établissements militaires, écoles, instruction, service intérieur, alimentation, grades et uniformes, système défensif de la Péninsule, colonies, retraites et pensions militaires). — Vol. in-32 de 128 pages, broché, » 50; [illegible]

L'Espagne et l'armée espagnole. Brochure in-8° de 16 pages . . . . [illegible]

La garde civile espagnole, traduction par E. TAILHADES, capitaine de gendarmerie. — Vol. in-32 de 128 pages, broché » 50; relié toile . . [illegible]

[illegible] des troupes espagnoles détachées [illegible] l'île de Seeland, sous les ordres du général [illegible] en 1808, avec [illegible] destinées à compléter la relation, par [illegible], capitaine [illegible] de ligne. — Brochure in-8° de [illegible] pages . . . . 2 [illegible]

[illegible] del Rif. Brochure in-8° de [illegible] pages, avec 3 croquis . . . . 1 [illegible]

[illegible] portugaise, par A. GARÇON. — Volume de 108 pages, br. . . » 50

[illegible] . . . . » 75

[illegible] Portugais en Guinée (île de Bissau), avec croquis [illegible]. — Brochure in-8° de 16 pages . . . . » [illegible]

[illegible] belge (composition, recrutement, mobilisation, écoles militaires, [illegible] cartographique, armement, manufacture d'armes de Liège, [illegible], alimentation, uniformes, système défensif). — Volume [illegible] pages, relié toile [illegible]

[illegible] participation des Belges aux campagnes des [illegible] [illegible] hollandaises sous le gouvernement des Pays-Bas (1815-18[illegible]), [illegible], capitaine aide de camp du commandant de la [illegible] Gand, officier de l'ordre de Takovo de Serbie, avec trois [illegible] du général Lahure. — Vol. gr. in-8° de 302 p. . 5 [illegible]

[illegible] son histoire, son organisation actuelle, par le lieutenant-colonel [illegible] D. I., ex-directeur des études à l'École [illegible] de Saint-Cyr (2e édition). — Volume in-32 de 136 pages, [illegible] . . . . [illegible] 5[illegible]

[illegible] de la Librairie militaire est envoyé gratuitement à toute personne qui en fait la demande à l'éditeur HENRI CHARLES-LAVAUZELLE.

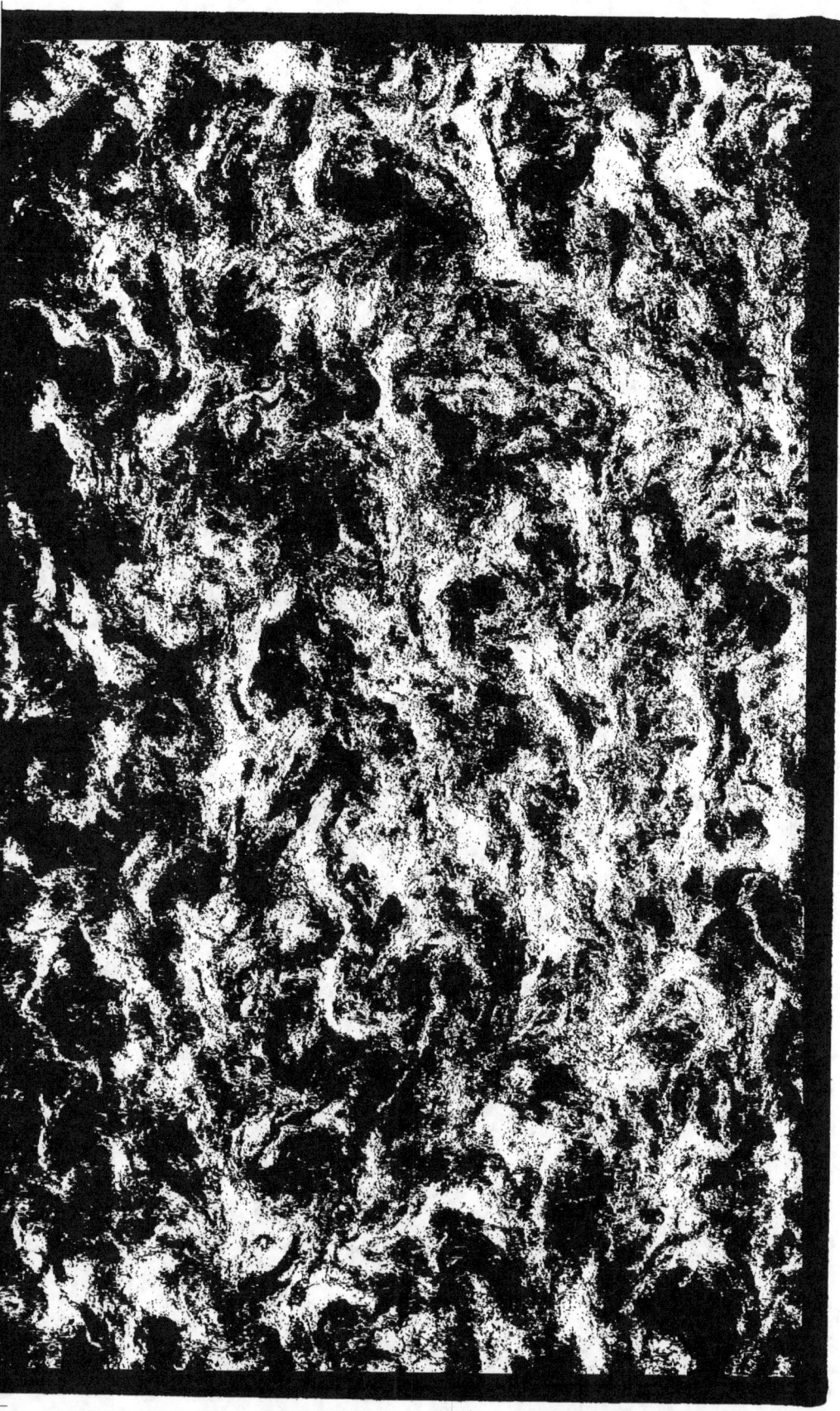

www.ingramcontent.com/pod-product-compliance
Lightning Source LLC
Chambersburg PA
CBHW070538230426
43665CB00014B/1734